Peter Kline
Das alltägliche Genie
oder: Wie man sich in das Lernen (neu) verlieben kann

Herausgegeben von Klaus Marwitz

Peter Kline

Das alltägliche Genie

oder: Wie man sich in das Lernen
(neu) verlieben kann

Aus dem Amerikanischen von
Michael Schmidt-Brodersen

Junfermann Verlag • Paderborn
1997

© der deutschen Ausgabe: Junfermannsche Verlagsbuchhandlung, Paderborn 1995
2. Auflage 1997

Copyright © 1988 by Peter Kline
Published by Great Ocean Publishers, Arlington, West Virginia

Titel der amerikanischen Originalausgabe: The Everyday Genius. Restoring children's natural joy of learning – and yours too.

Übersetzung: Michael Schmidt-Brodersen
Text-Illustrationen: Paige Billin-Frye

Für Susan Kesslen,

die die Prinzipien des Integrativen Lernens lebt
und dadurch dieses Buch erst möglich gemacht hat.

Satz: La corde noire – Peter Marwitz, Kiel

CIP-Titelaufnahme der Deutschen Bibliothek
Kline, Peter:
Das alltägliche Genie – oder: Wie man sich in das Lernen (neu) verlieben kann / Peter Kline. Aus dem Amerikan. von Michael Schmidt-Brodersen. – Paderborn: Junfermann, 1995.
     Einheitssacht.: The Everyday Genius <dt.>
     ISBN 3-87387-132-7

ISBN 3-87387-132-7

Inhalt

Wir wissen heute eine Menge darüber, wie wir lernen – und wie enorm
unser Lernpotential ist. Dieses Wissen wird uns in die Lage versetzen,
das dringende Bedürfnis nach einer Ausbildung zu erfüllen, die besser
ist als **diejenige**, die derzeit von den Schulen angeboten wird.

Spiele & Übungen

Eine Liste von Aktivitäten zur Stimulierung des Lernens. Sie brauchen nicht das ganze Buch zu lesen, bevor Sie diese Aktivitäten ausprobieren.

Danksagungen

Natürlich kann kein Buch mit Zielvorgaben wie dieses Produkt des Denkens eines einzigen Menschen sein, und die bedeutenden Einflüsse, denen ich verpflichtet bin, sind Legion.

Anfangs folgten Thema, Form und Stil dieses Buches noch Anregungen von Jonathan Wendy Lazear, der mir bei der Durchsicht des Manuskriptes während der frühen Entstehungs-Stadien wertvolle Unterstützung zuteil werden ließ.

In einem späteren Stadium wurde diese Rolle dann den Herausgebern übertragen, deren Interesse am Manuskript berufliche Anteilnahme weit überstieg. Es war eine wundervolle Erfahrung, mich oft mit ihnen treffen, Veränderungen diskutieren und die Wirkung dieser Veränderungen auf ihre Kinder, die dem Werk so indirekt ihren Stempel aufdrückten, erforschen zu können. In einem solchen Fall spielt die Arbeit der Herausgeber eine so entscheidende Rolle für das Gelingen des Buches, daß das Resultat wesentlich eine Gemeinschaftsproduktion ist.

Weitere Hilfe mit dem Manuskript leistete mir mein enger Mitarbeiter Bernhard Saunders, der mir in den frühen Stadien dabei half, mein Denken Gestalt annehmen zu lassen und der die Quelle einiger der nützlichsten hierin enthaltenen Übungen und Ideen ist. Bernie und ich arbeiten zur Zeit an einem ähnlichen Buch für die Geschäftswelt und haben auch schon zahlreiche Workshops zusammen geleitet.

Susan Kesslen machte hervorragende Vorschläge zum Manuskript und versteht das Integrative Lernen, zum Teil dank ihrer kürzlich erhaltenen Unterweisung durch Lozanov, so gut wie kaum sonst jemand, den ich kenne.

Meine gegenwärtigen engen Mitarbeiter bei der Verbreitung des Integrativen Lernens, mit denen das Thema erforscht wurde, sind unter anderem Laurence Martel, Jerry Prez de Tagle, Charles Bubar, Kay Farrar und Robin Smith.

Die Liste derer, die indirekt zum Gelingen beitrugen, ist unglaublich lang. An erster Stelle muß ich meine Kollegen an der Thornton Friends School, die ich zur Erforschung der Implikationen des Integrativen Lernens im Unterricht mitbegründete, erwähnen. Dies sind unter anderem Edie Crane, Evelyn Knowlton, Lynn und Bill Godwin, Don Cassidy, Amy Christianson, Dennis Jelalian, Bob Coleman, Marion Scodari, Doug und Jane Price und natürlich meine Mitbegründerin Nancy Kline.

Gerne würde ich auch viele der Schüler erwähnen, von denen ich vielleicht sogar noch mehr lernte als ich ihnen beibrachte, aber dadurch würde ich Gefahr laufen, wesentliche Beiträge auszulassen.

Frühere Einflüsse von Bedeutung kamen von Barry und Ann Morley, Thorny Brown, Brooke Moore, Rebecca Cooprider, Sally Oesterling, Amiel Francke, Ev Cooper, Edwin Burr Pettet, Jose Silva, Ron Williams, A. E. Claeyssens, Hunter Mulford, Harvey Jackins, Georgi Lozanov, Hazel Parcells, Merl und Lovell Glasscock und Harold Isen.

Meine drei Töchter Stephanie, Maureen und Wendy haben, zusammen mit ihrer Mutter, Barbara Gardner, ganz offensichtlich sehr viel zu diesen Buch beigesteuert, wie auch meine Brüder Mike und Jeff. Natürlich findet sich überall in diesem Buch auch der tiefreichende Einfluß meiner Eltern.

Dann muß ich hunderten von Lehrern an öffentlichen und privaten Schulen und Trainern in Firmenseminaren und Managern danken, mit denen ich zusammengearbeitet und von denen ich gelernt habe. Unter diesen möchte ich ganz besonders die herausragenden Lehrer an der Guggenheim Elementary School erwähnen, die sicherlich eines der inspirierendsten Teams bilden, mit dem zusammenzuarbeiten man sich überhaupt nur wünschen kann.

Besonders hervorzuheben sind: Maxine A'hearn, Michael Alexander, Ivan Barzakov, Carl Biehl, Joan Bokaer, David Borchard, Anne Brady, Jenny Bricen, Bobbie Brooks, Lewis Buchsbaum, Don Campbell, Ed Cap, Linda Carlson, Sharon Carlson, Phillip und Libyan Cassone, Dolly Colzetto, Gary Crawford, Ron Ennis, Nancy Ellis, Susan Fagrelius, David Finsterle, Car Foster, Ann Friend, Paul Froliand, Betty Gebbia (und ihr Sohn Jason), John Grassi, Sharon Grant, Jane Hale, Lawrence Hall, Ray Harris, Cliff Havener, Larry Hearn, Dean Held, Marilyn Herr, Ron Herring, Sandra Hopper, Gary Hovda, Sigrid Grassner-Roberts, Norie Huddle, Wayne Jennings, Becky Johnson, Jay Kesslen, Michael Luft, Kanya McGhee, David Meier, Paul Messier, Philip Miele, Allison Miller, Jack Mitchell, Louis R. Mobley, Ginny Monteith, Taylor Munroe, Brian Nelson, Patrick O'Brien, Roger Olsen, Leonard Orr, Chris Owens, Lyelle Palmer, Don Petrie, Joan Pilot, James Quina, Pamela Rand, Mary Reignier, Charles Reinert, Mark Rew, Larry und A. B. Reynolds, Patrick Rohan, Sara Rossman, Susan Rosenthal-Krauss, June Sasson, Charles Schmid, Bev Schroeder, Donald Schuster, Robert Schwenger, Margaret Seagears, Paul Scheele, Rita

Schulnicht, Jaqueline Simmons, Lilly Sprintz, Susan Stacey, Tony Stockwell, Kaia Svien, Carl Vogt, Arthur Waldstein, Lynn und Todd Waymon, Julian Weinglass, Win Wenger, Ocie Woodyear und Sidney Zagri.

Schließlich bin ich Carl Schleicher für viele Gefälligkeiten verpflichtet, deren bedeutendste es mir ermöglichte, das Werk von Lozanov, an dessen Einführung in die Vereinigten Staaten er wesentlichen Anteil hatte, in die Tiefe zu verfolgen und weiterzuentwickeln.

Natürlich ist keiner der Aufgeführten in irgendeiner Weise für die zahlreichen Mängel verantwortlich, die ein Buch dieser Art notwendigerweise enthalten muß.

Vorwort

von Michael Alexander
Direktor, Simon Guggenheim Elementary School

Wie ergeht es einem aufgeschobenen Traum?

Trocknet er aus
Wie Rosinen in der Sonn'?
Eitert er wie Beulen –
Und rennt davon?
Stinkt er wie Fleisch, verrottend schon?
Verkrustet er mit Zucker –
Wie ein klebriges Bonbon?
Vielleicht sackt er nur
Wie schwere Lasten, die man spürt

Was aber, wenn er – explodiert?

– Langston Hughes

Jedes Jahr vertrauen im ganzen Land Millionen Schüler mit neugierig großen Augen, deren Eltern und auch alle Lehrer ihre Träume vom Lernen, dem Erfolg, Schulen aller Art an. Trotz der Milliarden, die ins Schulwesen investiert werden, und trotz der Millionen Stunden, die für die Teilnahme am Unterricht aufgebracht werden, ist der Traum für viele Schüler aufgeschoben; man läßt ihn „versacken". Das ist eine Tragödie gewaltigen Ausmaßes mit schrecklichen Implikationen für uns alle. Aber es muß nicht so weitergehen.

Schüler und Studenten von Maine bis Kalifornien, die Schulbesuch und Studium abbrechen, bestätigen das Offensichtliche – wenn es darum geht, die Bedürfnisse zu vieler potentieller Lerner zu erfüllen, versagen traditionelle Lehrmethoden. In den letzten drei Jahrzehnten haben wir Lehrer, überzeugt davon, daß das, was wir taten, richtig war, immer die Schüler verantwortlich dafür gemacht, wenn sie nicht in der Lage waren, zu lernen. Wir waren dermaßen überzeugt davon, recht zu haben, daß wir laufend neue Etiketten und zahlreiche neue, hochspezialisierte Unterrichtsansätze erfunden haben, um „Lernbehinderte" und „Problemschüler" zu unterrichten, und jetzt raten Sie mal, was passierte? Immer noch scheitern viel zu viele Schüler und brechen ihre Ausbildung ab!

Anstatt Nicht-Lerner dafür verantwortlich zu machen, daß sie nicht lernen, haben jedoch Erziehungswissenschaftler in jüngster Zeit begonnen, den Lernprozeß im Hinblick auf das „wer", „was", „warum", „wann" und „wo" des Lernens zu erforschen. Die einsichtsvollsten von ihnen forschten in Richtung Studium erfolgreicher Lerner, wie beispielsweise Vorschulkinder, Menschen mit photographischem Gedächtnis und „Genies".

Die Essenz dieser Entdeckungen und ihre Anwendung auf erfolgreiches Lernen und Lehren in beliebiger Umgebung werden im Buch „Das alltägliche Genie" klar und deutlich beschrieben. Dieses Buch wird viele Leser verblüffen und unterhalten. Diesen Lesern möchte ich sagen, daß Peter Klines Ideen nicht nur aufregend sind – sie funktionieren auch.

Die „Simon Guggenheim Elementary School", deren Rektor ich bin, liegt in einer von wirtschaftlicher Rezession gebeutelten Region im Süden von Chicago. 400 Schüler und 21 Lehrer gehen hier zur Schule, vom Kindergarten bis zur achten Klasse. Kurz, nachdem ich vor drei Jahren Direktor wurde, konnte ich über einige staatliche Zuschüsse verfügen, um die Schule auf den neuesten Stand zu bringen. Als ich erkannte, daß die engagierte Lehrerschaft der Schule ihr größtes Vermögen darstellte, war ich entschlossen, den besten Weg zur Verbesserung ihrer Fähigkeiten und Arbeitsmoral zu finden. Ich hoffte, ihnen etwas Dynamisches anbieten zu können, etwas, das ihnen eine gemeinsame Erfahrung und Sichtweise vermitteln würde, die sie in ihren Unterricht einbeziehen konnten. Da ich schon länger Interesse am „Accelerated Learning" und Integrativem Lernen gehabt hatte, hielt ich nach jemandem Ausschau, der unser Kollegium schulen konnte. Der Experte, der mir empfohlen wurde, war Peter Kline, der geniale Dynamo des Integrativen Lernens.

Die Lehrer, im Durchschnitt bereits zwanzig Jahre an der Schule, waren zunächst skeptisch. Aber es wurde vereinbart, daß auf sie kein Druck ausgeübt werden sollte, die Prinzipien und Techniken des Integrativen Lernens später auch tatsächlich zu nutzen. Es war ihre Entscheidung, anzuwenden, was ihnen wertvoll erschien. Als Rektor unterstützte ich ihre Bemühungen, indem ich für ein geordnetes und diszipliniertes Umfeld sorgte, in dem sich die Schüler wirkungsvoller auf diese neue Lernmethode konzentrieren konnten, und indem ich den Workshop für Integratives Lernen mit zusätzlichen Schulungsmaßnahmen unterstützte. Sie erhielten eine dreißigstündige Schulung außerhalb der Schulzeit, während von der Schule bezahlte Aushilfslehrer zuerst die eine und dann die andere Hälfte der Lehrerschaft vertraten.

Die Lehrer liebten Peter Kline und nahmen das Integrative Lernen mit großem Enthusiasmus auf; der Rest ist Geschichte – oder zumindest der Beginn einer neuen Ära des Erfolges und der Hoffnung für unsere Schüler und unsere Schule. Die Auswirkungen auf die Schule waren schon im ersten Jahr dramatisch. Unsere Schulbesuchs-Quote stieg auf 94 Prozent, eine sehr beeindruckende Quote für eine Schule in der Innenstadt. Auch unser Index der Lese- und Rechenfertigkeiten stieg spektakulär an.

Am Ende des ersten Jahres nach der Einführung des Integrativen Lernens erhöhte sich die Prozentzahl unserer Schüler, die dem Unterrichtsplan im Lesen ein ganzes Schuljahr voraus waren, um 103 Prozent gegenüber dem Vorjahr, und für Lesen und Rechnen zusammen lag der Gesamtzuwachs bei 83 Prozent gegenüber dem Vorjahr. Wenn man diesen Zuwachs auf neun Jahre Grund- und Hauptschule hochrechnet, würden unsere Schüler die landesweiten Normen beim Schulabschluß um volle zwei Jahre übertreffen und nach dem achten Schuljahr in beiden Fächern mit den durchschnittlichen Fähigkeiten eines Elftkläßlers abgehen. Und wir haben den Eindruck, daß das Programm sein volles Potential noch längst nicht erreicht hat.

Andere Ergebnisse waren subjektiverer Natur. Einige von ihnen werden in diesem Buch dramatisch und bewegend nacherzählt. Ich erinnere mich noch daran, wie die Lehrer nach der Schulung wieder an die Schule kamen, und einige Schüler fragten: „Was ist denn mit unseren Lehrern los? Sie sind jetzt so viel netter!" Wie ich mir sagen ließ, ist dies eine typische Reaktion, wenn Lehrer nach solchen Schulungen wieder in die Unterrichtsatmosphäre eintreten.

Während eines Guggenheimer Sommerprogramms, bei dem ausschließlich Integratives Lernen zum Zuge kam, kam eine typische Elternreaktion, als eine Mutter ausrief: „Was haben Sie bloß mit meinem Kind angestellt? Er will kommen! Er mag es!"

Mittlerweile machen die Guggenheim-Lehrer nicht länger die Schüler dafür verantwortlich, wenn sie nicht lernen. Inzwischen haben auch Besucher (unter anderem Universitäts-Professoren und Lehrer von anderen öffentlichen Schulen) bemerkt, daß irgend etwas hier deutlich anders ist – man spürt Kompetenz und Anteilnahme. „Es ist kaum zu glauben, daß Schule wirklich so sein kann!", berichtete ein Besucher.

Die Lehrerin Nancy Ellis sagte mir: „Vor dem Integrativen Lernen war ich so frustriert, daß ich den Beruf am liebsten an den Nagel gehängt hätte." Jetzt leitet sie einen Kurs für Schüler, die in den regulären Klassen keinen Erfolg haben – sie nennt ihn das „Superlearning-Labor". Obwohl sie seit mehr als zwanzig Jahre lang unterrichtet, meint sie, unterrichtet sie jetzt begeisterter als je zuvor, begeisterter sogar noch als in ihrem ersten Jahr an der Schule. Und ihre Schüler sind hingerissen von der Erfahrung.

„Als der Kurs anfing, dachten die, wir wären doof", sagt Siebtkläßler Steve über seine Klassenkameraden, die damals im Unterricht besser mitkamen. „Aber jetzt sehen sie, wie wir grinsend zurückkommen und ihnen erzählen, was wir alles gelernt haben."

„Die wollen sich unbeliebt machen", ergänzt sein Klassenkamerad Alton.

Die Lehrer in Guggenheim sind sich nun bewußt, daß zur Unterstützung des Lernprozesses das gesamte Umfeld stimmen muß, und daß jede Handlung des Lehrers diesen Prozeß entweder unterstützt oder von ihm wegführt. Ich prophezeihe daher, daß die Anzahl der Erfolgsgeschichten weiter zunimmt, daß sich die Leistungsdaten weiter verbessern und daß die Absolventen von Guggenheim sich selbst als fähige Lerner und die Schule als Ort erleben werden, an dem man gerne ist.

Vor kurzem begann unser Erfolg, über unsere Schule hinaus Kreise zu ziehen – was sich am sichtbarsten in Form großzügiger Zuwendungen der Joyce Foundation und der Chicagoer Schulverwaltung zeigt. Mit diesen Spenden werden wir alle Lehrer in der Methodik des Integrativen Lernens schulen lassen können. Wir werden uns dann Fragen zuwenden können wie: Was geschieht, wenn die Kinder den ganzen Tag lang (nicht nur in ein oder zwei Kursen) Integrativ unterrichtet werden? Wie reagieren die Lehrer darauf? Wofür eignet sich die Methodik am besten?

Ich glaube, daß wir durch die Implementierung des Integrativen Lernens in den gesamten Lehrkörper und alle unsere Programme in der Lage sein werden, die

Quote der Lern- und Merkfähigkeit unserer Schüler um das zwei- bis fünffache der Erwarteten zu verbessern – und das in einer streßfreien Atmosphäre. Wir beabsichtigen, die Effektivität des Integrativen Lernens zu dokumentieren und zu validieren, und wir hoffen, ein Pilotprogramm für unsere Stadt und die ganze Nation und eine Ressource für die Ausbildung anderer Lehrer zu werden.

Wenn das, was heute hier geschieht, bewahrt und in Schulsystemen im ganzen Land wiederholt werden kann, wird vielleicht nichts mehr „austrocknen, eitern, verkrusten, versacken oder explodieren" müssen. Statt dessen werden wir vielleicht in der Lage sein, die Probleme der Schüler mit dem Lernen allesamt mit der Wurzel auszureißen. Und dann werden vielleicht auch die Träume vom Lernen nicht länger aufgeschoben.

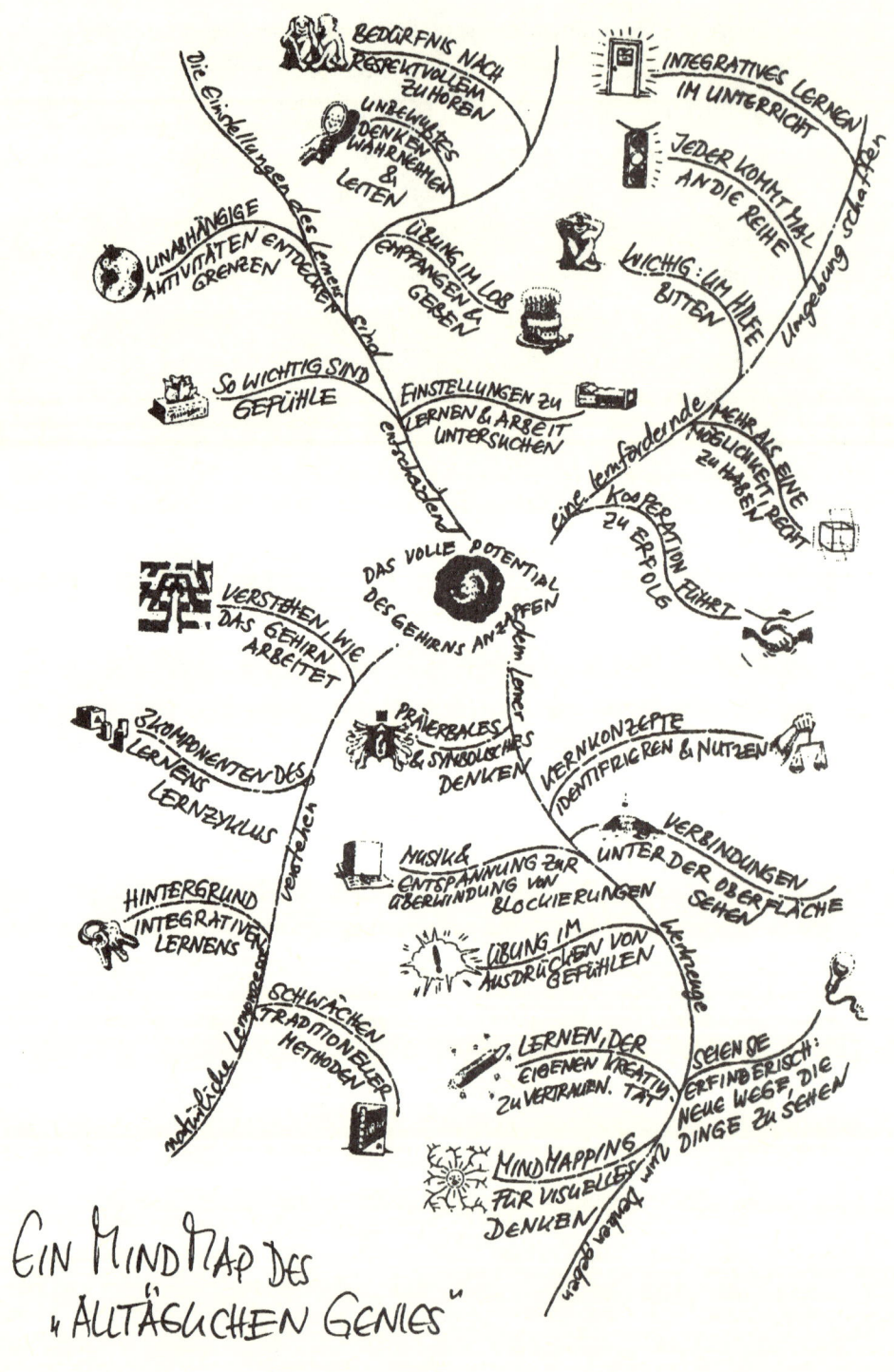

Ein MindMap des „Alltäglichen Genies"

Teil Eins – Einführung
Gebrauchsanleitung für dieses Buch

Erinnern Sie sich noch an das Gefühl, das Sie als Kind hatten, als Sie ein leuchtend buntes Paket auspackten und sich fragten, was wohl drinnen wär? Erinnern Sie sich noch daran, wie eine elterliche, stützende Hand losließ und Sie wußten, daß Sie Ihr Fahrrad jetzt ganz alleine fuhren? Diese Begeisterung, sei es die Spannung eines Atomphysikers, der einem bisher unbekannten subatomaren Partikel auf der Spur ist, oder die kreative Gärung eines Autors, der ein neues Buch entwirft, oder der Elan eines Star-Fußballers, bei dem Bein und Ball zum Torschuß verschmelzen – diese Begeisterung ist das Kraftwerk des Lernens.

Ich habe mich einmal hingesetzt und einen Künstler vor einer Leinwand jedes Gefühl für Zeit verlieren sehen, als er sich selbst beibrachte, wie Licht und Schatten in der inneren Dunkelheit des Waldes tanzten. Ich habe den neugierig starrenden Blick eines Biochemikers gesehen, der durch das Mikroskop die Chemie sondierte, die die Karten des Lebens immer wieder neu mischt. Ich bin mit einem Kind spazierengegangen und habe das Geheimnis der Sterne befragt, Reiche des Möglichen mit wachsender Verzauberung erforscht.

Bei all diesen Gelegenheiten war ich Zeuge des schwer faßbaren, freudigen und zutiefst befriedigenden Abenteuers Lernen – ein Abenteuer, das so vertraut sein sollte wie das Atmen, das aber zu viele von uns aus den Augen verloren oder vergessen haben.

Denn jeder von uns hat in sich sowohl ein profundes Vermögen als auch die Motivation zu lernen und das Lernen zu genießen. Je mehr wir dieses Verlangen befriedigen können, desto wahrscheinlicher ist es, daß wir das enorme Potential realisieren, über das jeder von uns verfügt. Das wiederum ist ein Maß für unser Glück und unseren Erfolg und der Beitrag, den wir zum Leben anderer leisten können.

Dieses Buch ist eben dieser Begeisterung gewidmet und hat es sich zum Ziel gesetzt, dieses befriedigende Gefühl noch allgemeiner zugänglich zu machen – Ihnen, Ihren Kindern und den Klassenzimmern und Arbeitsplätzen auf der ganzen Welt.

Warum dieses Buch für Eltern ist...

Da viele Bereiche des Lernens zu Hause anfangen, habe ich das Buch vornehmlich an Eltern, die natürlich die ersten Lehrer und Vorbilder ihrer Kinder sind, gerichtet. Beim Lesen werden Sie an die Experimente erinnert werden, die Ihre Eltern gemacht haben, als sie Sie aufzogen, und durch die Würdigung ihrer Erfolge werden Sie vielleicht auch besser selbst auf ihnen aufbauen können.

Als Elternteil wundern Sie sich möglicherweise, warum ich so viel Zeit auf die Diskussion schulischer Aktivitäten verwende. Teilweise, weil alle diese Aktivitäten auch Anregungen dafür geben können, was Sie daheim tun oder vorbereiten könnten, und teilweise, weil es sinnvoll ist, Ihre Arbeit eng verzahnt mit der des Lehrers im Klassenzimmer zu sehen.

Es ist leicht, zu Hause Dinge zu tun, die in der Folge die Grundlage für schulischen Erfolg legen. Sie können in dem Moment anfangen, das Leben Ihrer Kinder zu bereichern, wenn Sie beim Lesen dieses Buches eine Verschnaufpause einlegen. Ob die jungen Menschen in Ihrem Leben nun Neugeborene oder bereits Fastflügge sind, dieses Buch sollte in jedem Fall gleichermaßen hilfreich sein.

Eltern sollten jedoch immer daran denken, daß die wirkungsvollste Förderung der einzigartigen Schöpfungskraft eines normalen Menschen weder spezielle Technologien noch Hochdruck-Erziehung erfordert. Tatsächlich könnten diese den Prozeß im Gegenteil sogar beeinträchtigen. Und es ist sicher nicht klug, Kinder schon in jungen Jahren mit Informationen vollzustopfen und mit Wissen zwangszuernähren. Einige Eltern pressen, wenn auch mit den besten Absichten, ihre Kinder in Formen verfrühten Lernens, die in Wirklichkeit die spätere Entwicklung ihrer Kinder verkrüppeln können.

Liebe und Verständnis bleiben im Verlauf der Erziehung immer zentraler als jede Art von Technik, Theorie oder Technologie je sein kann. Doch muß Liebe verständig und Verständnis feinfühlig ausgedrückt werden. Darum ist es wichtig, die Verbreitung von Information über die optimalen Lernbedingungen und die Möglichkeiten ihrer bestmöglichen Integration voranzutreiben.

Wenn Sie es mit einem schwerwiegenden Lernproblem zu tun haben, sollten Sie das Buch nicht als Ersatz für eine professionelle Diagnose und Behandlung betrachten und es daher nur nach Absprache mit Ihrem Arzt einsetzen.

...und Lehrer

Ich hoffe, daß die Lehrer unter meinen Lesern von den Übungen und Beispielen aus dem Unterricht ebensoviel Nutzen haben werden, wie ich aus Beobachtung und Zusammenarbeit mit vielen der inspirierenden und kreativen Lehrer, die in diesem Buch erwähnt werden, gezogen habe. Hier, insbesondere in Teil Drei, finden sich zahlreiche Vorschläge und Aktivitäten, die sofort im Unterricht eingesetzt werden können. Zudem glaube ich, daß Lehrer auch die Materialien nützlich finden werden, die sich speziell an Eltern richten. Durch das Überdenken der Probleme, vor denen Eltern stehen, können vielleicht auch Lehrer ihre Schüler besser motivieren und unterstützen. Da sie um die Bedeutung des heimischen Umfeldes der Schüler für deren Leistung und Wohlbefinden in der Schule wissen, sollten Lehrer Eltern, die sie um Rat bitten, wie sie bei der Erziehung ihrer Kinder zusammenarbeiten können, viel zu geben haben.

Sie können entscheiden, wie Sie dieses Buch nutzen wollen

Der erste Teil des Buches beschäftigt sich mit der Theorie des Integrativen Lernens. Die Prinzipien dieser Theorie sind an sich einfach, obwohl sie sich von den Prinzipien des traditionellen Unterrichts, wie in den meisten Klassenzimmern beobachtet, grundlegend unterscheiden. Wer das Gefühl hat, sie bereits zu verstehen oder sofort anfangen möchte, sollte sich direkt Teil Drei, der spezielle Spiele und andere Aktivitäten zur Stimulierung des Lernens anbietet, vornehmen.

Wer es vorzieht, sich die Zeit zu nehmen, die Theorie und ihre Implikationen zu erforschen, wird zuerst Teil Eins und Zwei lesen wollen. Teil Zwei bietet ein wenig Selbsthilfe-Philosophie für den Leser (weil Sie sich ja unter Umständen zuerst selbst verändern müssen, bevor Sie versuchen, andere zu verändern).

Es funktioniert auf jeder Stufe der Entwicklung

Da einige der Aktivitäten ein gewisses Maß an intellektueller Reife erfordern, sollten frisch gebackene Eltern oder Grundschullehrer diese Aktivitäten zunächst an sich selbst ausprobieren, um ein verständnisvolles Umfeld vorzubereiten, in das die

Kinder hineinwachsen können. Obwohl manche Aktivitäten älteren Schülern möglicherweise „kindisch" vorkommen, wurden alle mit Erwachsenen praktisch erprobt, so daß also ihr Wert auch für die forgeschrittensten Stufen intellektueller Entwicklung getestet wurde. Wenn sie eingesetzt werden, können die Effekte dramatisch sein.

In der Tat war ich immer wieder erstaunt, in welchem Maße sich die gleichen Aktivitäten sowohl für Vorschüler als auch für Entscheidungsträger in der Wirtschaft (wie auch für jedermann dazwischen) eignen. Häufig können die grundlegendsten Übungen selbst promovierten Philosophen helfen, geistige Verwirrungen loszuwerden, mit denen sie jahrelang gelebt haben. Denn das, was von den meisten Übungen ausgelöst wird, ist so grundlegend für die menschliche Erfahrung, daß es auf jeder Stufe des Wachstumsprozesses eines jedes Menschen von Bedeutung ist.

Passen Sie es Ihren eigenen Bedürfnissen an

Ich nehme an, daß Sie nach dem Ausprobieren der Übungen aus diesem Buch weitere Übungen selbst erfinden möchten. Als ich die Übungen entwarf, ging es mir nicht so sehr um spezielle Themen und Inhalte (die ja nun wirklich die Aufgabe der Lehrplan-Entwickler sind und mit denen ich mich in späteren Büchern befassen werde), als vielmehr um den Prozeß, der den Stoff mit Leben erfüllt und für den Lernenden praktisch am nützlichsten ist.

Eine Idee, deren Zeit gekommen ist

Es gibt praktisch ein einmütiges Einvernehmen darüber, daß unsere Gesellschaft und die Welt als Ganzes vor vielen Herausforderungen und Krisen stehen, die sich schon bald zwangsläufig zuspitzen. Die Informationsexplosion, die mit dieser Gärung Hand in Hand geht, macht es notwendig, daß wir lernen, täglich mit Situationen umzugehen, die komplexer sind als alles je Dagewesene. Dieses Problem wird noch akuter, wenn wir uns daran erinnern, daß sich der Welt-Informationsbestand zwischen 1900 und 1950 zwar immerhin glatt verdoppelte, man aber davon ausgeht, daß er sich zwischen 1980 und 1990 versiebenfachen wird. Bildungssystem und Unterrichtspraktiken zu verbessern löst vielleicht nicht alle unsere Probleme, aber es ist unumgänglich, daß wir uns diesen Herausforderungen stellen.

Ich glaube, daß uns die zur Zeit verfügbaren Ressourcen ermöglichen, die Unterrichtspraktiken in unserer gesamten Gesellschaft und darüber hinaus grundlegend zu verbessern. Das Integrative Lernen, der vergnügliche und effektive Prozeß, den ich in diesem Buch beschrieben habe, bringt bereits in vielen Schulen gute Resultate und wird dafür vorbereitet, von vielen weiteren Schulen übernommen zu werden. Die Ergebnisse aus Pilotprojekten waren so bemerkenswert wirkungsvoll, daß führende Verantwortliche im Schulwesen immer begieriger sind, diese Ergebnisse zu wiederholen. Und das sollten sie selbstverständlich auch sein, denn weniger zu tun, würde bedeuten, daß sie ihrer Verantwortung nicht gerecht würden. Wie mir ein hoher Verwaltungsbeamter erklärte: „Die Zeit ist reif, daß diejenigen, die meinen, die alte Methode ist besser, die Pflicht haben sollten, das auch zu beweisen."

Ich hoffe, daß Sie Ihr Abenteuer mit dem Integrativen Lernen genießen werden. Tauchen Sie jetzt ein und schauen Sie, was Ihre Phantasie fesselt. Und haben Sie dann den Mut, das zu beginnen, was Sie schon immer ausprobieren wollten, aber vielleicht nie zuvor zu tun wagten.

1

Die unbegrenzten geistigen Möglichkeiten Ihres Kindes

Ihre Kinder haben ein viel größeres Potential als von unserem gegenwärtigen Bildungssystem entwickelt werden kann.

„Ich bekomme schon eine Gänsehaut, wenn ich nur darüber rede", sagte Bev Schroeder, „sie lernten den Stoff so schnell und behielten ihn wochenlang. Außerdem wissen sie jetzt, wie sie in der Schule Erfolg haben. Das muß einfach das ganze Bildungssystem transformieren."

Bev war Mitglied einer Gruppe von Lehrern, die vor kurzem die Prinzipien des Integrativen Lernens – einer Philosophie des Lernens, die das Schulwesen auf der ganzen Welt revolutioniert – gelernt und erstmalig in ihrem eigenen Unterricht angewendet hatte. Andere Lehrer bei dem Treffen waren genauso begierig, von ihren bemerkenswerten Erfolgen zu berichten. Im Raum wuchs das Gefühl, daß gerade Geschichte geschrieben wurde, die Geschichte einer Möglichkeit ganz neuer Dimension – der unbeschränkten Entwicklung des menschlichen Geistes an diesem scheinbar so ungeeigneten Ort – dem Klassenzimmer einer öffentlichen Schule.

Bev, eine temperamentvolle, mitreißende Lehrerin, gibt in Columbia, Maryland, speziellen Grundschul-Förder-Unterricht und nimmt sich trotz ihres vollen Stundenplans die Zeit, mit anderen Lehrern die Höhepunkte dessen, was sie gelernt hat, zu teilen. Die große Veränderung fand in ihren Schülern statt, nachdem sie eine simple Übung gemacht hatten, die Sie in Kapitel 24 finden. Sie nennt sich *Mind*

Mapping und ist eine von zahlreichen Techniken für Eltern und Lehrer, die in Teil Drei dieses Buches vorgestellt werden. Diese Techniken beruhen auf der Annahme, daß die ganze Person an jeder Phase des Lernprozesses teilhat. Die meisten Schwierigkeiten, die Kinder in der Schule entwickeln, beruhen, wie ich Ihnen zeigen werde, auf der Nichtbeachtung dieses grundlegenden Prinzips.

Wie man die Noten der Schüler im Handumdrehen verbessert

Zusammen mit zahlreichen Techniken, Spielen und Übungen, die entwickelt wurden, um diese Philosophie in den eigenen vier Wänden und im Klassenzimmer zu Leben zu erwecken, wird Ihnen die Philosophie des Integrativen Lernens einen Vorgeschmack darauf geben, was heutzutage für Lehrer, Schüler und Eltern im Bereich des Möglichen liegt. Sie werden sehen, warum es Bev und viele andere wie sie so überraschend einfach fanden, Schülern zu helfen, ihre Noten in vergleichsweise kurzer Zeit von D oder F auf A oder B* zu verbessern – ohne die Unannehmlichkeiten, die sonst so häufig mit Förderunterricht verbunden sind. Und Sie werden sehen, warum Schüler, die im traditionellen Unterricht hervorragende Ergebnisse erzielen, vom Integrativen Lernen ebensoviel profitieren.

Die Techniken, die Sie in diesem Buch finden, sind bemerkenswert einfach. Warum? Weil sie auf einem wachsenden Verständnis dafür beruhen, wie das Gehirn Informationen verarbeitet, die in der Folge zu Wissen und Fertigkeiten für ein ganzes Leben werden. Viele dieser Verarbeitungsvorgänge versteht man erst seit kurzer Zeit. Die Prinzipien des Lehrens und Lernens, die sich von diesem Verständnis ableiten lassen, müssen in den meisten Schulen erst noch umgesetzt werden. Es überrascht indessen nicht, daß das Integrative Lernen in den Schulen, in denen es ausprobiert wurde, rasant angenommen wird.

Wächst bei Ihnen zuhause ein Genie heran?

Dieses Buch ist ein Führer durch Prinzipien, die Ihnen helfen sollen, eine verborgene Goldader anzuzapfen, sobald Sie eine geeignete Umgebung für diese Prinzipien

---

* Das amerikanische Schulsystem kennt fünf mit Buchstaben bezeichnete Noten, F (ungenügend), D, C, B und A (sehr gut). Anm. d. Übers.

geschaffen haben: das profunde Vermögen des Geistes zu lernen, die Motivation zum Lernen und die Freude am Lernen. Ich nenne diese Goldader „das alltägliche Genie".

Ich glaube, daß fast alle Menschen persönliche Höchstleistungen auf einem Niveau, das in der Vergangenheit allein Spitzenkräften vorbehalten war, erbringen können. Denn das Gehirn ist ein Instrument, das entweder gut oder miserabel genutzt werden kann. Es ist nicht schwierig, es gut zu nutzen, aber viele der Einflüsse, die derzeit Wurzeln in unserem Bildungssystem geschlagen haben, verurteilen uns dazu, unsere Gehirne weniger wirkungsvoll als möglich zu nutzen. Damit meine ich nicht die Grund-Intelligenz (die bei den meisten Menschen beträchtlich höher liegt als derzeit verfügbare Tests messen können); ich meine die Qualität der Leistung, die wahrscheinlich weit unter ihren Möglichkeiten liegt.

Das läuft darauf hinaus, daß wir alle – Sie, Ihre Kinder, Ihre Nachbarn und deren Kinder – alltägliche Genies sind, selbst wenn diese Tatsache in der Regel unbemerkt und unbeachtet bleibt. Das liegt wahrscheinlich daran, daß die Schule uns nicht nahebrachte, zu bemerken, was in uns verborgen ist – und was nur auf die richtige Umgebung wartet, um ans Licht zu kommen. Aber wenn Sie die in diesem Buch beschriebene Philosophie für sich annehmen, sollten Sie in der Lage sein, den sich entwickelnden Geist eines jungen Menschen, dessen geistiger und emotionaler Reichtum an Ressourcen die Welt entzücken wird, zu beeinflussen. Nicht den fahrigen, besessenen und hornbrillen-bewehrten Typ Wissenschaftler – nur allzu oft das Stereotyp des Genies –, sondern ein alltägliches Genie, einen normalen Menschen, der sensibel, lebendig, ganz und gar kompetent ist und dazu beitragen kann, die Welt lebenswerter zu machen.

Über das revolutionäre Konzept, Spaß zu haben

Viele vorzügliche Lehrer verstehen intuitiv, was auch Kinder verstehen: Lernen gedeiht natürlich, wenn es Spaß macht. Wie traurig ist es da, daß wir den Spieß gegen die Natur umgedreht und ein Bildungs- und Unterrichtssystem gefördert haben, das genau die entgegengesetzte Ansicht unterstützt: daß Lernen nur dann stattfindet, wenn man keinen Spaß hat.

Später werde ich noch einige Fakten über den Aufbau des Gehirns vorstellen, die Ihnen helfen werden, ein bißchen besser zu verstehen, warum Lernen natürlicherweise die unterhaltsamste Ihrer Aktivitäten sein sollte – selbst, wenn Sie Jura studieren und gerade für das Staatsexamen lernen. Posaunen Sie Ihrem Geist vorläufig die folgenden als die wichtigsten Worte des ganzen Buches entgegen: Lernen ist dann am wirkungsvollsten, wenn es Spaß macht.

Lauschen Sie dem Genie in Ihrem Kind

Da Sie mit dem Buch arbeiten, werden Sie immer besser in der Lage sein, den jungen Menschen in Ihrem Leben zuzuhören und sie zu inspirieren. In diesem Prozeß werden Sie eine Tiefe und Bandbreite der Intelligenz erforschen, die Sie entzücken, erstaunen und gelegentlich verblüffen sollte. Zugleich machen Sie sich mit einem Unterrichts-Ansatz vertraut, der es Ihnen ermöglichen sollte, auf junge Menschen so zu wirken, daß deren Fähigkeiten voll entwickelt und nicht verschwendet, abgewürgt oder in Zerstörungswut kanalisiert werden.

Es ist einfach nicht länger nötig, viele Lernprobleme wie schlechte Noten, lausige Motivation und haarsträubende Test-Ausfälle, die so viele Klassenzimmer plagen, hinzunehmen. Das Wissen, um die Schule zu einer freudigen Erfahrung für jeden zu machen, steht nun bereit, und die benötigten Ressourcen sollten nicht lange auf sich warten lassen. Sie brauchen keinen Doktor in Philosophie, Psychologie oder Erziehungswissenschaften, um das Problem anzugehen. Was Sie brauchen, ist ausreichend Sensibilität, um auf den reichen Schatz von Ideen und Erfahrungen, den Kinder normalerweise für sich behalten, einzugehen. Alle liebevollen Eltern und engagierten Lehrer können mit diesen Techniken arbeiten. Alles, was wirklich nötig ist: fangen Sie an!

Der Junge, der auszieht, die Geheimnisse des Universums zu ergründen

Ich kenne einen elfjährigen Jungen, der als Sechsjähriger zu seinem Vater gesagt hatte: „Papa, wenn ich groß bin, will ich herausfinden, wo sich das Universum macht". Unglücklicherweise waren an seiner Schule keine Lehrer wie Bev

Schroeder, und die Lehrer, die das Glück hatten, den Jungen in ihrer Klasse zu haben, meinten sich an ihre Lehrpläne halten zu müssen. Aber die Lehrpläne verloren kein Wort darüber, wo sich das Universum macht. Überzeugt davon, daß seine Unterrichts-Erfahrungen nichts mit seinen Träumen zu tun hatten, entschied er, daß die Schule seine Aufmerksamkeit nicht wert wäre. Entsprechend wollte er mit der Schule nichts mehr zu tun haben und ging mit jedem Jahr tiefer in die innere Emigration. Heute, fünf Jahre später, stellt man ihm die Diagnose „lernbehindert". Es ist, was man in der Medizin ein iatrogenes* Problem nennt – in diesem Fall ein von Lehrern verursachtes Lernproblem.

Vielleicht hätte ihm jemand auf dem Weg dorthin zuhören und mit der kreativen Einsicht, die einen hervorragenden Lehrer ausmacht, helfen können, seine Nachforschungen zu seinen bemerkenswerten Interessen systematisch auszubauen. Er wäre begeistert gewesen, und auch seine Lehrer hätten eine Menge lernen können.

Wie sahen Ihre Kindheitsphantasien aus?

Können Sie sich noch an irgendeinen Ihrer eigenen Kindheitsträume oder eine Ihrer Kindheitsphantasien erinnern? Gewiß gab es eine Zeit, als sie hofften, daß Ihnen jemand zuhören und helfen würde, einen dieser Träume wahr zu machen. Rannten Sie nicht mit glänzenden Augen zu Vater oder Mutter, um von einem magisch scheinenden Gedanken zu berichten, dessen einziger Zweck darin bestand, daß Sie, wenn Sie älter wären, die Realität besser verstehen würden? Ich habe viele Erwachsene darüber weinen gesehen, wie schmerzvoll es für sie war, daß man Ihnen als Kind nicht zugehört hat. Und einem Kind, dem wirklich zugehört wird, zuzusehen, ist manchmal schon für sich genug, um einem Tränen in die Augen zu treiben.

Die meisten können sich daran erinnern, wie sie spekulierten, ob unser Weltall vielleicht nur ein winziges Atom im einer Art gigantischem Universum ist, oder wie sie versuchten, sich eine neue Sprache auszudenken oder irgendeine magische Maschine zu erfinden. Junge Menschen lieben es, bis nach China zu graben, der „Letzte Starfighter" zu sein, der erste Mensch im All, ein Filmstar oder ein Entdecker verzauberter Heilmittel. Eltern und Lehrer aber teilen ihnen ungerührt mit, daß ihre

---

* iatrogen = durch ärztliche Handlungen hervorgerufen (griech. iatros „Arzt" + ...gen „erzeugend, bildend, entstanden") – Anm. d. Übers.

Träume unrealistisch sind und bestehen darauf, daß sie ihre Aufmerksamkeit wieder den wichtigen Dingen, wie Multiplikationstabellen, zuwenden. Und so vergeuden wir gedankenlos unsere wertvollste natürliche Ressource: das enorme Potential des menschlichen Geistes.

Achten Sie auf junge Menschen, und Sie können dieses Potential in ihrer oftmals bildhaften Sprache beobachten: manchmal launig, manchmal redegewandt, manchmal kryptisch. Während sie aus tiefstem Herzen sprechen, leihen wir ihnen, oft nur ein halbes Ohr, oder gar überhaupt keins. Vielleicht sind wir zu beschäftigt damit, uns darüber Sorgen zu machen, was „gut" für sie ist. Nein, ich vergesse nicht, daß es einen bedeutenden Unterschied zwischen dem kreativen Prozeß eines Erwachsenen und dem eines Kindes gibt. Picasso sagte, daß er als Kind wie ein Erwachsener malen konnte und als Erwachsener lernen mußte, zu malen wie ein Kind. Das Kind folgt einem inneren Licht, während der Erwachsene die für wahre und bedeutsame Innovation nötige Phantasie erst trainieren muß. Eine Kluft der Erfahrung trennt die beiden. Aber die Erfahrung der Kreativität in der Kindheit und die Reaktion, die sie bei Erwachsenen, die im Leben des Kindes wichtig sind, auslöst, legt die Grundlage für alles, was später geschieht. Phantasielose Reaktionen bewirken unter Umständen, daß aus den Kindern phantasielose Erwachsene werden.

Wir müssen Kindern helfen, ihre kreativen Reaktionen mit dem Erwerb von Wissen und Disziplin zu verbinden, damit sie die Magie ihrer Vision lebendig halten können, während sie die Werkzeuge erwerben, die sie brauchen, um die Welt der Erwachsenen zu meistern. Die Grundlagen – Lernen des Alphabets, Multiplikationstabellen und Lesefertigkeiten – können für Kinder so herrlich sein wie die Welt von H. C. Andersen. Und das mit Recht, denn die Grundlagen sind ungemein faszinierend. Doch muß man wie ein Kind denken, um die Bausteine des Wissens mit dem goldenen Schimmer der kindlichen Phantasiewelt zu umhüllen. Da wir jedoch alle einmal Kind waren, sollte es nicht allzu schwerfallen, wieder wie ein Kind zu denken – und es ist eine großartige Möglichkeit, einmal Urlaub zu machen!

So aufregend könnten die Grundlagen sein!

Unser Sechsjähriger etwa, der herausfinden wollte, wo sich das Universum selbst macht, hätte seine Multiplikationstabellen üben können, indem er die Sterne am

Nachthimmel zählte. Er hätte das Lesen durch das Studium von Astronomie-
büchern lernen können. Er hätte sich im Schreiben und in der Literatur durch das
Verfassen eigener Geschichten über den Ursprung der Dinge versuchen können.
Wenn er die Grundlagen durch solche spannenden Aktivitäten gelernt hätte, hätte
er niemals Lernprobleme entwickelt.

Eine vierte Klasse in Kentucky machte eine einfache, fünfminütige Übung, um
etwas über die Planeten zu lernen. Innerhalb eines Monats nervte daraufhin ein
Haufen Kinder den Bibliothekar mit der Bitte um Astronomiebücher. Diese alberne
kleine Übung (die ich zu Ihrer Unterhaltung irgendwo in diesem Buch versteckt habe), brachte so bemerkenswerte Resultate, daß der Lehrer sagte, daß es ihm peinlich
sei, überhaupt irgend jemandem etwas darüber zu erzählen, weil es ja doch niemand glauben würde. Was für ein Pech, daß unser Möchtegern-Astronom nicht in
dieser Klasse sein konnte!

Unsere beiden menschlichen Instinkte

Fangen wir also dort an, wo auch der Lernprozeß anfängt. Sie und ich kamen auf die
Welt und waren instinktiv bereit, zwei Dinge zu tun. Das eine war, Nahrung an der
Brust unserer Mutter zu saugen. Dazu benutzten wir unseren Saug-Instinkt. Das an-
dere war, alles andere zu tun. Dazu nutzten wir unseren Lern-Instinkt.

Das Wunder des kindlichen Lernens ist so weit von unserem Bewußtsein entfernt, daß es wissenschaftlich untersucht werden muß, um aufzudecken, was passiert, wenn das Kleinkind Intelligenz-Kunststücke vollbringt, die selbst den vielsei-
tigsten Erwachsenen umwerfen. Geboren mit einer geistigen Struktur, die die Laute gesprochener Wörter in komplexen grammatikalischen Formen strukturiert,
baut sich das Kind ohne fremde Anleitung eine komplette Sprache auf. Das Kind
braucht einfach nur diesen Lauten zuzuhören und sie anschließend auszuprobieren. Offenbar gilt: je mehr das Kind zuhört und übt, desto besser.

In eine Welt geboren, in der die subtilsten Nuancen mimischen und stimmli-
chen Ausdrucks ganze Bedeutungs-Welten in sich tragen, beginnt das Kind fast mit
der Geburt, zwischen diesen Nuancen zu diffenzieren. Und während fast alle anderen Tiere die einfache Aufgabe des Laufens auf allen Vieren lösen, beginnt der junge

Mensch fast sofort, sich auf die schwierigere Aufgabe vorzubereiten, auf nur zwei Beinen zu gehen, zu laufen... möglicherweise sogar Ballett zu tanzen. Dabei werden die Voraussetzungen für die Entwicklung wichtiger intellektueller Begriffe wie etwa der Balance geschaffen: Begriffe, die unser Verständnis all der verschiedenen Gebiete unter einen Hut bringen können.

Hand in Hand mit all diesen Fertigkeiten, die das Kind entwickelt, geht ein Verstand, der sich in zufälligen Bemerkungen, Phantasien und Fragen nach den Möglichkeiten des Lebens, das ihm noch bevorsteht, äußert. Diese Möglichkeiten sind von Mensch zu Mensch verschieden und für jeden einzigartig.

Erziehung ist...

Der Schlüssel zur Erziehung ist, das Lehren auf das Wesen unseres natürlichen Lernens abzustimmen. Das lateinische *educare* – „erziehen", hängt mit *educere* zusammen, das „herausführen (aus)" bedeutet. Die Aufgabe ist also nicht, jungen Menschen das Lernen aufzubürden, sondern aus der unendlichen Fülle an Ressourcen ihres Geistes jene Ressourcen herauszuführen, die der entstehenden kreativen Persönlichkeit am besten dienen.

Und welche Ressourcen sind das? Feinfühliges Zuhören und Interpretieren werden diese Ressourcen aufdecken. Achten Sie auf das Geplapper, Verhalten und Staunen Ihres Kleinen, als wenn sie einer Spinne beim Weben ihres Netzes oder einem Künstler an der Staffelei zuschauen würden. Beobachten Sie, wie der erste Entwurf entsteht. Versuchen Sie, sich das Bild, das Ihnen dieser sich neu formende Geist zeigt und anbietet, auszumalen. Erwarten Sie nichts – aber sehen Sie dem Ergebnis gelassen und neugierig entgegen.

Junge Menschen verlangen nach Unterricht und Bildung jeder Art. Denn das ist eine gemeinschaftliche Anstrengung. Kinder machen schon in der frühesten Kindheit Beobachtungen und werden von Ihren Reaktionen auf diese Beobachtungen beeinflußt, sie werden Fragen stellen und von Ihren Antworten beeinflußt werden, sie werden Dinge tun und von Ihrer Reaktion auf diese Dinge beeinflußt werden. Aus diesem Wechselspiel offenbart sich Schritt für Schritt eine einzigartige Bestimmung und Qualität der Intelligenz.

Natürlich hängt es von Ihnen ab, wie einfühlsam, wie geschickt und sensibel Sie im Umgang mit Kindern sein werden. Man hat jedoch festgestellt, daß bestimmte Aktivitäten die Phantasie, kreative Kraft und Intelligenz stärker stimulieren als andere. Dieses Buch wird Ihnen Vorschläge und Aktivitäten aufzeigen, die Ihnen helfen werden, den Lernprozeß besser funktionieren zu lassen – vielleicht hunderte von Prozenten besser – als er funktionieren würde, wenn Sie es für sich allein probierten.

Das Beste aus dem machen, was wir haben.

Die Krise in den Schulen hat mittlerweile monumentale Ausmaße angenommen. Viele Eltern beklagen, daß sie nicht den Unterricht finden können, den sie sich für ihre Kinder vorstellen, oder daß die Schulen das Lernen uneffektiv gemacht haben. Das muß nicht so sein. Ich habe Schulen besucht, die Muster an Engagement und persönlicher Höchstleistung sind. Ich habe Kursen beigewohnt, die durch Qualität des Lehrens und Lernes inspirierten, und in Kürze werde ich Ihnen einen Eindruck von diesen Kursen geben. Solche Schulen bieten heute schon viel der Bildung von Morgen, indem sie in durchschnittlichen Schülern Leistungen kultivieren, die an jedem anderen Ort überlegen wirken würden. Aber das sind seltene Ausnahmen.

Es wäre schön, wenn wir qualitativ hochwertigen Unterricht sofort und überall einführen könnten, aber unglücklicherweise haben zum jetzigen Zeitpunkt die meisten von uns keine Wahl und müssen sich die Gelegenheiten zum Lernen zu Hause suchen. Sie brauchen sich dabei nicht um fachbezogenen Lehrstoff zu kümmern – das ist die Aufgabe der Schule. Konzentrieren Sie sich statt dessen darauf, Ihr Kind vorzubereiten, auf im Unterricht dargebotene Informationen und Ideen zu reagieren.

Die Schulen können sich nicht ändern, solange es die Eltern nicht tun

Als Fernziel wollen wir erreichen, daß unser Schulsystem die wirkungsvollsten Mittel der Entwicklung des Potentials des Schülers annimmt und nutzt. Wir wissen, daß das möglich ist. Es geschieht in vielen, allerdings noch vereinzelten, öffentlichen wie privaten, Schulen, hier und in anderen Teilen der Welt.

Ihr Verständnis, Ihre Erfahrung und Ihr Engagement für bessere Bildung sind dabei entscheidend, denn nur, wenn viele Eltern das Wesen des Lernprozesses verstehen und beginnen, ihre Schulen aufzufordern, diese Prinzipien auch anzuwenden, werden wir eine Transformation öffentlicher wie privater Schulen erleben.

Die Zeit allerdings ist reif. Der öffentliche Aufschrei der Entrüstung, die Qualität der Ausbildung gefälligst zu verbessern, ist laut, und viele bundesweite, einzelstaatliche und kommunale Programme erkunden neue Möglichkeiten des Unterrichts. Mehr und mehr Menschen erkennen, daß wir entweder unser Ausbildungssystem umkrempeln oder dabei zusehen müssen, wie die Lebensqualität in unserer Gesellschaft und unsere Hoffnungen auf eine gerechtere, lichtere Zukunft den Bach hinuntergehen.

Ein Bericht der National Alliance of Business, der in den *New York Times* veröffentlicht wurde, schätzt beispielsweise, daß es jährlich mehr als eine Million Schulabbrüche gibt, was einen Verlust von 240 Milliarden Dollar an entgangenen Einnahmen und Steuern während der veranschlagten Lebenszeit der Abbrecher bedeutet. Andere Wirtschafts-Sachverständige schätzen, daß sich die zusätzlichen Kosten für die Schulabbrecher an Wohlfahrts-, Verbrechensbekämpfungs- und anderen sozialen Leistungen auf weitere 130 Milliarden Dollar jährlich belaufen. Das macht fast 4 Billionen Dollar in einem Jahrzehnt, Kosten, die sogar noch in den Schatten stellen, was unsere Regierung für alle Formen sozialer Dienste zusammengenommen ausgibt, einschließlich Bildungswesen.

Leider sind zu viele der Ansicht, daß ein besserer Unterricht mehr Disziplin, mehr Unterrichtsstunden, mehr Hausaufgaben und eine Umgebung erfordert, die das instinktive Verlangen des Kindes zu lernen noch weiter ausmerzt als es ohnehin schon der Fall ist. Das ist, als würde man sagen: wenn das Rupfen an einer Pflanze sie nicht schneller wächsen läßt, dann muß man eben noch stärker rupfen. Erwachsene haben schon immer die Neigung gehabt, ihren Kindern genau die Art von Erziehung aufzudrücken, die sie selbst erhalten haben. Der Haken ist nur: wir wissen, daß Angst im Klassenzimmer die Rate und Tiefe möglichen Lernens automatisch reduziert.

Obwohl schulische Disziplin wesentlich ist, ist das Terrorisieren von Schülern, um sie zu gutem Verhalten zu zwingen, demnach nicht die wirkungsvollste Methode zur Verbesserung der Lernqualität.

Einige Lehrer sind skeptisch gegenüber neuen Ideen, die für sich in Anspruch nehmen, die Lernfähigkeit des durchschnittlichen Schülers verwandeln zu können. Doch weiß ich aus Erfahrung, daß Lehrer, denen eine Möglichkeit gegeben wird, diese neuen Techniken einzuführen, in der Folge fast immer ihre enthusiastischsten Befürworter werden. Alles in allem profitieren Lehrer davon mindestens so viel wie die Schüler, wenn nicht mehr.

Andere Zeiten, andere Schulen

Manchmal hört man – denn zum ersten Mal in der Geschichte hat es eine Generation nicht geschafft, bei den Tests besser abzuschneiden als die vorhergehende – daß das undisziplinierte Milieu der Jugend für dieses Scheitern verantwortlich ist. Nur wenige haben die Möglichkeit in Betracht gezogen, daß die Ergebnisse diesmal schlechter ausgefallen sind, weil die Welt, in der die Jugend aufwächst, so weit entfernt ist von der, die im Klassenzimmer erfahren wird – was dazu führt, daß Schüler heute öfter und jünger als früher völlig ausbrennen. Man sollte Jugendliche heute nicht mehr so behandeln wie einstmals ihre Großeltern, denn die Welt hat sich verändert.

Wenn Jugendliche solche Dinge wie etwa die Daten des Bürgerkrieges in Amerika oder die Namen der Präsidenten nicht wissen, könnte das daran liegen, daß das Umfeld, in dem ihnen solche Dinge präsentiert wurden, dermaßen unerquicklich war, daß ihnen das Lernen fast völlig unmöglich gemacht wurde. Wenn die Grundlektion ihrer schulischen Erfahrung lautet, sie seien dumm, sie hätten ja wohl kaum eine ernstzunehmende Aussicht darauf, je etwas Bedeutendes aus ihrem Leben zu machen, sie würden in einer Kultur leben, die sich nicht um sie schert, die sie primär als unerwünschte Störenfriede ansieht, dann werden sie wahrscheinlich auch nicht viel Sinn darin sehen, überhaupt *irgend etwas* zu lernen, jedenfalls nicht im Unterricht.

Wenn Schule aber eine Erfahrung voller Freude ist, wie etwa eine Kreuzung aus einer guten Party und einem 5-Sterne-Kinofilm, dann werden sie wahrscheinlich eine ganze Menge lernen und auch lange behalten wollen.

Die Struktur ist verschieden, aber vorhanden

Ich propagiere nicht die ach so sensibel-gefühligen Aktivitäten der Sechziger, die so chaotische Zustände im Denken erzeugten und so viele der Grundbausteine der Erziehung in den Köpfen vieler Leute aushöhlten. Ich propagiere eine höchst disziplinierte und strukturierte Art von Unterricht – mit hohen Anforderungen und hohen Erwartungen.

Jüngste Forschungen über den frühen Wachstumsprozeß haben einige bedeutende Einsichten zu Tage gefördert, die in die Erziehungstheorie integriert werden müssen – Einsichten, die von der traditionellen Erziehung ignoriert werden oder gegen die von ihr bewußt verstoßen wird. Wenn wir diese Erkenntnisse in unseren Schulen weiterhin ignorieren, können wir kaum erwarten, daß sich etwas zum besseren wendet, gleichgültig, wie viel Zeit oder Produktivität wir von den Schülern verlangen.

Daher werde ich herausstellen, was für unseren Geist gilt und erklären, inwiefern sich das, was wir heute wissen, von den Lernmodellen, die gegenwärtig den überwiegenden Teil der Unterrichtspraxis beherrschen, unterscheidet.

Das Umfeld ist äußerst wichtig

Ich werde Ihnen weiterhin Vorschläge machen, welche Art von häuslicher Erfahrung und Umgebung dazu beitragen kann, in einem jungen Menschen den Wunsch danach wachsen zu lassen, geistig, seelisch und körperlich aufzublühen. Die meisten von uns können unseren Kindern jedoch keine große Hilfe sein, jedenfalls nicht, solange wir nicht zuerst uns selbst helfen. Das Leben ist, ob Sie nun promovierter Philosoph, Filmstar oder Fabrikarbeiter sind, mehr als Sie sich bisher darunter vorgestellt haben – fangen Sie also genau jetzt damit an, ein reicheres und vollständigeres Leben zu leben. Das sind Sie Ihren Kindern schuldig – und sich selbst. Mit der Anleitung durch dieses Buch können Sie die ersten Schritte dazu unternehmen, sich selbst so liebevoll und einfühlsam zu behandeln, wie Sie es immer verdient haben.

War Shakespeare wirklich einfach nur ein ganz normaler Typ?

Wenn Sie sich diese neuen Möglichkeiten erfolgreich erschließen wollen, müssen Sie möglicherweise Ihre Vorstellung von einem Genie revidieren. Manche Leute halten ein Genie offenbar für einen Schöpfungsakt Gottes, vergleichbar etwa mit dem Grand Canyon. Mit Sicherheit weiß niemand, wieviel von dem, was ein Genie ausmacht, nur Laune der Vererbung ist, aber wir wissen, daß das Potential jedes Menschen alles übersteigt, was man jemals für möglich gehalten hat. Dann erhebt sich natürlich die Frage: wie weit können Sie oder ich unser wahres Potential erkennen? Aber das ist nebensächlich, denn jede Gelegenheit, bewußter, sensibler und, im Endeffekt, intelligenter zu werden, bringt mehr und mehr des Genies, das in jedem von uns steckt, ans Licht.

Ist es möglich, daß Menschen wie Leonardo da Vinci, Sir Isaac Newton und Mahatma Gandhi im wesentlichen über das gleiche Potential verfügten wie wir alle, daß sie aber schlicht mehr Gelegenheiten hatten, es zu entwickeln? Das zumindest war Einsteins Meinung, jedenfalls, was ihn selbst betraf. Möglicherweise passiert einfach nichts, was die Fähigkeit eines Genies, nämlich zu lernen und Hervorragendes zu leisten, ausschaltet. Vielleicht hat er oder sie Glück genug, auf Menschen und Ereignisse zu stoßen, die sein Lernen auf einzigartige und machtvolle Weise stimulieren. Wer und was den Unterschied macht, können wir vielleicht nicht wissen; das Genie ist jedoch solcherart beschaffen, daß schon einzelne Funken angemessener Forderung, wie Biographien so häufig nahelegen, eine gewaltige Wirkung haben können.

Stellen Sie sich Genies also als Menschen vor, die die Gelegenheit hatten, einfach außergewöhnlich gut zu lernen. Streben Sie dann danach, ähnlich außergewöhnliche Gelegenheiten für die jungen Menschen in Ihrer Umgebung zu schaffen. Erwecken Sie in der Zwischenzeit wieder den jungen Dreikäsehoch in sich selbst und lernen Sie auch Ihr alltägliches Genie kennen.

Die Erziehung kann einen Unterschied machen

Die Genies der Vergangenheit haben die Meßlatten für uns hoch gelegt, aber wir sollten in der Lage sein, diese Latten zu überspringen. Inkompetenz auf einem

Gebiet entsteht aus dem Mangel an einer bestimmten Fertigkeit oder bestimmten Fertigkeiten, die erworben werden können. Durch den Erwerb der fehlenden Fertigkeiten sollten wir letzten Endes Kompetenz auf höchstem Niveau erreichen können. Das kommt in der Realität so selten vor, weil unser Bildungssystem von der Annahme ausgeht, daß Fähigkeit im allgemeinen mehr oder weniger seit der frühen Kindheit festgelegt ist. Diese allgemein vertretene Negativ-Annahme macht Schüler von vornherein stark anfällig dafür, zu glauben, daß sie kaum etwas tun könnten, was ihre Gesamtleistung um mehr als eine oder vielleicht zwei Noten verbessern würde.

Es reicht nicht, die Fertigkeiten der Genies der Vergangenheit zu identifizieren und zu beherrschen. Wir brauchen nicht noch mehr Shakespeares, Mozarts oder Newtons, denn ihre Arbeit ist bereits getan. Wir brauchen Genies, die sich auf einzigartige Weise von den alten Genies unterscheiden und deren Arbeit und Beiträge wir nicht vorhersehen können. Dies bedeutet, daß wir die zu lernenden Fertigkeiten eben nicht genau identifizieren und daher auch nicht im voraus bestimmte, dafür erforderliche Fertigkeiten vermitteln können.

Gute Autodidakten, die etwas erreichen möchten, können lernen, ihre eigenen Leistungen auf das höchte Niveau zu bringen – unter der Annahme, daß ihre Kontrolle über sich bei der Kontrolle über den Lernprozeß anfängt. Und genau das ist das entscheidende Geheimnis. Unser Bildungssystem nimmt den Menschen die Macht, indem es sie abschreckt, Kontrolle über ihre eigenen, einzigartigen Lernprozesse zu erlangen – aber es kann sie nicht aufhalten, wenn sie nur entschlossen genug sind.

Midlife-Kreativitätsschub

Ich weiß, daß ich möglicherweise übertrieben optimistisch klinge; wenden wir uns also einem authentischen Fall zu. Gilbert Kaplan ist einer der weltbesten Symphonie-Dirigenten. Als er Mahlers Zweite Symphonie in der Carnegie Hall im April 1983 dirigierte, bejubelten die New Yorker Kritiker die Aufführung als eine der besten, die ihnen von dieser Symphonie jemals zu Ohren gekommen war.

Zwei Dinge unterscheiden Kaplan von anderen Orchester-Virtuosen. Zum einen kann er nichts dirigieren außer dieser einen Symphonie. Zum zweiten konnte er noch 1980 überhaupt nichts dirigieren, und er war kaum in der Lage, sich durch eine einfache Klavier-Komposition zu lesen. Noch immer kann er keine einzige Orchester-Partitur lesen.

Im Alter von fast vierzig Jahren hatte sich Kaplan, hauptberuflich Verleger in New York, so leidenschaftlich in Mahlers Symphonie verliebt, daß er sich entschloß, ein Jahr lang freizunehmen und sie zu studieren. Während jenes Jahres begann er, das Dirigieren von Grund auf zu erlernen und memorierte jede einzelne Note und die Orchester-Notation des gesamten fünfundachtzig-minütigen Werkes, eines der komplexesten im symphonischen Repertoire.

Ungeachtet der Tatsache, daß ihm Berufsmusiker von seinem Vorhaben abrieten und ihn entmutigten, entschloß sich Kaplan in der Midlife-Phase, sich eine neue Fertigkeit anzueignen, sie zu meistern, und das gelang ihm so gut, daß er jetzt rund um die Welt reist und die Symphonie mit allen führenden Orchestern dirigiert. Als er damit anfing, hatte er zu keiner Zeit etwas Derartiges vor, und er hätte nie im Traum daran gedacht, daß er zu mehr in der Lage sein könnte, als die Symphonie auswendig zu lernen und eine Gruppe von Berufsmusikern dafür zu bezahlen, daß er sie dirigieren durfte. Es waren diese Musiker, die ihn, zusammen mit Kritikern von *Newsweek* und *The Village Voice*, die uneingeladen in sein erstes privates Konzert hineingehorcht hatten, einen Meister in der Kunst des Dirigierens nannten.

Sie machen wohl Witze – mein Kind ist doch nicht Mozart

Dieses Beispiel von einem Erwachsenen, der eine neue Fertigkeit bis zu einem Niveau meisterte, das dem der besten Berufsdirigenten vergleichbar war (wenn auch nur in seinem sehr engen Wirkungskreis) hat auf den ersten Blick vielleicht nur wenig mit der Erweckung des Genies in Ihrem Kind zu tun. Die meisten Menschen sind ziemlich überzeugt davon, daß sie eine solche Herausforderung wie die, der sich Gilbert Kaplan gestellt hatte, nicht bestehen würden, und sie übertragen diese Überzeugung als Teil des tief verwurzelten Glaubens, der unsere gesamte Kultur durchtränkt, auch auf ihre Kinder. Im Gegensatz dazu werden diejenigen, die zu größter persönlicher Höchstleitung auflaufen, von Kindheit an von einer Menge von Annahmen beeinflußt, die davon sehr verschieden sind.

Leider geben uns aber auch Beispiele von Eltern, Lehrern und Theoretikern, die weiterhin von der Annahme ausgehen, daß Kinder schon im frühesten Säuglingsalter alles lernen können, zu denken. Von John Stuart Mill, einem englischen Philosophen aus dem 19. Jahrhundert, der einer Erziehung von fast unfaßbarer Intensität unterworfen war, bis zu den „Superbabys" und „gehetzten Kindern" (*hurried children*) von heute springen die Risiken ins Auge: wir dürfen die Persönlichkeits-Entwicklung des Kindes nicht der Entwicklung einer bestimmten Fertigkeit oder überlegenen geistigen Leistungsfähigkeit opfern.

Wohin bringt also dies alles Eltern oder Lehrer des scheinbar so durchschnittlichen Zweitkläßlers, oder den Teenager, der sich mit dem High-School-Abschluß abmüht? Den meisten Menschen, die sich das Potential dieser jungen Menschen vor Augen führen, kommt es vielleicht vor, als ob nur diejenigen, die schon in jungen Jahren als Wunderkinder erkannt werden, auch zu Genies aufwachsen würden, während für die übrigen eine niedrigere Erwartungshaltung angebracht sei.

Einige Fakten über und Fragen zu Wunderkindern

Beispiele von Wunderkindern werden oftmals als Beweis dafür zitiert, daß ungewöhnliche geistige Fähigkeiten etwas sind, das wir entweder von Geburt an besitzen oder nie besitzen werden. Neueste Untersuchungen über Wunderkinder zeigen jedoch ein bemerkenswertes Muster allgemeiner Umwelteinflüsse.

Wie Roderick MacLeish in *The Smithsonian* schreibt, steckt die wissenschaftliche Untersuchung von Wunderkindern vergleichsweise noch in den Kinderschuhen. David Feldman von der Tufts University und Rima Laibow, Kinderpsychiater in Dobbs Ferry in New York, sind zwei, die in diesem Metier Karriere machen. Als Ergebnis ihrer Bemühungen und der anderer beginnt sich ein Bild der bei Wunderkindern gewöhnlich gegebenen Bedingungen abzuzeichnen.

Es folgen einige der Fakten, die bis jetzt aufgedeckt wurden, zusammen mit Fragen, die ich dazu stelle:

1. Die meisten Wunderkinder sind Jungen – liegt das daran, daß man schon immer von Jungen erwartete (und immer noch erwartet), daß sie mehr leisten als Mädchen?

2. Wunderkinder sind überdurchschnittlich häufig Erstgeborene in Mittelschicht-Familien – liegt das daran, daß das Erstgeborene die Hauptwucht der meisten Kindeserziehungs-Experimente der Eltern abbekommt und weil man sich mehr Mühe gibt, wenn man nur zur Mittelschicht gehört?

3. Die Eltern von Wunderkindern haben nach der Statistik das normale Alter zum Kinderkriegen bereits überschritten – liegt das daran, daß ältere Eltern näher an der Midlife-Krise und sich entsprechend ziemlich sicher sind, daß sie ihre lebenslang hochgesteckten Ziele nicht erreichen werden und diese also mit größerer Wahrscheinlichkeit auf ihre Kinder projizieren?

4. Überdurchschnittlich viele Wunderkinder kommen durch Kaiserschnitt zur Welt – liegt das daran, daß sie (zusätzlich dazu, daß ältere Eltern im allgemeinen häufiger Kaiserschnitte haben) durch diese Art der Geburt ein nagendes Gefühl der Unvollständigkeit haben, das nach Erfüllung durch intensiveren Selbst-Ausdruck strebt?

5. Ein hoher Prozentsatz der Eltern scheint die eigenen hochgesteckten Ziele durch ihre Kinder verwirklichen zu wollen – ist das die ausschlaggebende Kraft, die Kinder zum umfassendsten Ausdruck ihrer angeborenen Fähigkeiten treibt?

Es ist entscheidend, daß Sie persönliche Höchstleistung erwarten

Trotz allen Nachdrucks auf der Bedeutung angeborenen Potentials ist die Beziehung zwischen Natur und Erziehung noch immer unklar. Wir wissen noch nicht einmal, was genau an der Arbeitsweise des Gehirns – die Arbeitsweise, die wir für natürlich halten – eine höhere Leistungsfähigkeit bewirkt. Die Funktionsweise des Gehirns selbst mag sich in einem reichhaltig ausgestatteten Unterrichts-Umfeld verändern. Klar ist jedoch, daß die Erwartungen der Eltern großen Einfluß auf die Leistung haben; insbesondere Erwartungen, die in der frühen Kindheit ausgedrückt oder impliziert werden.

Was uns bleibt, ist eine Kombination aus sozialer Erwartung, Eltern, die hochmotiviert sind, das Beste in ihren Kindern zutage zu fördern, und vielleicht einem Quentchen angeborener Fähigkeit. Aus irgendeinem Grund scheint, James T. Webb von der Wright State University in Ohio zufolge, die statistische Häufigkeit hoher Intelligenz in unserer Gesellschaft zuzunehmen. Dies legt den Schluß nahe, daß eine Gesellschaft, die empfänglich für das Blühen der Intelligenz ist, wesentlich mehr Intelligenz aufweist als eine Gesellschaft, die dafür nicht empfänglich ist.

Auf der individuellen Ebene mag hier die Geschichte von Ezio Pinza, einem berühmten Star am Broadway und an der Metropolitan Opera, von Bedeutung sein, denn wenn überhaupt irgend etwas genetisch festgelegt ist, dann wohl eine große Stimme. Es wird jedoch berichtet, daß seine Eltern, als Pinza geboren wurde, zwei Wochen ins Land gehen ließen, bevor sie ihm einen Namen gaben. Eines Tages kam sein Vater beim Schlendern durch die Straßen mit einem Mann ins Gespräch, der zu ihm meinte: „Nenne ihn Ezio, und er wird ein berühmter, in der ganzen Welt bekannter Opernsänger werden." Könnte dies Erwartungen seitens der abergläubischen Eltern ausgelöst haben, die Pinza dann vielleicht unbewußt auf eine Karriere, die ihn einmal berühmt machen sollte, vorbereiteten?

… aber überfordern Sie nicht

Viele Wunderkinder hatten Eltern, die sie eindeutig überforderten. John Stuart Mill erlitt im Alter von zwanzig Jahren einen mentalen Zusammenbruch, an dem er den Rest seines Lebens laborierte. Viele andere, die vielleicht überfordert wurden, verausgabten sich zu früh als daß man jemals von ihnen gehört hätte. William Sidis schrieb sich mit elf Jahren in Harvard ein und verblüffte seine Dozenten mit einer Vorlesung über Mathematik. Zum Schluß war Sidis jedoch so erschöpft von den Bemühungen, ein Genie aus ihm zu machen, daß er wieder in der Versenkung verschwand, in einem stumpfsinnigen Leben, in dem sein hauptsächliches Interesse – zugleich seine größte Leistung – das Sammeln von Autobahngebühren-Plaketten aus aller Welt war.

Jene, die auch als Erwachsene erfolgreich blieben, wie etwa Mozart, Mendelssohn, der Geiger Yehudi Menuhin und der Mathematiker Norbert Wiener, hatten vielleicht Eltern, die in der Lage waren, ihren eigenen Ehrgeiz mit genügend Menschlichkeit zu zügeln, um dem Kind das Gefühl zu geben, mehr zu sein als ein

Monster im Schaufenster der Öffentlichkeit. Mozarts Briefe lassen mit Sicherheit auf ein sehr menschliches Familienleben schließen, erfüllt von Spaß und Trivialitäten Seite an Seite mit Ruhm und persönlicher Höchstleistung. In der Tat ist Mozarts bizarrer und greller Sinn für Humor, so unvergleichlich dargestellt in dem Film *Amadeus*, eine Eigenschaft, die er mit anderen Wunderkindern teilte.

Die Moral von der Geschichte ist klar. Versuchen Sie nicht, mit Druck oder Gewalt ein Genie aus Ihrem Kind zu machen. Am Ende könnten Sie sonst unter Umständen mit einem überaus intelligenten Menschen dastehen, der Ihnen alle Ihre Mühen aus tiefstem Herzen verübelt. Genialität sollte, wenn schon mit der Muttermilch verabreicht, sanft und in einem Kontext wärmsten Umsorgens und Unterstützens gefördert werden. Wenn menschliche Werte durch eine übertriebene Betonung von Intelligenz und Leistung nur noch ein Schattendasein führen, ist das Ergebnis unter Umständen ein psychologisches Desaster.

Hohe Erwartungen sollten nicht mit spezifischen Zielen und Meilensteinen verwechselt werden, die sich Kind (und Eltern) absichtlich gesteckt haben und erreichen möchten. Erinnern Sie sich, daß wahres Lernen von Freude erfüllt ist, und wenn die Freude aufhört, hört normalerweise auch das Lernen auf. Tadel, wie gut die Absicht dahinter auch immer sein mag, ist nie so förderlich und produktiv wie positive, geduldige Ermutigung. Jedes Kind entwickelt sich unterschiedlich; die Entwicklung eines Kindes mit der eines anderen zu vergleichen, hatte noch selten einen nützlichen Sinn oder Effekt. Achten Sie auf die Interessen des Kindes und erlauben Sie diesen Interessen, das Kind zu den Gebieten zu führen, die es am meisten begeistern.

In einem derart fördernden Umfeld können Sie darauf vertrauen, daß das Kind die Herausforderungen, die es zu seinem größtmöglichen Wachstum und möglicherweise auch zu seinen besten Leistungen führen, sucht und findet.

2

Wie Sie und Ihre Kinder natürlich lernen

Und wie überkommene Lehrmethoden der natürlichen Art und Weise zu lernen nicht gerecht werden.

Inzwischen gibt es zahlreiche Beweise für die Effektivität des Integrativen Lernens, das auch unter anderen Namen wie Accelerated Learning, Optimalearning, Superlearning, Suggestopädie, Whole Brain Learning und Holistisches Lernen bekannt ist. Alle diese Ansätze gehen von der Annahme aus, *daß wir durch eine Veränderung des Lernumfeldes und der Art und Weise, wie Wissen vermittelt wird, wesentlich bessere Ergebnisse erzielen können als mit traditionellem Unterricht.*

Das bedeutet nicht, alles aus dem Fenster zu werfen und ganz von vorn anzufangen, sondern es bedeutet, derzeit verfügbare Ressourcen besser zu nutzen. Da das Integrative Lernen kaum kostspielige Veränderungen erfordert, ist es das günstigste Schnäppchen, das im Bildungsbereich gegenwärtig möglich ist.

In der heutigen Atmosphäre der Krise an den Schulen neigen wir dazu, Lehrern, Verwaltung, Eltern und den Schülern selbst Vorwürfe zu machen. Die eigentliche Wurzel des Problems ist jedoch, neben dem beschränkten Verständnis des Lernprozesses, das viele traditionell ausgebildete Lehrer haben, das System. Gehemmt von nicht mehr zeitgemäßen Erziehungskonzepten und einer bürokratischen Organisation, die häufig das Schlechteste in Schülern, Lehrern und Verwaltenden zutage fördert, schlagen sich die meisten eben so gut durch, wie man erwarten kann.

Diese Situation wird nicht allzu schwer zu ändern sein, aber zuerst müssen wir erkennen, was mit dem, was wir haben, nicht stimmt. Seien Sie jedoch sicher, daß von der Aufrechterhaltung des Status Quo niemand profitieren wird. Die Veränderung wird also kommen – so oder so.

Der Mythos vom durchschnittlichen Lerner

Das Problem in den Schulen fängt damit an, daß man von den Lehrern erwartet, vorgefertigte Lehrpläne und Studienablaufsplanungen zu befolgen. Das erschiene ja noch hinreichend vernünftig, das Problem dabei ist aber, daß die meisten solcher Pläne von einem durchschnittlichen Lerner ausgehen; und der durchschnittliche Lerner ist ein Mythos. Als Ergebnis scheitert zumindest ein Teil des Unterrichts dabei, den Bedürfnissen auch nur eines Schülers gerecht zu werden.

Auf die Streß- und Verspannungszustände, die diese Situation unausweichlich schafft, weist ein griechischer Mythos hin. Prokrust maß seine Gäste, die über Nacht blieben, auf seinem Bett aus. Wenn Sie zu lang waren, schnitt er ihnen die Füße ab, wenn sie zu kurz waren, streckte er sie. Leider spiegelt dies nur viel zu häufig wider, wie der Geist junger Menschen heute behandelt wird; manche werden kurzgeschnitten, andere unvernünftig in die Länge gezogen. Gelegentlich kommt es vielleicht vor, daß der natürliche Lernstil eines Schülers zu den Klassen-Aktivitäten paßt, aber solange Lehrer starr und steif an einem vorgesetzten Plan festhalten, wird dies nur ab und zu, und wenn, dann zufällig, der Fall sein.

Manchmal fällt das spezielle Interesse eines Schülers mit dem gerade behandelten Thema zusammen, aber auch das ist weitgehend eine Sache des Zufalls. Ich erinnere mich an ganze fünf Anlässe von der ersten bis zur zwölften Klasse, bei denen meine Interessen angesprochen oder weiterentwickelt wurden. In der ersten Klasse wurde mir die Astronomie ans Herz gelegt, als jemand aus der Elternschaft einen Tag lang als Vertretung einsprang, und ich verliebte mich sofort in das Gebiet. Jedenfalls stimulierte diese Einführung eine Menge eigener Lektüre und eigenen Studiums. Aber ich denke, selbst mit dieser seltenen Anregung hatte ich noch ausgesprochenes Glück. Zumindest passierte überhaupt etwas in der Schule, das mein Interesse weckte.

Fahrschein ins Nirgendwo

So weit, wie die gegenwärtige Situation vom Ideal auch entfernt ist – viele Kinder lernen wirklich eine Menge in der Schule, da ihr Geist so robust ist, daß sie fast alles überleben können. Viele von ihnen bekommen hervorragende Zensuren, einige, ohne viel zu lernen. Das sind häufig diejenigen, die am meisten leiden. Sie haben das System akzeptiert – für den Preis, sich selbst entfremdet zu werden. Das gilt besonders für Kinder, die intellektuell nicht ausreichend stimuliert wurden, um das System auch in ihrer Freizeit und auch nach der Schule beizubehalten.

Douglas Heath, Psychologe am Haverford College, betrieb ausgiebige Forschungen an Privatschulen – seine Ergebnisse weisen nicht nur auf die Bedeutungslosigkeit eines Großteils schulischer Erfahrung hin, sondern sie machen auch deutlich, daß Erfolg in der Schule nur wenig über Erfolg im späteren Leben aussagt. Auch andere Studien deuten darauf hin, daß Schulerfahrung und späterer Erfolg nicht korrelieren. Vielleicht heißen gute Zensuren einfach nur, daß sich ein Schüler entschieden hat, den Lehrern nach dem Mund zu reden, ihre Anforderungen mechanisch und ohne Ahnung von Bedeutung oder Sinn zu erfüllen. Da einige dieser Anforderungen unvernünftig sein können, ist ein junger Mensch, der gute Zensuren bekommt, möglicherweise einfach unkritisch gegenüber unvernünftigem Verhalten.

Ich spreche häufig mit jungen Leuten über Kurse, in die sie eine Menge Zeit und Energie stecken. Wie oft nervt sie allein schon der Gedanke, über diese Kurse zu sprechen! Wenn das Gespräch auf Stoff kommt, den sie eigentlich schon früher gelernt haben sollten, meinen sie häufig: „Keine Ahnung mehr davon – ist doch schon ein Jahr her, daß wir das hatten."

Die meisten jungen Leute sind sich nicht bewußt, wie ironisch es ist, daß sie so viel Zeit in Dinge stecken, an die sie nicht einmal denken mögen. Da sie Schulaufgaben als unvermeidbar ansehen, stellen sie sich meistens gar nicht vor, wie es wäre, wenn sie an dem, was sie in der Schule tun, wirklich Freude hätten. Nichtsdestotrotz sind einige Schüler ziemlich betroffen davon, wieviel Zeit, Energie und Gefühl für die Absicht des ganzen sie für etwas vergeuden, das für sie wertlos ist.

Vor kurzem sprach ich beispielsweise mit einer Erwachsenen, die in der Schule immer glatte Einser bekommen, dafür aber einen hohen Preis bezahlt hatte. „Es war die einzige Möglichkeit, wie ich Anerkennung von meinen Eltern bekommen konnte", sagte sie. „Sie hatten keinen Respekt vor meinen originellen, kreativen Ideen, also habe ich mir beigebracht, meine Ideen zu unterdrücken, auch wenn Kreativität für meine Arbeit wesentlich ist. Die ganze Zeit habe ich damit zu kämpfen, darüber hinwegzukommen, daß ich gelernt habe, so gut die Erwartungen anderer zu erfüllen, daß ich schon nicht mehr weiß, was eigentlich meine eigenen Erwartungen sind. Ich will meinen speziellen Lebenssinn finden, aber ich kämpfe ständig gegen jemanden in mir, der mir erzählt, daß ich es nur wert bin, die Erwartungen anderer Leute zu erfüllen."

Drei Tage in zwölf Jahren

Wenn man den Betrag ungeteilter Aufmerksamkeit summiert, den die meisten Schüler während ihrer zwölfjährigen Schulzeit erhalten, kommen dabei wahrscheinlich circa drei bis sechs Schultage heraus. Wenn sie einem Tutor 20 Mark die Stunde bezahlen, könnten Sie mit weniger als tausend Mark für ebenso viel Aufmerksamkeit sorgen. Die Öffentlichkeit kommt diese Aufmerksamkeit grob gerechnet mit dem Hundertfachen dieser Summe zu stehen. Selbst wenn man die Tatsache in Rechnung stellt, daß man oft auch viel lernen kann, wenn man keine persönliche Aufmerksamkeit erhält, sollte es doch möglich sein, einen Unterricht anzubieten, der zehnmal so effektiv ist wie der derzeitige – für nicht viel mehr, als wir heute dafür ausgeben.

Und ein Unterricht dieser Qualität ist möglich. Ich habe in Schulen gearbeitet, an denen Lehrer, die ihre Schüler über drei Generationen lang gleich behandelt hatten, begierig waren, die von mir vorgeschlagenen Methoden aufzugreifen. Ich habe die Zynischen und Gelangweilten aufleben und begeistert vom Unterricht werden sehen. Ich habe große Gruppen ehemals skeptischer Lehrer gesehen, die sich so sehr im Integrativen Lernen engagierten, daß sie höchst motiviert sind, nach außen zu gehen und anderen Lehrern beizubringen, wie das geht. Ich weiß also, daß es möglich ist, die erforderlichen Veränderungen zu bewirken.

Selbst die am wenigsten inspirierenden Lehrer können besser werden – wenn sie die richtigen Gelegenheiten, Unterstützung und das erforderliche Wissen erhalten, wie sie das Gelernte umsetzen können, werden sie hochmotiviert sein, das auch zu tun. Gerade heutzutage gibt es viel mehr Lehrtalent in den Schulen, als wir nutzen. Es ist nicht nur der Geist der Schüler, der vergeudet wird, sondern ebenso der Geist der Lehrer. Was wirklich ironisch ist – angesichts der Tatsache, daß für gewöhnlich die Lehrer diejenigen sind, die den größten Teil der Verantwortung zu übernehmen haben, wenn die Kinder nicht lernen.

Lehrer sind nur allzuoft die ersten Opfer der Prioritäten in der Bildungsbürokratie, während sie doch im Gegenteil mehr als alle anderen unterstützt und dafür belohnt werden sollten, daß sie sich dem Unterrichten und der Verbesserung der Unterrichtsqualität widmen. Wenn die Bürokratie größten Wert auf gutes Lehren legt, steigt die Lebensqualität in den Klassenzimmern exponentiell.

Bis dahin müssen sich die Schüler die meiste Zeit noch auf eigene Faust durchschlagen. Diejenigen, die sich in das fügen, was die Lehrpläne von ihnen verlangen, schneiden oft besser ab als diejenigen, die sich nicht fügen, aber nur wenige kommen auch nur in die Nähe der Nutzung ihres vollen Potentials. Viele Schüler geben einfach auf und werden zu akademischen Wracks.

Zeiten, als Sie wirklich lernten

Aber statt über die gegenwärtige Lage zu nörgeln, lassen Sie uns lieber ein wenig betrachten, wie sich die Dinge verbessern lassen. Wenn Sie einmal die Gelegenheiten Revue passieren lassen, bei denen Sie wirklich etwas lernten, werden Sie vielleicht feststellen, daß häufig Ihr ganzer Körper in die Lernerfahrung einbezogen wurde. Vielleicht können Sie sich noch daran erinnern, wie Sie zum ersten Mal alleine Fahrrad fuhren, wie Sie ein Musikinstrument gut spielten, oder wie Sie zum ersten Mal von einem Spiel begeistert waren, egal, ob das nun Badminton oder Schach war. Wahrscheinlich können Sie sich auch daran erinnern, wie total Sie geistig und körperlich in die Erfahrung einbezogen wurden, als Sie ein fremdes Land besuchten.

Natürlich ist es möglich, daß Sie zu Ihren erinnernswerten Lernerfahrungen einen ungewöhnlich anregenden Vortrag zählen, eine Einsicht in die Mathematik, die Sie im Unterricht gewannen, oder eine Stunde, in der ein Lehrer ein Thema beson-

ders gut erklärte und Sie alles verstanden haben. Aber wenn Sie sich an viele solcher
Gelegenheiten erinnern können, sind Sie eher die Ausnahme. Viele von uns müssen
lange und angestrengt nachdenken, bevor sie sich auch nur an eine einzige gute
Lernerfahrung im Unterricht erinnern können. Aber die meisten von uns werden
sich sicherlich daran erinnern können, daß sie stillsitzen und aufmerksam sein
mußten, nicht im Klassenzimmer herumlaufen durften, aufpassen mußten, nicht
zu schwatzen, wenn sie nicht dran waren, usw. Die meisten dieser Beschränkungen
tragen nicht gerade zu einem Umfeld bei, in dem Menschen natürlich lernen.

Wie unsere Vorfahren zurechtkamen

Der Grund dafür ist einfach: Sie wurden geboren, um mit ihrem ganzen Körper und
allen ihren Sinnen zu lernen. Sie wurden nicht geboren, um täglich acht Stunden
auf einem Stuhl zu sitzen und jemandem beim Reden zuzuhören, oder sich jahrein,
jahraus das Hirn über Büchern zu zermartern. Unsere Vorfahren lernten, indem sie
durch die Wälder zogen oder die Felder bestellten, auf Pferden ritten oder ge-
schichtenerzählend am Feuer saßen. Noch bis vor kurzem (nur Minuten auf der
Skala der Evolution) gab es keine Bücher, keine Klassenzimmer und keine Vor-
lesungen.

Achtung: Babys bei der Arbeit

Wenn wir aufmerksam verfolgen, wie Babys und kleine Kinder lernen, können wir
erkennen, wie sehr ihr Lernen der Weise ähnelt, in der unsere Vorfahren Zeit ihres
Lebens lernten. Kinder lernen, indem sie Dinge *tun*. Sie sind fast ständig aktiv. Aber
manchmal sitzen sie auch lange genug still, um sich eine Geschichte anzuhören.
Und sie lieben es, dieselbe Geschichte wieder und wieder zu hören, bis sie sie Wort
für Wort aufsagen können. Kinder lieben Musik, Tanz, Sport und andere Formen
des Spiels. Sie lieben es, zu malen, zu töpfern und sich eigene Phantasien auszudenken.

Babys und kleine Kinder sind auf Menschen angewiesen, die ihnen beim Lernen
helfen, sonst können sie keine Fortschritte machen. Aber sie sitzen nicht still, während ein Älterer doziert oder sie in Verbformen drillt. Auf inneres Interesse reagieren

sie mit begeisterter Nachahmung. Wenn ihre Handlungen und Gedanken von einer wirklich aufmerksamen und einfühlsamen älteren (manchmal nur wenige Jahre älteren) Person angeleitet und geformt werden, können sie lernen, sich von ihren eigenen Anregungen ausgehend reichhaltige und einzigartige Muster anzueignen. In diesem Sinne unterrichtete Annie Sullivan auch Helen Keller*, und in diesem Sinne zogen Leopold Mozart und die gekrönten Häupter Europas eines der feinsinnigsten Genies der Musikgeschichte heran. Der Fachausdruck für das, auf was ich mich beziehe, lautet „vermittelte Lernerfahrung" *(mediated learning experience)*.

Reflektieren Sie einmal, wie Sie Ihre Muttersprache gelernt haben – Sie taten, was Kinder so gerne tun, und Sie kommunizierten fröhlich mit den Menschen in ihrer Umgebung, die begeistert davon waren, wie gut Sie lernten. In dieser Umgebung sowie durch liebevolle und fördernde Hilfestellung lernten Sie auch, non-verbal zu kommunizieren, Ihren Körper ins Spiel zu bringen, Menschen zu verstehen und Sinn aus der Welt zu machen.

Die Bedeutung von Lehrerfolg und Selbstachtung

Unsere in frühester Kindheit ausgeprägten Einstellungen zum Lernen haben großen Einfluß darauf, wie gut wir später lernen können. Vor wenigen Jahren wandte ein faszinierendes Forschungsprojekt von Dr. Klein, Dr. Weider und Dr. Greenspan am National Institute of Mental Health einige der Techniken Reuven Feuersteins auf vorschulische Lernerfahrungen an. Feuerstein glaubt, daß eine Beeinträchtigung in der Fähigkeit, gewisse Konzepte zu erfassen, in jedem Alter wieder behoben werden kann, vorausgesetzt, es wird eine angemessene Art Lehrer-Schüler-Interaktion geschaffen, die den notwendigen konzeptuellen Grundstein für das zu Lernende legt.

Indem sie Mutter-Kind-Interaktionen beobachteten, entdeckten die Forscher, daß es möglich ist, die kognitiven Fähigkeiten eines Kindes recht genau vorherzusagen, wenn man sich die Art und Weise anschaut, wie die Mutter während des ersten Lebensjahres mit dem Kind interagiert. Es wurden zahlreiche

---

* Helen Keller (1880-1968): Amerikanische Schriftstellerin, die, im Alter von zwei Jahren erblindet und taub geworden, im Jahre 1904 promovierte und eine prominente Sozialreformerin wurde. Sie sammelte Geld für die Ausbildung Behinderter und schrieb unter anderem *The Story of My Life* (1902). Anm. d. Übers.

unterschiedliche Arten der Interaktion untersucht; eine von ihnen, nämlich das von Lehrern und Eltern in einem Kind etablierte Gefühl des Selbstvertrauens bei Herausforderungen, wird „vermitteltes Gefühl der Kompetenz" (*mediated feeling of competence*) genannt.

„Durch vermittelte Gefühle der Kompetenz", schrieben die Forscher, „kann ein Kind nicht nur lernen, daß es erfolgreich war, sondern auch, welche Komponenten seines… Verhaltens zum gewünschten Ergebnis führten."

Interessanterweise stellte man fest, daß Mütter aus einkommensschwachen Schichten, von Überheblichen als weniger intelligent als Mittel- oder Oberschichtler angesehen, „sehr wenig Gefühle der Kompetenz und Verhaltensregulation vermittelten". Mit anderen Worten: ein Hauptgrund dafür, daß sich Kompetenz in einkommensschwachen Gruppen nicht gut entwickelt, ist, daß die Kinder von frühester Kindheit an nicht die gleichen Hinweise von ihren Müttern erhalten wie Kinder aus Mittel- und Oberschicht.

Nach meinen Erfahrungen bei der Arbeit mit diesen Menschen glaube ich, daß sich diese Situation verhältnismäßig leicht korrigieren läßt. Das Selbstbild eines Kindes und die Erfolgserwartung kann und sollte im Klassenzimmer entwickelt und verbessert werden. Wenn das nicht geschieht, können wir davon ausgehen, daß die Kinder ihr Verhalten weiterhin auf Hinweise gründen, die noch aus der frühesten Kindheit stammen und entscheidenden Anteil an der Ausformung ihres individuellen Selbstbildes hatten.

Selbstverwirklichung der Armen in Kolumbien

Glendon Nimnicht, ein Lehrer, der den Einfluß des Milieus auf das Lernen untersucht hat, betont selbst angesichts der Auseinandersetzung mit den grundlegendsten Problemen des Überlebens sehr entschieden, wie wichtig die Entwicklung menschlichen Potentials durch die Förderung der Selbstverwirklichung oder die Verwirklichung der angeborenen Motivation zu persönlicher Höchstleistung ist.

In einer Studie über vier verarmte und von der Außenwelt abgeschnittene kolumbianische Kommunen fand er heraus, daß „die Entwicklung menschlichen Potentials sehr wohl integraler Bestandteil der allgemeinen, umfassenderen

Entwicklung sein kann. Eine Umgebung, die menschliches Potential fördert, ist auch in der Lage, grundlegende biologische Bedürfnisse zu befriedigen."

Mit anderen Worten: es nützt also nicht viel, wenn man versucht, Menschen zu helfen, die Armut zu überwinden, solange man ihnen nicht gleichzeitig hilft, neue Wege zu entdecken, um sich selbst als erfolgreich und potentiell in der Lage zu sehen, sich in der Welt positiv und effektiv zu behaupten. Diese Einstellungen lassen sich leicht vermitteln, aber nur ein verschwindend geringer Prozentsatz der Bevölkerung wird diese Einstellungen jemals lernen, wenn nicht die gesamte Bevölkerung unterrichtet wird. Alles Lehren, anders ausgedrückt, sollte, bei gleichzeitiger Vermittlung von Wissen und Fertigkeiten, den Glauben des Lernenden an seine ihm innewohnende Fähigkeit, zu lernen und erfolgreich zu sein, fördern und stärken. Und das geht nur, wenn man erreicht, daß sich der Lernende beim Lernen wohlfühlt. Das Abkanzeln und negativ-kritische Bewerten, das im traditionellen Unterricht so häufig gang und gäbe ist, wirkt einer optimalen Lernerfahrung kontraproduktiv entgegen. Vor allem muß die Angst aus dem Klassenzimmer verbannt, durch Hoffnung und eine sich ständig selbst verstärkende Erfahrung von Erfolg und Selbstwert ersetzt werden.

Wie die intellektuell Überlegenen überlegen wurden

Seit etwa 1950 hat ein bulgarischer Psychotherapeut namens Georgi Lozanov erforscht, warum einige wenige Individuen in der Lage sind, geistige Höchstleistungen zu vollbringen, die den Rest von uns so erstaunlich stark in den Schatten stellen. Liegt das daran, daß sie von Natur aus cleverer sind, oder daran, daß sie Gelegenheit hatten, anders zu lernen? Hat es damit zu tun, daß Genies so häufig ein kindliches Verhalten zeigen? Lozanov kam zu der Überzeugung, daß jeder fähig ist, zwei bis fünfmal so schnell zu lernen wie unser gegenwärtiges System als normal ansieht, und daß sich diese Geschwindigkeit wahrscheinlich sogar noch erhöhen läßt.

Das Geheimnis beschleunigten Lernens, fand Lozanov heraus, besteht darin, das natürliche Lernumfeld des Kleinkindes neu zu erschaffen: man gestaltet das Klassenzimmer so, daß die Schüler zwischen dem passiven Zustand aufmerksamen Zuhörens, einer wundervoll künstlerischen Darbietung der Lektionen und

eigenem Engagement für den Stoff durch Lied, Tanz, Drama, anderen Arten körperlicher Aktivitäten und Diskussionen hin- und herschwingen.

Als ein Ergebnis seiner Untersuchungen forderte Lozanov, daß der Unterricht in
einer Atmosphäre ähnlich der eines Wohnzimmers oder Kinder-Spielzimmers
stattfinden sollte, daß der Lehrer eine fördernde Funktion ausüben und die Versuche des Lernenden mit anteilnehmenden und positiven Reaktionen verstärkend
unterstützen und zugleich die Bedeutung von Fehlern herunterspielen und ignorieren oder diese als bedeutungsvolle Versuche zur Kommunikation umdeuten
sollte. Lozanov gelang immer wieder ein steiler und anhaltender Anstieg der Lernkurve. Das erreichte er durch den Prozeß, den er *Suggestopädie* nannte. Ein Aspekt
der Suggestopädie ist die Infantilisierung: d.h., die geistig-seelische Empfänglichkeit des Kleinkindes im heranreifenden Lernenden neu zu erschaffen.

Wie der Ausdruck Suggestopädie schon impliziert, bildete die Suggestion der
Eckpfeiler von Lozanovs Theorie. Der Geist ist äußerst leicht zu beeinflussen – er
faßt im kleinkindähnlichen Zustand Suggestionen wörtlich auf und führt sie auch
wörtlich aus. Deshalb ist es, wie schon Nimnicht und die Forscher am NIMH
herausgefunden haben, so wichtig, eine Atmosphäre zu schaffen, die auf Selbstverwirklichung und Erfolgsorientierung ausgerichtet ist. Denn wir sind eher bei den
Dingen erfolgreich, bei denen wir glauben, erfolgreich sein zu können, und scheitern bei den Dingen, die wir nicht tun zu können glauben. „Gib mir einen Hebel, der
lang genug ist", sagte Archimedes, „und ich werde die Welt aus den Angeln heben".
In einem ähnlichen Geist können wir sagen: „Gib mir die richtige Menge von Suggestionen und bring mich dazu, sie zu glauben, und ich werde alles tun, egal was".
Natürlich besteht der sicherste Weg, jemandem den Glauben an den Erfolg zu vermitteln, darin, ihm Lernerfahrungen zu verschaffen, die logischer- und notwendigerweise zum Erfolg führen. Das ist viel wirkungsvoller als den Leuten nur zu
erzählen, daß sie an sich selbst glauben sollen.

Lozanovs drei Bedingungen für beschleunigtes Lernen

Nach Lozanov weist die Lernerfahrung, die eintritt, wenn Menschen mit ihrem voll-
en Potential lernen, drei wesentliche Merkmale auf. Erstens ist wahres Lernen von

Natur aus **voller Freude**. Zweitens vereint es Bewußtes mit **Unbewußtem**. Drittens beruht es auf dem **Reserve-Komplex**. Lassen Sie uns diese Merkmale der Reihe nach betrachten.

Was die Freude angeht – wir genießen nicht einfach nur das Gefühl, etwas gelernt zu haben – vielmehr ist der Lernprozeß an und für sich voller Freude. Wenn wir etwas lernen wollen, müssen wir mit froher Anteilnahme beginnen und mit Bedauern, zumindest aber mit einem Gefühl der Nostalgie, aufhören.

Wörter und Signale aufeinander abstimmen

Es ist ein grundlegender Fehler, die Untrennbarkeit bewußter und unbewußter Erfahrung zu ignorieren. Mit Unbewußtem meine ich Gedanken im Hintergrund, auf die man sich gerade nicht konzentriert, denen man sich aber zuwenden könnte, wenn man wollte. Besonders für Eltern ist es wichtig, dieses Konzept zu verstehen, da Kinder von ihrer unbewußten Sensibilität für die Einstellungen hinter den Worten beeinflußt werden. Diese Einstellungen werden unbewußt durch Tonlage und Gestik ausgedrückt – es ist zum Verrücktwerden, daß wir genau das, was wir am angestrengtesten verbergen wollen, mit größter Sicherheit der unbewußten Sensibilität von Kindern preisgeben. Deshalb ist es ist es so wichtig, wenn Sie mit Kindern zusammen sind, daß Sie in Ihrer Kommunikation auch Ihrer Begeisterung für das Ausdruck verleihen, was Ihre Kinder Ihrer Meinung nach im Leben erreichen können. Sie könnten auch begeistert davon sein, wie sehr das Leben für die ganze Familie ein einziges, von Freude erfülltes Abenteuer ist. Natürlich müssen Sie auch glauben, was Sie sagen, oder aber die Kinder werden nur die Botschaft hinter Ihren Worten aufnehmen – und die macht einigen Untersuchungen zufolge 93 Prozent von dem aus, was Kinder aufnehmen.

So wie Eltern dabei helfen können, Kinder an einem erfolgreichen und erfüllenden Leben teilhaben zu lassen, indem sie dafür sorgen, daß ihre non-verbale Kommunikation ihre Worte widerspiegelt, sollten auch Lehrer den Inhalt des Kurses mit den non-verbalen Anteilen der Darbietung harmonisieren, wenn sie unterrichten. Lozanov nannte diesen Harmonisierungsprozeß *doppelte Planung* (double planning). Der Lehrer sollte nicht durch das leiseste Anzeichen zu verstehen geben, daß der Stoff langweilig oder schwierig ist, oder daß der Schüler keinen Erfolg haben könnte. Auch sollte der Lehrer durchweg bei allem, was zu tun ist, eine frohe Einstellung verstärken. Die Bemerkung „Die Pause ist um – wir wollen uns nun wieder der Arbeit zuwenden" erzeugt beispielsweise den Eindruck, daß Lernen im Gegensatz zu einer Pause keinen Spaß macht.

Der Reserve-Komplex

Wenn Lozanov vom Reserve-Komplex spricht, meint er unsere nichtgenutzte Denkkapazität, unsere Fähigkeit, kreativ zu sein, Probleme zu lösen und uns selbst bis an die Grenzen unserer Möglichkeiten zu fordern. In der gegenwärtigen Gesellschaft wird der Reserve-Komplex meist nur unter außerordentlichen Umständen angezapft, da die meisten von uns davon überzeugt sind, minderwertig, oder nur mäßig, und zu irgend etwas Bedeutendem sowieso unfähig zu sein. Aber der Reserve-Komplex ist in jedem vorhanden und wartet nur darauf, angezapft zu werden, sobald das Umfeld für persönliche Höchstleistung und das alltägliche Genie sichergestellt ist. Eltern können hierbei am besten helfen, indem sie ihren Glauben in die Fähigkeit des Kindes, auch die höchste Ebene der Herausforderung zu bestehen, konsistent ausdrücken – allerdings muß das eine absehbare und realistische Herausforderung sein, die für die Absichten des Kindes relevant ist.

Die drei Barrieren des Lernens

Diejenigen möglichen Einflüsse, die zu einem beliebigen Zeitpunkt mit der offensichtlich universellen Lust am Lernen kollidieren können, nannte Lozanov **antisuggestive Barrieren**. Diese Barrieren werden errichtet, wenn der Schüler das Gefühl hat, daß etwas von dem, was ihm der Lehrer anbietet, bezüglich Logik, Ethik oder Freudegehalt mangelhaft ist. Mit anderen Worten: damit etwas leicht gelernt werden kann, muß es schlüssig, ethisch und voller Freude erlebbar sein.

Viele von uns haben beispielsweise Probleme mit der Arithmetik. Möglicherweise sind wir der Meinung, Arithmetik mache keinen Spaß, weil wir sie unter Bedingungen gelernt haben, die uns einschüchterten oder langweilten. Vielleicht meinen wir, sie sei nicht logisch, weil die Erklärung des Lehrers für uns keinen Sinn ergab oder unklar war. Vielleicht meinen wir auch, daß die Arithmetik nicht ethisch sei, weil sie für unser persönliches Wertesystem keine Bedeutung zu haben scheint. Wenn man meint, daß Mathematik für das Leben völlig bedeutungslos ist, muß man eben lernen, wie lebensnotwendig die Mathematik ist – nicht durch Vorträge, sondern durch Einsicht oder Erfahrung.

Die ethische Barriere kann auch unter dem Deckmantel von Vorurteilen gegen sich selbst auftreten. Manche Menschen fühlen sich schuldig, wenn die Dinge gut für sie laufen, weil sie glauben, sie hätten materiellen Wohlstand nicht verdient. Manche Menschen haben das Gefühl, daß sie es nur dann zu Wohlstand bringen können, wenn sie jemand anderem etwas wegnehmen. Auf diese Weise werden oft Schuldgefühle bezüglich Geld ausgedrückt. Aber auch Wissen und Fertigkeiten sind manchmal Opfer ähnlicher Einstellungen, selbst wenn man niemanden übervorteilt und sich Wissen und Fertigkeiten selbst aneignet. Selbst der Grundgedanke, daß Lernen uns irgendwie „besser" als andere macht, führt gelegentlich zu Schuldgefühlen. Manche Kinder meinen beispielsweise, daß es falsch sei, Dinge zu lernen, von denen ihre Eltern keine Ahnung haben. Die Eltern unterstützen diese Einstellung in seltenen Fällen tatsächlich sogar noch.

Die Barriere internalisierter Unterdrückung

Meistens jedoch macht sich Selbst-Unterdrückung in gänzlich irrationalen Formen Luft. Mädchen glauben vielleicht beispielsweise, daß nur Jungen eine Ader für Mathematik hätten. Oder schwarze Schüler könnten glauben, daß nur weiße Schüler Mathematik lernen können, daß schwarz zu sein sie unwert oder inkompetent mache.

Dieses Phänomen internalisierter Unterdrückung – das Vorurteil gegenüber sich selbst – kann sich als Folge tief in die Kultur eingefräster Selbstbilder entwickeln und ist in Gruppen, die als ganzes von der Gesellschaft unterdrückt werden oder worden sind, weit verbreitet. Unterdrückung findet übrigens meist non-verbal statt. Wenn farbige Menschen mit Medienbildern überschwemmt werden, die zeigen, wie weiße Menschen fast alle bedeutenden Rollen auf der Weltbühne spielen,

hat das einen tückischeren Einfluß auf ihr Bewußtsein als ein direkt ausgedrücktes
Vorurteil – tückischer, weil es sie unbewußt beeinflußt und es schwieriger ist, diesen Einfluß überhaupt zu erkennen, mit ihm umzugehen und ihn zu bekämpfen.

Die Folgen sozialen Drucks

Eine weitere Ausdehnung dieser Barrieren im großen Maßstab stellen die bewußten
und unbewußten Folgen sozialen Druckes dar. Lozanov meinte damit eine negative
sozial-suggestive Norm – ein Glaubenssatz, der von der gesamten Gesellschaft geteilt wird, beispielsweise, daß Lernen normalerweise schwierig und schmerzhaft
sei. Jeder, der eine gute Lernerfahrung haben möchte, muß zuerst diesen tief einge-
grabenen sozialen Glaubenssatz überwinden. Wenn man das Zuhause oder das
Klassenzimmer zur Verankerung positiverer Ansichten über das Lernen nutzt,
macht man den Boden für neue Glaubenssätze fruchtbar. Das ist der entscheidende
erste Schritt zur Kultivierung dieser Werte in der Gesellschaft im großen Rahmen.

Es muß nicht schwierig sein

Lozanovs Konzepte waren so durchschlagend, daß ihnen abenteuerlustige Lehrer
auf der ganzen Welt eine Chance geben wollten. Wurden seine Anweisungen präzi-
se befolgt, erzielte man bemerkenswerte Resultate. Die Schüler lernten schneller,
besser und mit größerer Verständnistiefe als man vorher für möglich gehalten hatte.

Auch Sie können das, und genauso Ihre Familie. Wenn Sie die Bedingungen verstehen, die das Lernen fördern, können Sie auch anderen Menschen jeden Alters
beibringen, intellektuell zu wachsen, auch wenn deren Erfahrungen in der Schule
vielleicht nur wenig zur Unterstützung dieses Lernprozesses beitragen. In späteren
Kapiteln werden wir Lozanovs Werk in größerer Tiefe erforschen.

Aber bevor Sie erfolgreich das intellektuelle Wachstum anderer anregen können, müssen Sie möglicherweise einige Änderungen an Ihrer eigenen Einstellung
zum Lernen vornehmen. Während freudvolle Herausforderung mit einem gewissen Grad von Frustration nur natürlich und wünschenswert ist, ist schmerzvoller
Streß um seiner selbst willen dagegen weder natürlich noch wünschenswert. Wenn

Sie also in einem System aufgewachsen sind, das Ihnen beibrachte, Studieren und Lernen seien schwierig, dann hat man Ihnen wohl einen Bären aufgebunden.

„Kein Schmerz, kein Gewinn" („no pain, no gain") – dieses von Body-Buildern volkstümlich gemachte Schlagwort, gilt nicht für das Lernen. Manche Menschen streben allerdings unbewußt danach, den Lernprozeß leidend zu erleben. Allzuoft geschieht genau das in der Schule. Auf lange Sicht führt das zu immer weniger Lernen und immer mehr Leiden.

Erlauben Sie mir, das mit einem Beispiel zu illustrieren.

Die Kunst, zu lernen, dumm zu sein

Ihr Gehirn kann von Natur aus sehr geschickt mit Grammatik umgehen. Sie können einen Satz bilden, ohne darüber nachdenken zu müssen, wie Sie Subjekt, Verb, Adjektive und Adverbien anordnen müssen. Sie können ohne mit der Wimper zu zucken komplexe Gerundiv-Konstruktionen handhaben. Eigentlich sollte es also leicht sein, die Teile der Sprache und die Strukturen, die sie bilden, zu benennen – nicht schwieriger als, sagen wir, Ihre Nase von Ihrem Mund oder Ihre Arme von Ihren Beinen zu unterscheiden.

Und doch haben die meisten von uns nach zwölf Jahren Grammatikstudium das Gefühl, daß die Grammatik zu verwirrend sei, um sich mit ihr abzuplagen, oder daß es sich wohl nicht lohne, sie sich einzuprägen. Wenn schon der Gedanke, die Struktur eines Satzes schematisch darstellen zu müssen, in Ihnen leichte Selbstmordneigungen auslöst, befinden Sie sich in der Gesellschaft einiger der klügsten und erfolgreichsten Menschen. Hier wird also eine komplette Bevölkerung, die die deutsche Grammatik intuitiv versteht, zu verwirrten und unbeholfenen Stammlern auf diesem Gebiet gemacht. Mit der Absicht, den einfachen letzten Schritt zu machen, nämlich den Schülern beizubringen, die Strukturen zu benennen, die sie in ihrer täglichen Sprache verwenden, schaffen wir es, sie derartig zu verwirren, daß sie die Grammatik nie richtig verstehen, und wenn sie noch so viele Stunden ins Lernen investieren. Eigentlich sollten wir den Schülern alles, was wir sie lernen lassen wollen, innerhalb weniger Stunden beibringen können.

Grammatik kann Spaß machen

Es ist nicht schwierig, Grammatik zu vermitteln, indem man die Schüler dazu bringt, sich in freudvollen Aktivitäten, die nicht nach Drill oder Studieren riechen, zu engagieren. Ich persönlich lasse die Schüler gern Satzdiagramme mit ihren Körpern formen. Dazu bilden sie lustige Sätze, und jeder fügt dabei ein Wort hinzu. Die grammatischen Beziehungen zwischen den Wörtern können ohne einen einzigen grammatischen Fachausdruck lebendig verankert werden.

Zum Beispiel schüttelt das „Subjekt" Hände mit dem „Verb", das „Verb" endet am Fuße des „Objekts", ein „Adjektiv" berührt die Schulter eines „Nomens", ein „Adverb" stößt an die Schulter eines „Verbs", und so weiter. Das macht einen Heidenspaß, und die Sätze, die aus den vereinten Anstrengungen aller im Raum entstehen, sind oft sehr amüsant.

Wenn Sie einen Teil der Sprache benennen und versuchen, diesen Teil außerhalb des üblichen Kontextes in einem Satz zu beschreiben, ist es den Schülern fast unmöglich, das, was sie da beschreiben, mit dem zu verknüpfen, was sie schon seit Jahren tun. Das liegt daran, daß wir am besten lernen, wenn wir *zuerst tun* und *dann benennen*, oder indem wir gleichzeitig tun und benennen, aber nur selten, indem wir erst benennen und dann tun. Eine Bezeichnung ohne Handlung oder Objekt, auf die sie sich bezieht, ist wie eine Tür ohne Zimmer. Sie hat keinen Sinn. Aber Lehrer bestehen immer noch darauf, das Wort „Nomen" an die Tafel zu schreiben und zu sagen „Nun, liebe Kinder, ein Nomen bezeichnet eine Person, einen Ort, ein Ding oder eine Idee".

Liebesaffären mit Computern

Sie haben wahrscheinlich beobachtet, wie viele Jugendliche von Computern hingerissen sind und wie gern sie stundenlang vor einem dieser Dinger hocken. Für sie ist diese Maschine ein normaler Teil ihrer Umgebung. Vielleicht haben sie durch ein Spiel zum ersten Mal Bekanntschaft mit einem Computer gemacht. Als sie sich dann dafür begeisterten, wollten sie den Computer besser kennenlernen und mehr darüber herausfinden, wie er funktioniert, ähnlich wie sie früher herausgefunden haben, wie man im Wohnzimmer herumkrabbelt, ohne daß es ihnen jemand gesagt hätte. Durch Spiele erfahren Kinder das Beherrschen eines neuen Konzeptes, und damit für alle Zeit verbunden die Assoziation eines Erlebnisses voller Freude.

Vielleicht ist Ihnen ein solcher Grad der Beherrschung ein Rätsel; für Eingeweihte bedeutet der Computer eine Menge von Erfahrungen, während Sie mit ihm vielleicht eher sinnentleerte Wörter und Symbole wie „digital", „on-line", „Tabellenkalkulation", „RAM", „ROM", „Prozessor" und so weiter assoziieren. Entweder verknüpfen Sie diese Wörter mit vertrauten Erfahrungen, oder diese Wörter sind für Sie Teil eines fremdartigen und irgendwie vage bedrohlichen Systems.

Falls Sie Computer nicht mögen, geben Sie die Hoffnung in sich selbst nicht auf. Sie können immer noch lernen, Computer zu verstehen und zu lieben. Vielleicht, wenn Sie mit einem dieser Dinger spielen und viel Spaß dabei haben, bevor man Ihnen allzuviele abstrakte Erklärungen auftischt. Nach (oder während) der Erfahrung können Sie ja das, was Sie tun, mit Wörtern belegen, die dann auch Sinn machen.

Jetzt laßt uns alle einen Fächer basteln

Ich werde Sie bitten, ein Gedankenexperiment zu machen, das Sie zum Kern meiner Ausführungen führen wird. Falten Sie ein Stück Papier zu einem Fächer. Wenn Sie fertig sind, dann dekorieren und verschönern Sie ihn. Und jetzt stellen Sie sich vor, daß Sie ein oder zwei Seiten bedruckten Papiers mit Falt-Anweisungen befolgen sollten, um zum gleichen Resultat zu kommen. Sie würden wahrscheinlich so viel Zeit zum Basteln des zweiten Fächers benötigen wie für das Basteln und Dekorieren des ersten, als Sie einfach ihrem Gefühl folgten, das Ihnen sagte, wie Sie den Fächer machen sollten.

Diese kleine Übung wird oft mit Schülern gemacht. Aufgefordert, einen Fächer zu basteln, können das alle. Wenn man ihnen erzählt, wie sie das tun sollen, kommen die meisten Schüler damit nicht zurecht und werden verwirrt.

Wie Belehrungen den Geist beleidigen

Dies ist die Wurzel der meisten unserer Lern- und Lehr-Probleme. Schulen entlocken Menschen keine persönlichen Höchstleistungen – sie erzählen den

Menschen, was sie tun sollen und wie. Bloßes Erzählen beleidigt nicht nur den Verstand, sondern führt außerdem zu Verwirrung.

Die beste Lehrmethode ist oft, damit zu beginnen, daß man den Schülern entlockt, was sie über das Thema schon alles wissen. Fast alles läßt sich auf diese Weise unterrichten, vorausgesetzt, der Lernende will auch wirklich lernen. Auch die Bereitschaft zum Lernen läßt sich auf diese Weise vermitteln, denn die Strategien erfolgreicher Lerner, die erfolglosen vermittelt werden können, hat man analysiert. Nicht-bedrohliches Engagement mit Spiel und Spaß ist dabei oftmals hilfreich. Auf jeden Fall muß man die erforderlichen Hintergrund-Konzepte vermitteln, um einen Hintergrund für das angestrebte neue Lernen zu erschaffen.

Wenn ich beispielsweise einer Gruppe von Lehrern die Konzepte des Integrativen Lernens vorstelle, beginne ich üblicherweise damit, daß ich sie durch eine Reihe von Erfahrungen führe. Dann fordere ich sie auf, zu beschreiben, was wir getan haben. Die Lehrer fertigen dann eine Liste der Grundprinzipien an, die für sie wichtiger sind als andere, die etwa von mir kommen könnten, weil die Liste in ihren eigenen Worten formuliert ist und auf ihrem eigenen Erleben gründet. Wenn noch Konzepte fehlen, die helfen, die Prinzipien des Integrativen Lernens zu verstehen, wird das in der anschließenden Diskussion aufgedeckt, und die nötige Klarstellung kann erfolgen.

Mit dem Lernen anfangen

Wenn Sie etwas lernen wollen, ist die beste Methode, die ich anzubieten habe, daß Sie sich Erfahrungen verschaffen, die Ihnen als Basis für zunehmendes Wissen oder Fertigkeiten dienen können. Dieser Prozeß setzt sich fort, da ich Sie mit weiterer Anleitung und Feedback versorge. Wenn ich fähig genug bin, werden Sie vielleicht sogar den Eindruck bekommen, alles ganz allein zu machen. Meine Rolle wird weniger zentral, da ich mich weniger darauf verlege, Informationen zu geben oder Fertigkeiten zu entwickeln, als vielmehr darauf, Sie zu fördern. Meine Richtlinie ist also, Ihnen, dem Schüler, dabei zu helfen, von mir, dem Lehrer, unabhängig zu werden.

Es ist gar nicht schwierig, Klassen so zu leiten, wir sind es nur nicht gewohnt. Unsere traditionellen Unterrichtspraktiken haben uns auf den falschen Weg geführt, indem wir unseren Schülern den größten Teil ihrer Denkarbeit abnahmen. Nachdem wir sie der fruchtbarsten Gelegenheiten zur Nutzung ihres Gehirns beraubt haben, beklagen wir uns darüber, daß sie nicht wissen, wie man denkt.

Die Wurzeln traditioneller Erziehung

Sie fragen sich vielleicht, woher die traditionellen Unterrichtspraktiken, die so viel Probleme schafften, eigentlich ursprünglich stammen. Ich könnte Ihnen auf diese Frage eine Menge Antworten geben. Ich könnte Sie durch die Entwicklung der Unterrichtspraktiken beginnend in der Zeit der Ägypter führen und über die Beziehung von Schule und Gesellschaft mutmaßen. Ich könnte erklären, daß die meisten Gesellschaften im Laufe der Geschichte keine intellektuell aktiven Bürger wollten; sie wollten eine Bevölkerung aus Arbeitern, gerade einmal in der Lage, Anweisungen wörtlich aufzufassen und auszuführen. Elitäres Denken hat seit jeher angenommen, daß die Mehrheit zu Besserem sowieso nicht fähig sei; und die Mehrheit hat, mit Ausnahme einiger weniger Revolutionen, auf dieses Votum des nichtvorhandenen Zutrauens normalerweise reagiert, indem sie tat, was man von ihr erwartete.

Ich könnte auch darauf hinweisen, daß unser öffentliches Schulsystem ursprünglich vornehmlich dafür ausgelegt war, Fabrikarbeiter zu produzieren, die pünktlich um Neun zur Arbeit antraten, die mündliche und schriftliche Anweisungen verstanden und befolgten und das Schiff nicht zum Kentern brachten.

Aber ich werde mich damit begnügen, Ihnen eine Analogie zu geben.

Ihr Kind ist kein Cola-Automat

Lassen Sie uns also ein weiteres Gedankenexperiment durchführen. Stellen Sie sich vor, Sie haben ein paar Markstücke in einen Cola-Automaten gesteckt, und nichts passiert. Sie bekommen Ihr Geld nicht zurück, und Sie bekommen auch keine Cola. Was tun Sie als nächstes? Wenn Sie wie die meisten Leute sind, treten Sie den Automaten. Das kann funktionieren. Übel durchgeschüttelte Automaten geben manchmal mürrisch ruckelnd nach. Wenn das Treten des Automaten nicht genügt, sehen Sie sich wahrscheinlich nach einem Fachmann um – jemandem mit einem Schlüssel, der den Automaten öffnen und Ihnen Ihr Geld zurückgeben kann. Oder nach jemandem, der befugt ist, Ihnen Ihr Geld zu erstatten und den Automaten später zu maßregeln (oder gar zu reparieren). Wenn nichts von alledem Erfolg hat und Sie reich sind, könnten Sie auch damit fortfahren, Markstücke an den Automaten zu verfüttern, in der Hoffnung, irgendwann werde vielleicht einmal eine Cola dabei herausspringen.

Mehr oder weniger ist das die Methode des Umgangs mit Kindern, zu der das Bildungssystem die Lehrer drängt. Das Wissen wird präsentiert, und wenn die Schüler lernen, schön und gut.

Wenn nicht, geschieht eines der folgenden vier Dinge: Man bestraft die Schüler (wie man den Cola-Automaten tritt). Oder man ruft einen Fachmann, der sie wieder in Ordnung bringt. Oder man meldet Sie einer Autorität (einem Elternteil oder anderen Verantwortlichen), die sich die Schüler später garantiert noch einmal zur Brust nimmt. Und wenn nichts von alledem Wirkung zeigt, läßt man sie eben alles noch einmal von vorne machen.

Die gängige heutige Schulpraxis unterscheidet sich nicht wesentlich davon. Wohl gibt es einige erleuchtete Unterrichts-Theorien, und manche Lehrer können Kinder motivieren, indem sie sie liebevoll behandeln oder ihre Klassenzimmer ungewöhnlich ansprechend gestalten oder einfach hervorragenden Unterricht anbieten. Das Erziehungssystem als ganzes behandelt Jugendliche allerdings meist so, wie Sie und ich einen Cola-Automaten behandeln würden. Man reicht die Tests herein und erhält die Testergebnisse zurück. Wenn die Testergebnisse nicht befriedigend ausfallen, bestraft das System, wendet sich an einen Experten oder zieht Autoritäten zu Rate. Wenn das alles versagt, schreit es das arme, verwirrte Kind zornig und wütend an: „Es gibt keine Entschuldigung für Dich, das nicht zu können – nochmal!"

Das wäre ja auch alles prima, wenn ein Kind genauso wäre wie ein Cola-Automat, denn unsere Art des Umgangs mit Cola-Automaten ist normalerweise ganz angemessen. Da aber Kinder intelligente lebende Wesen sind und keine Cola-Automaten, ist es auch nicht angemessen, sie wie Automaten zu behandeln.

Was ist ein Schüler?

Das Geheimnis der Kindererziehung ist etwa so simpel wie das Geheimnis des Umgangs mit Cola-Automaten, aber nur selten wird es ausprobiert. Der Dichter Robert Frost sagte es so: „Ein Schüler ist jemand, der irgendwo ist und versucht, irgendwoanders hinzukommen." Diese Aussage impliziert zweierlei: Wissen und Motivation.

Wenn Sie ein Kind haben, das gar nichts weiß, bleibt Ihnen nur noch übrig, es ans Bett zu fesseln und intravenös zu ernähren. In dem Moment, wo Sie eine irgendwie geartete intellektuelle Reaktion entdecken, können Sie den nächsten Schritt tun: Finden Sie heraus, wie und warum das Kind sein Wissen gerne erweitern würde.

Ein Start fürs Leben

Diese kooperative Beziehung zwischen Eltern und Kind kann für beide wundervoll ergiebig sein. Eine meiner positivsten frühen Erinnerungen habe ich an die Zeit, als ich meiner Mutter erzählte, daß ich ein Buch schreiben wollte. Sie setzte sich sofort an die Schreibmaschine und tippte die Worte, die ich ihr diktierte. Stellen Sie sich mein Gefühl von Macht vor, als ich Gedanken äußerte, die von ihrer Schreibmaschine unsterblich gemacht würden! Obwohl ich zu der Zeit kaum lesen konnte, gab sie mir das Typoskript in die Hand, das ich sofort als das erste von mir je geschriebene Buch identifizieren konnte.

Noch etwas Hervorragendes tat sie für mich, als ich elf war. Ich hatte eines dieser Bücher mit Schnittvorlagen zum Basteln eines Marionettentheaters, komplett mit Marionetten, geschenkt bekommen. Bald darauf gab ich zur Ergötzung meiner Mutter, des Dienstmädchens und aller Nachbarn, die ich von der Straße angeln konnte, kleine Vorstellungen. Dieser erfolgreiche Auftritt als Konzertunternehmer veranlaßte einige Monate später meine Mutter, ein größeres Marionettentheater zu bauen, mit an Fäden gespannten Puppen, einer unvollständigen Kollektion von Hintergründen und einer sorgfältigen, aber unvollendeten Dramatisierung meiner Lieblingsgeschichte, *The Wizard of Oz*, wobei alles offensichtlich nur darauf wartete, von mir vollendet zu werden. Es war ein hausgemachter Notbehelf, aber ich werde nie vergessen, wie dieser Notbehelf meine Phantasie verzauberte. Er war wahrscheinlich ausschlaggebend dafür, daß ich einige Jahre später ein Theater mit Schauspielern aus Fleisch und Blut gründete, das nach und nach zu einem sommerlichen Großereignis in Washington D. C. wurde.

Als meine eigenen Kinder zur Welt kamen, war die Idee, Bücher zu schreiben, nicht vergessen, obwohl ich die Sache irgendwie anders anging. Meine Kinder machten Bekanntschaft mit der Oper, bevor sie alt genug waren, zur Schule zu gehen. Da sie es seit jeher liebten, wenn man ihnen Geschichten vorlas, schrieb und illustrierte ich Bücher mit Geschichten über die Oper für sie, erfüllt von den Gefühlen, die Kinder wirklich verstehen. Das macht es ihnen leicht, der komplexen Musik zu folgen und sie zu genießen. In meinen Ohren klingt eine vierjährige kleine Stimme noch ganz lebendig, die sagte: „Mimi starb, und das machte Rudolph sehr traurig, und er weinte", oder nach dreieinhalbstündigem Sitzen in völliger Stille in Cavallis *L'Ormindo* (selbst für den eingefleischten Opernfan ein schwieriges Werk): „Papi, wann können wir das nochmal sehen?"

Wenn Kinder einen Funken von Interesse für Dinge erkennen lassen, sollte man reagieren, indem man ihr Interesse teilt, ohne dabei die Leitung an sich zu reißen oder die Herangehensweise der Kinder an das Thema zu dominieren. Umgeben Sie die Kinder mit Gelegenheiten zu lernen. Fragen Sie sie, ob sie Dinge ausprobieren wollen, die sie ihrer Meinung nach interessant finden könnten. Zeigen Sie Begeisterung für die Dinge, an denen Ihre Kinder interessiert sind.

Die Begeisterung, die Sie fühlen, formt die Freude am Lernen Ihrer Kinder, indem sie Ihren Kindern das Gefühl gibt, daß es völlig in Ordnung ist, wenn auch sie lebhaft interessiert sind, wenn auch nicht an den gleichen Dingen. Wenn Sie mit ihnen kommunizieren und ihre Freude teilen, werden Ihnen Ihre Kinder ihre Freude ebenfalls mitteilen wollen. Das Entscheidende ist, daß diese Eltern-Kind-Kommunkation eine Straße in zwei Richtungen ist.

Geben Sie ihnen so viel Informationen, wie ihre Kinder wollen, aber immer in ansprechender und mitreißender Form. Hören Sie den Fragen ihrer Kinder aufmerksam zu und geben Sie die besten Antworten, die Sie geben können. Geben Sie offen zu, wenn Sie keine Antwort parat haben, und laden Sie das Kind ein, Ihnen zu helfen, sich eine auszudenken. Denken Sie daran: es gibt keine dummen Fragen, es gibt nur dumme Antworten. Indem Sie auf die wirklichen Interessen Ihrer Kinder eingehen, können Sie einem fordernden und machtvollen Geist helfen, seine ersten begierigen Schritte auf dem Weg zur Meisterschaft zu machen.

Lese- und Schreibunterricht für Erwachsene

Es folgt ein interessantes Beispiel für guten Unterricht ohne die Mitwirkung von Kindern, obwohl die Technik, die ich gleich beschreiben werde, für den Lese- und Schreibunterricht von Kindern und Erwachsenen oft gleichermaßen empfohlen wird. Leider finden viele Lehrer diese Technik zu zeitraubend und geben sich erst gar nicht mit ihr ab. Ich hörte sie zuerst von einem Lehrer, der ungewöhnlich erfolgeich dabei war, praktisch lese- und schreibunkundigen Bergleuten das Lesen beizubringen. Er ging die Aufgabe folgendermaßen an:

Am ersten Unterrichtstag forderte er die Bergleute auf, etwas über sich selbst zu sagen, und nahm alles, was sie sagten, auf Band auf. In der folgenden Nacht tippte er ihre Bemerkungen, und in der folgenden Unterrichtsstunde gab er die Transkripte ihrer Bemerkungen an die Bergleute aus und forderte jeden Mann auf, seine Worte vom Vortag vorzulesen. Der Mann hatte große Probleme mit den ersten paar Worten – bis er sie wiedererkannte. Dann rief er meistens aus: „Ach klar, ja, das hab ich ja gesagt!" Danach kamen die Worte locker über seine Lippen und nahmen den Tonfall eines Mannes an, der spricht und nicht bloß unbeholfen abliest.

Das ist der erste Schritt. Der Lehrer fing an, indem er die Bergleute aufforderte, nur die Wörter zu lesen, die sie kannten und mit denen sie etwas anfangen konnten. Weiterhin machte er ihnen bewußt, daß sie mit etwas arbeiteten, was sie bereits kannten. Er tat dies in einer fördernden Art und Weise, die im Grunde sagen wollte: „Was Sie gesagt haben, war so wichtig, daß ich es getippt habe, damit Sie es lesen können."

Jetzt kommen wir zum zweiten Schritt, denn bisher hatte der Lehrer den Bergleuten erst dabei geholfen, sich darüber bewußt zu werden, wo sie sich, in Robert Frosts Worten, befanden. Als nächstes mußte er ihnen dabei helfen, woanders hin zu gelangen. Wie konnte er das am besten tun?

Er hatte sie bereits wissen lassen, daß er auf ihrer Seite stand und ihnen helfen wollte. Und zwar durch Handlungen, nicht nur durch Versprechungen. Weil er die

Mühe des Abtippens ihrer Bemerkungen auf sich genommen hatte, wußten sie, daß er sie respektierte und Anteil an ihnen nahm.

Wie man die schwierigsten Dinge zuerst lernt

Er wollte aber eine dauerhafte Lese-Motivation für sie schaffen, deshalb meinte er: „Wenn Sie gedruckte Wörter erkennen könnten, was würde Sie dann am meisten interessieren?" Die Antwort lautete: die Bedienungsanleitung für ihr Arbeitsgerät. Also teilte er Kopien der Anleitungen aus, die die Bergleute bemerkenswert schnell lesen lernten. Natürlich sind Bedienungsanleitungen nicht gerade der einfachste Lesestoff, und deshalb glauben Lehrer häufig, daß sie mit Büchern wie der *ABC-Fibel* beginnen müßten. Die *ABC-Fibel* hat aber nichts mit Bergleuten zu tun. Sie hat keinen Bezug zu dem Ort, an dem sie sich befinden oder dem Ort, zu dem sie kommen wollen, und deshalb ist sie auch nicht sonderlich effektiv dabei, wenn es darum geht, ihnen das Lesen beizubringen.

Das führt ganz organisch zu einem der wichtigsten Prinzipien des Integrativen Lernens: Verschaffen Sie sich zuallererst einen Überblick über das ganze Thema, und erlauben Sie erst dann den Details, sich in den Rahmen einzuordnen.

Frederick entdeckt die Algebra

Lassen Sie mich das mit einer Geschichte aus meiner eigenen Lehrerfahrung illustrieren. Frederick war als schwerst-lernbehinderter Schüler abgestempelt. Ich wurde eingestellt, um ihm Fertigkeiten im Englischen zu vermitteln, aber nachdem wir einige Monate mit guten Fortschritten gearbeitet hatten, brachte ich ihm ein Buch über Algebra mit und schlug vor, es gemeinsam zu erforschen. Frederick war vierzehn und hatte zwar schon von Algebra gehört, wußte aber nichts weiter darüber.

Ich schlug den Schlußteil des Buches auf und sagte ihm, daß wir mit dem letzten Problem anfangen würden. Damit fuhr ich fort, während er mir zusah. Während ich arbeitete, erklärte ich jeden Schritt und zeigte ihm die eingehenden mathematischen Begriffe. Dafür benötigten wir ungefähr fünfundvierzig Minuten. Als ich fertig war, wußte er, daß er das Problem zwar nicht allein hätte lösen können, aber er verstand allgemein, was ich getan hatte. Dann blätterte ich durch das Buch, von hinten nach vorn, und wies auf die vielfältigen Prozesse hin, die wir benutzt hatten und erinnerte ihn daran, wie wir das Problem gelöst hatten. Fast 80 Prozent des Buches waren ihm von diesem Standpunkt aus vertraut. Dann fragte ich ihn, ob er irgendwelche Fragen habe.

„Ja", sagte er, „warum glaubt eigentlich jeder, daß Algebra schwierig ist?"

Beim nächsten Treffen fingen wir mit dem ersten Satz des Buches an. Die Bedeutung dieses Satzes war Frederick nicht klar, also sprachen wir über zwei Stunden darüber. Das führte uns in so faszinierende Gebiete wie die Natur der fünften und sechsten Dimension, und wir hatten viel Spaß dabei. Eine Stunde hatten wir noch, und so forderte ich Frederick auf, mit der Bearbeitung der Aufgaben im Buch zu beginnen. Er sollte so viele auf jeder Seite bearbeiten, wie er zum Verständnis der innewohnenden Prozesse benötigte und dann zur nächsten Seite übergehen.

Alle Probleme, die er sich vornahm, löste er richtig, und am Ende der Stunde waren wir bei Seite dreiundfünfzig angelangt.

Seit dieser Erfahrung mit Frederick habe ich diese Übung, mit einigen Abwandlungen, mit vielen anderen Schülern wiederholt. Ich habe auch mit zahlreichen Lehrern gesprochen, die mir berichteten, daß sie im wesentlichen die gleiche Übung mit ähnlichen Ergebnissen probiert hatten. Und ein Lehrer, dem ich diese Geschichte auf einer Lehrerfortbildungs-Veranstaltung mitten im laufenden Schuljahr erzählte, meinte, er hätte die Technik sofort in seinem Algebra-Kurs eingeführt. Sie waren mit dem Buch einen Monat früher durch als vorgesehen, obwohl er in den Jahren zuvor mit dem Buch überhaupt nicht durchgekommen war.

All dies illustriert, daß es leichter ist, etwas zu verstehen, wenn die erste Begegnung mit dem Thema dessen ganze Reichhaltigkeit und Vielschichtigkeit zeigt. Zu wissen, daß man all den verschiedenen Prozessen folgen und sie verstehen kann, selbst wenn man vielleicht nicht in der Lage ist, sich an sie zu erinnern oder sie zu reproduzieren, führt zu einem Gefühl der Vertrautheit mit dem Thema, das es erleichtert, den eigenen Grad der Beherrschung abzuschätzen. Beim Herangehen an ein neues Thema fühlt sich der Geist wohler, wenn er es in vollem Umfang kennt und mag es, wenn er das schwierigste daran kennt. In den frühen Stadien der Beschäftigung mit einem Thema kann man sehr viel neues Wissen sehr schnell absorbieren.

Anschließend geht man dann mehr und mehr zu den Details über. Wenn die erste Begegnung den ganzen Umfang des Themas skizziert, hat man eine Struktur, mit der man alles andere in Beziehung setzen kann, so daß die verbleibenden Details sich leichter in den Rahmen einfügen.

Es gibt kein Bedürfnis nach geistiger Fütterung

Vielleicht stimmen wir mittlerweile darin überein, daß löffelweises Füttern nicht der beste Zugang zum Geist ist, der es vorzieht, von Anfang an alles, woran er interessiert ist, auf einem recht fortgeschrittenen (aber nicht-verwirrenden) Niveau zu lernen.

Können Sie sich einen Unterricht vorstellen, in dem der Lehrer versucht, herauszufinden, wo sich jeder Schüler befindet und wohin dieser Schüler gelangen will? Das gäbe ein heilloses Durcheinander? Die Schüler würden einander entfremdet? Der Lehrer wäre überfordert? Oder gibt es vielleicht doch einen Weg, die Aktivitäten von Schülern und Lehrer unter einen Hut zu bringen?

So nämlich ging es in dem Einzimmer-Schulhaus zu, in dem die Lehrer alle zwölf Jahrgänge im gleichen Raum unterrichten mußten. Es war nicht möglich, der Klasse als ganzes viel darzustellen, und so unterrichtete der Lehrer normalerweise die fortgeschrittensten Schüler, die dann ihrerseits die Schüler auf dem nächsttieferen Niveau unterrichteten. Währenddessen war sich jeder auf der ersten Niveaustufe bewußt, welcher Stoff noch kommen sollte, so daß den Schülern alles schon vertraut vorkam, als es Zeit wurde, sich damit zu beschäftigen. Viele, die in einem solchen Umfeld unterrichtet wurden, sagen, daß sie den Stoff sehr gut auf diese Weise gelernt haben.

Wenn Sie immer noch glauben, daß ein Lehrer, der mit einer Klasse von fünfunddreißig Kindern konfrontiert ist, wohl kaum auf alle Bedürfnisse und Wünsche eingehen könne, dann bedenken Sie, wie Kommunikations-Experten das Problem lösen. Jeder, der in der Werbung arbeitet oder ein populäres Buch, einen Film oder eine Fernsehshow für den Massenmarkt schreibt, muß ein großes Spektrum an Interessen und Fähigkeiten bei Lesern oder Zuschauern ansprechen. Das wird normalerweise durch eine Wendung zu grundlegenden menschlichen Bedürfnissen oder Interessen in einem genügend reichhaltigem ästhetischen Kontext bewerkstelligt, so daß die meisten Menschen in diese Erfahrung hineingezogen werden. Es gibt keinen Grund, warum nicht auch ein Lehrer durch den Einsatz ebensolcher künstlerischer Techniken, die auch Autoren, Künstler und Kommunikations-Spezialisten nutzen, Interessen wecken und entwickeln können sollte.

Das meiste wird daheim getan

Wir dürfen jedoch nicht aus den Augen verlieren, was zu Hause getan werden sollte und kann. Was zu Hause geschieht, ist von grundlegender Bedeutung für die Erziehung Ihres Kindes. Viele Studien wie der Coleman-Report haben gezeigt, daß schulischer Erfolg nicht so sehr davon geprägt wird, wie die Schule traditionellerweise erlebt wird. Diese Studien legen nahe, daß das kindliche Lernen mehr vom häuslichen Umfeld als von allem anderen bestimmt wird. Nur eine außergewöhnlich hervorragende Schule kann beim Lernen im Kindesalter große Veränderungen hervorbringen.

Eine Reihe von Interviews mit erfolgreichen Menschen zeigte auf, daß es in deren persönlichen Umfeld immer jemanden gegeben hatte, der ein besonderes Interesse an der Erziehung dieser Menschen hatte. Mit anderen Worten: ein Hauptfaktor, um jungen Menschen dabei zu helfen, erfolgreich zu werden, ist, Ihr Verständnis von persönlicher Höchstleistung und der Wege zum Erreichen dieser Höchstleistung zu modellieren und zu teilen. Deshalb betonen die Biographen berühmter Leute so häufig Einflüsse aus der Kindheit.

Was für Sie drin ist

Sie werden die Herausforderung wahrscheinlich nur dann angehen, wenn einige Bedingungen erfüllt sind.

1.   Alles in diesem Buch sollte unter der Annahme gelesen werden, daß Sie Ihre elterlichen Aufgaben bereits gut erfüllen. Schuldgefühle für das, was Sie hätten tun sollen oder nicht taten, sind kontraproduktiv. Nutzen Sie die hier vorgestellten Ideen, die sich bequem in Ihr Familienleben einfügen. Sie müssen nicht alles aus

dem Buch umsetzen – damit Sie aus der Vielfalt der Übungen wählen können, habe ich hier mehr aufgenommen, als eine Familie nutzen kann. Erinnern Sie sich also immer wieder daran, daß Sie ein guter Vater oder eine gute Mutter sind, und daß Sie alles, was Sie tun, wie wenig es auch sei, zu einem noch besseren Vater beziehungsweise einer noch besseren Mutter machen wird.

Wenn tatsächlich einmal etwas schiefläuft und Sie sich deswegen schuldig fühlen, dann erinnern Sie sich daran, daß alle Eltern manchmal unzulänglich sind. Ihre Kinder werden über Ihre Fehler hinauswachsen, so wie Sie über die Ihrer Eltern hinausgewachsen sind. Es hat also keinen Sinn, sich Vorwürfe zu machen für das, was schieflief oder für das Gefühl, nicht der beste Vater oder die beste Mutter zu sein, oder gar, zu überhaupt nichts nutze zu sein (ich habe festgestellt, daß viele Eltern sich so fühlen). Seien Sie stolz auf die Fähigkeiten, die Sie bisher bei der Anleitung eines jungen Menschen auf seinem Weg zum Erwachsensein gezeigt haben. Sie leisten hervorragende Arbeit, wenn man die ungewöhnlichen Anforderungen bedenkt, die Erziehung Eltern an Intelligenz, Geduld, Sensibilität und Erfindungsreichtum abverlangt. Wenn das nicht wahr wäre, würden Sie dieses Buch nicht lesen.

2.   Sie werden die Empfehlungen in diesem Buch sehr viel bereitwilliger umsetzen, wenn Sie genausoviel Nutzen aus daraus ziehen können wie Ihre Kinder. Die meisten von uns sind zu beschäftigt, um viel Zeit darauf zu verwenden, unsere Kinder wachsen zu lassen, es sei denn, wir werden mit einem Notfall konfrontiert. Aber in diesem Buch geht es nicht um Notfall-Situationen. Es eröffnet Ihnen und Ihrer Familie die Chance, ein vollständigeres, reichhaltigeres und glücklicheres Leben zu führen. Sie können die familiären Aktivitäten so planen, daß das, was Ihren Kindern hilft, auch Ihnen helfen wird, und daß das, was Ihren Kindern Spaß macht, Ihnen genausoviel Spaß macht.

3.   Die meisten Menschen sind zu beschäftigt, um mehr zu tun als sie sowieso schon tun. Daher ist dieses Buch so konzipiert, daß es sich in Ihren bereits bestehenden Plan einfügt. Machen Sie die Aktivitäten beim Abendessen oder wenn Sie ins Bett gehen oder während spezieller Familienzeiten oder bei Gelegenheiten wie Geburtstags-Partys.

Denken Sie daran: es ist für die ganze Familie

Ringen Sie sich also jetzt dazu durch, ein neues Kapitel in Ihrem Familienleben auf-zuschlagen, eines, das Sie und Ihre Kinder in einer liebevolleren und erfüllteren Be-ziehung enger zusammenbringt. Durch diese neue Erfahrung werden Sie ebenso viel von Ihren Kindern lernen wie Ihre Kinder von Ihnen. Sie können das, was Sie lernen, Ihren praktischen Bedürfnissen anpassen und sich darüber Gedanken machen, wie Sie gleichzeitig mehr Spaß am Leben haben können.

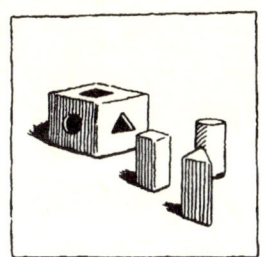

3

Die Bausteine des Lernens

*Die drei Bestandteile des Lernprozesses, Input, Synthese und Output. Wie Georgi
Lozanovs innovativer Ansatz das Lernen beschleunigt und vergnüglicher macht.*

Erzieher wurden während der letzten Generation von zwei Phänomenen heimge-
sucht – Fernsehen und Videospiele. Diese verdienen einen zweiten Blick. Beide Medien nutzen natürlich ähnliche Technologie, aber in ihrer Wirkung auf den Geist
unterscheiden sie sich.

Fernsehen vs. Videospiele

Die Wirkung des Fernsehens auf seine Zuschauer könnte von herausragendem erzieherischen Wert sein, aber meist ist sie schlicht trivial oder noch schlechter. Jede
Woche geht wahrscheinlich so viel Information durch den Äther, daß diese eine
Woche einer kompletten College-Ausbildung entspricht (wenn man den Inhalt aller Programme mit dem Wissen vergleicht, an das sich ein College-Absolvent noch
erinnern kann). Wenn also der Inhalt alleiniges Kriterium wäre, müßte es eigentlich
möglich sein, daß Ihr Kind Abend für Abend in die Röhre schaut und anschließend
als Professor der Philosophie oder klüger aufsteht.

Einer der Gründe dafür, warum das nicht geschieht, ist, daß die Mattscheibe nur
eine der drei notwendigen Vorraussetzungen des Lernens bietet: **Input**; und das
Fehlen der anderen beiden, **Synthese** und **Output**, verringert die nutzbare Intelli-

genz des Zuschauers eher. Wenn die zweite und dritte Komponente des Lernens hinzukämen, könnte das in einem deutlichen Anstieg der Lernfähigkeit resultieren.

Im Gegensatz dazu erfüllt das Videospiel alle drei Bedingungen in nahezu idealem Verhältnis. Videospiele können daher Geschicklichkeit und Fertigkeiten innerhalb kurzer Zeit dramatisch steigern. Woran es ihnen mangelt, ist bedeutungsvoller kultureller Einfluß sowie menschliche Interaktion.

Überlegen Sie, wie ein Videospiel auf Sie, den Spieler, wirkt. Sie versuchen, die Bewegung von Bildern auf einem Bildschirm zu steuern. Dazu benötigen Sie Input (die erste Stufe des Lernens). Das heißt, Sie müssen die Konfigurationen auf dem Bildschirm, die sich von Augenblick zu Augenblick verändern, verfolgen. Aber wie jeder Spieler weiß, genügt das nicht. Der Irrgarten und das Durcheinander visueller Information, die Ihnen unvermittelt entgegengeschleudert wird, ist schwer zu durchschauen. Es braucht noch die zweite Stufe des Lernens, die Synthese, um eine gewisse Leichthändigkeit zu erwerben.

Wie der Geist neue Informationen verarbeitet

Synthese findet statt, wenn Sie das, was Sie Augenblick für Augenblick beobachten (den neuen Input) mit früherer, bereits im Gedächtnis gespeicherter, Erfahrung abgleichen. Während Sie das Spiel üben, häufen Sie einen Erfahrungsfundus in Ihrem Speicher an, auf dessen Grundlage Sie den neuen Input auswerten. Da Sie mit dem Spiel vertraut werden, wächst nach und nach Ihre Fähigkeit, neuen Input mit Erfahrung aus der Vergangenheit in Beziehung zu setzen.

Output ist die dritte Stufe. Sie können nicht einfach nur passiv zuschauen – Sie müssen reagieren, sobald auf dem Bildschirm etwas geschieht. Wenn Ihre Reaktion gut genug ist, punkten Sie. Nach und nach verbessern sich als Resultat der Koordination von Input und Synthese Ihre Reaktionen – und Ihre Scores.

Die wertvollste Eigenschaft des Videospiels ist sein unmittelbares Feedback auf Handlung und Leistung. Während Kinder in der Schule gewöhnlich tage- oder wochenlang warten müssen, bevor man ihnen ihre Testergebnisse mitteilt, rücken Videospiele sofort mit dem Ergebnis heraus. Dieses augenblickliche Feedback ist einer der entscheidendsten Faktoren bei der Beschleunigung und allgemein bei der Verbesserung des Lernens.

Der automatisierte Lehrer der Zukunft

Sobald also die durch das Fernsehen möglich gewordene kulturelle Komplexität mit der Struktur des Videospiels verbunden wird, werden wir über ein mächtiges neues Lernwerkzeug verfügen. Dieses Werkzeug wird uns ermöglichen, Wissen in kürzester Zeit zu organisieren, zu synthetisieren und in Output zu verwandeln. Die für das Lernen so wichtige menschliche Interaktion – zu Hause, in der Schule und anderen Ausbildungs- und Schulungs-Unternehmungen –, wird allerdings immer noch fehlen.

In der Schule wird diese Interaktion von den Lehrern im Unterricht geleistet werden müssen. Von der Last des Drills, der Wiederholung und der Langeweile erleichtert, werden uns die Lehrer dann dabei helfen können, in ein neues Zeitalter der Lern-Begeisterung einzutreten, ein Zeitalter, welches das Lehren wieder zu einem der höchstangesehenen Berufe machen könnte – und zu einem der meistgefragten dazu.

Wenn nämlich Maschinen die Darbietung von Wissen übernehmen und die Schüler mit schneller Auswertung und Feedback versorgen, werden die Lehrer Zeit haben, sich in Aktivitäten und Diskussionen zu engagieren, die ihren Schülern helfen, das Gelernte wieder zu humanisieren. Die Schüler werden vermehrt Möglichkeiten erhalten, sprachliche und künstlerische Fertigkeiten, von denen gute Kommunikation abhängt, zu entwickeln und zu gebrauchen. Und die Lehrer werden mehr Freude an ihrer Arbeit und Gelegenheit haben, nachhaltiger auf Schüler zu wirken, als die meisten heute können.

Weil der interaktive Video-Computer eine ganze Welt neuer Möglichkeiten ins Klassenzimmer holen wird, werden die meisten Menschen ihr Leben lang Schüler sein wollen, zumindest auf einer Teilzeit-Basis. Den Lehrern wird das neue Arbeitsmöglichkeiten eröffnen, die dann auch besser bezahlt werden als heute. In der Tat könnte der Bildungsbereich zur größten Wachstums-Industrie des nächsten halben Jahrhunderts werden.

Denn es gibt nichts, das Menschen mehr nützen kann, vorausgesetzt, es funktioniert wirklich.

Aber bevor wir dieses Ideal erreichen können, gibt es noch eine Menge zu tun; lassen Sie uns also ein wenig eingehender untersuchen, warum das Fernsehen gegenwärtig nicht viel dazu beiträgt, Kinder zu bilden, und lassen Sie uns schauen, wie wir das Fernsehen ergänzen können.

Wie das Fernsehen Kinder verwirrt

Die Rolle des Fernsehzuschauers ist passiv. Fernsehprogramme machen keinen Unterschied zwischen dem Erhabenen und dem Lächerlichen. Das Fernsehen überläßt es dem Zuschauer, Gesehenes zu bewerten und es in die richtige Perspektive zu stellen. Kinder, die einen großen Teil ihrer Zeit vor dem Bildschirm zubringen, kann das verwirren. Weil Kinder das, was sie sehen, nicht in Beziehung zu ihrem eigenen Leben setzen können, hat das Wissen, das sie erwerben, keine Wurzeln in der Erfahrung – entsprechend können sie es nicht richtig interpretieren. Ein Kind beispielsweise, das den Mord an John Kennedy, wie im Fernsehen zu sehen, miterlebt hatte, hielt das Attentat auf Robert Kennedy für eine Wiederholung.

Weil das Fernsehen so viel dramatischer und rasanter als das wirkliche Leben scheint, kann es die Schule (und den Rest des Lebens) im Vergleich dazu ziemlich langweilig aussehen lassen. Wie es eine Freundin von mir kürzlich auf den Punkt brachte: „Dadurch, daß ich mir gemeinsam mit meiner Mutter haufenweise Seifenopern anschaute, bekam ich eine äußerst gestörte Sichtweise der Beziehungen zwischen Frauen und ihres Wettbewerbs um Männer." Die Tendenz des Fernsehens, ein unzutreffendes Bild der Wirklichkeit zu dramatisieren, erhöht noch die Schwierigkeit des Kindes, sich zum Leben im allgemeinen und zum Unterricht effektiv in Beziehung zu setzen.

Warum man sich nach dem Fernsehen elend fühlen kann

Wir alle hungern danach, alles, was wir lernen, zu synthetisieren und zu aktivieren – die Passivität des jungen Fernsehzuschauers birgt also enormen Streß. Kinder, die lange Stunden vor dem Fernseher zubringen, neigen dazu, eine vage Unzufriedenheit mit dem Leben insgesamt zu verspüren, ohne daß sie wüßten, woher diese Unzufriedenheit kommt. Erschwerend kommt hinzu, daß viele Familien, die früher nach dem Abendessen noch regelmäßig zusammen am Kamin saßen und Fragen und Probleme diskutierten, heute einfach in die Röhre schauen und nicht mehr persönlich miteinander interagieren. So fehlen vielen Kindern die persönlichen Interaktionen und Gelegenheiten zur Problemlösung, die für ihre Großeltern noch selbstverständlich waren.

Vielleicht ist dieser doppelte Entzug bei den fernseh-beeinflußten Generationen teilweie für die Anziehungskraft von Drogen und anderen extremen Formen sensorischer Stimulation verantwortlich. Die Drogenerfahrung könnte als ein Versuch gedeutet werden, einen im Leben vermißten Faktor zu ersetzen.

Den ganzen Tag fernzusehen ist eine Methode, um Beziehungen zu Bildern aufzubauen. Lassen Sie sich daher von mir zu einem weiteren Gedankenexperiment einladen.

Was wäre, wenn Ihnen jeder, der Ihnen etwas bedeutet, nur als Bild zur Verfügung stünde? Sie könnten die Bilder anschauen, solange Sie wollten, aber Sie könnten mit denjenigen, die Ihnen am nächsten stehen, niemals telephonieren, Sie könnten niemals irgendeine Form von Körperkontakt mit ihnen aufnehmen. Wie frustriert würden Sie sich unter solchen Bedingungen fühlen? Das Wesentliche einer Beziehung besteht in kontinuierlichem Kontakt mit jemand anderem durch eine sich verändernde Folge von Umständen. Wir beziehen uns durch aktive Teilnahme aufeinander, nicht durch passive Absorption. Um effektiv zu lernen, müssen Sie entsprechend an Erfahrungen mit Ihrem Lehrer teilnehmen.

Die Implikationen sind tiefgehend. Auch ohne die ideale Technologie kann der Unterricht, richtig geleitet, begeisternder und erfüllender sein als alle Fernsehgeräte zusammen, eben weil er den Kindern so viel Möglichkeit gibt, ihre Erfahrung aktiv lernend zu synthetisieren und zu dramatisieren.

Ein Modell für erfolgreiches Lehren und Lernen

Als der Lehrer Georgi Lozanov daranging, erfolgreiches Lernen und Lehren zu analysieren, wandte er sich dem Studium der Sprache zu, eine Entwicklung, die ich im folgenden Kapitel erörtern werde. Schließlich fand er einen Weg, um schneller Sprachen zu lehren als je zuvor. Was er dabei entdeckte, läßt sich für viele Anwendungen nutzen.

Lozanov bestimmte drei wesentliche Schritte des Lehrens: **Dekodierung, Konzert** und **Aktivierung**. Diese Schritte korrespondieren grob mit den drei gerade untersuchten Bestandteilen des Lernens, wobei Input, Synthese und Output durch die Lernerfahrung miteinander verwoben sind, während Lozanovs Lernkreislauf sequentiell dargeboten wird. Beim Sprachenlehren besteht die Dekodierungs-Phase aus einem einmaligen schnellen Überfliegen des Materials. Der Lehrer führt diesen Teil in einer dramatischen, scharadeähnlichen, ja fast schmierenkomödiantischen Weise aus. Es geht darum, den Schülern eine Möglichkeit zu geben, die Bedeutung des präsentierten Wortes oder Konzeptes zu erraten, abzuschätzen. Dieser kurze Dekodierungsprozeß soll den Stoff nicht im Gedächtnis verankern, sondern ihn lediglich bekannt machen.

Wie man an ein Lehrbuch herangeht

Fassen Sie doch einmal ins Auge, das Dekodieren auf Ihre persönlichen Lernaktivitäten anzuwenden. Diese Phase lassen wir nämlich üblicherweise aus. Stattdessen haben wir einen Hang dazu, uns in ein neues Thema zu stürzen, ohne vorher überhaupt eine Vorstellung davon zu haben, was es alles umfaßt. Dekodieren Sie beispielsweise ein Biologie-Lehrbuch, indem Sie zunächst das Inhaltsverzeichnis nach allgemeinen Informations-Kategorien durchgehen. Lesen Sie anschließend die Zusammenfassung jedes Kapitels und schlagen Sie alle Wörter nach, die Sie nicht verstehen. Zeichnen Sie zum Abschluß ein Diagramm, das alle unterschiedlichen Informations-Kategorien, die Sie im Buch finden, repräsentiert (siehe Kapitel Vierundzwanzig). Das wird Ihnen den Stoff vertrauter machen – wenn Sie also das Buch lesen oder einen Kurs zu diesem Thema belegen, werden Sie wissen, wohin Sie unterwegs sind. Nachdem Sie diesen Ablauf für sich selbst probiert haben, können Sie ihn auch Ihren Kindern beibringen.

Musik für den Zugang zum Langzeitgedächtnis

Lozanovs zweiter Schritt der Darbietung zur Unterstützung der Informationssynthese ist die Konzert-Sitzung. Das Konzert leitet neuen Stoff schnell und schmerzlos ins Langzeitgedächtnis. Während dieser Phase liest der Lehrer oder Elternteil eine faszinierende Geschichte oder ein fesselndes Stück vor, die die Kernkonzepte oder das wesentlichste zu lernende Wissen enthalten. Das Vorlesen wird dabei auf die musikalische Struktur eines Werkes barocker, klassischer oder romantischer Musik abgestimmt, so daß die Worte dem Rhythmus und der gefühlsmäßigen Qualität der Musik folgen.

Wenn Sie wissen wollen, wie man das macht, schlage ich vor, daß Sie sich eine Aufnahme von *Peter und der Wolf* anhören und dabei darauf achten, wie sich die Stimme des Darstellers mit der Musik verwebt. Wenn Sprache und Musik aufeinander wirken, ist es, als würde der Sprecher zu einem weiteren Orchester-Instrument. Eine Konzert-Sitzung ist also ein künstlerischer Prozeß, der Ihnen ermöglicht, ein Musikstück in ein Konzert für Sprechstimme und Orchester zu verwandeln, wobei Ihre Stimme zu einem Musikinstrument wird, obwohl sie nie eine Note echter Musik von sich gibt.

Manchmal, wenn ich mit Schülern individuell arbeite, bringe ich ihnen gerne bei, selbst Konzerte zu lesen, weil der Prozeß des Abstimmens der Stimme auf die Musik die Entwicklung besserer Lesefertigkeiten unterstützt. So können Sie versuchen, eine Familienlesezeit einzurichten, in der jeder einmal an die Reihe kommt, während die Musik im Hintergrund spielt und jeder durch das Steigen- und Fallen-lassen der Stimme versucht, mit den musikalischen Mustern übereinzustimmen. Oder Sie könnten ein Ritual beim Abendessen initiieren, indem jeden Abend ein Familienmitglied allen anderen eine kurze, vorbereitete Konzert-Lesung darbietet. Wenn Sie das tun, denke ich, werden Sie bemerken, daß die Lesefertigkeiten und Interessen aller sich rasant weiterentwickeln werden.

June Sasson, eine meiner Mitarbeiterinnen, nutzte diesen Prozeß, um einem Freund zu helfen, seinen fremdländischen Akzent loszuwerden. Als sie ihn anfangs nur auf Aussprache drillte, machte er nur geringe Fortschritte, aber als sie bei der Arbeit Musik im Hintergrund spielen ließ, konnte er die Laute, die er erzeugen sollte, deutlicher hören und dadurch einfacher hervorbringen. Es dauerte ungefähr drei Wochen, meinte sie, bis er einen breiten arabischen Akzent, den er viele Jahre lang gehabt hatte, los war.

Zeit sparen mit Musik

Wenn die Konzert-Darbietung im Unterricht zum Einsatz kommt, ist viel weniger Zeit für nochmaliges Anschauen und Einüben des Stoffes nötig. Laut Lozanov können durch richtig angewandte Konzert-Sitzungen 60% der Lehrzeit in 5% der Unterrichtszeit abgehandelt werden. Es ist dieses Element seiner Arbeit, das seinen Beitrag so deutlich von denen anderer Lehrer unterscheidet, denn er konnte in seinem Unterricht weit mehr erreichen als zahlreiche andere innovative Lehrer, die seinen machtvollen Zugang zum Langzeitgedächtnis nicht kannten.

Für die Konzerte wählt man Werke wie etwa Pachelbels *Canon*, Händels *Wassermusik* oder Beethovens *Kaiserkonzert.* Wenn Sie zur Abstimmung von Text und Musik dynamische Sprachmuster verwenden, wird das Langzeitgedächtnis unmittelbar angezapft.

Da ein Teil des Gehirns sprachbezogene Informationen verarbeitet, während ein anderer für Musik zuständig ist, kann die Harmonisierung beider Teile euphorische Entspannung erzeugen, die ausreicht, um Barrieren gegen neues Wissen noch weiter zu senken. Diese Euphorie kann zudem gesunde Körperreaktionen bewirken. Lernende versetzt diese Euphorie in einen Geisteszustand ähnlich dem des leidenschaftlichen Engagements von Baseballfreaks beim Auswendiglernen von Meisterschaftsspielen, oder ähnlich dem mentalen Zustand kreativer Tänzer während ihrer Improvisationen vor einem bewundernden Publikum. Wir lernen und sind am kreativsten, wenn sich die ganze Persönlichkeit voller Freude auf eine einzige Aktivität konzentriert. Wenn Sie jemals so tief in etwas aufgegangen sind, daß Sie jedes Gefühl für Zeit verloren, wissen Sie, was ich meine.

Die Konzert-Sitzung macht dem Lernenden die enthaltenen Informationen nicht unbedingt direkt zugänglich. Vielmehr sorgt sie dafür, daß das Wissen in einem Teil des Gedächtnisses knapp unterhalb der Bewußtseinsoberfläche abgelegt wird und von dort mit ein wenig zusätzlicher Aktivierung wieder ins Bewußtsein zurückgebracht und lange Zeit behalten werden kann. Lozanovs Forschung über Konzert-Sitzungen zeigte, daß derart gelernter Stoff nicht so bald wieder vergessen wird. Und wenn der Stoff doch einmal entschlüpfen sollte, ist es leicht, ihn neu zu lernen. Diese Reaktion unterscheidet sich deutlich von der sogenannten Ebbinghaus-Kurve des Vergessens, die traditionelleren Studienmethoden folgt. Es ist die

1. Klavierkonzert A. 5

Art Vergessen, die Sie sicher schon erlebt haben, wenn Sie für ein Examen paukten, ein gutes Ergebnis erzielten und sich schon drei Wochen später kaum noch an etwas von dem Gelernten erinnern konnten. Lehrer, die Konzerte einsetzen, sind dagegen sehr überrascht, wenn sie bemerken, daß ihren Schülern der Stoff noch Monate, nachdem er durchgenommen worden war, geläufig ist. Die meisten haben ein solches Verhalten nie zuvor erlebt. Ich habe auch bemerkenswerte Beispiele von Wissenssplittern gesehen, die Jahre zuvor in Konzerten dargeboten worden waren und dann, ohne Wiederauffrischung zwischendurch, wieder ins Gedächtnis perlten.

Die Kunst ist inhärent erzieherisch

Zur Effektivität des Konzertes trägt weiterhin bei, daß man sich leichter an mitreißend und künstlerisch dargebotenen Stoff erinnern kann, als wenn man ihm in einem langweiligen oder angstmachenden Kontext begegnet. Meiner Meinung nach unterstützen gewisse Arten klassischer Musik diesen Prozeß, weil der Aufbau der Musik an sich neurologische Reaktionen im Gehirn auf einem hohen Niveau intellektuell integrativer Aktivität stimuliert.

Vielleicht hängt die Effektivität klassischer Musik als Gedächtnisstütze mit den Ursprüngen dieser Art Musik zusammen. Viele barocke, klassische und romantische Komponisten weihten sich spirituellen Werten, und jene, die das nicht taten, komponierten in den Traditionen und Formen jener, die es taten. Wenn man die Abstammung dieser Musik bis zur Kirche des Mittelalters zurückverfolgt, stellt man fest, daß ein Großteil der Musik in diesen Zeiten nie den Kontakt zu ihren spirituellen Ursprüngen verlor. Diese Art Musik bewegt den Zuhörer durch andauernde An- und Entspannung typischerweise durch eine Folge ästhetischer Reaktionen, was zu einer komplexen Auflösung thematischer Elemente führt, so, wie auch ein spiritueller, meditativer Zustand dabei hilft, Konflikte aufzulösen, die eventuell den Geist geplagt haben.

Diese Auflösung und künstlerische Vereinigung des thematischen und harmonischen Materials regt einen Zustand an, den Lozanov *konzentrative Psycho-Entspannung* (concentrative psycho-relaxation) nannte – eine scheinbar entspannte Reaktion durch die, so glaubt er, das subkortiale (emotionale) Bewußtsein des Gehirns die intellektuellen Funktionen des Neokortex dabei unterstützt, aktiv neue

Informationen zu verarbeiten. Da im subkortialen Anteil des Gehirns, dem Limbischen System, der Zugangspunkt zum Langzeitgedächtnis liegt, kann man sich Informationen, die in einer dieses System anregenden Weise dargeboten werden, sofort einprägen.

Vielleicht werden Lozanovs Konzert-Sitzungen eines Tages ein kunstvoller ausgearbeitetes Ritual sein, als bloß dazusitzen und mit Musik verwobenen Worten zu lauschen. Don Campbell, ein führender Forscher und Experte auf dem Gebiet der Wirkung von Musik auf Körper und Geist, glaubt, daß das Verhältnis von Klang und Balance im Ohr entscheidend für die Entwicklung von Intelligenz ist. Daher hält er die Kombination von Musik und Bewegung für einen wichtigen Bestandteil frühen Lernens. „Musik ist kein Firlefanz", so seine Behauptung, „sie kann die Art und Weise, in der wir lernen, wirklich orchestrieren. Sie ordnet Vibrationsmuster in Klang und Bewegung. Ich bin nicht der Ansicht, daß man Kindern schon in sehr jungen Jahren das Lesen beibringen sollte. Wir müssen die Phantasie eines Kinds zuerst mit Bildern entwickeln, mit Geschichtenerzählen, Mythen, Nachahmung, Atemmustern, entspannter Bewegung." Und in seinem Buch *Introduction to the Musical Brain* hat er die Vision einer Umgebung, in dem der Schüler „… eine Entdeckung tanzen, eine Minitragödie wie ein griechischer Schauspieler darstellen und Antworten auf bedeutende Fragen singen kann."

Die unvergeßlichen Augenblicke des Lebens

Lassen Sie uns zur etwas weitergehenden Erforschung der Beziehung zwischen intensivem Gefühl (manchmal mit dem ganzen Körper) und Langzeitgedächtnis ein weiteres Gedankenexperiment durchführen. Können Sie sich an etwas erinnern, was Sie bereits nach dem ersten Mal gelernt haben? Als zum Beispiel jemand, den Sie liebten, gestorben war – brauchten Sie das mehr als einmal zu hören, um sich daran zu erinnern? Wenn Sie gerade eine Million Dollar in einem Preisausschreiben gewonnen hätten – würden Sie das dann gleich wieder vergessen, wenn Sie es sich nicht sofort einige Male einprägen würden? Fällt es Ihnen schwer, sich an das erste Mal zu erinnern, als Sie sich verliebten, an das erste schöne Ding, das Sie selbst bastelten, oder an den ersten Blick auf Ihr neugeborenes Kind? Ereignisse wie diese prägen sich augenblicklich ein und bleiben uns generell ein Leben lang im Gedächtnis. Dagegen vergessen wir weniger interessante, weniger bedeutsame Ereignisse und Erlebnisse. Oder Erfahrungen, die so traumatisch sind, daß sie von unserem Geist unterdrückt werden.

Lieder, die mir meine Mutter beibrachte

Sie können sich wahrscheinlich auch noch an die Kinderreime und -lieder erinnern, die Sie als kleines Kind lernten, selbst wenn Sie jahrelang nicht bewußt an sie gedacht haben. Lieder wie *Der Mond ist aufgegangen* und *Fuchs, du hast die Gans gestohlen* verlassen uns nie. Wann immer Sie die Buchstaben des Alphabetes aufsagen wollen, erinnern Sie sich vielleicht auch an die Melodie eines „Alphabetliedes" in Ihrem Kopf, die Ihnen die richtige Reihenfolge der Buchstaben vorgibt. Wie oft denken Sie „Trenne nie »st«, denn es tut ihm weh", wenn Sie sich an die Silbentrennungsregeln erinnern wollen? Wenn wir uns etwas fünf Jahre lang merken können, werden wir es uns wahrscheinlich auch weitere fünfzig Jahre lang merken. Wäre es nicht nett, wenn die Fakten in unserem Biologietext genauso im Gedächtnis aufgezeichnet werden könnten?

Nun, sie können. Man muß sie nur in einen dramatischen, künstlerischen und rhythmischen Kontext stellen, so begeisternd, so mitreißend, so einfach oder so beruhigend wie die Beispiele, die ich oben gegeben habe. Wenn Sie das Lied *Dry Bones* kennen, können Sie sich wahrscheinlich daran erinnern, daß der Schädelknochen mit dem Halswirbel verbunden ist. Wenn Sie ähnliche Lieder über biologische Fakten lernen würden, würden Sie sie mit ebensolcher Leichtigkeit behalten. In der Tat bringt Don Campbell Lehrern bei, wie man alle grundlegenden Informationen in Reimen, Rhythmen und Liedern darbietet und benutzt dazu häufig den Rap als bevorzugtes Vehikel für den Unterricht im Klassenzimmer.

Einmal vertrat ich einen Lehrer in einem Kurs über chinesische Geschichte, ein Thema, über das ich nicht sonderlich viel weiß. Also bat ich die Schüler, mir zu erzählen, was sie wußten. Wie am Schnürchen sagten sie mir in perfekter Reihenfolge alle Dynastien auf und nannten mir weitere interessante Fakten über jede einzelne. Dieses Wissen kam von überall aus dem ganzen Raum. Die Schüler hatten eine wundervolle Stunde, in der sie zeigen konnten, was sie wußten. Ich stellte fest, daß sie das alles gleich am ersten Tag durch das Auswendiglernen eines Liedes gelernt hatten, das im wesentlichen einen Abriß der chinesischen Geschichte darstellte. Der Lehrer sagte mir später, daß sie das Lied nicht gerade mit Enthusiasmus gelernt hatten, aber als ich zu ihnen kam, waren sie mit Sicherheit enthusiastisch darüber, was ihnen das Lernen im Endeffekt gebracht hatte.

Das Lehrbuch als Kunstwerk

Die Einsicht, die Lozanovs Basis für die Anwendung von Konzert-Sitzungen und musikalischen Aktivitäten bildete – die Neigung des Geistes, schöne, rhythmische, künstlerische Erlebnisse zu absorbieren und zu behalten – hat noch andere praktische Implikationen für Unterricht und Erziehung. Sie läßt nämlich auch darauf schließen, wie wichtig es ist, Lehrbücher in Kunstwerke zu verwandeln. Lehrbücher sollten ineinandergreifende Beziehungen zwischen Elementen des Stoffes aufzeigen und entwickeln, so daß man eine Vielzahl klar aufeinander bezogener Fakten leicht und schnell aufnehmen kann. Nur wenige wertvolle Lehrbücher folgen in der Gestaltung diesem Gehirnmuster-Ansatz. Die meisten bieten den Stoff linear dar, mit wenig kontextueller Entwicklung, die für Kunst so charakteristisch ist. Das Buch nur mit Bildern – und seien sie noch so attraktiv – auszuschmücken, reicht einfach nicht. Das Thema sollte vollständig global und integrativ entwickelt und dargeboten werden.

Üben kann mehr Spaß machen als eine gute Party

Die dritte Stufe von Lozanovs Lernzyklus stellt die Aktivierung dar. Diese nimmt üblicherweise etwas mehr Zeit in Anspruch als die ersten beiden Stufen. Sie besteht aus Spielen, Liedern, Sketchen, Diskussionen und anderen Aktivitäten, die entworfen wurden, um den Stoff einzuüben. Die Aktivierung ersetzt den stumpfsinnigen Routine-Drill und das standardmäßige mechanische Auswendiglernen, das im Unterricht gang und gäbe ist. Sie erleichtert die Rekapitulation des Stoffes auf mannigfache Weise und nimmt dem Lernprozeß fast allen Streß und alle Anspannung.

Natürlich würden die gleichen Aktivitäten nicht so viel Spaß machen, wenn ihnen keine Konzert-Sitzung vorausginge. Der halbe Spaß ist, zu entdecken, wie einem die richtigen Antworten fast magisch in den Sinn purzeln.

Die meisten der Aktivitäten in diesem Buch sind Aktivierungen, die Ihnen dabei helfen sollen, aus Ihrem Gedächtnis zurückzurufen, was Sie bereits wissen und es auf neue und unterschiedliche Weise zu verwenden und weiterzuentwickeln. Sie sollen Sie bei Ihrem Quantensprung hin zu flexiblerem und begeistertem Gebrauch Ihrer Intelligenz unterstützen. Lassen Sie Ihre Phantasie beim Entwurf von Konzert-Sitzungen spielen, die Ihren Aktivitäten, wo angemessen, vorausgehen, und Sie werden bemerken, daß Ihnen diese Aktivitäten noch einmal so gut gelingen.

Wenn Schularbeit zum Spiel wird

Lassen Sie mich Ihnen ein Beispiel einer einfachen Aktivierung geben, die ich in einer Schule in Chicago gesehen habe. Joan Pilot, die an der Hinton-Grundschule unterrichtet und eine der vorzüglichsten, stimulierendsten Lehrerinnen ist, die ich je gesehen habe, entwarf diese Aktivität für ihre Klasse junger, „lernbehinderter" Schüler.

Denken Sie an Ihre Erfahrung, wie Sie in der Schule lesen lernten. Die meisten von uns saßen in kleinen Lesegruppen zusammen und warteten darauf, daß uns der Lehrer, einen nach dem anderen, drannahm, häufig in einer vorher festlegten Reihenfolge, so daß wir wußten, wann wir dranwaren. Das war möglicherweise ein langweiliger, schmerzvoller, unter Umständen sogar demütigender Prozeß mit einem Lehrer, der uns korrigierte, wenn wir über Wörter stolperten. Die übrigen Schüler ließen wahrscheinlich in der Zwischenzeit ihren Geist umherschweifen, während sie darauf warteten, daß sie an die Reihe kamen. Manchmal mußte der Lehrer mit Störungen fertigwerden, die den Unterrichtsfluß unterbrachen.

Als ich Joans dritte Klasse besuchte, war es gerade nach den Thanksgiving*-Ferien. An der Tafel stand eine Liste mit mehr als hundert Wörtern oder Redewen-

---

* Thanksgiving: Nationaler Feiertag in den USA, an dem Gott gedankt wird – in den USA der 4. Donnerstag im November, in Kanada der zweite Montag im Oktober. Ursprünglich als Dankesfest für eine gute Ernte begangen. Anm. d. Übers.

dungen, die sich die Kinder ausgedacht hatten, um auszudrücken, wofür sie dankbar waren. Die ersten drei auf der Liste waren, nebenbei, „Mutter“, „Vater“ und „Hinton-Schule“.

Joan erklärte mir, daß ihr eines Tages die Idee für eine Übung gekommen sei, die sie *„Lies, bis du patzt“* nannte und die bei den Schülern sehr beliebt war. Ich schaute zu, wie sie die Schüler an die Tafel rief. Da sie wußten, was gleich passieren würde, rannten sie begeistert zu ihr nach vorn, und jeder wollte der erste sein. Also mischte Joan, die am Pult bei der Tafel stand, Zettel mit den Namen der Schüler und zog dann einen: „Sarah.“ Ein kleines Mädchen sprang in die Luft und kreischte vor Vergnügen. Alle anderen waren begeistert von ihr. Es war fast, als würde man die Menschenmenge bei einem Football-Spiel betrachten.

Als Sarah begann, die Wortliste vorzulesen, klebten die Augen aller anderen an der Tafel und folgten ihr; viele flüsterten die Worte mit, als sie sie las. Sie schaffte ungefähr dreißig, bevor sie eine Pause machte und stotterte. Ihre Klassenkameraden wollten ihr helfen. Aber Joan meinte: „Jetzt geben wir jemand anderes eine Chance.“ Sie zog einen weiteren Namen vom Stoß, und das Spiel ging weiter. Der dritte Name, den sie zog, „John“, gehörte zu einem kleinen Jungen, der deutlich langsamer war als die ersten beiden. Er plagte sich mit jedem einzelnen Wort, während seine Klassenkameraden vor Begeisterung quietschten, wenn er der richtigen Lösung näherkam. Wenn er eine Pause machte und hakte, waren sie eifrig dabei, ihm zu helfen, aber in ihrer mütterlichen Art ließ Joan ihn alleine weiterarbeiten. „Er ist mein Langsamster“, flüsterte sie mir zu. Bevor sie mit einem Lernspiel anfingen, das das Werfen eines Balles beinhaltete, erzählte sie mir später, war John in der Klasse total non-funktional gewesen. John erwies sich als der Beste mit dem Ball und gewann so rapide an Ansehen. Seitdem hatte er hart an anderen Dingen gearbeitet, was, wie Joan beobachtete, seine Leistungen in vielen Bereichen verbesserte.

„Lies, bis du patzt“ ist eine der wirkungsvollsten Methoden, jemandem das Lesen beizubringen, auf die ich bisher im Unterricht gestoßen bin. Jeder Schüler war ins Geschehen einbezogen und begeistert. Alle schienen ihre Lesefertigkeiten zu trainieren und dabei auch von einander zu lernen. Es spielte fast keine Rolle, wie gut sie am Anfang waren; sie wurden ja immer besser, solange Joan das Spiel laufen ließ.

Dieses Spiel illustriert, wie wichtig es ist, daß wir aus unser aller natürlichen Liebe, nämlich, unsere Fähigkeiten auf die Probe zu stellen und zu verbessern, Nutzen ziehen – vorausgesetzt, wir fühlen uns sicher dabei und können das mit Freude und ohne herabgesetzt zu werden tun.

Die Freude an Tests

Wenn man einmal darüber nachdenkt, ist die weitverbreitete und quälende Voreingenommenheit gegenüber Testergebnissen wirklich paradox. Viele von uns denken mit Schrecken daran, einen Test über sich ergehen lassen zu müssen, der unsere Fortschritte oder unsere Kompetenz mißt. Jedes Jahr spüren jüngere wie ältere Schüler gleichermaßen einen Knoten der Angst in ihrem Magen, wenn sie an unverständlichen Tests teilnehmen. Viele bekommen zu hören (ob das stimmt, sei dahingestellt): „Deine gesamte zukünftige Karriere hängt davon ab, wie gut du bei diesem Test abschneidest."

Gleichzeitig sind wir aber auch eine Nation von unersättlichen Testwilligen – vorausgesetzt, wir nennen die Tests nicht Tests, und sie haben keine ernstlichen Konsequenzen. Viele von uns halten große Stücke auf Intelligenz- und Fertigkeitstests. Die meisten der Spiele, an denen wir teilnehmen oder die wir im Fernsehen verfolgen, stellen solche Tests dar. Wenn unser Football-Team spielt, haben wir das Gefühl, als würde die ganze Stadt getestet. Am Tag nach einem Endspiel sind Millionen entweder in Hochstimmung oder deprimiert, je nach Ausgang des Spiels. Als Doug Williams im Superbowl* triumphierte, war es, als hätte jedermann in Lande mit ihm gewonnen. Er hatte nicht nur einen Test athletischer Fähigkeiten, sondern gleich dazu noch einen Charaktertest in triumphaler Manier bestanden. Als er anschließend vor der Howard University sprach, meinte er, daß er sich fühle, als komme er von allen schwarzen Colleges zusammen, als wäre er eine Art Jedermann-Figur. Er wurde ein Superstar, weil er getestet worden war und gewonnen hatte, und wir alle haben mit ihm gewonnen. Keine Kultur, die Tests wirklich *haßt*, könnte so reagieren.

Sie können diese manische Testbegeisterung auch bei Volksfesten beobachten, wo fast jede Bude eine andere Gelegenheit bietet, sich testen zu lassen. Und was ist

---

* Superbowl: Meisterschaftsendspiel der National Football League im amerikanischen Profi-Football, seit 1967 jährlich im Januar ausgetragen. Anm. d. Übers.

mit einem der meistverkauften Spiele, „Trivial Pursuit" – was ist denn das, wenn nicht ein Test? Tatsächlich ist dieses Spiel dem, was uns in der Schule begegnet, so ähnlich, daß man sich fragen kann, warum Kinder sich nicht genauso aufs Examen freuen wie auf Weihnachten. Die ganze Nation veranstaltet eine Dauerparty für einen Anlaß, auf das getestet zu werden, was sie weiß. Obwohl Fernseh-Quizsendungen zu den beliebtesten Formen der Unterhaltung gehören, widmen sich viele von uns lieber der intellektuell abseitigeren Aktivität, eigene Kreuzworträtsel zu erarbeiten, oder sie spielen mit der Gattin im Bett Scrabble.

Die Schule könnte die beste Party weit und breit sein

Wie traurig, daß Schulen diese feurige Freude am Getestetwerden in ein tödliches Rendezvous mit der Angst und dem harten Urteil pervertieren. Wie einfach könnte man die Routine des Drills in den drei R's* in die lebendigste Aktivität verwandeln, die man sich nur wünschen kann! Stellen Sie sich vor, die Schule wäre ein Ort, an dem man Spaß daran hat, sein Wissen und seine Fertigkeit wachsen zu sehen. Wäre Schule dann nicht viel attraktiver als Fernsehen, Kinofilme oder Rockkonzerte – wenn die Schule Gelegenheiten anbietet, an einem liebevollen und fördernden Umfeld teilzuhaben – was in etwa auf das gleiche hinausläuft wie eine Party mit guten Freunden?

So sieht es häufig an einigen der Schulen aus, mit denen ich gearbeitet habe: dort beschweren sich die Schüler, wenn sie einmal einen Tag zu Hause bleiben müssen. „Ich habe gewöhnlich mehr Schüler in meiner Klasse als für meinen Kurs eingetragen sind", sagt Chris Owens, eine Lehrerin an der Robeson High School in Chicago. „Die Aufsicht läßt sie herein, vorausgesetzt, sie schwänzen nicht den Kurs von jemand anderem. Sie kommen früh morgens her und bleiben solange, wie ich sie nachmittags bleiben lasse." Wenn ich mich in ihrem Klassenzimmer umschaue, weiß ich auch, warum. Sie hat ein Umfeld geschaffen, von dem man lernen kann, sobald man durch die Tür tritt. Es inspiriert zum Lernen und vermittelt schon durch das bloße Anwesendsein das Gefühl, lernen zu können. Ihre Klasse? Sie

---

* Die drei R's sind „Reading" (Lesen), „Writing" (Schreiben) und „'Rithmatics", eigentlich „Arithmatics" (Rechnen). Anm. d. Übers.

bringt Schülern, denen man die Diagnose „langsame Lerner" verpaßt hatte, die Klassiker nahe.

Bevor Chris Owens das Integrative Lernen einsetzte, gingen am Ende des ersten Halbjahres 50% ihrer Schüler von der Schule ab. Im ersten Jahr, in dem sie mit dem Integrativen Lernen arbeitete, ging keiner ihrer Schüler mehr am Ende des ersten Halbjahres von der Schule ab. Lehrer wie sie sind sich einig, daß es wirklich nicht allzu schwierig ist, die Atmosphäre des Klassenzimmers zu verändern und es zu einem Ort zu machen, an dem Schüler Spaß haben – und Erfolg.

Und sie bewegen sich doch...

Lassen Sie mich ein Beispiel dafür anführen, wie schnell diese Veränderung eintreten kann. Eine der Lehrerinnen, mit denen ich an der Hinton School in Chicago gearbeitet habe, meinte zu mir: „Das Problem mit meiner Klasse ist, daß alle langsame Lerner sind, und von den siebzehn sind überhaupt nur drei motiviert. Die anderen sitzen einfach nur rum. Was soll ich bloß mit denen machen?"

„Ich wette, das Problem ist, daß sie einen schlechten Hintergrund haben, was sprachliche Fertigkeiten angeht", meinte ich. „Sie sind in einem Zuhause aufgewachsen, in dem man nicht besonders viel miteinander redet. Dann kommen sie zur Schule, und alles, was sie hören, ist Gerede. Wenn sie eins sicher wissen, dann, daß sie nicht verstehen, was hier vor sich geht. Was können sie in dieser Situation auch lernen, außer, wie unzureichend sie sind? Wären Sie nicht auch unmotiviert?"

„Ich verstehe", antwortete sie, „aber was kann ich da machen?"

„Ihre Schüler sind »street-wise«", sagte ich, „sie können gut mit ihren Körpern umgehen. Sie wissen, wie man kämpft und sich in Szene setzt, wie man sich davonmacht und tanzt. Beziehen Sie ihre Körper in den Lernprozeß ein, und Sie werden einen großen Unterschied bemerken."

Anschließend besuchte ich ihre Klasse und beobachtete sie dabei, wie sie die Schüler nach meinen Empfehlungen dazu anleitete, in den Naturwissenschaften durchgenommene Begriffe schauspielerisch darzustellen. Es war ganz einfach: Sie sollten Moleküle sein und den Unterschied zwischen festen Stoffen, Flüssigkeiten und Gasen demonstrieren. Als Festkörper krümmten sie ihre Körper zusammen, als Flüssigkeiten bewegten sie sich frei in einem begrenzten Raum, und als Gase rannten sie kreuz und quer durch den ganzen Raum. Natürlich keine Übung mit hohen Ansprüchen. Von Ballett recht weit entfernt. Die Schüler bewegten sich unbeholfen und zögerlich, solchen faulen Zauber in der Schule nicht gewohnt. Aber das Entscheidende war: sie bewegten sich.

Dann veranstaltete ihre Lehrerin mit ihnen ein Quiz über die drei Aggregatzustände, und alle waren sofort Feuer und Flamme. Fast alle Hände gingen hoch, und viele, die sich nie zuvor gemeldet hatten, beteiligten sich jetzt eifrig. Anschließend meinte die Lehrerin: „Das war nicht meine Klasse. Sie haben meine Klasse ja vorher nicht gesehen. Diese Kinder waren noch nie so. Alle wollten die Fragen beantworten. Ich kann es nicht glauben!"

Das war alles, was nötig war – Einbeziehen ihrer Körper in den Lernprozeß – und sie wurden lebendig. Natürlich kommen wir nicht allen Problemen so bei, aber innerhalb weniger Monate haben wir einen Prozeß ins Rollen gebracht, der das Lernverhalten entscheidend und vielleicht sogar dauerhaft verändern kann.

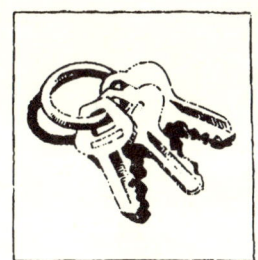

4

Hintergrund und Entwicklung des Integrativen Lernens

Die Entwicklung des Integrativen Lernens durch Lozanov und seine Nachfolger, und meine Erfahrung mit einer größeren Bandbreite der Anwendung.

Um Gewinn aus dem Integrativen Lernen zu ziehen, brauchen Sie nicht sehr viel über dessen Hintergrund und Entwicklung zu wissen. Vielleicht ist der Hintergrund für Sie sogar völlig uninteressant, bis Sie das Integrative Lernen selbst ausprobiert haben – in diesem Fall können Sie dieses Kapitel ja erst einmal überspringen. Die Entwicklung dieser Ideen und Methoden, die Fehlstarts und Umwege wie auch die Erfolge, sind für gegenwärtige und zukünftige Anwendungen des Integrativen Lernens jedoch sicherlich von Bedeutung.

Machen Sie sich ein Bild vom Lernen, drehen Sie es um, und auf der Rückseite sehen Sie ein Bild des *Lehrens*. Denn jeder Versuch, das Lernen zu verstehen, entspringt gewöhnlich den Bemühungen, etwas zu lehren. Und in der Praxis wird sich jede Theorie des Lernens, die das Papier wert ist, auf dem sie gedruckt ist, auf den Wunsch zu lehren und praktische Lehrerfahrungen gründen.

Die Geschichte des Integrativen Lernens beinhaltet also notwendigerweise einen Überblick über die vielfältigen Versuche der Entwicklung erfolgreicher Lehrmethoden. Da ich mich seit 1972 direkt, und indirekt schon jahrelang vorher, mit Methodiken im Zusammenhang mit dem Integrativen Lernen beschäftigt habe, spiegelt mein Überblick meine eigenen Erfahrungen wider, von denen einige frustrierend und andere, in der Rückschau, dagegen amüsant sind. Das Lehren ist eine Kunst, keine exakte Wissenschaft, und ich hoffe gerade dadurch, daß ich sowohl im Klassenzimmer als auch außerhalb mehr und mehr über diese Kunst lerne, anderen mit meinen Erfahrungen helfen zu können.

Ich vertraue darauf, daß viele Eltern und Lehrer meine Ausführungen wertvoll finden werden, denn sie und alle Lehrer in spe sind das Rückgrat unserer Zivilisation und Hoffnung auf die Zukunft – und was immer wir tun können, um ein besseres Verständnis ihrer Rolle zu erreichen und sie erfolgreicher zu machen, ist die Mühe wert.

Wie Lozanov begann

Georgi Lozanovs Interesse an einem neuen Unterrichtsansatz wurde, wie ich bereits erwähnte, durch seine Neugier auf die scheinbar so unglaublichen mentalen Kunststücke, die einige wenige Menschen fertigbringen, geweckt. Besonders beeindruckten ihn die Leistungen der indischen Brahmanen, die die Rigveden komplett auswendig lernten. Er fragte sich, wie man wohl ein so hervorragendes Gedächtnis entwickeln könnte.

Seine eigenen Erfahrungen mit Hypnose bestätigten, daß der Durchschnittsgeist über Ressourcen verfügt, die weit über das hinausgehen, was als normal gilt. Es wurde ihm klar, daß Wissen unter idealen Bedingungen schon nach einer einzigen Begegnung mit dem Stoff memoriert werden kann. Teilweise gelang das unter Hypnose, aber Hypnose war für den Einsatz in Klassenzimmern nicht praktikabel.

Dann entdeckte er, daß man mit Suggestionen – und wenn das Lernumfeld die Suggestionen unterstützte – noch leichter lernen konnte als unter Hypnose, da die voll-bewußte Kooperation des Lernenden zur Effektivität des Lernprozesses beitrug.

Er entdeckte, daß es möglich war, die erforderliche mentale Entspannung mit Konzertmusik anstelle der normalerweise von Gruppen mit hochentwickelten Gedächtnis- und Konzentrationsfähigkeiten verwendeten Atem- und Meditations-Übungen zu induzieren. Er hatte den Eindruck, daß eine europäische Kultur Konzertmusik eher akzeptieren würde als Atemübungen, weil sich viele Menschen, die meditative Prozesse ablehnen, beim Hören klassischer Musik dagegen sehr wohl-fühlen.

Teilweise aufgrund der Zusammenarbeit mit seiner Cheftrainerin, Evelina Gate-va, ehemals berühmter Opernstar in Sofia, begann er zu verstehen, daß die be-deutendsten Komponisten von Barock-, klassischer und romantischer Musik melo-dische und harmonische Muster verwendet hatten, die dem Gehirn dabei halfen, sich zu entspannen und empfänglich für neue Erfahrungen zu werden, und zwar in einer Weise, die für seine Zwecke besonders geeignet war.

Entwicklung des Sprachlehr-Programmes

Da Sprachstudenten ihre Fortschritte im Unterricht kontinuierlich demonstrieren und weil Erweiterungen des Vokabulars leicht quantifizierbar sind, beschloß Loza-nov, daß der beste Weg zur Demonstration der Beschleunigung des Lernens das Sprachenlehren sei, weil die Ergebnisse mit Sprache leichter als auf jedem anderen Gebiet verifiziert werden konnten.

Das Institut für Suggestologie und Suggestopädie, das er in Sofia gründete (mit dem er aber nicht mehr liiert ist), bot schon bald darauf Kurse an, die seine Schüler innerhalb von zwölf Wochen, mit nur drei Unterrichtsstunden täglich und ohne Hausarbeiten, in die Lage versetzten, unabhängige Kompetenz in einer Fremd-sprache zu erwerben. Darüber hinaus machten die Kurse auch noch Spaß.

Suggestologie

Lozanov meinte mit dem Begriff Suggestologie „Das Studium der Suggestion". Das wissenschaftliche Verständnis von der Funktionsweise der Suggestion setzte er dann in seinem Unterricht um. Bedenken Sie, daß Suggestion – bei der der unbe-wußte Geist mehr Informationen aufnimmt als der bewußte Geist – durchgehend in allen Kursen verwendet wird; aber wenn sie nicht verstanden und beherrscht wird, kann sie negative und unter Umständen sogar verheerende Auswirkungen haben. Anstatt also zuzulassen, daß Lehrer den Lernprozeß in Kindern unwissentlich* zerstören, müssen wir ihnen die Regeln vermitteln, die den Lernprozeß lebendig erhalten und fördern.

Lozanov wußte, wie wichtig es war, die folgende Tatsache zu berücksichtigen: wenn man fest genug *glaubt*, daß man etwas schnell und leicht lernen kann, fällt es einem auch entsprechend leicht, während man wahrscheinlich Probleme mit dem Lernen haben wird, wenn man glaubt, daß es schwierig wird. Der Lehrer also, der die erste Stunde mit den Worten beginnt: „Ihr werdet dieses Fach wahrscheinlich schwierig und langweilig finden" trägt in Wirklichkeit dazu dabei, eben jenen beschriebenen Zustand zu erschaffen.

Wie gut erinnere ich mich noch an mein erstes Semester auf dem College, als ich herausfand, daß ich entgegen meinen Erwartungen Physik und einige andere Kurse belegen mußte. „Das erste Semester ist wohl ziemlich heftig und trocken, was?" fragte ich einen vorbeigehenden College-Studenten. „Kann man wohl sagen", antwortete er, „sie schneiden dich ab, und dann trocknen sie dich aus". Kaum verwunderlich also, daß ich die Erstsemester-Physik die ganze Zeit über schleifen ließ – bis zu den letzten beiden Wochen des Jahres, als ich unerwarteterweise entdeckte, daß es in Wirklichkeit einer der leichtesten Kurse war, die ich je belegt hatte. Jene letzten zwei Wochen intensivster Arbeit ermöglichten mir, durch das Jahr zu kommen.

Das kann man auch andersherum sehen: wenn sich der Lehrer sicher ist, daß man das Fach lieben wird, dann wird man auch recht schnell davon überzeugt sein. Einem Lehrer die Liebe zur Mathematik abzukaufen, unterscheidet sich nicht so dramatisch davon, einem sympathischen Verkäufer in Florida eine Immobilie abzukaufen.

Der Unterschied ist: wenn Sie ihm die Liebe zur Mathematik abgekauft haben, wissen Sie, was Sie haben; der Besitz in Florida hingegen könnte sich als Offshore-Fischereirechte entpuppen.

Jedenfalls kann man unter dem Einfluß ausreichender Überzeugungskraft und genügenden Enthusiasmus' seitens des Lehrers nur schwer vermeiden, zu lieben, was man lernt.

---

* im Original *unwittingly:* hier schwingen einige Nebenbedeutungen mit: früher galten als die fünf *wits* 1) gesunder Menschenverstand, 2) Einbildungskraft, 3) Phantasie, 4) Einschätzungsvermögen und 5) Erinnerungsvermögen. Anm. d. Übers.

Die Transformation des Lehrers

Den wichtigsten Aspekt des Integrativen Lernens stellen also nicht die Techniken dar, die mit ihm einhergehen, sondern die persönliche Akzeptanz und der Glaube an das Integrative Lernen seitens der Eltern beziehungsweise Lehrer. Denn jene, denen die Prinzipien nicht vollständig in Fleisch und Blut übergegangen sind, werden wahrscheinlich durch die bloße Anwendung der Techniken nicht in der Lage sein, das Lernen so stark zu beschleunigen, daß mehr dabei herauskommt als die Ergebnisse traditionellen Unterrichts. Integratives Lernen ist nicht einfach nur eine Methode oder ein System, es ist auch eine Philosophie – Eltern oder Lehrer dazu anzuleiten, stets im Glauben daran zu handeln, daß alle Menschen unbegrenzt lernfähig sind, wenn sie nur die richtigen Gelegenheiten zum Lernen bekommen.

Der Lehrer als heilender Künstler

Menschen, die das Integrative Lernen nutzen, sind auch Heiler. Sie heilen den verletzten Lerner im Schüler – den Teil des Geistes, der, lang ist's her, vor dem grausamen Befehl, sich zu verschließen und Beschränkungen anzunehmen, kapitulierte. Diese Heilung geht so subtil vor sich, daß der Schüler sie kaum bemerkt. Denn der Heiler benutzt die Technik eines darstellenden Künstlers. Darsteller verraten ihrem Publikum nicht vorher, was sie vorhaben, sondern rühren einfach zu Tränen oder erzeugen schallendes Gelächter. Im Weinen und Lachen kann der Künstler für sich selbst sprechen. Eltern und Lehrer sollten das Thema genauso für sich selbst sprechen lassen.

In einem solchen Lernumfeld haben die Schüler gewöhnlich das Gefühl, ganz unabhängig von den Bemühungen, sie zu unterrichten, etwas gelernt zu haben. Das liegt daran, daß der Lehrer zur Reaktivierung ihrer unbegrenzten Lernkapazität es nicht für nötig hält, herauszustellen, was geschieht.

Und dieser heilsame Effekt des Lernens kann ziemlich umwerfend sein. Lozanov fiel schon früh auf, daß Teilnehmer an seinen Kursen Verbesserungen ihrer Gesundheit zu erleben schienen.

Jüngste Forschungen deuten darauf hin, daß streßfreies Lernen, besonders mit Humor gewürzt, das Immunsystem stimuliert und sogar dazu beiträgt, ernste

Erkrankungen zu heilen. Norman Cousins hat diese Philosphie recht ausführlich diskutiert.

Unser Denken rekonditionieren

Guter Unterricht dreht die Konditionierung um, die den meisten von uns, Erwachsenen wie Kindern, als Resultat von Entmutigung, Angst und anderen negativen Gefühlen aufgedrückt wurde, die sich mit dem Lernen in einer steifen, unpersönlichen Schulumgebung verknüpften. Die resultierenden neuen Einstellungen und Erfahrungen geben uns ein Gefühl des Vertrauens in uns selbst, so daß wir unsere Grenzen erweitern und Vertrauen in unsere Fähigkeit, zu denken und kreativ zu sein, entwickeln wollen. Forschritt ergibt sich nicht durch irgendein indirektes theoretisches Mittel, sondern auf dem einzig möglichen Weg: durch unmittelbares Erfahren oder Neu-Erfahren der natürlichen Freude am Lernen und Leichtigkeit des Lernens. Der Lehrer kann nichts aufzwingen, sondern führt den Schüler in Erfahrungen, die ihrerseits zu neuen Einsichten führen.

Das Verhalten des Lehrers begünstigt das Nachlassen der Verspannung und fördert die Leichtigkeit, mit der wir an ein neues Thema herangehen, ein Gefühl für die Ganzheitlichkeit des Lernprozesses und das volle Vertrauen in die Intelligenz des Lernenden. Die meisten Menschen haben das Gefühl, viele brachliegende Talente zu haben; sie sind erleichtert und stimuliert zugleich, wenn jemand das bemerkt und ihnen sagt, wie schlau sie sind.

Einer der häufigsten Kommentare, die ich nach der Unterweisung im Integrativen Lernen höre, ist: „Ich habe von mir als Person jetzt ein besseres Gefühl." Diese Reaktion kann jahrelang anhalten. Anscheinend baut die Bestätigung unseres natürlichen Lernprozesses (besonders durch unmittelbare Erfahrung seiner Effektivität) einige der tiefliegendsten Zweifel und Gefühle des Bedauerns, die wir im Leben erfahren haben, ab. Erst jüngst meinte ein Teilnehmer einer meiner Trainings-Sitzungen am Ende der Woche: „Meine Angst vor Mathematik und den Naturwissenschaften bin ich los." In dieser bestimmten Sitzung hatten wir beide Themen so gut wie gar nicht angeschnitten.

Den Test zurückzubekommen, kann traumatisch sein

Ich erinnere mich an eine Erfahrung während meines ersten Semesters am College. Ich hatte einige der Ideen, an denen ich am meisten hing (von denen viele in ausgearbeiteterer Fassung in diesem Buch enthalten sind), zu Papier gebracht. Da sich meine Ideen damals noch in einem so rohen und unentwickelten Zustand befanden, daß ich nicht in der Lage war, einen logischen Kontext für sie zu schaffen, fiel die Umsetzung in Worte in diesem Test gräßlich aus. Als ich die Arbeit zurückbekam, war sie übersät mit Anmerkungen am Rand, die meine logische Argumentation in der Luft zerrissen und mit dem Kommentar schlossen: „Eine der bizarrsten und schlechtestbegründeten Arbeiten, die ich je gelesen habe. Komm in meine Sprechstunde."

Wann immer ich während des nächsten Jahres bemerkte, daß sich eine originelle Idee auf Zehenspitzen in mein Bewußtsein schlich, schob ich sie traurig beiseite, entschlossen, mir nicht zu erlauben, undisziplinierten Gedanken nachzuhängen. Das emotionale Trauma, meine Ideen so verächtlich aufgenommen zu sehen, heilte erst nach langer Zeit.

Als ich dann selbst Lehrer wurde, entdeckte ich schnell, daß die meisten meiner Schüler ähnliche Zurückweisungen erlitten hatten. Manchmal hatte ich das Glück, eine Arbeit in die Hand zu bekommen wie die, die ich geschrieben hatte, in der es schien, als wollte sie mehr sagen als sie klar und verständlich ausdrücken konnte. Dann traf ich mich mit dem Schüler, zollte seinen Ideen Respekt und half ihm dabei, sie in eine befriedigendere Form zu bringen, einfach, indem ich fragte und eine Bewertung der Antworten zurückstellte. Die erste Schülerin, für die ich das tat, lernte so viel dabei, daß sie beim Eintritt ins College als zu fortgeschritten für einen der für Erstsemester gedachten Englischkurse galt; eigens für sie richtete man eine spezielle Lehrveranstaltung über Poetik ein.

„Was habe ich verpaßt?"

Zu erfahren, daß unsere teuersten Ideen von jemandem, den wir respektieren, zurückgewiesen werden, kann unser Denken manchmal für lange Zeit, wenn nicht sogar dauerhaft, ausschalten. Wegen der nach einer solchen Erfahrung meist nötigen intensiven Rejustierung ist es möglicherweise schwer, das Interesse an einer vollen Nutzung des Geistes wiederzuerwecken. Unter Umständen tut es zu weh, akzeptieren zu müssen, daß alles im Leben anders verlaufen wäre, wenn dieses Ausschalten nicht stattgefunden hätte. Mancher scheint das Gefühl zu haben, daß es weitaus einfacher ist, den Status Quo unangetastet zu lassen – und mit dem Gefühl, zwar nicht gut genug zu sein, dafür aber auf einem niedrigen Leistungsniveau sicher angepaßt, weiterzumachen.

Einige der von mir ausgebildeten Lehrer haben anscheinend aus eben diesem Grund mit den Implikationen des Integrativen Lernens zu kämpfen. Der Schmerz, der sich einstellt, wenn man der Tatsache ins Gesicht sieht, daß man viele Gelegenheiten verpaßt hat, kann tief gehen. Man muß seine eigenen negativen Erfahrungen dekonditionieren, und das kann bedeuten, einige von ihnen noch einmal zu erleben. Deshalb, behauptete Lozanov, kann Desuggestion im Klassenzimmer eine sogar noch größere Rolle spielen als Suggestion. Wir müssen eine Menge Fehlinformationen im Geist des Schülers „ausmisten", damit wir mit einem reinen, lernbereiten, frisch gedeckten Tisch fortfahren können. Die beste Form der Desuggestion ist, nebenbei, zu erkennen, daß man etwas lernen kann, was man immer für unmöglich hielt.

Mein eigener Widerstand gegenüber diesen Ideen

Auf meiner Suche nach dem Integrativen Lernen litt ich an der gleichen Art Dekonditionierung und emotionalen Zurückweisung; obwohl sie bei mir nicht nur ein paar Stunden oder Tage, sondern jahrelang anhielten. Fast gleichzeitig mit dem Beginn meiner Lehrlaufbahn hatte ich mich der Suche verschrieben. Aber ich wollte einfache, konkrete Mittel, Menschen zu helfen, schneller zu lernen. Ich war nicht darauf vorbereitet, die Komplexität und Zweischneidigkeit zu akzeptieren, die erforderlich ist, um wieder Verbindung mit meinem Lernen als Kind aufzunehmen. Ich war zu der Auffassung gelangt, daß Lernen nur mit einem gewissen Maß an Schmerz und Qual stattfinden konnte.

Als ich 1972 über Lozanovs Sprachunterricht in Bulgarien las, war ich entsprechend sofort fasziniert von dem, was mir ein automatisches System zur Beschleunigung des Lernens zu sein schien; und dann, nachdem ich den Mann selbst getroffen hatte, war ich erschrocken über seine Spekulationen über unbegrenztes Potential. Sie schienen mir ebenso unmöglich wie falsch zu sein. Ich glaube, ich machte eine lange Zeit durch, in der ich nicht einmal wollte, daß man auch nur seinen Namen noch einmal erwähnte.

Die Suche nach dem Quick Fix

Es war frustrierend, daß das, was er sagte, so allgemein war. Welches war die magische Formel? Ich fragte und fragte. Ich suchte nach einem Quick Fix, der Menschen verwandeln und bewirken sollte, daß sie schneller lernen. Ich wollte einen mechanischen Prozeß und malte mir aus, daß er erfolgreiche Schüler wie Aufziehpuppen produzieren würde. Damit stand ich nicht allein. Wir alle würden gern zum Arzt gehen, eine Pille schlucken, und schon ist alles wieder besser.

Es überraschte daher nicht, daß viele in Lozanovs Werk nach solcher Magie suchten. Als erstmalig Informationen über seine Methode nach Amerika kamen, ging das Gerücht, er habe eine lange verborgen gehaltene okkulte Prozedur benutzt und sei schließlich von seiner Regierung unterdrückt worden, daß ihn also politischer Druck davon abhielt, uns zu erklären, wie er zu seinen bemerkenswerten Resultaten gekommen war.

Jeder Lehrer macht es einzigartig

Erst später erkannte ich, daß das Schlüsselelement in Lozanovs Ansatz hervorragendes *Lehren* ist, das natürlich mit dem Stil des jeweiligen Lehrers variiert. Der Lehrer muß damit anfangen, daß er die von Lozanov entwickelte Philosophie der Erziehung erlernt und anschließend praktiziert, wobei er für die Darbietung der Informationen den suggestopädischen Prozeß nutzt. Solange der Lehrer das noch lernt, kann er vorgefertigte Stundenpläne verwenden, um das Muster im Detail umzusetzen. Aber solange die richtigen Prinzipien beachtet werden, ist es für den Lehrer besser, individuell abgestimmte Unterrichtspläne auszuarbeiten. Auch muß der Lehrer bereit sein, den Plan entsprechend den Reaktionen der jeweiligen Klasse abzuwandeln und anzupassen. Jede Klasse hat selbstverständlich ihre eigene Persönlichkeit, und was die eine Gruppe eine halbe Stunde lang beschäftigt, kann sich bei einer anderen schon nach fünfundvierzig Sekunden erschöpfen.

Es gibt einige wesentliche Komponenten des Prozesses, die der Lehrer in der Hand hat. Anhang Zwei ist eine Zusammenfassung meiner eigenen Adaptation von Lozanovs Sprachlehr-Methoden für das Integrative Lernen. Das meiste von dem, was Sie dort finden werden, fügt sich konsistent in sein Werk ein. Die Unterschiede liegen in zusätzlichen Erkenntnissen, die aus anderen Quellen stammen, und in dem Bedürfnis, Lozanovs Philosophie an unsere doch etwas andere Kultur und das Unterrichten auch anderer Gebiete außer Sprachen, anzupassen.

Der fundamentale Glaube

Bei aller technischen Information, die Lozanov in seinen Büchern vermittelte, bei allen Artikeln und Vorträgen, ist das wichtigste, was er sagte, folgendes: Menschen können viel schneller, mit einem höheren Grad der Beherrschung und mit mehr Spaß lernen als man je für möglich hielt. Wenn Sie diesen Glaubenssatz leben, können Sie Ergebnisse in ganz anderen Größenordnungen persönlicher Höchstleistung erzielen. Hören Sie auf damit, an Beschränkungen zu glauben und erkennen Sie, daß natürliches Lernen fünf Mal oder noch schneller vor sich gehen sollte als bisher anerkannte Normen uns weismachen wollen.

Der Vorzug, all dies als Philosophie anstatt als Methodik zu vermitteln, liegt darin, daß sie die unendliche Vielfalt der Arten des Lernens anerkennt, so lange man die allgemeinen Prinzipien des Lernens versteht. Eigentlich gibt Lozanov überhaupt keine präziseren Anweisungen für Lehrer als er etwa Anweisungen zur Skizzierung eines Schritt-für-Schritt-Ansatzes für das Malen mit Fingerfarben geben würde.

Ich glaube nicht, daß ich Ihnen sagen kann, wie Sie Ihre Kinder aufziehen oder wie Sie ihr Lernen strukturieren sollen. Statt dessen kann ich Sie mit den Prinzipien und Beispielen erfolgreicher Anwendung bekanntmachen, und zusätzlich einige Aktivitäten vorschlagen, damit die Wahrscheinlichkeit steigt, daß Sie etwas entdecken, das sie mit der ganzen Familie wirkungsvoll einsetzen können. **Aber das** wichtigste, was ich tun kann, ist, Ihnen den Mut zu geben, zu glauben, daß Sie und Ihre Kinder über unbegrenzte Lernfähigkeiten verfügen.

Eine suggestopädisch ausgerichtete Schule gründen

In den frühen Siebzigern arbeitet ich mit einem Geschäftsmann namens Carl Schleicher zusammen, der Lozanov persönlich kannte. Ich erzählte Carl, daß ich eine Privatschule ins Leben rufen wolle, in der die Lozanov-Methode gelehrt werden könnte, wenn er es arrangieren könne, daß die Lehrer von Lozanov persönlich geschult würden. Zusammen mit meiner Frau gründete ich eine Schule in einer Schule in Sandy Spring Friends in Maryland, wo wir beide auch vorher schon unterrichtet hatten. Dies wurde schließlich die Thornton-Friends-Schule, eine unabhängige High School, die unter anderer Leitung im gleichen Geiste auch heute noch arbeitet.

In den letzten Jahren wurde sie von Bundesbeamten gepriesen und studiert, und Bildungsexperten haben sie als ein Modell für Effektivität und Erfolg begeistert aufgenommen. Aber in den ersten Jahren mußten wir noch um die Anerkennung mit dem staatlichen Bildungsamt kämpfen, weil im Staat noch nie eine Schule wie unsere gegründet worden war. In einem einzigen Klassenzimmer mit vierundzwanzig Schülern ließen Nancy und ich das Einzimmer-Schulhaus wieder aufleben, unterrichteten alle Fächer und taten unser Bestes, damit unser Unterricht die von Lozanov vertretene Philosophie traf. Dieses Experiment wird in meiner veröffentlichten Arbeit „The Sandy Spring Experiment" beschrieben.

Wir haben ausgeschlafene Schüler, aber...

In jenem ersten Jahr, als die Schule die Arbeit aufnahm, schafften wir es nicht, jemanden in Bulgarien ausbilden zu lassen, also bereiteten wir ein hausgemachtes Potpourri suggestopädischer Techniken zu. Die Schüler lagen fünf Stunden täglich auf dem Fußboden, während ich ihnen lateinische Texte vorlas. Sechs Wochen später hatten sie im Englischen Fortschritte gemacht, die durchschnittlich sechs Monaten Unterricht entsprachen, obwohl Englisch während dieser Zeit überhaupt nicht unterrichtet worden war. Als ich ihren Wortschatz testete, stellte ich fest, daß sie

Vokabeln schneller lernten als ich zu meiner Zeit. Später lernte ich jedoch, daß fünf-
stündiges Liegen auf dem Fußboden nicht die beste Methode war, um Latein zu lernen, deshalb empfehle ich auch nicht, daß Sie das mit Ihren Kindern probieren.

Obwohl dieser Prozeß einige interessante Effekte hatte, hatte er wenig Ähnlichkeit mit Lozanovs Praktiken. Wir verfügten noch immer nicht über das Wissen, daß
für die Aktivierung des Lernprozesses entscheidend war. Bis zu diesem Zeitpunkt
waren mir nur die Konzertsitzungen, die in Veröffentlichungen dokumentiert worden waren, zugänglich, wahrscheinlich, weil sie den dramatischsten und einzigartigen Teil seiner Art zu unterrichten darstellten – wenn auch einen, der unter normalen Umständen isoliert und für sich genommen keinen Effekt hat. Zwei weitere
Jahre gingen ins Land, bis wir die vollständige Abfolge des Dekodierens, der Konzerte und Aktivierungen, die Lozanov empfahl, gelernt hatten, denn erst zu diesem
Zeitpunkt verfügten wir über die Möglichkeit, in unserer Schule tatsächlich in Bulgarien ausgebildete Lehrer einzusetzen.

Und immer noch gab es Schwierigkeiten, da die Lehrer, die wir zur Schulung
schickten, nicht flexibel genug waren, um ihren Stil den Schülern, die wir ihnen
vorsetzten, anzupassen.

Lozanovs Werk in den Vereinigten Staaten

Bis zu dieser Zeit war Lozanovs Werk noch nicht sehr bekannt und ganz sicher in
Nordamerika auch nicht verstanden. In den frühen 70ern hatte die kanadische Regierung ein Experiment zum Sprachenlernen gemacht. Leider versandete es in politischen Querelen, und Lozanovs Anweisungen wurden nicht angemessen umgesetzt. In der Folge mißlang das Experiment. Nichtsdestotrotz nutzt die Canadian
Pacific Railroad, eines der größten Unternehmen in Kanada, schon seit mehr als
zehn Jahren Lozanovs Unterrichts-Philosophie zur Schulung ihrer Beschäftigten.

In den Vereinigten Staaten verhedderte sich eine ganze Anzahl von Experimenten zur Anwendung der Lozanovschen Methode namens Superlearning in ähnlichen Fallstricken. Dieser Prozeß beschäftigt sich mit dem Einsatz von Musik für die
Absorption von Wissen ins Langzeitgedächtnis, weniger mit der Form, in der das
Wissen dargeboten und später verarbeitet werden soll. Zudem schrieb das Super-

learning komplizierte Atem- und Zählübungen vor, die Lozanov, wie er jetzt meint, selbst nie verwendete. Gefragt, woher seine Ideen stammen, meinte er, daß er erste Pläne, einen solchen Ansatz zu testen, mit einer Journalistin diskutiert hatte, die seine Spekulationen mit der verwendeten Methodik durcheinanderbrachte.

1974 kam Lozanov endlich in die Vereinigten Staaten und begann, Lehrer für den Sprachenunterricht auszubilden. Schulungen wie die in Bulgarien erfordern, daß der Lehrer zusätzlich zum Erlernen der Philosophie selbst auch eine neue Sprache lernt und einer Klasse Fremdsprachenunterricht gibt. Erst, wenn alle drei Komponenten abgeschlossen wurden, kann die Arbeit des Lehrers richtig bewertet werden.

Lozanovs voller Terminkalender und die wirtschaftlichen Belange bei der Weiterbildung von Lehrern ließen es jedoch nicht zu, daß der Prozeß komplett in den Vereinigten Staaten stattfand. Das Resultat, ein nicht sehr befriedigender Kompromiß aus der Notwendigkeit heraus, war ein vierzigstündiger Ausbildungskurs, den ich bei der Gelegenheit auch selbst mitmachte.

Adaptationen der Lehrerausbildung von mir und anderen

Die anfangs angebotene Schulung war ausschließlich auf Lehrer für Fremdsprachen zugeschnitten. Als Reaktion auf das Bedürfnis der Anwendung auch auf andere Gebiete entwickelte ich eine Modifikation von Lozanovs Training, die ich zuerst in den öffentlichen Schulen von Chicago einsetzte – die Ergebnisse dieses Experiments werden in Kapitel Sechs diskutiert. Weiterhin unterrichtete ich Lehrer an Schulen in Detroit, St. Paul, Syracuse, St. Louis, Ney York City und anderen Orten, sowie Trainer in Unternehmen.

Inzwischen haben in Amerika auch andere ähnliche Anpassungen vorgenommen, erwähnenswert ist hier John Grassi, der für das öffentliche Schulsystem in Boston vierzig komplette Grundschul-Lehrpläne ausgearbeitet hat. In Kalifornien arbeitete Charles Schmid im Paradise-Schulbezirk, ebenfalls mit hervorragenden Resultaten. Und Ivan Barzakov, der früher in Bulgarien mit Lozanov zusammengearbeitet hatte, hat ein vorzügliches Ausbildungsprogramm für Schulen und andere Organisationen aufgelegt.

Auf College-Niveau brachte Ron Herring an der Universität von Wisconsin eine Flut hervorragender Ergebnisse hervor, wie auch Lynn Dhority, die mit Lozanovs Ansatz Sprachen und andere Fächer an der Massachusetts- und Harvard-Universität unterrichtete. An der Southwest State-Universität in Marshall, Minnesota, hat Professor Charles Reinert einen kompletten Physik-Einführungskurs auf der Basis des Integrativen Lernens entwickelt. Er berichtet, daß dieser die Lernquote und -tiefe der Physikstudenten verdoppelt hat. Professor James Quina an der Wayne Stock-Universität bringt zukünftigen Lehrern für Literatur bei, wie sie das Integrative Lernen in ihren Kursen einsetzen können. Sein Buch über Lehrtechniken, *Effective Secondary Teaching, Going Beyond the Bell Curve,* verschmelzt das Integrative Lernen mit herkömmlichen Instruktionstechniken.

Das Integrative Lernen wurde außerdem auf einem Sommer-Lehrprogramm an der Hamline-Universität in St. Paul getestet. In großem Maßstab kommt es am Detroit Center for Professional Growth and Development an der Wayne-State-Universität zum Zuge. Und das Department of Health and Human Services hat Gelder für ein Projekt zur Verfügung gestellt, in der Abteilung für Pflegedienste am Prince George's Community College in Maryland ein Integratives Lernprogramm einzurichten.

Eine der vielversprechendsten und wirkungsvollsten Arbeiten auf College-Niveau wird am Syracuse University College geleistet, wo unter der Leitung von Laurence Martel das Integrative Lernen im Programm für höhere Bildung eingesetzt wurde. Hier werden Erwachsene mit schlechtem Bildungshintergrund auf ein Niveau gebracht, das sie befähigt, College-Kurse zu besuchen. Ein von Jerry Perez de Tagle entwickelter Kurs mit dem Titel „Activate the Genius Within You" („Aktiviere das Genie in dir") wurde von Perez, Kay Farrar und Marilyn Herr unterrichtet und hat die Abbruchquote der Schüler bei vergleichbaren Programmen deutlich gesenkt. Mittlerweile beaufsichtigt Martel zusätzlich die Erstellung eines von Elena Levy entwickelten Mathematik-Lehrplans auf der Basis des Integrativen Lernens.

Im geschäftlichen Kontext hat David Meier am Zentrum für Accelerated Learning in Lake Geneva, Wisconsin, wichtige Fortschritte bei der Anwendung von Konzepten des Integrativen Lernens für die Ausbildung in Unternehmen erzielt. Nach einem langsamen Start weitet sich die Nachfrage nach Accelerated Learning in der Geschäftswelt rasant aus. Die Bell Atlantic-Telefongesellschaft übernahm diese

Unterrichtsmethode für einige ihrer Ausbildungskurse und sparte 624.000 Dollar pro Jahr allein an Schulungskosten.

Mein ehemaliger Partner Bernard Saunders erschließt bei der Unternehmens-Schulung in Minneapolis Neuland, indem er auf Management-Training und Arbeitsplatz angepaßte Techniken des Integrativen Lernens einsetzt. Seine Einführung des „Option Finder" (Erschließen von Wahlmöglichkeiten), einem neuen Prozeß für die Entscheidungsfindung in Unternehmen, erzielte machtvolle Ergebnisse für viele Unternehmen, darunter IBM.

Offensichtlich kann man das Integrative Lernen also auf praktisch alle Lernsituationen anwenden, von der Vorschule bis zur Hochschule, von Literatur bis zu High-Tech-Kursen, wissenschaftlichen Seminaren oder den Künsten, in der Schule, am Arbeitsplatz oder daheim.

Ergänzungen zu Lozanovs Werk

Einige der von Lozanov ausgebildeten Lehrer übernahmen später in ihren Unterricht auch suggestopädie-kompatible Methodiken. Eine davon ist die „Total Physical Response" (TPR) (totale körperliche Reaktion), die unter anderem darin besteht, Schüler eine Handlung physisch ausführen zu lassen, bevor sie sie benennen (was die Lernerfahrung der Kindheit rekapituliert), wodurch also der Sprachlernprozeß in das neuro-muskuläre System integriert wird. Beispielsweise sagt der Lehrer „setzen", und alle Schüler setzen sich, ohne dabei das Wort auszusprechen, bis sie die Handlung ein paar Mal ausgeführt haben.

Eine zweite Erweiterung ist das Neurolinguistische Programmieren (NLP), ein weitläufig praktizierter Ansatz zur Integration von Wissen über das neurologische System in die Lerntheorie. Dieser Quelle entspringen viele Einsichten über den besten Umgang mit den verschiedenen Lernmodalitäten. Zusätzlich ist eine der im NLP verwendeten Techniken das „Reframing" – das bedeutet, etwas, das zuvor negativ erschien, in einem positiven Licht zu sehen. Ein Beispiel für das Reframing geht folgendermaßen: „Heute Nacht hat der Hund den ganzen Aufsatz zerfetzt, was mich wegen der vielen Arbeit, die ich hineingesteckt hatte, zunächst ziemlich sauer machte. Aber dann erkannte ich, daß mir das ja die Chance gab, die Arbeit noch einmal zu schreiben, und beim zweiten Mal würde ich noch besser arbeiten und den Stoff noch viel besser lernen können."

Auch das Interesse an der Split-Brain-Arbeit von Roger Sperry hat zu einer Flut von Übungen im sogenannten rechtshirnigen Denken mit hervorragenden Beiträgen von Lehrern wie Tony Buzan, Betty Edwards und Garbrielle Rico geführt.

Vor noch gar nicht langer Zeit steuerte der Durchbruch in Howard Gardners Forschung am Harvard Zero-Projekt neue Einsichten über das Lernen bei. Seine Theorie multipler Intelligenzen hat eine gesunde Diskussion in der Gemeinschaft der Unterrichtenden entfacht, weil sie den Begriff des IQ über die bloße Messung des logischen Prozesses hinaus auf sieben verschiedene Intelligenzen ausdehnt. Er hat den vielleicht besten Rahmen zur Entwicklung von Prozeduren für den Unterricht zur Verfügung gestellt, indem er dafür sorgt, daß wir in jeder Stunde alle sieben grundlegenden menschlichen Intelligenzen, statt nur der zwei traditionellerweise vermittelten (die mathematisch-logische und die sprachliche), ansprechen. Lozanov, der praktisch jeden Teilnehmer seiner Kurse bis fast auf das gleiche Niveau persönlicher Höchstleistung unterrichten konnte, benutzte Prozeduren, die alle sieben Intelligenzen zu annähernd gleichen Teilen aktivierten.

Es ist also nicht länger angemessen, von einem Großteil der Arbeit in den Vereinigten Staaten als rein suggestologisch oder als Lozanovsche Methode zu sprechen. Sind doch die Sprachlehr-Resultate von Lozanov von einer ganzen Anzahl von Unterrichtenden in diesem Land eingestellt oder übertroffen worden, zusätzlich zu den bereits erwähnten unter anderem von Allison Miller in Minnesota, Ocie Woodyear am Lozanov-Institut in Silver Spring, Maryland, und Lehrern an der Universität von Houston, an der Howard-Universität und an der Universität des Distriktes von Columbia.

Die Anwendungen von Lozanovs Werk sind Legion und haben sich mit verschiedenen alternativen Lernsystemen und -philosophien aus anderen Quellen vermischt. Viele der Anwendungen sind durch die Society for Accelerative Learning and Teaching (SALT) in die Wege geleitet worden, deren – unter Herausgeber Don Schuster veröffentlichtes – Journal die besten akademischen Arbeiten zu dem Thema versammelt. SALT wurde ins Leben gerufen, als Lozanov die State University von Iowa als das offizielle akademische Zentrum für Suggestopädie in den USA wählte. Ein Großteil seiner Forschung wurde von Lyelle Palmer, Chefforscherin für

Accelerated Learning und verantwortlich für einen großen Teil der Vertrauenswürdigkeit, zu der es SALT in akademischen Kreisen inzwischen gebracht hat, koordiniert und ausgewertet. SALT veranstaltet jährlich eine bedeutende Konferenz, die führende Forscher und Praktizierende auf diesem Gebiet aus aller Welt zusammenbringt.

Eine weitere Organisation, die eine hervorragende Führungsrolle bei der Entwicklung und Verbreitung neuen Wissens einnimmt, ist das in Seattle ansässige, von Dee Dickinson geleitete New Horizons for Learning. Sie hat ausgezeichnete Workshops im ganzen Land veranstaltet, die Unterrichtende aus aller Welt sowohl als Vortragende als auch als Teilnehmer anzogen. Dickinson veröffentlicht auch Informationen über neue Entwicklungen auf diesem Gebiet. In Minneapolis veröffentlichen außerdem Kaia Svien und ihre Mitarbeiter, die vorzügliche Arbeit bei der Anwendung des Accelerated Learning bei der Förderung lernbehinderter Kinder geleistet haben, einen Newsletter über aktuelle Entwicklungen.

Wie sollen wir das Kind nennen?

Mit all dieser gärenden Aktivität und fachübergreifenden Befruchtung ist natürlicherweise eine gewisse Verwirrung bezüglich der Fachbegriffe und des Jargons einhergegangen. Um die Verwirrung zu reduzieren, könnte es hilfreich sein, wenn wir uns einige der Begriffe und deren Implikationen, die den Platz der Suggestopädie eingenommen haben, noch einmal vornehmen.

Accelerated Learning ist eine landläufig benutzte, umfassende Beschreibung vieler dieser Methodiken. Unglücklicherweise ignoriert die einseitige Ausrichtung auf den Beschleunigungsprozeß die Tatsache, daß Tiefe und Verständnis und die verbesserte Fähigkeit, gut zu denken, wichtiger sind als die bloße Beschleunigung des Lernens; diese beiden Ansprüche werden durch Lozanovs Werk ebenfalls erfüllt.

Superlearning ist wie oben erwähnt in Wirklichkeit eine Anwendung, die auf dem Einsatz langsamer Sätze aus Barockkonzerten beruht. Wie der Name nahelegt, betont es mehr die frappierenden Quick-Fix-Aspekte von Lozanvos Werk als seine philosophischen Implikationen. *Optimalearning*, eine treffende, von Ivan Barzakov und seiner Frau Pamela Rand geprägte Bezeichnung, hat sowohl im Unterricht als auch im Geschäftsleben Erfolg. Ein weiterer gebräuchlicher Begriff, der zwar mit Suggestopädie zu tun, seinen Ursprung aber nicht in Lozanovs Nachfolgern hat, ist das *Whole Brain Learning*. Dieses richtet sein besonderes Augenmerk auf das Ausbalancieren des rechten und linken Gehirns, aber nicht auf die Rolle, die der Körpers im Lernprozeß spielt. Die gleiche Kritik kann auf den Begriff *Whole Mind Learning* übertragen werden, der ebenfalls geläufig ist.

Integratives Lernen

Ich wählte den Begriff *Integratives Lernen* (den ursprünglich mein Kollege Jerry Perez de Tagle vorschlug), weil er beschreibt, wie Kleinkinder lernen. Kleinkinder beobachten frei ihre Umgebung und reagieren auf alle Aspekte ihrer Umgebung, ohne diese Aspekte voneinander zu isolieren. Indem sie sich von einem Teil der Umgebung zum nächsten bewegen und sich dabei wohlfühlen, prägen sie Muster aus, die originale und einzigartige Interaktionen zwischen vielen verschiedenen Dingen hervorbringen. Nach und nach werden diese Muster verfeinert und nehmen nützliche Bedeutungen an, da die Erfahrung während des Lernprozesses des Kleinkindes manche Muster verstärkt und dafür andere aus dem Gedächtnis tilgt.

Das gibt Lozanovs Herangehensweise an themenbezogene Stoffe gut wieder. Er lehrte, daß alle Elemente der Sprachstruktur im Unterricht von Anfang an bedeutsam sein und nicht in linearer Folge nach und nach eingeführt werden sollten.

Das Integrative Lernen ist ein Ansatz, der grenzenlos erweiterbar ist und andere Methodiken in sich aufnehmen kann, vorausgesetzt, daß sie seinen fundamentalen Prinzipien nicht widersprechen. Die Prinzipien können ebenfalls überarbeitet werden, wenn neues Wissen über das Lernen verfügbar wird. Denn wir beschäftigen uns mit einem Kompendium der Lernaktivitäten, die die gesamte Persönlichkeit einbeziehen. Sie beruhen auf der allgemeinen Annahme, daß man unbegrenzt lernen kann und richten sich auf eine vollständige Stärkung des Vertrauens des Lernenden in seine Fähigkeiten.

Zufälligerweise wird der Begriff „Integratives Lernen" auch von der kalifornischen Lehrerin Barbara Clark verwendet, deren Buch *Optimizing Learning* viel zu bieten hat, was den Geist der Philosophie dieses Buches teilt.

Die Techniken zur Induktion Integrativen Lernens bei Schülern sind noch verhältnismäßig primitiv. Jeder, der in diesen neuen Unterrichts-Ansatz einbezogen wird, wird innovative und wirkungsvolle Beiträge zu diesem wachsenden Wissensbestand leisten können. Und in der Tat wird bereits eine Menge getan, und es gibt heute ein Bedürfnis danach, es den Lehrern leichter zu machen, ihre Einsichten und Erfahrungen durch Newsletter und andere Formen der Kommunikation in einem Pool zusammenzuführen. Die SALT-Organisation an der Iowa State-University hat bei der Veröffentlichung akademischer Forschungsarbeiten hervorragende Arbeit geleistet, wünschenswert ist aber auch weniger formelle Kommunikation.

Zusätzlich zu den bereits erwähnten sind Patrick Rohan im Büro des Bereichsleiters der öffentlichen Chicagoer Schulen erfolgreiche Unterrichts-Strategien willkommen, die er den im Netzwerk zusammengeschlossenen öffentlichen Schulsystemen zugänglich machen und verbreiten wird. Auch mir sind Briefe von Lehrern und Eltern willkommen, die sowohl Informationen zu Programmen als auch Material suchen und erfolgreiche Erfahrungen gemacht haben, und ich werde einen Weg finden, um Informationen über diese Erfahrungen zu veröffentlichen und zu verbreiten.

Das Paradigma der Unterrichtsforschung ändern

Es gibt gute Gründe für einigen Optimismus, daß die Vorteile der Arbeit, die von Lozanov und so vielen anderen geleistet wurde, schon bald in größerem Rahmen in unserem Bildungssystem und anderen Teilen unserer Gesellschaft verbreitet werden. Die Notwendigkeit der Veränderung wird sicherlich erkannt, und der politische Druck nimmt zu.

Aber ich erinnere mich auch daran, daß es, als ich 1972 zum ersten Mal über Lozanovs Arbeit las, selbstverständlich schien, daß diese Arbeiten in die Vereinigten Staaten importiert und auf die hiesigen Schulen angewendet werden sollten. Dazu steckte ich viel Energie in die Suche nach finanzieller und behördlicher Unterstützung. Aber ich entdeckte, daß, obwohl unsere Schulen in die Krise geraten waren, anscheinend niemand helfen konnte. Die Bürokratie, bemerkte ich, macht es nicht eben einfach, Probleme zu lösen – auch wenn Lösungen zur Verfügung stehen.

Das Problem liegt aber tiefer als bürokratische Vorsicht und Trägheit. Es geht darum, wie wir über Lernen und Unterricht denken, und darum, wo wir nach Antworten auf unsere Fragen suchen.

Paul Messier aus der Forschungsabteilung des US-Kultusministeriums hat die Vorstellung angesprochen, daß die Zeit für einen Paradigmenwechsel in der Unterrichtsforschung gekommen ist.

Aufgrund einer langen Tradition, die bis zurück ins Mittelalter reicht, sind Bildungspolitik, -forschung, -praxis und -reform als Teil des Paradigmas der kognitiven und Entwicklungs-Psychologie und des Behaviorismus gesehen worden. Diese aber ignorieren weitestgehend die jüngste neurologische Forschung zur Funktion, Struktur und Interaktion des Gehirns (zu dem wir im nächsten Kapitel kommen werden). Diese jüngere Forschung erweitert den Kontext für das Verständnis von Unterrichtsstrategien und Lernumgebungen.

Das Problem ist folgendes: wenn man irgendetwas zum Wissen über das Lernen hinzufügt, das nicht unter das bestehende Paradigma fällt – ein Paradigma, das darauf zugeschnitten ist, alles außerhalb seines eng definierten Forschungs-Spektrums herauszufiltern – hört wahrscheinlich niemand im Bildungsamt und damit konsequenterweise niemand in den Forschungslaboratorien in den ganzen Vereinigten Staaten und dem Rest der Welt davon. Theoretisch hieße das: gleichgültig, wie viele Lösungen man für die gegenwärtige Bildungskrise auch finden mag, keine von ihnen wird in öffentlichen Schulen verwendet, solange sie aus dem Paradigma fallen. In der Praxis gibt es Mittel und Wege – so, wie ich es tat – dieses Paradigma zu umgehen, hauptsächlich durch das Aufspüren führender Köpfe im Schulsystem selbst, die abenteuerlustig genug sind, etwas Neues auszuprobieren und dabei auch einmal Risiken einzugehen.

Durch das Verschieben des Forschungs-Paradigmas hofft Messier, noch viele Forschungsprojekte finanzieren zu können, die eine gewisse gemeinsame philosophische Grundlage mit dem Integrativen Lernen haben.

„Solange wir nicht unsere Bewertungs-Normen ändern", sagt er, „werden wir immer nur fortfahren, den gleichen alten Kram im Kreis zu wiederholen – der, wie wir wissen, nicht funktioniert."

Die Verbreitung an öffentlichen Schulen nimmt zu

Schließlich macht es Mut, berichten zu können, daß zum Zeitpunkt der Druck-legung dieses Buches zahlreiche Funktionäre auf Bundes- und Länderebene* leb-haftes Interesse am Integrativen Lernen als der vielleicht einzigen realistischen Ant-wort auf die Krise in den Schulen zeigen. Wie mir Jack Mitchell, der Bereichs-vorsitzende in Chicago, sagte: „Wir suchen nach Lösungen, aber außer diesem System finden wir nicht viel, was funktioniert."

Andere, die ein starkes Interesse daran bekundet haben, das Integrative Lernen so schnell wie möglich in die Schulen zu holen, sind unter anderem Mitglieder des New York State Board of Regents wie auch Führungskräfte im Weißen Haus, die Amtsleiter von sieben Staaten und dazu weitere Amtsleiter und Direktoren im ganzen Land. Es ist interessant, zu beobachten, daß im Schulsystem von North Syracuse die Anregung für den Aufbau eines Pilotprojektes von einer Handvoll Leh-rer kam, die es innerhalb weniger Monate fertigbrachten, bis zum Büro des Ministe-rialdirektors hinauf Leute dafür zu interessieren.

Eine Idee, deren Zeit gekommen ist

Pessimisten versuchen gelegentlich, mich davon zu überzeugen, daß das Integrati-ve Lernen, so gut es auch sein mag, sehr lange brauchen wird, um ins öffentliche Schulsystem, das ihren Worten zufolge übermäßig bürokratisch versumpft sei, vor-zudringen, daß also auch das Integrative Lernen nicht mehr helfen könne. Das Bil-dungswesen, so argumentieren sie, muß den professionellen Pädagogen aus der Hand genommen und Leuten anvertraut werden, die es zum Laufen bringen kön-nen, wie etwa Geschäftsleuten.

Ich glaube das nicht. Wenn die Anlaufphase auch ausgedehnt war, so hat die Be-wegung nun doch schon ein Moment, das nicht mehr aufzuhalten ist. Ich stoße nicht länger auf Widerstand, wenn ich Lehrern, Schulamtsleitern und Regierungs-funktionären vom Integrativen Lernen berichte. Anstatt zu streiten und mir eine Gelegenheit zu geben, die Effektivität des Möglichen zu demonstrieren, kommen

---

* gemeint sind amerikanische Bundesstaaten und Länder. Anm. d. Übers.

sie gleich auf den Punkt und drücken eilige Bereitwilligkeit aus, das Integrative Lernen so schnell wie möglich in die Tat umzusetzen.

Vielleicht liegt das teilweise daran, daß sich die Gemeinschaft der öffentlichen Schulen im Kreuzfeuer der Kritik sieht und deshalb nach Sofortlösungen für das Problem Ausschau hält. Aber wichtiger noch – und auf lange Sicht verläßlicher – ist das tiefe Verlangen seitens der Lehrer und Eltern, ihr Bestes für unsere Kinder zu tun. Deshalb glaube ich, versprechen zu können, daß das Integrative Lernen in absehbarer Zukunft eine Alternative zur Schule auch Ihres Kindes sein wird. Aber wenn Sie es noch schneller Wirklichkeit werden lassen wollen, fassen Sie doch einmal einen Besuch bei Ihrem Direktor ins Auge und überreichen Sie ihm ein Exemplar dieses Buches.

5

Das Lernen dem Gehirn anpassen

Die jüngste Gehirnforschung gibt uns ein besseres Verständnis der Wege zum und Hindernisse beim Lernen.

Das menschliche Gehirn ist das erstaunlichste Ding, das wir kennen. Seine Geheimnisse haben sich den Sondierungen der Wissenschaftler bisher nur zu einer winzigen Ahnung ihrer wahren Komplexität preisgegeben. Viele grundlegende Fragen zum Gehirn harren noch einer Antwort oder sind vielleicht noch nicht einmal geträumt.

Nichtsdestotrotz hat uns die jüngste Forschung Einsichten, Vermutungen und Hinweise zur Funktionsweise unseres Gehirns geschenkt. Einige dieser Einsichten und Vermutungen – mit der nötigen Zurückhaltung und immer im Hinblick auf tatsächliche Erfahrung und Beobachtung angewandt – erweisen sich als hilfreich für unser Verständnis dafür, wie wir lernen und wie wir möglicherweise noch besser lernen können.

Für diejenigen unter uns, denen effektiveres Lernen am Herzen liegt, haben diese neuen Einsichten zur Funktionsweise des Gehirns mehr indirekten als direkten Wert. Die Gehirnforschung gibt uns keine gebrauchsfertigen „Schlüssel" an die Hand, keine „Schalter", die wir nur noch anzuknipsen brauchen – und schon ist unser Gehirn effizienter –, jedenfalls *noch* nicht. Die meisten Schlußfolgerungen der Wissenschaftler sind bestenfalls behelfsmäßig oder in Metaphern gekleidet, die wir besser nicht allzu wörtlich nehmen.

Diese neuen Beobachtungen weisen auf die enorme Bandbreite der Funktions-
möglichkeiten unseres Geistes und das dafür nötige wechselseitige Ineinandergrei-
fen mentaler Funktionen und Aktivitäten hin. Das macht uns Mut, eine ebenso
weitgefächerte Bandbreite bei den Ansätzen für effektives Lernen zu erforschen und
uns ein noch weiteres Spektrum legitimer Lehr- und Lernaktivitäten auch in den
formellsten Umgebungen vorzustellen.

Eben daß die Funktionsweise des Gehirns ein so tiefes Geheimnis darstellt,
dient als eine gesunde Erinnerung daran, wie erstaunlich weitläufig und vielfältig
die mentale Kapazität und das mentale Potential eines *jeden* Menschen sind.

Das Geheimnis des Gedächtnisses

Eines der größten Geheimnisse des Gehirns ist das Gedächtnis – wir wissen zwar etwas über die Wege zur Speicherung von Wissen, aber *wie* wir Wissen speichern,
wissen wir nicht. Sicher ist, daß Erinnerungen nicht rein linear gespeichert werden,
denn es gibt zahlreiche Routen zu einer bestimmten Erinnerung, und viele dieser
Wege führen durch eine Vielzahl von Assoziationen, Analogien und Allgemeinplätzen.

Auf die Erinnerung an einen Apfel können wir beispielsweise über die Konzepte
Frucht, Röte, Süße, Rundsein, Ärzte, Lehrer, Lebensmittelgeschäfte, Diätpläne,
Computer, New York* und so weiter zugreifen, wobei möglicherweise Hunderte
oder Tausende unterschiedlicher Routen zu dieser einen Erinnerung oder Idee
durchlaufen werden. Eine einzige Erinnerung an einen Apfel führt ihrerseits wieder
zu anderen spezifischen Erinnerungen. Wahrscheinlich könnte man sich sogar,
wenn man der Idee des Apfels nur genügend Aufmerksamkeit widmen würde, so
gut wie jede reale (oder eingebildete) Erinnerung an Äpfel erschließen.

Zwei winzige Regionen im Gehirn spielen beim Transport von Informationen
vom Kurzzeit- ins Langzeitgedächtnis eine große Rolle. Auf das Kurzzeitgedächtnis
kann man ein paar Tage lang zugreifen, es ermöglicht das Erinnern an die jüngsten
Erlebnisse. Das Langzeitgedächtnis bietet eine mehr oder weniger dauerhafte Speicherung von Wissen, auf das man häufig zurückgreift. Die beiden Organe, die als
Brücken zwischen ihnen dienen, sind der Hippocampus und die Amygdala.

---

* das von den NewYorkern liebevoll „The Big Apple" genannt wird. Anm. d. Übers.

Der Hippocampus überträgt konzeptuelle Inhalte in das Langzeitgedächtnis, die Amygdala übernimmt vermutlich die gleiche Funktion für emotionale Inhalte. Arbeiten die beiden Hand in Hand, kann eine Erinnerung leichter in das Langzeitgedächtnis übersiedeln, als wenn nur eine einzige Funktion aktiv ist. Darum kann man sich viel leichter an Dinge in einem emotionalen Kontext erinnern. Und eigentlich ist nur schwer einzusehen, warum jemand Wissen in einer Atmosphäre vermitteln wollte, die nicht von positiver Emotion verstärkt wird. Es ist einfach zu ineffizient.

Die holographische Qualität unseres Geistes

Die allgemeine Mehrdeutigkeit bei der Lokalisierung bestimmter Funktionen oder Aktivitäten nimmt in unserer verschwommenen Vorstellung von den Geheimnissen des Gehirns eine zentrale Stellung ein. Obwohl bestimmte Bereiche, und sogar bestimmte Zellen mit genau-umrissenen Funktionen identifiziert werden können (nämlich, wenn sie zerstört werden), können die eingebüßten Funktionen unter Umständen in anderen Bereichen des Gehirns neu aufgebaut werden. Während also das Gehirn in seinem System zur Erinnerungsspeicherung einige charakteristische Aspekte geographischer Lokalisierung aufweist, scheint es andererseits auch holographisch zu arbeiten. Das erinnert ein bißchen an das Problem in der Quantenmechanik, wo sich das Licht manchmal verhält, als bewege es sich in Partikeln fort, und dann wieder, als habe es Wellencharakter. Niemand konnte bislang dieses doppelte Gesicht des Lichts erklären oder schlüssig in ein übergeordnetes Konzept einpassen.

Es ist großenteils das Verdienst von Karl Pribrams bahnbrechender Forschung, daß wir wissen, daß alles, was in *einem* Teil des Gehirns gespeichert ist, in einem gewissen Sinne *überall* in ihm gespeichert ist. Vielleicht deshalb scheinen alle unsere Erinnerungen derartig miteinander verzahnt zu sein. Das Verständnis dieser innewohnenden gehirnübergreifenden Vernetzung ist einer der Hauptwege zur Aktivierung des geistigen Reserve-Komplexes und damit zur Freisetzung zuvor unerwarteter Fertigkeiten, Talente und Fähigkeiten.

Das von Pribram entwickelte konzeptuelle Modell wurde von der holographi-
schen Photographie inspiriert, die ein drei-dimensionales Abbild eines Objektes
nicht durch die Wiedergabe des eigentlichen Bildes des Objektes, sondern durch
die Aufnahme einer Menge von Wellen-Interferenz-Mustern zweier auf das Objekt
gerichteter Laserstrahlen reproduziert. Wenn man dann später zwei entsprechende
Laserstrahlen durch die photographische Platte schickt, ergibt sich ein Bild des Objektes in drei Dimensionen. Wenn man direkt auf die Platte blickt, erkennt man nur
wellenförmige Linien. Wenn man die Platte in Scheiben schneidet, enthält jede einzelne Scheibe immer noch das gesamte Objekt – es ist nur etwas verschwommener
als im Original.

Diese holographische Sichtweise des Gehirns stellt eine interessante Grundlage
für die Behandlung anderer Modelle neuronaler Organisation, wie die untenste-
hend diskutierten, dar. Bestimmte Funktionen scheinen jedoch zu Beginn auf bestimmte Bereiche des Gehirns beschränkt zu sein, Ausnahmen sind an der Tagesordnung; und so erheben sich bei jeder neu entstehenden Theorie der Gehirn-Geo-
graphie Kritiker, um auf häufig genug auftretende neurologische Anomalien hinzuweisen, die eine gegebene Theorie ungültig erscheinen lassen. Angesichts solcher
Kritik hilft es, im Hinterkopf zu behalten, daß diese Theorien, ob sie nun buchstäblich wahr sind oder nicht, *als Modelle* wertvolle Einsichten für das Verständnis des
Unterrichts-Prozesses liefern. Es kommt wirklich nicht darauf an, wo genau in unserem Gehirn irgend etwas passiert – worauf es ankommt, ist, daß überhaupt etwas
passiert und daß unterschiedliche und charakteristische Gehirnfunktionen identifiziert werden können.

Das dreieinige Gehirn

Eines der nützlichsten, aus der jüngsten Forschung hervorgegangenen Gehirnmo-
delle wurde von Paul MacLean an den National Institutes of Mental Health entwickelt. Nach seiner „Theorie des dreieinigen Gehirns" entwickelte sich unser Organ für das abstrakte Denkvermögen schichtenweise. Die älteste Schicht (das im
Hirnstamm lokalisierte Reptilienhirn) reagiert starr, instinktiv und automatisch
und kontrolliert die grundlegenden Lebensfunktionen. Es sorgt dafür, daß unsere

Ur-Bedürfnisse erfüllt werden, und in lebensgefährlichen Situationen neigen wir dazu, in diesen Bereich herunterzuschalten. Automatische Reaktionen können in einem Augenblick unmittelbarer Krisis nützlich sein, aber sie sind nicht sonderlich hilfreich, wenn die Krise mehr eingebildeter als wirklicher Natur ist.

Leider begünstigen viele Situationen im Unterricht das Herunterschalten in instinktive Schichten. Obwohl das Leben eines Schülers nicht wirklich bedroht ist, kann er sich schon beim Gedanken, drangenommen zu werden, derart bedroht, gedemütigt oder auf den Präsentierteller gesetzt fühlen, daß denkende Reaktionen von automatischen ersetzt werden. Wenn das häufig genug geschieht, kann unter Umständen schon das bloße Betreten des Klassenzimmers ein solches Herunterschalten bewirken. Also wird gerade der Ort, an dem der Schüler intellektuell operieren soll, in die für intellektuelles Verhalten ungeeignetste Umgebung verwandelt. „Ich habe einen kleinen Schalter in meinem Hirn", erklärte mir einmal ein Schüler, „ich schalte ab, sobald ich ein Klassenzimmer betrete".

Deshalb legte Lozanov soviel Nachdruck darauf, die Angst aus dem Klassenzimmer zu verbannen, indem zu jeder Zeit eine positive, suggestive Atmosphäre aufrechterhalten und mit Fehlern in einer nicht-bedrohenden Art und Weise umgegangen wird. Wenn man sich bedroht fühlt, kann man nicht auf den Neokortex zugreifen, also nicht denken. Manche Schüler fühlen sich ständig bedroht, so daß sie bei Tests scheinbar ein niedriges Intelligenz-Niveau haben. Sobald sie gelernt haben, ihre Angst zu überwinden, werden sie besser, und ihr Gehirn beginnt, anders zu arbeiten.

Das Zusammenspiel von Denken und Gefühl

In MacLeans Modell ist das Limbische System die nächsthöhere Schicht. Es liegt unterhalb des rationalen Neokortex und ist der Sitz der Emotion. Hier werden die Gefühle aktiviert. Hier sitzen außerdem der Hippocampus und die Amygdala; wie ich schon erwähnte, muß beim Zugriff auf das Langzeitgedächtnis das Limbische System aktiv beteiligt werden.

Es scheint, daß erst die Nachbarschaft des Neokortex zum Limbischen System die Interaktion zwischen beiden ermöglicht, indem der denkende Neokortex das

Limbische System unter Kontrolle hält und ihm Perspektiven eröffnet. Im Gegenzug beleben und motivieren die Emotionen das Denken. Es ist eine leichte und normale Weise des Zusammenspiels, das durch den Druck, Gefühle und Ideen in verschiedenen Abteilen halten zu müssen, stark strapaziert wird.

Viele Philosophen und Mathematiker haben über ihre Leidenschaft für das Denken geschrieben. Wenn Ideen so präsentiert werden, daß dieses leidenschaftliche Element ignoriert wird, werden die Schüler nicht nur um das dramatische Schauspiel der Entdeckung betrogen; außerdem werden sie einer subtilen Trivialisierung des Stoffes unterworfen, was in der Folge ihre Fähigkeit, diesen zu würdigen, wohl entsprechend verringert.

Die Trennung von Gefühl und konzeptuellem Denken bewirkt, daß beide Gehirnebenen im Extrem arbeiten, was auf der einen Seite diese Form kalt-logischen Denkens hervorbringt, die sich selbst von der Wirklichkeit isoliert, und auf der anderen Seite die wilde Irrationalität der Empfindungen, die nach übermäßiger Unterdrückung schließlich ausbrechen. Wie ironisch, daß gerade diejenigen, die versuchen, ihre Emotionen zu unterdrücken, am anfälligsten dafür sind, daß ihre Empfindungen Amok laufen und im Falle vermeintlicher Bedrohung oder Unsicherheit zu ungeheuer irrationalen Äußerungen und Handlungen führen. Das stoische Ideal eines emotionsfreien Geistes ist einfach keine lebensfähige Option für jeden, dem ein wirkliches menschliches Gehirn gegeben ist, denn der Neokortex und das Limbische System funktionieren nicht gut als alternierende Systeme. Sie ziehen es vor, *inteam* zu arbeiten. Daraus folgt, daß ein kalt-rationales und -logisches Klassenzimmer ohne Raum für angemessene Formen von Spaß und Gefühl – für die Ausbildung von Computern mag das durchaus funktionieren – kein Ort für Menschen ist.

Auch das Integrative Lernen funktioniert am besten in einem solchen komfortablen Wechselspiel, besonders zwischen Intellekt und Emotion, wobei jeder Teil dem anderen Richtung und Form gibt. Wenn positive Emotionen geweckt werden, unterbleibt auch das Herunterschalten ins Reptiliengehirn. Wenn das Herunterschalten bereits habituelle Züge angenommen hat, ist es in einer genügend entspannten und gefühlsanregenden Umgebung immer möglich, wieder hochzuschalten.

Die Schwachen erforschen, um die Starken zu stärken

Dies ist nur ein Beispiel dafür, wie wichtig es ist, daß die unterschiedlichen Teile des Gehirns harmonisch zusammenarbeiten. Alle Ideen, Fertigkeiten und Operationen, die wir erlernt haben, kommunizieren miteinander, obwohl wir oft lernen, sie als voneinander getrennt zu sehen und damit nicht den größtmöglichen Nutzen aus den Möglichkeiten ziehen, die sich ergeben, wenn sie zusammenspielen.

Nachdem wir eine unserer Schwächen gestärkt haben, stellen wir manchmal fest, daß unsere stärkeren Fähigkeiten dabei gleich mitgestärkt wurden, da die Verbesserung einer Fähigkeit andere mitbeeinflußt. Ein Beispiel dieses Phänomens stellte der Ansatz von Mona Brookes dar, Spezialistin für Kunsterziehung, die die Monart School of Southern California gegründet und den Kurs *Drawing with Children* (Malen mit Kindern) leitete. Wenn sie ihren Schülern – so stellte sie fest – ein „Vokabular" von Fertigkeiten zur Verbesserung ihrer Zeichenfertigkeiten an die Hand gab, konnten diese nicht nur bessere Bilder malen, sondern wurden auch in anderen Fächern, wie etwa Mathematik, besser.

Split-Brain-Forschung

Ein weiterer Brennpunkt der jüngsten Aufmerksamkeit der Gehirnforschung war die Beziehung zwischen der linken und rechten Hirn-Hemisphäre. Diese „Split-Brain"-Theorie basiert auf der mit dem Nobelpreis ausgezeichneten Arbeit Roger Sperrys, der das Corpus Callosum, die Verbindungsbrücke zwischen den beiden Gehirnen, zur Epilepsiebehandlung durchtrennte. Als er die Auswirkungen auf die Persönlichkeit studierte, entdeckte er, daß die Durchtrennung dieses Verbindungsstücks dazu führte, daß wichtige Gehirnfunktionen einander entfremdet wurden, so daß beispielsweise zwischen dem Musik verstehenden Teil des Gehirns und dem Sprache verstehenden Teil keine direkte Kommunikation mehr bestand. Durch den Verlust der Kommunikation entwickelten die zwei Hemisphären getrennte Persönlichkeiten.

Durch den Einsatz experimenteller Techniken, die es ihm erlaubten, mit jeder Hemisphäre individuell zu kommunizieren, konnte Sperry bestimmen, für welche Funktionen jede Hemisphäre zuständig ist. Wir haben dadurch gelernt, daß die linke Hemisphäre logisch ist, mit Sprache, mathematisch und sequentiell lernend arbeitet. Die rechte ist phantasievoll, intuitiv, musikalisch und kreativ. Ihr Linkshirn, das sich mit Logik, Sprache und Analyse beschäftigt, zieht es vor, Ideen und Informationen in sequentielle Partikel aufzusplitten und diese logisch zu strukturieren. Ihr Rechtshirn, der Synthetisierer und „Landkartenzeichner", erforscht Beziehungen auf holistische Art und Weise, wobei es Ideen leichter mit Emotionen verknüpft als das Linkshirn. Es ist auch der Sitz musikalischer Intelligenz.

Obwohl seitdem einige Forscher die Gültigkeit von Sperrys Studien in Frage gestellt und das populäre Interesse an diesen Ideen als „unwissenschaftlich" abgetan haben, ist die Unterscheidung zwischen „rechtshirnigem" und „linkshirnigem" Denken zumindest eine wichtige und nützliche Metapher. Eine Entstellung dieser Theorie, die nicht nur unwissenschaftlich, sondern mindestens ebenso bösartig ist, ist jedoch der Versuch, Menschen mit Dominanz in einer oder anderen Hemisphäre nach Rasse, Geschlecht oder Nationalität abzuklassifizieren. Eine solche Kategorisierung läuft auf nicht viel mehr als Stereotypisierung hinaus.

Obwohl die Spezialisierung der beiden Hemisphären wirklich interessant ist, ist die Interaktion zwischen beiden wesentlich wichtiger als das, was jede Hemisphäre allein erreichen kann. Unterricht sollte sich also nicht entweder nur an das rechte oder linke Gehirn richten, sondern als Ziel die Synthetisierung ihrer Aktivitäten zu einem harmonischen Ganzen vor Augen haben.

Das Gehirn in Harmonie genießen

Wenn die zwei Hälften Ihres Gehirns unabhängig voneinander in Aktion sind, erleben Sie wahrscheinlich einen Konflikt. Wenn sie dagegen harmonisch zusammenlaufen, erleben Sie Euphorie. Es gibt nur wenige Empfindungen, die angenehmer sind als der Zustand synchroner elektrischer Erregung von Links- und Rechtshirn. Wenn beide Hemispähren simultan Lernstoff verarbeiten, fühlen sich Schüler entspannt und wohl.

Die Verarbeitung von Informationen aller Art fällt leichter, wenn wir lernen, die beiden Seiten des Gehirns in Harmonie miteinander arbeiten zu lassen. Jeder, der eine Ahnung für die integrative Struktur des gerade Gelernten entwickelt und das

Gelernte gleichzeitig in seine Einzelteile zerlegt und linear analysiert, kann Informationen schneller und mit mehr Vergnügen aufnehmen. Konzert-Sitzungen und andere gehirn-harmonisierende Aktivitäten trainieren den Lernenden, immer öfter auf diese Weise zu lernen. Es ist eine Rückkehr zur Kindheitserfahrung des Lernens.

Laut Ned Hermann gibt es, wenn wir das linke und rechte Limbische System in unser Kalkül einbeziehen, vier mögliche Gehirndominanz-Präferenzen. Jemand, dessen Limbisches System dominant ist, strebt nach Sicherheit und Stetigkeit im Leben. Dieses Bedürfnis wird im Unterricht durch die regelmäßige Teilnahme an Ritualen, die mit dem Lernen assoziiert werden, befriedigt.

Wenn das rechte Limbische System dominant ist, macht es jemanden von Natur aus empfänglich für Gruppenprozesse. Die Bedürfnisse dieser Dominanz werden von der Art der positiven Interaktion zwischen Klassenkameraden, wie sie normalerweise nur in intakten Familien auftritt, befriedigt.

Der rechte Neokortex denkt gerne synthetisierend. Er bringt lieber Ideen und Informationen aus der Erfahrung hervor und entwickelt sie weiter, als sie aus einem vorgeplanten Format zu absorbieren. Diese Art der Dominanz zieht experimentelles Lernen vor.

Menschen mit Dominanz im linken Neokortex lieben es, Dinge zu analysieren. Für ihr Wohl sind Lernerfahrungen, die ihnen vermitteln, wie man Wissen in speziell strukturierten Formaten und Kategorien konkretisiert, wichtig.

Diese vier Ansätze sind in weiterem Sinne für jeden Menschen wichtig, so daß also ein Lernsystem, das alle vier Dominanzen gleichgewichtig abdeckt, dazu beiträgt, die Bedürfnisse abweichender Gehirndominanzen zu befriedigen, wobei es diese Dominanzen in allen Schülern ausgewogen entwickelt.

Auch die Modalitäten des Lernens sind wichtig

Ein weiteres neueres Interessengebiet von Lehrern sind die verschiedenen Lernmodalitäten. Fünf sind bisher identifiziert worden: visuell, auditiv, kinästhetisch, lesend und gruppen-interaktiv. Jeder von uns zieht wahrscheinlich eine davon den anderen vor. In traditionellen Unterrichts-Situationen kommen auditive und lesende Lerner besser zurecht als Lerner mit Präferenzen für die anderen Modalitäten.

Visuelle und gruppen-interaktive Lerner haben es schon etwas schwerer, aber für sie gibt es zumindest ein paar Gelegenheiten, in ihrer bevorzugten Modalität zu lernen. Kinästhetische Lerner haben die geringste Chance, in der Schule gut und sinnvoll zu arbeiten.

Die unterschiedlichen Lernmodaliäten zu verstehen und zu diagnostizieren, ist eines der wichtigsten Anliegen führender Ausbilder. Es hat jedoch unwissenschaftliche und absolut rassistische Versuche gegeben, diese Präferenzen mit rassischen Gruppen in Verbindung zu bringen – und das, obwohl feststeht, daß in allen Rassen alle diese Präferenzen vorkommen. Das hat zu einer rückschrittlichen „Separate-but-equal"-Mentalität geführt. Glücklicherweise ist das ganze Problem in einem Unterricht, in dem alle Präferenzen gleichwertig berücksichtigt werden und jeder vom anderen lernen kann, vom Tisch. Da jeder von uns alle diese Modalitäten nutzen muß, obliegt es uns, auch alle fünf Modalitäten zu stärken.

Visuelle Lerner

Visuelle Lerner mögen es, wenn man ihnen die Dinge in Bild- oder Diagrammform präsentiert. Was sie hören, übersetzen sie in visuelle Vorstellungen. Wenn sie sich unterhalten, dann in überwiegend visuellen Redewendungen. Sie lernen oft mehr durch Zuschauen als durch Reden, Zuhören oder Tun. Beim Zuhören machen sie eventuell gedankenverloren Kritzeleien, die ihr Erinnerungsvermögen besser fördern als Worte.

In Klassen, in denen ich die Schüler aufforderte, Worte zur Kommunikation über visuelle Erfahrungen zu benutzen, stellte ich fest, daß sie nach leichtem anfänglichem Widerstand häufig ihre intellektuelle Leistungsfähigkeit erhöhten, wobei sie gelegentlich ihre veränderte Wahrnehmung auch in den Alltag übertrugen. Nach einer Unterrichtseinheit, die zum Ziel hatte, die Interpretation dessen, was die Schüler sahen, weiterzuentwickeln, meinte einer der Schüler: „Ich sehe die Welt jetzt mit ganz anderen Augen", „Schon durch die Flure zu laufen, ist eine ganz neue Erfahrung."

Was macht den Unterschied aus, den er anspricht? Ich denke, daß wir dadurch, daß wir Sprache auf einen so großen Teil unserer visuellen Erfahrung anwenden, im

Grunde lernen, in Klischées zu sehen. Das heißt, daß wir vieles von dem, was wir sehen, bedenkenlos ignorieren können. Wenn diesen Klischées der Kampf angesagt wird, haben Gehirn und Geist die Neigung, den visuellen Input neu zu bewerten und neue Interpretationsmöglichkeiten für diesen Input in Betracht zu ziehen. Dieser machtvolle Neubewertungs-Prozeß kann bedeuten, sich die Welt der Ideen und Erfahrungen völlig neu zu erschließen.

Dadurch, daß man sich angewöhnt hat, sich im Unterricht fast vollständig auf Worte als Kommunikationsmittel zu verlassen, fordert man das Denken in wichtigen Erfahrungsbereichen nicht ausreichend.

Lassen Sie mich einige Beispiele dafür anführen, wie man eine Modalität durch die Stärkung einer anderen mitstärkt. In *Zen und die Kunst, ein Motorrad zu warten* erzählt Robert Pirsig die Geschichte von dem Mädchen, das nicht eine einzige Zeile schreiben konnte, bis er es dazu brachte, eine ganze Wand, Stein für Stein, zu beschreiben. Mit einem Mal war das Mädchen in der Lage, Tausende von Worten zu entfesseln.

Ich habe diese Erkenntnis in einer ganzen Reihe von Fällen genutzt. Beispielsweise glaubte einmal ein Schüler, daß ihm jegliche kreative Fähigkeit abginge. Ich forderte ihn auf, ein Detail in einer zufälligen Folge von Linien zu beschreiben und stellte fest, daß ihm das nahezu unmöglich war. Ich vermutete, daß er die Linien gar nicht wirklich, sondern nur oberflächlich sah. Also nahm ich ihn mental an die Hand und durch ein Stück meiner eigenen Beschreibung mit. Sobald er verstand, was ich tat, konnte er es ebenfalls und erlebte schon bald eine tiefgehende Verbesserung seiner Fähigkeit, kreativ zu denken. Ich werde das Gespräch, das wir hatten, aber nicht skizzieren. Es ähnelt dem, das Sie in Kapitel Vierzehn finden.

Wenn Sie Ihre visuelle Modalität weiterentwickeln möchten, empfehle ich Ihnen, einige Bücher zu probieren: *Visual Thinking* von Rudolf Arnheim, *The Natural Way to Draw* von Kimon Nicolaïdes, *Garantiert zeichnen lernen* von Betty Edwards, *Drawing with Children* von Mona Brookes und *The Zen of Seeing* und andere Bücher von Frederick Franck.

Darüber hinaus hat Amiel Franckes Arbeit auf dem Gebiet der Entwicklungs-Optometrie neue Areale des Verständnisses der Vision mit Beteiligung des ganzen Körpers und des neuro-muskulären Systems entwickelt und als dynamischen Prozeß erschlossen. Dadurch, daß er die Art und Weise verändert, wie das Auge bei der

Wahrnehmung arbeitet, ist Francke in der Lage, Schülern dabei zu helfen, sich eine neue, leistungsfähigere Funktionsweise des Gehirns zu erschließen. Ich konnte von diesem Ansatz profitieren, als ich 1956 begann, mit ihm zusammenzuarbeiten. Zu dieser Zeit, im ersten Jahr auf dem College, war ich, was visuelle Koordination und Leseverständnis anging, auf dem Niveau eines Viertkläßlers. Wenige Jahre später lag ich in Tests an der Spitze der Erwachsenen mit College-Ausbildung.

Auditive Lerner

Auditive Lerner mögen es, wenn man ihnen Dinge erklärt. Sie können Ideen mit Leichtigkeit folgen und mögen den Klang von Wörtern. Sie hören lieber einer Geschichte zu, die ihnen vorgelesen wird, als Bilder anzuschauen.

Für auditive Lerner kann die Welt der Klänge besondere Bedeutungen haben, die sie für andere nicht hat. Vielleicht sind sie musikalisch, vielleicht auch nicht – in jedem Fall aber enthalten für sie Klänge an und für sich eine reiche Bedeutungsvielfalt.

Eine Übung, die die auditive Sensibilität erhöht, ist, alle Klänge aufzulisten, die Sie wahrnehmen, wenn Sie aufmerksamen lauschen, was gerade alles passiert. Klänge wie das Ticken der Uhr, der Verkehrslärm draußen, der Ventilator, die Lieder der Vögel, und so weiter kommen dann zu Bewußtsein. Erfinden Sie als nächsten Schritt dann eine Phantasie oder Geschichte nur aus diesen Klängen.

Auditive Lerner laufen Gefahr, sich auf Worte als einzige Quelle des Lernens zu beschränken. Dabei kann eine Übung im Zuhören den Geist für neue Möglichkeiten öffnen. Übung im Übersetzen auditiver (einschließlich musikalischer) Erfahrungen in Worte kann die Fähigkeit, kreativ zu denken, erweitern und die Grenzen von Worten als Kommunikationsmittel deutlich machen.

Wie schon erwähnt, glaubt der Forscher Don Campbell, daß sich der Sitz der Intelligenz im Ohr mit seiner Multifunktionalität von Hören und der heiklen Angelegenheit der Ausregelung des Gleichgewichts, das uns vor Millionen von Jahren ermöglichte, auf zwei Beinen zu stehen, befindet. Indem wir das auditive Potential des Geistes voll aktivieren und es gleichzeitig mit kinästhetischer Erfahrung verknüpfen, können wir das Wachstum unserer Intelligenz stimulieren. Alfred Tomatis, französischer Arzt und Audiologe*, hat für das Verständnis der Arbeitsweise des Ohres bei Sprache, Sprechen und Denken, bedeutende Arbeit geleistet. Es scheint, daß das Ohr, wie das Auge auch, in Wahrnehmungs-Klischées verfallen kann, die ungeahnte intellektuelle Leistungsfähigkeit entfesseln können, wenn sie in Frage gestellt werden.

Kinästhetische Lerner

Bevor kinästhetische Lerner sicher sind, daß sie einen neuen Begriff verstanden haben, wollen sie spüren, daß etwas in ihrem Körper vorgeht. Sie drücken sich gut durch Gesten, Tanz oder Körperhaltung aus. Sie sind häufig street-wise und gut im Sport. Das „Gefühl für etwas" zu bekommen, bedeutet für sie, daß sie etwas verinnerlicht haben und beherrschen. Sie verfügen oft über eine gute Bewegungskoordination, sind geschickt mit ihren Händen und beim Gebrauch von Werkzeugen. Sie tun lieber etwas als darüber zu reden.

Da sich kinästhetische Sensationen nur schlecht in Sprache übersetzen lassen, verlieren wir zuweilen den Kontakt mit ihnen und sind uns ihrer nicht mehr bewußt. Deshalb kann das Ausdrücken verbaler Konzepte und Ideen durch Tanz so machtvoll sein. Indem wir neue Wege der Kommunikation mit unserem Körper suchen, können wir sensibler für die Versuche unseres Körpers werden, mit uns zu kommunizieren.

Eine meiner Mitarbeiterinnen war ein Jahr lang verantwortlich für den Englisch- und Soziologie-Lehrplan der neunten Klassen an einer bekannten Privatschule. Sie verließ sich massiv auf Bewegung als Mittel des Unterrichts und forderte die Schüler auf, ihre Gedanken zur Literatur in tänzerische Darstellungsformen zu übersetzen, ließ sie rhythmisch Sätze klopfen, und so weiter. Obwohl das Programm im folgenden Jahr eingestellt wurde, erwies sich diese Gruppe von Neuntkläßlern, als sie von der Schule abging, als die beste Klasse, an die man sich an der Schule erinnern konnte.

Als Theaterlehrer bemerkte ich tiefgreifende Veränderungen in der Kommunikationsfähigkeit der Schüler, nachdem sie geübt hatten, verschiedene Haltungen

---

* Von A. Tomatis erschien u. a. das Buch *Der Klang des Lebens*. Anm. d. Übers.

einzunehmen. Unsere Körperhaltung spiegelt viel von dem wider, was wir erfahren haben: beispielsweise die Akzeptanz oder Zurückweisung, die wir von anderen gespürt haben. Dadurch, daß wir uns bewußt werden, was uns verschiedene Körperhaltungen über Erfahrungen zu sagen haben, können wir unsere eigenen nonverbalen Prozesse besser verstehen, und das wiederum kann zu verbesserter verbaler Kommunikation führen. Deshalb habe ich in Kapitel Drei eine Reihe von Übungen zur Stimulation neuer Einsichten aufgenommen.

Paul Dennison, der Entwickler der Educational Kinesiology, hat mit *Brain Gym* eine ganze Reihe von Übungen entworfen, um Schülern zu helfen, ihre Energie zu sammeln, bevor sie akademische Aufgaben angehen. Er zeigt ihnen, wie sie mit wenigen Minuten einfacher, zur Harmonisierung von Gehirn- und Körperprozessen entworfener Übungen wesentlich größeren Gewinn aus ihren Studien ziehen können.

Lesende Lerner

Lesende Lerner lieben es, zu lesen, denn Ideen von der gedruckten Seite werden von ihnen mühelos aufgenommen und gespeichert. Sie lesen lieber Bücher, als Filme zu sehen und ziehen es vor, über Dinge zu lesen anstatt sie sich erklären zu lassen. Sie können sich leicht an Gelesenes erinnern und es gut in Worten, beispielsweise in Nacherzählungen oder Interpretationen und schriftlichen Tests, ausdrücken.

Gerade weil ihnen das Lesen so leicht fällt, reagieren sie jedoch möglicherweise inzwischen stereotyp auf die Buchseite. Je besser jemand liest, desto wichtiger wird es für ihn, eine Vielzahl alternativer Herangehensweisen an Gedrucktes zu erforschen. Zwei der erfolgreichsten Wege zu größerem Erfolg sind für diese Lerner Fragen zum Text und Gespräche über Gelesenes.

Da Gedrucktes so linear ist, kann es den Geist zuweilen zu ausschließlich linearem Denken verführen. Auf Gedrucktes ausgerichtete Lerner brauchen Übung in globaleren, holistischeren Denkfertigkeiten – beispielsweise, indem sie lernen, ursprünglich in Worten ausgedrückte Ideen mit Bildern und Diagrammen zu manipulieren. Sie gewinnen dadurch eine flüssigere, geschmeidigere Sichtweise als Gedrucktes an sich ermöglicht.

Es scheint außerdem einen Unterschied zu machen, auf welche Farben wir beim Lesen schauen. Die Lesefertigkeit kann, in manchen Fällen sofort, durch das Auflegen einer farbigen Folie auf die Druckseite verbessert werden. Leser, die besonders empfänglich für Farbe sind, profitieren möglicherweise auch davon, sich Notizen mit einer Vielzahl farbiger Textmarker zu machen. Und es hilft ihnen, wenn der Lehrer beim Beschreiben der Tafel bunte Kreide benutzt. Anscheinend kann Farbe dem Gedächtnis kräftig unter die Arme greifen.

Gruppenaktive Lerner

Gruppenaktive Lerner laufen zur Höchstform auf, wenn sie sich an Diskussionen oder anderen Aktivitäten beteiligen, an denen auch andere teilnehmen. Sie lieben den Ideenaustausch; und wenn sie nicht ebenso gut Ideen äußern wie aufnehmen, schlafen sie womöglich ein. Da sie Dinge besser verstehen, nachdem sie sie als Teil eines Gruppenprozesses erlebt haben, sind sie gewöhnlich soziale Wesen und lernen nicht selten mehr aus einem Gespräch beim Abendessen als aus formellem Unterricht.

Für gruppen-aktive Lerner gibt es beliebig viele mögliche Arten der Interaktion, von der Position eines Anführers über denjenigen, der „Schwung in eine Party bringt" bis zum wirkungsvollen Gefolgsmann. Da viele gruppen-aktive Lerner ihre Art der Interaktion unkritisch sehen, können ihre Verbindungen zwanghaften Charakter annehmen, wie im Fall von Cliquen oder Gangs. Lehrer und Eltern sollten sich strikt weigern, Gangs in irgendeiner Form zu akzeptieren. Statt dessen sollten sie zusammenarbeiten, um Umgebungen zu schaffen, in denen gesündere Formen der Gruppenaktivität ihren Platz finden.

Für diesen Lerntyp kann es außerordentlich wichtig sein, im Unterricht gute Gruppenprozeß-Techniken zu erfahren. Da diese Lerner ihre Anregungen eher von der Masse übernehmen als ihrem eigenen Sinn dafür zu trauen, was richtig ist, sollten gruppenaktive Lerner in Gruppen sein, die ihnen helfen, hohe ethische Normen zu setzen.

Behinderung in der bevorzugten Modalität

Jeder macht irgendwie Gebrauch von allen Modalitäten, aber die bevorzugte dominiert das Lernen. Unglücklicherweise kann es gerade diejenige sein, die die größte Lernbehinderung aufweist. Ein „lesender" Lerner könnte beispielsweise visuelle Probleme entwickeln und dadurch unfähig werden, gut zu lesen. Ein kinästhetischer Lerner bekommt unter Umständen Koordinationsprobleme und hat Schwierigkeiten beim Sport oder Tanzen. Ein auditiver Lerner hat vielleicht ein Problem mit dem Sprechen und kann entsprechend linguistischen Sequenzen nicht mehr folgen. Mit anderen Worten: Die Bevorzugung einer Lernmodalität bedeutet nicht notwendigerweise auch große Fertigkeit, sie bedeutet nur – vorausgesetzt, alle anderen Umstände bleiben unverändert – daß der Schüler es vorzöge, auf diese Weise zu lernen.

Daher ist es um so wichtiger, jeden Schüler soweit zu fordern, daß er alle Modalitäten so vollständig wie möglich entwickelt. Schüler ausschließlich in ihrer dominanten Modalität zu unterrichten, wäre nicht erstrebenswert, da ihnen ein solches Vorgehen dringend benötigte Übung beim Entwickeln der anderen vorenthalten würde. Statt dessen sollten wir uns bemühen, ausgewogene Lernerfahrungen zu schaffen.

Die sieben Intelligenzen

Um unser Verständnis für die Funktionsweise unseres Gehirns beim Lernen noch weiter zu komplizieren – oder zu bereichern –, haben Forscher eine Vielzahl von „Intelligenzen", analog zu den Lernmodalitäten, entdeckt. Es gibt mindestens sieben Intelligenzen, die es zu entwickeln gilt, und von denen im traditionellen Unterricht gerade einmal zwei, die logisch-mathematische und die linguistische nämlich, besonders trainiert werden. Und in der Tat beruht der größte Teil traditioneller Pädagogik-Theorie auf der irrigen Annahme, daß diese zwei alles sind, was es an Intelligenz gibt.

Die sieben Intelligenzen, die Howard Gardner von der Harvard Universität identifizierte, werden in seinem Buch *Der ungeschulte Kopf* erörtert. Obwohl Gardner seit kurzem glaubt, daß es noch eine große Zahl weiterer Intelligenzen geben könnte, sollten diese sieben im Unterricht und bei allen Lernerfahrungen berücksichtigt werden. Diese sieben Intelligenzen sind:

- die logisch-mathematische,
- die linguistische,
- die räumliche (visuelle),
- die körperlich-kinästhetische,
- die musikalische,
- die intra-personale und
- die interpersonale Intelligenz.

In jedem Individuum sind diese sieben Intelligenzen höchstwahrscheinlich unterschiedlich stark ausgeprägt. Jemand, der schlecht im logischen Schließen ist, kann dafür besonders gut in Musik oder inter-personalen Beziehungen sein.

Gerald Grow ergänzt, daß Gardners Arbeit zu drei wichtigen Schlußfolgerungen führt: „(1) Menschliche Wesen haben im Verlauf der Evolution diverse unterschiedliche Intelligenzen entwickelt, und nicht nur eine einzige allgemeine Intelligenz; (2) jede Intelligenz ist von den anderen verhältnismäßig unabhängig; und (3) jede bedeutende Errungenschaft umfaßt eine »Verschmelzung von Intelligenzen«." Grow hält „die Theorie multipler Intelligenzen für den Beginn einer Revolution unseres Verständnisses und der Weiterentwicklung unseres menschlichen Potentials".

Die sieben Intelligenzen scheinen im Gehirn neurologisch voneinander isoliert zu sein. Manchmal ist eine in hochentwickelter Form präsent, während die anderen so gut wie abwesend sind. Es ist möglich, jede einzelne chirurgisch zu entfernen und dabei die übrigen intakt zu lassen. Eine Hirnverletzung kann jemandem, zumindest eine gewisse Zeit, das Sprechen unmöglich machen, während er beispielsweise weiterhin Musik komponieren kann.

Beim Erstellen von Stundenplänen sollten wir alle sieben dieser Intelligenzen in etwa gleichem Verhältnis fördern. Hierauf konzentriert sich recht eigentlich das Integrative Lernen, das als eine Anwendung der Theorie der multiplen Intelligenzen beschrieben werden kann, denn es zielt darauf ab, sie in der Unterrichts-Erfahrung effektiv ins Gleichgewicht zu bringen.

Die Rolle der GLIA

Als Albert Einstein starb, wurde viel Aufhebens um die Tatsache gemacht, daß er sein Gehirn der Wissenschaft vermacht hatte. Fast dreißig Jahre lang hörte man nichts mehr über dieses Thema. Dann wurde bekannt, daß Einsteins Gehirn ungefähr doppelt so viel Glia wie ein durchschnittliches Gehirn hatte. Glia sind die Zellen, die die Neuronen umgeben und dadurch einen Puffer zwischen ihnen und den Blutgefäßen schaffen; sie versorgen die Blutgefäße mit Nahrung und transportieren Abfallstoffe ab. Manche Forscher sind der Ansicht, daß sie außerdem elektrische Impulse verstärken, die durch die Neuronen wandern.

Experimente mit Ratten haben gezeigt, daß häufiges und vielfältiges Üben die Menge der Glia im Rattengehirn erhöht. Ratten mit mehr Glia reagieren intelligenter auf Stimuli. Könnte es sein, daß die richtige Kombination von mentalem und körperlichem Training die Produktion dieser Zellen anregt? Diese Forschung zeigt, wie wichtig die Interaktion von Körper und Geist für das Denken sein könnte. Es gibt natürlich keinen Anhaltspunkt dafür, daß das Gehirn durch bloßes Muskeltraining stimuliert wird. Möglicherweise ist aber systematische feinmotorische Übung, abgestimmt mit intellektuellem Input, wie etwa beim Spielen eines Musikinstrumentes, eine wertvolle neurologische Bereicherung. Einstein, nebenbei, war ein begabter Amateur-Geiger.

Das integrative Gehirn verdient das integrative Klassenzimmer

Wenn es richtig funktioniert, ist das integrative Gehirn ein Kaleidoskop von Interaktionen zwischen Neokortex und Limbischem System, rechter und linker Hemisphäre, allen fünf Lernmodalitäten und mindestens sieben Intelligenzen. Das Integrative Lernen hält diese, soweit wie möglich, im Gleichgewicht und richtet sich an alle gleichermaßen.

Das Integrative Lernen, fördert, wenn es richtig entwickelt wird, diese interaktive Qualität des Gehirns und bietet eine Vielfalt von Erfahrungen an, die zusammengenommen alle verschiedenen Bereiche der Gehirn-Aktivität stimulieren und den Schülern ermöglichen, ihre Stärken zu trainieren und ihre Schwächen abzubauen. Doch auch diejenigen, die nur in einigen wenigen Bereichen besonders begabt sind, werden in jedem Fall die Unterstützung erhalten, die sie benötigen, nämlich dann, wenn ihr bevorzugter Bereich ins Spiel kommt. Jeder Geist wird in jedem Entwicklungsbereich erweitert – der schwächste ebenso wie der stärkste. Nur so können wir hoffen, wirklich „abgerundete" und begabte Schüler hervorzubringen.

6

Das Integrative Lernen im Klassenzimmer

Ein Einblick aus erster Hand in eine öffentliche Schule, in der das Integrative Lernen das Leben von Schülern und Lehrern verändert.

Bisher haben wir uns mit der Theorie und den Prinzipien des Integrativen Lernens beschäftigt. Vielleicht ist es jetzt an der Zeit, daß wir uns ins Klassenzimmer wagen und uns das Integrative Lernen einmal in Aktion anschauen.

Als ich Anfang 1984 an die Guggenheim-Grundschule kam, um den kompletten Lehrkörper fortzubilden, kam ich in eine Umgebung, in der Autoaufbrüche an der Tagesordnung und Mord nicht ungewöhnlich waren.

Während der dreißig Stunden Ausbildung im Integrativen Lernen war ich erfreut, Kommentare wie „Das ist die beste Fortbildung, die wir je gemacht haben" und „Ich kann es gar nicht erwarten – noch sechzig Minuten, und dann kann ich der ganzen Welt erzählen, was wir hier machen" zu hören. Am Ende der Ausbildung meinten einige der Lehrer, sie hätten schon geplant, in den Ruhestand zu gehen, nun aber ihre Meinung geändert.

Keinen dieser Lehrer habe ich dann in den nächsten zwei Jahren wiedergesehen, und als sie bei einem meiner Kollegen einen Kurs für Fortgeschrittene machten, wurde ihm wesentlich weniger Zeit für die Schulung zugestanden als ihm lieb war. Als ich vor kurzem für einen Tag an die Guggenheim-Schule zurückkehrte, traf mich also das, was ich zu hören bekommen sollte, völlig unvorbereitet. Als ich ins naturwissenschaftliche Labor schlenderte, lief ich Sharon Bean, einer der Lehrerinnen, über den Weg. Die nächsten zwanzig Minuten sprach sie in Superlativen. „Meine erste Klasse kann schon alles, was die sechste kann." Ich kann mich genau daran erinnern, daß sie sagte: „Und meine zweite Klasse kann alles, was die achte kann."

Später am gleichen Tag meinte Nancy Ellis, die das Superlearning-Labor (in das ich Sie gleich führen werde) leitet: „Vor meiner Schulung im Integrativen Lernen habe ich fünf Jahre lang eine Lerneinheit »Konturzeichnen« unterrichtet. Sie ging über vier Wochen, und ich mußte alle Lehrplanvorgaben penibelst einhalten. Nach den vier Wochen sind dann immer alle durchgefallen."

„Als erstes habe ich also nach der Schulung den ganzen Kurs auf eine Woche zusammengedampft und ihn mit Integrativen Lernmethoden unterrichtet. Am Ende der Woche gab es einen Test, und alle haben bestanden."

Nancy ist eine der Lehrerinnen an der Guggenheim-Grundschule, die das alltägliche Genie bei der Arbeit wirklich beispielhaft vorführen. (Und damit ist sie nicht allein. Generell ist das Unterrichtsniveau an dieser Schule herausragend, und es steigt ständig. Es ist überhaupt ein exzellentes Vorzeige-Projekt für das Integrative Lernen und zog bereits Besucher aus dem ganzen Staat an.) Nancy, erfüllt von Enthusiasmus und Engagement für ihren Unterricht, erzählte mir weiterhin, daß sie vor der Bekanntschaft mit dem Integrativen Lernen schon geplant hatte, sich nach einem anderen Beruf umzusehen.

Nicht, daß sie keinen Erfolg gehabt hätte. Als Lehrerin für die achte Klasse hat sie es fertiggebracht, daß die Mehrzahl ihrer Schüler mit einer Lesefähigkeit auf dem vorgesehenen Niveau abging – in einer Innenstadt-Schule wie dieser eine Seltenheit. Nun meint sie jedoch, daß sie mit Techniken des Integrativen Lernens bei der gleichen Arbeit schon nah an College-Niveau herankommen würde. Die von ihr gegenwärtig unterrichteten Schüler werden aus den schlechtesten drei von zehn Leistungs-Niveaus ausgewählt. Aber wenn man ihre Klasse besucht, wird man den Eindruck nicht los, eine begabte und talentierte Gruppe vor sich zu haben.

„Als man mich früher fragte, ob dies die begabten und talentierten Schüler seien, sagte ich normalerweise: »Nein, das sind die vom ersten, zweiten und dritten Leistungs-Niveau«", erzählte sie, „aber nach einer gewissen Zeit entschied ich, daß sie *doch* begabt und talentiert sind, also sagte ich das dann auch."

Ein Besuch im Superlearning-Labor

In der Guggenheim-Schule wurde das Superlearning-Labor für Schüler eingerichtet, die Probleme in ihrem regulären Kurs haben. In anderen Schulen heißt das vielleicht „Förderkurs" – nicht unbedingt eine Gruppe, zu der Schüler gerne gehören wollen. Hier aber geht man davon aus, daß es eben solch ein Ort ist.

Ich fragte einen jungen Schüler, der gerade im Rektorat saß, was er denn von der Superlearning-Klasse halte. Er sprang fast von seinem Stuhl. „Ich *liebe* diese Klasse", sagte er.

Als ich sie besuchte, wußte ich dann auch schnell, warum. In einem ziemlich kleinen Raum hatten es sich etwa 15 Schüler um Nancy herum in Liegestühlen bequem gemacht. Da so nicht mehr sehr viel Platz für mich übrig blieb, mußte ich mich in eine Ecke hinter dem Pult quetschen.

Vor der Stunde erklärte mir Nancy, daß sie am Abend zuvor einen Dialog für die Lektion des Tages zusammengestellt hatte. Unter dem Titel „Die Wurzel von allem" stellte er grundlegende Begriffe der Pflanzen-Physiologie im Zusammenhang dar. Da sie auf ihrer neuen Schreibmaschine jedoch noch nicht besonders gut schreiben konnte, wies ihr Bogen zahlreiche Tippfehler auf. „Lassen Sie sie doch von den Schülern korrigieren", schlug ich vor. Was ein Problem gewesen war, wurde zu einer Chance.

Als ich die Schüler hereinkommen sah, konnte ich kaum glauben, daß dies der intellektuelle Bodensatz und die disziplinarischen Problemfälle der Schule sein sollten. Selten habe ich eine Gruppe junger Menschen einen Raum ordentlicher betreten sehen: lächelnd, spontan und fröhlich nahmen sie ihre Plätze ein und erwarteten begierig die Abenteuer des Tages. Da es nicht genügend Stühle gab, teilten sich zwei Jungen einen und saßen ohne zu zanken zusammen.

Nancy Ellis hat rein gar nichts von einem Menschenschinder an sich. Sie hält vollkommene Ordnung allein dadurch aufrecht, daß sie die Aufmerksamkeit aller im Raum fesselt. Dadurch, daß sie weiß, wie sie mit ihren Schülern umgehen muß, und dadurch, daß sie ihre Sprache spricht, ihre Erfahrungen versteht und sie dann dorthin bringt, wo sie sich selbst befindet, ist sie ein lebendes Denkmal für die Idee, daß Härte nicht die Antwort auf die Erziehungsprobleme von heute ist. Sie ist energisch, mütterlich und voller Spaß.

Die Klasse, die ich besuchte, machte mehr den Eindruck einer Geburtstagsparty als den einer Schule. Als die Schüler ihre Plätze einnahmen, teilte Nancy Namensschilder aus, die die Schüler tragen sollten. Diese identifizierten sie als große Wissenschaftler – Galilei, Kepler, Einstein, Madame Curie und George Washington – Persönlichkeiten, die sie während der nächsten vierzig Minuten sein würden.

Den Lehrer verbessern

Nancy begann die Stunde damit, daß sie erklärte, einen Dialog geschrieben, aber einige Fehler gemacht und Hilfe beim Korrigieren nötig zu haben. Als sie die Zettel austeilte, begannen die Schüler eifrig damit, Fehler aufzuspüren und zu verbessern. „Das ist lustig", hörte ich jemanden sagen – der einzige Kommentar in der konzentrierten Stille, die folgte.

So fing die Stunde mit einer Übung im Buchstabieren und richtigem Englisch an. Schnell konnten die Schüler abschätzen, wie gut sie ihre Lehrerin verbessert hatten, da die richtige Form des Dialoges durch ein Rollenspiel aufgeklärt wurde – so machte es nicht viel, wenn nicht alles von Anfang an richtig war. Wo ich einen Blick auf die Zettel werfen konnte, schienen die Änderungen korrekt zu sein.

Quiz mit Wissenschaftlern

Nachdem diese spezielle „Arbeit" lange genug gedauert hatte, warf Nancy jedem der versammelten Wissenschaftler einen Ball zu und fragte jeden nach einer Begebenheit aus seiner Autobiographie. Einige hatten in Lexika nachgeschlagen und konnten dem Kurs davon berichten, andere noch nicht. Es gab keine Vorhaltungen wegen unerledigter Hausaufgaben, aber mir wurde gesagt, daß diejenigen, die sich nicht informiert hatten, schon bald eifrig Informationen sammeln würden, um ihre Rolle in dem Rollenspiel, das sich zu entspinnen begann, zu klären. Währenddessen gab Nancy sicherheitshalber je eine Tatsache über jeden Wissenschaftler bekannt, damit jeder etwas sagen konnte. Dann ließ sie ihre Schüler einander den Ball zuwerfen, so daß jeder etwas über den Wissenschaftler sagen konnte, der den Ball geworfen hatte. Das war ein großer Erfolg.

Sein ist glauben

Als nächstes wurde es Zeit, einen Dialog szenisch darzustellen. Es gab große Konkurrenz um die Rollen der fünf Charaktere. Ich werde niemals ein kleines Mädchen vergessen, das auf- und absprang und schrie: „Ich will ein *Same* sein!!!" Die Ausgewählten stürmten in die Mitte des Raumes und begannen zu spielen. Als Nancy die Rolle der Dramaleiterin übernahm, wurde die Aufführung besser. Alle im Kurs lernten etwas über die Teile einer Pflanze, indem sie spielten oder ihren Freunden beim Darstellen dieser Teile zuschauten.

Den Gewinn festhalten

Je länger der Unterricht ging, desto klarer wurden die Auswirkungen auf das Selbstbild der Schüler. Nancys Art, mit ihnen umzugehen, gab ihnen das Gefühl, für das, was passierte, verantwortlich zu sein. Sie gab nur soviele Informationen wie benötigt, indem sie Fragen stellte, die jeder unbedingt beantworten wollte. In ungefähr 80 Prozent der Fälle waren die Antworten richtig, und wenn sie es nicht waren, konnte jemand anderes die richtige Antwort beisteuern.

Durch den Beginn der Stunde, das Verbessern der Lehrerin, das Theaterspielen, durch den Spaß, den sie hatten, dadurch, daß sie sich mit bedeutenden Wissenschaftlern identifizierten, und durch das Erforschen ihres eigenen Wissensstandes lernten die Schüler Selbstachtung in rasantem Tempo. Dies ist schon deshalb so ungemein wichtig, weil es sie motivieren kann, angesehene Positionen innerhalb ihrer Gemeinschaft anzustreben!

Bemerkenswert fand ich außerdem die große Zahl unterschiedlicher Herangehensweisen an Gedrucktes, die Nancy in einem so kurzen Unterrichtsabschnitt ausprobiert hatte. Zuerst las die Klasse still, mit dem Auge eines Herausgebers. Anschließend lasen die Schüler den Dialog als Theaterstück laut vor, wobei sie sich ganz natürlich mit dem Thema identifizierten und gefühlsmäßig auf ihn eingingen. Schon nach kurzer Zeit kleidete die gesamte Gruppe damit zusammenhängenden Stoff in einen Rap. Zum Schluß kreierten sie spontan eine musikalische Komposition, die den Stoff auf andere Weise mit Leben erfüllte. Der Erwerb von Lese- und Schreibfertigkeiten erfordert, daß man sich geschriebener Sprache auf einer Vielzahl von Wegen nähert, daß Sprache ein Werkzeug des Denkens ist und nicht bloß aus Wörtern auf einer Seite besteht.

Die Regieanweisungen sollten natürlich nicht laut vorgelesen, sondern in Handlung umgesetzt werden. Die Schüler interessierten sich für diesen Unterschied und erforschten dadurch den Unterschied zwischen Information und Aktion.

In dieser Klasse bemerkte ich außergewöhnlich gutes Teamwork. Trotz der Konkurrenz um Hauptrollen hegte niemand nachtragenden Groll: Diejenigen, die heute nicht spielten, würden morgen eine weitere Chance erhalten. Sie alle schienen an ihrem gegenseitigen Fortschritt interessiert. Es gab keine Unterdrückung.

Eine musikalische Begleitung erfinden

Der interessanteste Teil des Unterrichts war für mich, zu sehen, wie die jungen Schüler zu Komponisten wurden. Nancy hatte einen Sprechgesang über Pflanzen-Physiologie aus John Grassis vorzüglichem wissenschaftlichen, auf Klassen mit Integrativem Lernen maßgeschneiderten, Text ausgewählt. Der Kurs veranstaltete damit eine Chorlesung. Dann schlug Nancy vor, daß sie ihn als Rap ausführen sollten, wobei alle zusammen einen rhythmischen Hintergrund schufen und dann Schüler der Reihe nach den Text vorlasen.

Dies war das beliebteste und vergnüglichste Ereignis der Stunde. Alle begannen, rhythmische Geräusche auszustoßen. Die Gruppe teilte ein starkes Gefühl für musikalische Gestaltung – rollende Rhythmen und Klangideen kamen ohne erkennbare Führung auf. Jeder wollte einmal mit dem Vorlesen der Worte drankommen, denen sie sich mit interessanten rhythmischen Konfigurationen näherten – so wie ein Komponist mit dem Rhythmus experimentiert, während er Worte zur Musik findet.

Als ich einen Jungen beobachtete, dem es schwerfiel, die Worte in die richtige Reihenfolge zu bringen, bemerkte ich, daß er eine Lesestörung hatte. Ich sah auch, wie er sein Leseproblem ganz allein löste, indem er die Wörter dem Rhythmus anpaßte, bis schließlich jedes Wort an seinem Platz war. Obwohl dies eine echte Herausforderung war, schien er sich königlich zu amüsieren. Andere stolperten ähnlich, aber keiner gab auf.

Multiple Lernerfahrungen

Zum Ende hin ließ Nancy die Schüler zusammenfassen, was sie gelernt hatten. Das taten sie klar und flüssig, wobei sie sich mit bemerkenswertem Geschick auf die Kernideen konzentrierten.

Während der Stunde zählte ich siebzehn unterschiedliche Lernerfahrungen in einer vierzigminütigen Unterrichtsstunde. Obgleich sehr abwechslungsreich, hielten sie doch zu einer Einheit zusammen. Diese Klasse vollbrachte in Minuten, was unter Umständen anderswo in Jahren nicht einmal versucht wird.

Andere könnten das auch

Obwohl Nancy Ellis schon bemerkenswert ist, denke ich, daß auch andere leicht lernen können, so zu unterrichten. Es ist nicht so sehr die Komplexität von Nancys Methoden, sondern es sind die Annahmen, von denen sie ausgeht, die den Unterschied ausmachen: sie glaubt daran, daß ihre Schüler zu Höchstleistungen fähig sind und das Lernen genießen können. Mit genügend Ressourcen, um die Dinge am Laufen halten zu können, stellt sie normalerweise Fragen, anstatt Informationen zu geben. Diese Modifikationen traditionellen Unterrichts-Verhaltens sind simpel und erfordern keinen großen Aufwand. Wie schon Sharon Bean erkannte: solche Veränderungen kosten nicht viel, aber für das Erreichbare machen sie einen gewaltigen Unterschied.

Hoffnung für die Innenstadt

Manchen erscheinen die Unterrichts-Probleme in der Innenstadt unlösbar. Lese- und schreibunkundige Schulabbrecher, die ihr Leben lang auf Sozialhilfe angewiesen sind und eine erschreckend hohe Wahrscheinlichkeit, daß sie vor dem Erreichen eines mittleren Alters gewaltsam ums Leben kommen. Das Integrative Lernen könnte das ändern.

Kanya Vashon McGhee beispielsweise wollte jugendlichen Analphabeten in Harlem Grundfertigkeiten im Lesen und Schreiben vermitteln. Als er feststellte, daß sich seine Schüler für Astrologie interessierten, brachte er ihnen bei, Horoskope zu erstellen. Das kann man natürlich nicht, bevor man nicht lesen, schreiben und rechnen kann, also mußte er diese Fertigkeiten als Entré zu den Geheimnissen der Astrologie vermitteln. So übten die Jugendlichen Lese- und Schreibfertigkeiten rascher ein.

Kanya brachte dann einem Schüler nach dem anderen bei, sich gegenseitig zu unterrichten, und noch vor dem Ende des Kurses kamen jeden Monat Hunderte von Schülern zu seinem Tree of Life Center (Baum-des-Lebens-Zentrum). Seine Schüler wechselten von Drogen zu begeisterter Teilnahme am Unterricht. Beiläufig erzählte er mir einmal, daß die Stadt New York auf den Druck der Entwicklung auf dem Immobilienmarkt reagierte, indem sie bei ihm eine Zwangsräumung durchführen und das Gebäude, in dem sich das Zentrum befand, abreißen ließ.

Er erzählte mir auch, daß der durchschnittliche schwarze Dreißigjährige aus Harlem einen erschreckend großen Teil seiner Freunde durch gewaltsamen Tod verliert. Das brachte mich wirklich aufs Schwerste gegen die Realitäten auf, mit denen wir es hier zu tun haben. Ob es Nancy Ellis ist, die mit Grundschülern arbeitet oder Kanya mit Erwachsenen – ich habe das Gefühl, daß es immer möglich sein wird, Menschen über eine bloße Gewaltorientierung hinauswachsen zu lassen.

Besseres Lesen für alle?

In Waldorf in Maryland, am von David Finsterle geleiteten Lifetime Learning Center (Zentrum für Lebenslanges Lernen), machte der durchschnittliche Teilnehmer 1987 nach sechsunddreißig Stunden Unterricht einen Fortschritt, der ungefähr zwei bis drei Schuljahren entspricht. Ein typischer leseunkundiger Erwachsener käme also auf das Leseniveau der zwölften Klasse, indem er mit zehn Stunden Unterricht ungefähr je eine Klasse aufholt. Zwölf Klassen in hundertzwanzig Stunden ist nicht übel, wenn man sich vor Augen führt, daß die gleichen Leute wahrscheinlich Tausende Stunden damit zubrachten, am Lesenlernen in der Schule zu scheitern. Unglücklicherweise hat der hervorragende Ruf dieses Zentrums nicht genügt, um es finanziell über Wasser zu halten, so daß es wieder von der Bildfläche verschwunden ist.

Ich war auf solche Statistiken vorbereitet, da ich zuvor mit Coletta Lang gesprochen hatte, die beim Entwurf des Evelyn-Wood-Leseprogramms mitgearbeitet hatte. Coletta entwarf ihr eigenes Leseprogramm für lernbehinderte Kinder und brachte einmal eine achte Klasse vom Leseniveau einer dritten Klasse auf Collegeniveau. Um das zu erreichen, benötigte sie vierundzwanzig Unterrichtsstunden in einem Klassenzimmer normaler Größe. Coletta und ich rechneten aus, daß die Kosten für eine signifikante Verbesserung der Lesefertigkeiten in der Schule angesichts der erzielbaren Ergebnisse verschwindend gering wären. Ich teilte diese Information einmal der Inhaberin einer Spezialschule für Lernbehinderte mit. „Ihre Information ist inkorrekt", meinte sie zu mir. „Was Sie sagen, kann unmöglich wahr sein. Wenn das wahr wäre, wären wir alle unseren Job los."

Möglicherweise hat diese Einstellung etwas mit der Tatsache zu tun, daß Colettas Experiment nie wiederholt worden ist. Diese Einstellung zielt jedoch in die falsche Richtung, denn das Integrative Lernen wird mit Sicherheit die Zahl der Planstellen für Lehrer erhöhen, und sei es nur, weil die verminderte Schulabbrecher-Quote die Nachfrage nach Lehrern erhöhen wird.

Institutionalisiertes Integratives Lernen

Hier und da haben bereits einzelne Schulen die eine oder andere Form des Integrativen Lernes aufgegriffen. In Minneapolis nutzt die Clara-Barton-Schule das Whole Brain Learning, das sich auf innovative Problemlösungs-Ansätze spezialisiert hat. Die Schüler erzielen bei den meisten akademischen Tests ganz normale Ergebnisse, aber beim Problemlösen schweben sie fast immer in der Stratosphäre.

Die Barton-Schule ist ein wunderschöner Ort für einen Ausflug. Allein schon beim Schlendern durch die Flure wird man unterrichtet, und der Gemeinschaftsgeist im Klassenzimmer und unter den Lehrern ist hervorragend. Zum Whole Brain Learning wurde diese Schule durch Zuschüsse des Staates Minnesota konvertiert. Über solche Zuschüsse können auch andere öffentliche Schulen in diesem Staat verfügen, die zum „Ganzhirnigen Lernen" oder ähnlichen Unterrichtsformen umschwenken wollen. In Connecticut gibt es eine Schule, die auf den Prinzipien des gehirnkompatiblen Lernens beruht, wie sie Leslie Hart in seinem Buch *Human*

Brain, Human Learning (*Menschliches Gehirn, menschliches Lernen*) erläutert. Berichten zufolge machen dort Schüler, verglichen mit den Erwartungen an normale Schulen, dreimal schnellere Fortschritte.

Mit die beste Arbeit in öffentlichen Schulen leistet der schon erwähnte Jon Grassi in Boston. Seine im Selbstverlag veröffentlichten Sachkunde- und Geometrie-Bücher gehören zu den besten Ressourcen, die Grundschullehrern heute zur Verfügung stehen. Grassi hat die Arbeiten Lozanovs mit hervorragenden Resultaten auf die verschiedensten Fächer angewandt.

Die SpeakEasy-Sprachschule in Minneapolis, die auf Lozanovs Unterrichtstheorie basiert, hat in Twin Cities in einer ganzen Reihe von Privatschulen sehr erfolgreiche Fremdsprachenkurse angeboten, wie zum Beispiel in der Mount Parks Academy, in der Visitation Academy und der Woods Academy. Alle Lehrer an der Woods Academy sind übrigens im Integrativen Lernen ausgebildet.

Und die Thornton Friends School in Silver Spring, Maryland, die ich im Jahre 1973 mitgründete, bietet weiterhin eine hervorragende Gelegenheit für junge Leute, in einer Schulumgebung Werte zu entdecken, die es wirklich *wert* sind, in die Persönlichkeit aufgenommen zu werden und im Mittelpunkt des Lebens zu stehen – Werte, die zu leben sich lohnen.

Hin zu einer nationalen Vision des Unterrichts

Wenn diese und viele andere Beispiele erfolgreicher Anwendungen des Integrativen Lernens bekannter werden, wird die Frage schon bald lauten, ob man es in großem Maßstab aufgreifen sollte – besonders in öffentlichen Schulsystemen. Alternativ dazu könnten wir auch weiterhin die natürlichen Lernfähigkeiten unserer Kinder vergeuden, mit all den unwiederbringlichen Gelegenheiten und all dem vergrößerten menschlichen Leid, das sich am Ende unweigerlich einstellt. Es geht ums Überleben.

Für Politiker jeder Couleur ist die Zeit jetzt reif, Vorreiter zu sein, indem sie dazu beitragen, eine Vision des mit den erzieherischen, technologischen und kreativen Ressourcen heute Erreichbaren zu schaffen. Aber leere Politikerversprechen sind nicht genug. Nötig ist ein konkretes Programm, eines, in dem auch die Details der Implementierung stehen.

Ich habe nicht vor, die politische Macht der Kurzsichtigkeit und Angst, die dazu führen, daß positive Veränderungen verschleppt oder behindert werden, zu untertreiben. In den Sechzigern, während des Kampfes gegen die Armut, ließen viele lokale Stellen nur allzu gern föderal bezuschußte Lese- und Schreibprogramme für Erwachsene scheitern. Sie waren zu eingeschüchtert von der politischen Macht, die eine gebildetere Bevölkerung hätte entwickeln können.

Jetzt bedrohen die Folgen miserabler Bildung jedoch nicht mehr nur die Unterklasse – sie sind eine Bedrohung für jeden. Die National Alliance for Business schätzt, daß wir voraussichtlich nur noch drei oder vier Jahre haben, um dieses Problem zu korrigieren. Verantwortliche und nachdenkliche Beobachter sehen sogar die Möglichkeit, daß die unteren sozialen Schichten die Gesellschaft als Ganzes verkrüppeln könnten, wenn wir so weitermachen wie bisher.

Vorbereitung auf eine ökonomische Veränderung

Die Art Schulsystem, die wir über Generationen hatten, war dafür konzipiert, Menschen in Reihe zu schalten, nicht dafür, unabhängiges Denken zu fördern. Es wird den Bedürfnissen einer Zeit, in der die meisten von uns flexibler werden müssen als jemals zuvor, nicht mehr gerecht.

Dies gilt umso mehr für unsere Kinder, die Erben der sich am rasantesten verändernden sozialen Umwelt in der Geschichte. Allein, um zu überleben, müssen sie viel mehr lernen als das, was wir an Grundlagen einmal für nötig hielten. Darüber hinaus werden sie mit dem Unbekannten und Unerwarteten kämpfen müssen. Die Toleranz gegenüber Mehrdeutigkeit wird die conditio sine qua non ihrer Existenz sein. Sie kann verhältnismäßig leicht erlernt werden, aber unglücklicherweise ist es eine geistige Fähigkeit, die vom traditionellen Unterricht normalerweise eher abgewürgt wird.

Wir haben kaum begonnen, den ökonomischen Wert verbesserten Unterrichts zu erkennen. Der Wähler versteht noch nicht, was er für seinen Steuerdollar erhält, wenn er die Art Ausbildung kauft, für die ich eintrete. Wenn Ausbildungsbedürfnisse effektiv erfüllt werden, kann die Rendite des investierten Geldes irgendwo zwischen 4 zu 1 und 1000 zu 1 liegen. Das bedeutet, daß auf lange Sicht jeder

Dollar, der für Schulung ausgegeben wird, sage und schreibe 1000 Dollar einbringen oder einsparen könnte. Dies hat sich im geschäftlichen Kontext als wahr erwiesen, und es sollte auch für alle ähnlich gelagerten Fälle stimmen.

Wenn beispielsweise jemand, der sonst sein Leben lang von Sozialhilfe oder der Wohlfahrt abhängig wäre, so ausgebildet werden kann, daß er ein durchschnittliches Jahreseinkommen von 20.000 Dollar hat, würde dies für die Gesellschaft einen enormen Gewinn bedeuten (20.000 Dollar an eingesparter Sozialhilfe, zusätzlich zu einem beliebigen Betrag, der durch Steuern und Multiplikationseffekte für die Wirtschaft eingenommen würde).

Da es möglich sein sollte, diese Veränderung in der Lebens-Produktivität eines Menschen mit einem Einsatz von etwa zweitausend Dollar zusätzlich zu dem, was heute für das Schulwesen ausgegeben wird, zu bewirken, liegt die Rendite hier bei mehr als 10 zu 1 pro Jahr. Wenn wir eine Lebens-Einkommensspanne von vierzig Jahren zugrunde legen, könnte die Rendite bei 400 zu 1 oder mehr liegen. Diese Zahl steigt natürlich in dem Maße, wie die Lebensarbeitszeit des Einzelnen steigt. Und das ist nur der unmittelbare monetäre Wert, der indirekte Erträge und Gewinne und nicht-körperliche Dinge wie etwa Zufriedenheit nicht berücksichtigt.

Diese Zahlen weisen schon darauf hin, daß das, wofür ich eintrete, kein Luxus, sondern die blanke Notwendigkeit ist. Unterricht, wie wir ihn aus der Vergangenheit kennen, kann uns nicht auf den Wandel vorbereiten, dem wir unweigerlich ins Auge sehen müssen. Deshalb hat für die Arbeits-, Bildungs-, Gesundheits- sowie Sozialämter oberste Priorität, die effektivsten zur Zeit angebotenen Ausbildungsprogramme ausfindig und jedermann zugänglich zu machen. Anderenfalls wird es die im Jahre 2000 benötigten Arbeitskräfte nicht geben. Viele werden in den Listen der Sozialämter stehen, weil sie nicht über die für eine Einstellung erforderlichen Fertigkeiten verfügen. Die robotischen Fließband-Fertigkeiten, zugeschnitten auf die Fabriken der Vergangenheit, sind nicht mehr länger angemessen. Die Arbeiter der Zukunft müssen aktuelle Informationen sammeln, unabhängig Entscheidungen treffen, kreativ sein, Denkvermögen zeigen, Verantwortung übernehmen und spontan neues Verhalten als Reaktion auf unvorhersagbare Situationen improvisieren können.

Bildung für die wirkliche Welt

Das Integrative Lernen kann ein entscheidender Faktor bei der Lösung dieser wirtschaftlichen und sozialen Probleme sein. Es reaktiviert das natürliche Verlangen des Einzelnen, verantwortlich zu sein, klar zu denken und entschlossen zu handeln. Damit stellt es die Bildung zur Verfügung, die ein starker Geist und ein kompetenter Bürger benötigen.

An der Thornton Friends School haben wir etwas verwirklicht, was einerseits viele für ein Ideal halten und das andererseits irgendwie auch eine utopische Lernatmosphäre ist, in der die Mehrheit der Schüler außerordentlich gut miteinander auskommt, in der sich die Lehrer-Schüler-Beziehungen exzellent gestalten, in der das Lehrer/Schüler-Verhältnis äußerst vorbildlich ist und die Schüler häufig lieber in der Schule als sonstwo sind. Einige machten sich Sorgen, daß das unseren Schüler die Kompetenz nehmen würde, mit den Realitäten des Lebens in einer feindseligen Welt umzugehen.

Wir stellten jedoch im Gegenteil fest, daß gerade die in einem fördernden, angenehmen Umfeld erlernten Fertigkeiten leicht in fordernden Situationen angewandt werden können. Das Selbstvertrauen, das sich schon mit dem Erlernen dieser Fertigkeiten an sich einstellt, hilft den Schülern über spätere Schwierigkeiten hinweg. Es ist einfach nicht wahr, daß Kinder am besten in einer Umgebung lernen, in der ihnen andauernd Steine in den Weg gelegt und in der sie ständig Streß ausgesetzt werden. Entgegen dem Glauben mancher Stoiker ist ein solches Umfeld keine gute Vorbereitung auf die „wirkliche" Welt. Eine gute Vorbereitung ist vielmehr ein förderndes und dabei gleichzeitig forderndes Umfeld, das dem durchschnittlichen Schüler hilft, kreativ und mit dem Bewußtsein für seine Macht Führungsaufgaben zu übernehmen, ein Umfeld, das ihn befähigt, das gegenwärtige Bedürfnis nach innovativen, neuen Lösungen für globale Probleme zu erfüllen.

Die menschliche Rasse ist nicht so dumm wie wir meinen

Populär ist jedoch auch die Meinung, daß der Durchschnittsmensch machtlos und unkreativ und damit wahrscheinlich auch nicht in der Lage sei, neue Lösungsansätze für Probleme zu entwickeln. Wie ich kürzlich lernte, glaubt beispielsweise der Präsident eines führenden multinationalen Unternehmens ernsthaft, daß aus seinem Unternehmen keine einzige gute geschäftliche Idee stammen könne, da keiner der Beschäftigten pfiffig genug sei, auf eine solche zu kommen. Die vom Glauben dieses Mannes verursachte Verschwendung von Ressourcen liegt im dunkeln, denn sein Unternehmen könnte, selbst wenn es das versuchte, niemals Pleite gehen.

Der populäre Glauben, daß die meisten Leute nicht besonders pfiffig seien, stellt bei der Entwicklung höchster kreativer Begabung ein weit größeres Hindernis dar als alles andere praktischer Natur. Normalerweise ist allein das Wissen, daß etwas möglich ist, schon „die halbe Miete", es auch zu tun. Sobald Sie einmal wissen, daß Ihre ganze Familie aus lauter Genies besteht, wird jeder, der will, auch sehen können, daß dem so ist. Schlagen Sie dann die Bresche für andere, sich selbst und ihre Familien auf ähnliche Weise zu helfen.

Die Athener hatten es nie so gut

Jedem, der daran zweifelt, daß wir über die benötigten Ressourcen verfügen, um unsere Kultur so zu verändern, wie ich es vorschlage, werden wahrscheinlich auch die Errungenschaften einer kleinen Stadt vor zweitausendfünfhundert Jahren wie Wunder vorkommen. Diese Stadt (so groß wie das heutige Toledo in Ohio) war Athen, das in einem einzigen Jahrhundert zahlreiche Grundlagen für die westliche Kultur legte.

Woran liegt es, daß sich in gewissen, besonderen Zeiten und an bestimmten Orten herausragende Höchstleistung durch eine ganze Kultur oder Gesellschaft verbreitet? Ich glaube, dieses Phänomen tritt auf, wenn die Mehrheit genügend darin übereinstimmt, daß Kreativität, das Hervorragende, wirklich wichtig und auch für fast jeden machbar ist. Dann wird die Erwartung von Höchstleistung gemeinsame kulturelle Vision. Diejenigen, die das verstehen, stoßen dann auf zahlreiche Schüler, die bereitwillig lernen wollen, wie diese Vision zu verwirklichen sei. Diese Erwartung von Höchstleistung war eines der Gütesiegel athenischer Kultur.

Aber selbst die Athener vergeudeten ihre wertvollsten Ressourcen, denn neun Zehntel ihrer Bevölkerung waren Sklaven, die als solche nicht an der Vision teilhaben konnten; auch die Frauen waren ausgeschlossen. Damit blieben nur fünf Prozent der Bevölkerung als Kandidaten für angesehene, hohe öffentliche Ämter. Stellen Sie sich nur das Potential einer echten Demokratie vor.

In unserer Zeit und Kultur hat Höchstleistung keine Priorität. Da wir hauptsächlich mit der vergeblichen Suche nach Sicherheit beschäftigt waren, haben wir unser privates Vermögen auf die Anhäufung von Besitz anstatt auf Erfahrung und Unterricht verwandt, während die öffentlichen Subventionen die Wirtschaft und Verteidigungsindustrie aufrechterhielten. Diese Subventionen könnten statt dessen auch für die Entwicklung des höchstmöglichen Niveaus kultureller Höchstleistung genutzt werden.

Tatsächlich könnte schon eine verhältnismäßig kleine Zahl von Menschen den Grundstein für eine wesentliche kulturelle Transformation legen, indem sie demonstriert, daß Höchstleistung wirklich wichtig und, unter der Voraussetzung angemessener Ausbildung, auch für jeden erreichbar ist. Somit sollten Sie in der Lage sein, in Ihrer eigenen Nachbarschaft Engagement zu entfachen, das dem der Athener in nichts nachsteht. Heutzutage können sogar alle ihren Teil beitragen, nicht nur die fünf Prozent, die weder Sklaven noch Frauen sind. Sie brauchen nur Ihre Nachbarn davon zu überzeugen, wie leicht und vergnüglich das Erforschen neuer Sphären intellektueller Möglichkeiten ist.

Wenn das übertrieben idealistisch klingt, dann liegt das daran, daß unsere Kultur als Ganzes nicht an ihre Möglichkeiten glaubt. Die Dinge werden sich ändern, wenn genügend Menschen erkennen, daß wir die Werkzeuge, die zur Lösung vieler globaler Probleme benötigt werden, bereits in der Hand haben. Dies wird auf ganz natürliche Weise geschehen, indem wir gemeinsam die integrative Intelligenz, die zu erleben jeder ein Recht hat, aktivieren.

Manche Leute erzählen mir, ich würde übermäßig vereinfachen oder idealisieren, wenn ich so etwas sage. Ich habe bemerkt, daß die Wörter „vereinfachen" und „idealisieren" einem recht gut zupaß kommen, um sich nicht die Mühe machen zu müssen, zahlreiche Probleme zu verstehen und wieder ins Lot zu bringen. Was ich sage, vereinfacht jedoch wirklich nicht zu sehr, es ist einfach *einfach*. Einfach, weil bisher Kompliziertes wirklich einfach wird, sobald wir einmal damit beginnen, im Einklang mit der menschlichen Natur zu handeln.

Selbst, wenn Sie nur wenig tun, wird es wundervoll

Da ich den Würgegriff, in dem das soziale Glaubenssystem das nationale Bewußtsein hält, kenne, wäre ich ziemlich überrascht (allerdings auch sehr erfreut und
beeindruckt), wenn Sie meine Anregungen aufgreifen und Ihre Nachbarschaft in eine Gemeischaft verwandeln, die sich der Höchstleistung verpflichtet fühlt. Selbst,
wenn Sie sich Ihrer eigenen Genialität bewußt sind, werden Sie feststellen, daß es einiges an Tatkraft braucht, bis Ihre Nachbarn davon überzeugt sind, daß es ein wah-
rer Genuß ist, sich der eigenen Genialität bewußt zu werden. Vielleicht ziehen Sie es
also vor, abzuwarten, bis die Möglichkeit, das Bildungswesen für die Reform nationaler Prioritäten zu nutzen, ein gängiges Thema in Talkshows ist.

In der Zwischenzeit gibt es keine Notwendigkeit, die Freude am Gewinn durch
das Integrative Lernen aufzuschieben – für Ihre Familie (oder Ihre Klasse) wie auch
für sich selbst. Wie Sie das Integrative Lernen in Ihrem Leben mit Leben erfüllen
können, und zwar sofort, ist unser nächstes Thema.

Teil Zwei
Vorbereitungen für das Integrative Lernen

In Teil Eins haben wir gesehen, wie man das Geheimnis Integrativen Lernens im natürlichen Lernumfeld des Kindes finden kann – in einer Atmosphäre angstfreier und aktiver Freude, anteilnehmenden und positiven Feedbacks, die in Lernendem, Eltern und Lehrern gleichermaßen Erfolgserwartung schafft.

Teil Zwei erforscht Einstellungen und Verhaltensweisen, die Ihnen dabei helfen, eine Umgebung zu schaffen, in der das Lernen gedeihen kann. Für Erwachsene bedeutet das unter Umständen, auch einige ihrer eigenen Einstellungen zu ändern.

Wir können unseren Kindern keine große Hilfe sein, wenn wir selbst nicht gut in Form sind. Eine der Freuden, die uns Kinder bereiten, ist nicht so sehr die Gelegenheit, sie zu erziehen, sondern vielmehr die Gelegenheit, unsere eigenen Werte und Erfahrungen zu überdenken. Wieviel Spaß macht es beispielsweise, eigene frohe Erinnerungen wiederaufleben zu lassen – wenn wir unseren Kindern Geschichten vorlesen, die wir hinter uns gelassen haben, als wir selbst erwachsen wurden.

Darüber hinaus wollen wir, daß unsere Kinder bessere Startbedingungen vorfinden als wir in unserer Jugend. Einige dieser Bedingungen sind materieller, andere seelischer Natur. Die materiellen können leicht geschaffen werden, wenn wir die Mittel dazu haben. Die seelischen sind komplexer; da wir unsere Kinder häufig unbewußt so behandeln, wie wir selbst behandelt wurden, laufen wir Gefahr, sie in genau die schlechten Gewohnheiten zu drängen, die wir selbst gerne loswären.

Um einen größeren Teil unseres Potentials zu verwirklichen, ist es also wesentlich, daß wir uns selbst psychisch stärken. Wir können beispielsweise nicht erwarten, daß unsere Kinder nicht rauchen oder fluchen, wenn wir selbst rauchen und fluchen. Wenn wir uns zuerst unserem eigenen Wachstum zuwenden, können wir anschließend darangehen, das Wachstum anderer fördernd zu begleiten.

In diesem zweiten Teil bereite ich die Übungen des Teils Drei vor, indem ich Ihnen die Gelegenheit gebe, einige der kulturellen Faktoren, die Ihrer eigenen Weiterentwicklung möglicherweise im Wege stehen, zu überdenken. Diese Faktoren geben Sie unter Umständen leicht an Ihre Kinder weiter, wenn Sie nicht Schritte unternehmen, um den Einfluß dieser Faktoren auf sich selbst zu minimieren.

Lassen Sie uns also mit den negativen Auswirkungen fehlgeleiteter Einstellungen zur Arbeit aufräumen, lassen Sie uns lernen, was es bedeutet, innerhalb vorgegebener Grenzen produktiv zu arbeiten, das beste anzustreben, das uns das Leben geben kann, den effektiven und klugen Umgang mit Gefühlen zu üben und negatives Konkurrenzstreben durch positive Kooperation zu ersetzen. Daß wir die Grundlagen für ein solches Lernen schaffen, sollte das Leben mit Freude erfüllen und gleichzeitig die Qualität der Zeit, die die Familie miteinander verbringt, erhöhen.

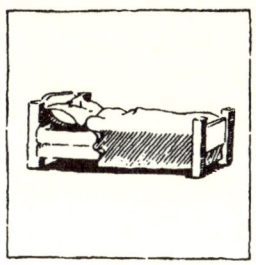

7

Wie man mit puritanischer Arbeitsweise glücklich wird

Viele von uns glauben an die Arbeit um ihrer selbst willen. Fragwürdig wird dieses Prinzip, wenn man es auf das Lernen anwendet. Das Lernen vergnüglicher zu machen, heißt, das Lernen erfolgreicher zu machen.

Sie und ich sind Opfer eines chronischen kulturellen Elends, oft auch puritanische Arbeitsethik genannt. Das häufigste Symptom dieses Elends ist das nagende Gefühl, daß wir nichts wert sind, es sei denn, wir arbeiten. Menschen, die an dieser Krankheit in fortgeschrittenem Stadium leiden, glauben gerne Dinge wie: je anstrengender und widerlicher eine Aufgabe, desto besser kann ich mich fühlen. Wenn sie aber der Sünde der Zeitvergeudung oder gar der Sünde, die Arbeit zu genießen, anheimfallen, riskieren sie Anfälle von Schuldgefühl.

Dieses Kapitel beschäftigt sich hauptsächlich mit der Arbeit und den unterschiedlichen Bedeutungen und Werten, die wir unserer Vorstellung von Arbeit beimessen. Es handelt nur in zweiter Linie vom Lernen – denn ein wesentlicher Teil unserer Einstellung zum Lernen beruht darauf, welche Rolle die Arbeit in unserem sozialen und ethischen Bezugsrahmen für uns spielen sollte. Entsprechend können wir häufig unsere Einstellung zum Lernen nicht wirklich ändern, wenn wir nicht zuvor unsere Einstellung zur Arbeit ändern: was Arbeit ist, welchen Wert Arbeit hat, und welche Rolle Arbeit im Leben spielen sollte. Wenn Sie Ihren Kindern helfen wollen, besser zu lernen, tun Sie gut daran, zunächst kritisch zu durchleuchten, was Sie eigentlich unter Herausforderung, Schwierigkeit und Vergnügen verstehen – immerhin vermitteln Sie diese Einstellung auch Ihren Kindern. Beobachten Sie aufmerksam, was ihnen Ihre Kinder durch ihre instinktive Herangehensweise an das Leben vermitteln können.

Ich werde mich über die Wurzel der krausen und frustrierenden Druckmomente puritanischer Arbeitsethik nicht breit auslassen. Sie rührt noch von Jahrhunderte alten Ereignissen und Glaubenssätzen her, die der heutigen sozialen Situation nicht mehr gerecht werden. Im Verlauf der industriellen Revolution wurden diese ursprünglich religiösen Glaubenssätze zu einem Ethik-Kodex, der sich als nützlich dafür erwies, Fabrikarbeiter zu zwingen, Profite für die Raubritter herauszuschinden, denen die Fabriken gehörten.

Arbeit kann wirklich witzlos sein

Heutzutage ist die puritanische Arbeitsethik aus der Mode gekommen und sollte endgültig eingemottet werden. Es ist nicht wahr, daß man durch Arbeit an sich zu einem besseren Menschen wird. Und es ist ganz sicher nicht wahr, daß alle und jede Arbeit um ihrer selbst willen wertvoll ist.

Ein Freund erzählte mir, daß man während seiner Wehrdienstzeit von ihm verlangt hatte, mit Rasenmähern, die nicht mähten, Wiesen zu mähen, die nicht gemäht werden mußten. Die ganze Idee dahinter war vermutlich bloß, für unbedingten Gehorsam zu sorgen – etwas Sinnvolleres hatte man anscheinend nicht im Auge gehabt.

Sie sind wahrscheinlich kaum an irgend etwas derartig Witzlosem beteiligt, aber wieviel Zeit wenden Sie für unnötige Arbeiten auf? Und wie viele Stunden, wenn nicht Jahre, mühen sich Ihre Kinder in der Schule damit ab, Dinge zu lernen, die sie in ein paar Minuten lernen könnten oder vielleicht überhaupt nicht lernen sollten? Arbeit, die unsere Zeit, Energie und Ressourcen vergeudet, ist nutzlos und verkrüppelt den Intellekt.

Langeweile macht Sie nicht besser

Kürzlich demonstrierte ich Studenten an einer medizinischen Schule, wie sie sich das benötigte Wissen schneller aneignen konnten. Sie wandten ein, daß der Stoff, den sie zu studieren hatten, wirklich langweilig sei, und daß nichts den Stoff für sie anprechender machen könne.

Im Anschluß daran meinte eine der Professorinnen, ihrer Meinung nach könnten die Medizinstudenten viel zu wenig des zu lernenden Stoffes auch tatsächtlich gebrauchen.

„Die Präsentation des Stoffes im Hörsaal spiegelt nicht die Erfahrung wider, die Mediziner in der täglichen Praxis machen", sagte sie. „Die Studenten müßten die Dinge in dem Kontext lernen, in dem sie gebraucht werden, und nicht bloß einen Kopfvoll Abstraktionen. Echtes Lernen fängt selten vor dem Berufsleben an. Erst dort, in den Fluren der Krankenhäuser, fangen sie an, Wissen und Fertigkeiten zu erwerben, mit denen sie wirklich etwas anfangen können. Und sie lernen diese Fertigkeiten integrativ. Wie Sie sagen – so, wie Kleinkinder lernen. Was sie am einen Tag bei einer Operation beobachten, können sie zwei Wochen später, bei der Arbeit mit einem anderen Patienten, wieder gebrauchen. Was Sie uns über das Lernen erzählt haben, gibt ziemlich gut wieder, wie Lernen intern stattfindet, aber nur wenig von diesem Wissen findet Eingang in den medizinischen Lehrplan – viel zu viel von dem, was der Lehrplan vorsieht, ist mühsam, irrelevant und bald wieder vergessen; für Mediziner in der Praxis ist das schlicht nutzlos."

Wir institutionalisieren Trivialitäten – „zu unserem Besten"

Und so ist es. Der Student, der nachhakt: „Wozu muß ich das denn wissen?", bekommt häufig zu hören: „Das werden Sie später sehen." Aber dieses „später" kommt vielleicht nie, und der Student geht durchs Leben und fragt sich, wofür der ganze Wirbel und die ganze harte Arbeit denn nun gut waren. Gut waren sie für die puritanische Arbeitsethik.

Drei Arten, ein Loch zu graben

Lassen Sie uns einen Blick auf die Folgen dieses Wertesystems werfen. Stellen Sie sich vor, es wollen drei Leute ein Loch graben. Der eine benutzt eine stumpfe Holzschaufel. Der andere nimmt einen scharfen Spaten. Der dritte schließlich setzt auf Dynamit. Wenn es darum geht, sich gut dabei zu fühlen, möglichst hart zu arbeiten, ist der erste ein Heiliger, der zweite ein illustrer Bürger, und der dritte ein Taugenichts. Aber wenn es darum geht, ein großes Loch auszuheben, schlägt der dritte die beiden anderen um Längen.

Ich weiß, daß es schwer zu akzeptieren ist, wenn man früher irreführende und schulderzeugende Fabeln wie „Die Grille und die Ameise" oder „Die Schildkröte und der Hase" mit der Muttermilch verabreicht bekommen hat. (Lassen Sie uns die Fabel mit der Schildkröte einfach umschreiben, so daß der Hase *nach* dem Gewinn des Wettlaufes ein Nickerchen macht. Was wird *nun* plötzlich aus all den selbstgerechten Siegesgefühlen, die die Schildkröte so beispielhaft verkörperte? Dinge schnell und mühelos tun zu können, verdammt einen nicht unbedingt dazu, faul zu sein, oder?)

Wenn jemand etwas schneller und effektiver als andere macht, kommt es eben nicht darauf an, wieviel Arbeit er hineingesteckt hat. Als ich aufs College ging, stellte ich fest, daß der Student mit dem besten Notendurchschnitt nur selten wirklich lernte, während der Student, der härter arbeitete als alle anderen, nicht einmal einen B-Durchschnitt hatte.

Ist Faulheit ein Fehler?

Nach all den Jahren wurde mir klar, daß Eltern nichts mehr Sorgen macht als die Möglichkeit, ihre Kinder könnten faul sein. Ich bin allerdings nicht einmal sicher, ob es Faulheit überhaupt gibt. Ich glaube, daß Faulheit in Wirklichkeit ein Deckmantel für eine gewisse Emotion, vielleicht Angst, ist.

Doch gab es zumindest einen berühmten Menschen, dessen Faulheit regelrecht legendär war. Gioacchino Rossini, dem Komponisten von *Der Barbier von Sevilla*, wird nachgesagt, daß ihm einmal, als er gerade im Bett komponierte, ein gerade beschriebenes Notenblatt auf den Fußboden fiel. Anstatt nun aufzustehen und es aufzuheben, komponierte er das Stück einfach noch einmal. Vielleicht war er faul, aber er war auch einer der populärsten und bewundertsten Komponisten seiner Zeit, besonders berühmt für das Tempo, mit dem er komponierte. Viele seiner großartigsten Opern schrieb er von der ersten bis zur letzten Note in weniger als einem Monat. Wenn also Rossini wirklich ein fauler Mann war, ist vielleicht Faulheit insgesamt gar nicht so übel.

In manchen Situationen *senken* wir sogar unsere Produktivität, wenn wir härter arbeiten. Besonders in der Schule, wo man von Schülern häufig verlangt, Stunde um Stunde und viel Mühe in Aufgaben zu investieren, die nur einen geringen tatsächlichen Lerneffekt haben. Wenn wir ein wenig fauler wären, könnten wir mehr Energie investieren, um uns auszudenken, wie wir solche Situationen vermeiden können – wie wir also mehr mit weniger Energie erreichen. Eine solche geistige Gewohnheit könnte unser Leben verbessern, Geld sparen und verhindern, daß so viele natürliche Ressourcen versickern. Am Ende stellt sich also die Faulheit – richtig entwickelt und kultiviert – gar noch als Tugend heraus.

Das Ergebnis ist wichtiger als das Verhalten

Klar ist, daß in Situationen, in denen das Erreichen bestimmter Ziele wünschenswert und vereinbart ist, das Verhalten an sich weit weniger wichtig ist als die Ergebnisse. Und dennoch interessieren sich Eltern, Lehrer und Manager häufig mehr dafür, *wie* etwas getan wird als dafür, *was* schließlich dabei herauskommt. Man sollte, vorausgesetzt, man erhält die gewünschten Ergebnisse, niemanden zwingen, etwas so und so zu tun. Die Wahrscheinlichkeit, einen einzigartigen, persönlichen, von Freude erfüllten Weg zum Ziel zu finden, ist größer, wenn wir gefordert sind, unsere eigene Methodik zu entwickeln.

Die Betonung des Verhaltens anstelle der Leistung kann sich denkbar ungünstig auswirken. Wenn wir uns einen Arzt suchen, fragen wir beispielsweise nur selten nach Statistiken über die Prozentzahl geheilter Patienten. Statt dessen richten wir unsere Aufmerksamkeit auf so nebensächliche Dinge wie erworbene akademische Grade, Verhalten am Krankenbett und darauf, ob wir den Arzt persönlich gut leiden können oder nicht.

Vielen Mathematiklehrern etwa ist es wichtiger, daß eine Aufgabe auf dem Weg gelöst wird, den sie für den richtigen halten, anstatt Wert darauf zu legen, die richtigen Lösungen zu erhalten. Kinder, die ihre eigene Problemlöse-Strategie entwickeln wollen, sollten ermutigt werden, die Konsequenzen ihres eigenen Ansatzes zu erforschen und seine Effektivität an nützlichen und korrekten Lösungen zu messen. Statt dessen klopft man ihnen gerne auf die Finger und verlangt, daß sie es genauso machen wie der Lehrer.

Wie stehen Sie dazu?

Eines, um das ich Sie als Elternteil bitte, ist also, ihre Position zur puritanischen Arbeitsethik neu zu bewerten. Schätzen Sie die Arbeit um ihrer selbst willen oder um der Resultate willen, die man durch Arbeit erreicht? Wenn Sie die Arbeit um ihrer selbst willen schätzen, werden Sie dazu neigen, Ihre Kinder zu kritisieren, sobald sie nicht arbeiten. Das wird Ihre Kinder nur verwirren. Sie sind pfiffig genug und kennen den Unterschied schon zwischen Arbeit, die Resultate bringt und solcher, die keine Resultate bringt.

Wie man Kindern Arbeit madig macht

Wahrscheinlich ist es völlig in Ordnung, wenn *Sie* nutzlose Arbeit tun – wenn Sie das wollen –, aber es ist nicht in Ordnung, wenn Sie darauf bestehen, daß Ihre Kinder ebenfalls nutzlose Arbeit tun. Nicht, weil Kinder nicht lernen sollten, zu arbeiten. Ganz im Gegenteil überzeugt Arbeit um der Arbeit willen – Arbeit, die nicht auf Resultate abzielt – Kinder nur davon, daß viele Arbeiten schlicht witzlos sind; einzigartige, produktive Arbeit zu verrichten, kann auf der anderen Seite eine der größten Freuden des Lebens sein.

Menschen, die zuviel Zeit damit verbringen, sinnlose Arbeiten zu verrichten, neigen dazu, ziellos und unproduktiv zu werden. Was auch immer das Ziel ist – es gibt mehr oder weniger effektive Wege dorthin. Manchmal hat harte Arbeit ihre Berechtigung, manchmal aber auch nicht. Beachten Sie, daß manche Leute Gefordertsein mit Streß und Schwierigkeiten verwechseln. Selbstverständlich sollten Kinder gefordert werden. Manche Kinder können sich selbst fordern und sollten sich dabei selbst überlassen werden. Die Kinder, die sich nicht selbst fordern können, brauchen kreative Anleitung beim Finden von begeisternden Herausforderungen.

Wenn man etwas tut, sind im allgemeinen angenehme Wege zum Ziel produktiver als unangenehme, weil man sie eher aus freien Stücken geht. Kinder, denen wertvolle Erfahrungen aufgedrängt werden, lernen oft, diese Erfahrungen zu hassen, wohingegen diejenigen, die kreativ an solche Erfahrungen herangeführt werden und sich dabei wohlfühlen, sie unter Umständen ein Leben lang ins Herz schließen. Doch muß ich das mit einem persönlichen Beispiel relativieren. Eine meiner Töchter mußte zum Geigenunterricht gezwungen werden, aber heute würde sie eher ein Bein als ihre Geige hergeben. So war es also besser, sie zu zwingen als ihr diese Erfahrung überhaupt vorzuenthalten. Und trotzdem sollte es möglich gewesen sein, ihr von Anfang an eine vergnügliche Verbindung mit der Musik schmackhaft zu machen.

Mathematik: kreative Herausforderung oder Fleißarbeit?

Einer der Gründe, warum so wenig Menschen wirklich gut Mathematik lernen, ist, daß sie nie die Gelegenheit bekommen, herauszufinden, warum sie Mathematik lernen oder wofür sie Mathematik verwenden können. Man könnte ohne große Schwierigkeiten den Lehrplan dahingehend erweitern, daß die Schüler eine Ahnung dafür bekommen, woher die Mathematik kommt, was sie leistet und wozu man sie braucht – aber die meisten von uns wachsen auf, ohne solche Fragestellungen jemals zu tangieren. Infolgedessen sehen viele die Mathematik als reine Fleißarbeit, die man allenfalls zum Erwerb eines Diploms benötigt, und weigern sich, wenn sie den Mathematik-Abschluß in der Tasche haben, unter Umständen sogar, überhaupt jemals wieder mit ihr in Berührung zu kommen.

Wie man wichtige Dinge ignoriert

Es gibt viele sinnlose Aufgaben, die wir Kindern aufbürden, oft zulasten der Dinge, die sie wirklich tun sollten. Das führt zu einem gestörten Gefühl für Werte. Kindern, die Satz-Strukturdiagramme erstellen können wie die Weltmeister, aber keine Ahnung davon haben, wofür man diese Diagramme benötigt, geht unter Umständen die Lebensfähigkeit ab. Wenn sie sich jemals fragen würden, wofür sie ihre Zeit in der Schule auf diese Weise zubrachten, fiele es ihnen wohl schwer, eine akzeptable Antwort zu finden. Aber die meisten stellen diese Frage ohnehin nie.

Wenn wir sinnlose Dinge tun, neigen wir dazu, uns von der Natur, die selten etwas ohne Sinn tut, zu entfremden. Alle Prozesse und Aktivitäten einer Pflanze oder eines Tieres richten sich auf Überleben und Wachstum. Das Spiel eines Kätzchens etwa ahmt Selbstverteidigungs- und Jagd-Strategien nach.

Die ernste Natur kindlichen Spiels

Auch für Kinder stellt Spielen einen Weg dar, Strategien für Überleben und Wachstum einzuüben. Ihre Phantasien sind symbolische Manöver, die ihnen helfen, die Welt, wie sie sie erfahren, zu verstehen und zu interpretieren. Sie lieben es, das Verhalten Erwachsener nachzuahmen, um sich selbst auf das Erwachsenwerden vorzubereiten.

Kinder unterscheiden sich jedoch von Tieren, denn während das Spiel der Tiere streng vom genetischen Erbe der Art diktiert wird, hilft Kindern das Spiel, ihre Kultur aufzunehmen. Wie ein Freund meinte, während er einer Katze bei ihrem umständlichen Wasch-Ritual zusah: „Man kann nichts daran ändern." Da Kinder beobachtetes Erwachsenenverhalten nachahmen, kann ihr Spiel von Eltern und Erziehern weitgehend beeinflußt werden. Aber auf das Spiel der Kinder nehmen wir nur selten so wirkungsvoll Einfluß, wie wir eigentlich könnten. In der Tat ist eine Absicht dieses Buches, diese verpaßte Gelegenheit konstruktiv zu nutzen und Spaß dabei zu haben.

Der Mann, der sein Leben veränderte, indem er von seinen Kindern lernte

Ich nehme Sie nicht auf den Arm, wenn ich sage, daß Sie eine Menge lernen können, wenn Sie beobachten, wie Kinder spielen. Es ist nicht lange her, daß ich ein Gespräch mit einem offensichtlich sehr begeisterten Mann führte. Er gab mir eine kleine Lehrstunde in Sachen Lernen, die eher daran erinnerte, wie ich normalerweise meine Seminare beginne. „Indem wir beobachten, wie Kinder lernen", meinte er, „können wir selbst viel lernen. Was wir beobachten, liefert uns nützliche Informationen".

Ich fragte ihn, wie er zu dieser bemerkenswerten Einsicht gekommen war.

„Aus meiner eigenen Erfahrung", entgegnete er, „ich bin Anwalt und Künstler. Ich glaube, daß ich ein kreativer Anwalt und ein kreativer Künstler bin. Ich glaube, daß die beiden Formen der Kreativität recht verschieden voneinander sind, aber beide habe ich von meinen Kindern gelernt. Früher war ich ein unkreativer Anwalt. Ich arbeitete die ganze Zeit für meinen Job und hätte mich selbst kaum für einen Künstler gehalten. Aber als meine Kinder größer wurden und ich sie aufmerksam beobachtete, begann ich anzuwenden, was ich gelernt hatte. Das hat meine Art, Recht zu praktizieren, sehr verändert. Jetzt nimmt meine Praxis nur noch die Hälfte meiner Zeit in Anspruch. In der anderen Hälfte arbeite ich als Künstler."

So können wir alle lernen

Was mir dieser Mann erzählte, war in erster Linie deshalb bemerkenswert, weil er selbst darauf gekommen war. Noch bemerkenswerter ist, daß nicht mehr Leute ähnlich denken. Immerhin nimmt das Aufziehen eines Kindes einen großen Teil unserer Zeit in Anspruch – warum sollte man aus dieser Erfahrung keinen Nutzen ziehen und lernen, was das Kind einem beibringen kann? Was man lernen kann, ist die außerordentlich wertvolle Fähigkeit, Arbeit in Spiel zu übersetzen. Eigentlich ist Spiel nichts anderes, als effektives Lernen und effektive Arbeit miteinander zu kombinieren. Erfolgreiche Menschen lieben, was sie tun und betrachten ihre Arbeit als Spiel, während Menschen, denen die tägliche Arbeit wie ein Stein auf der Seele liegt, nur selten erfolgreich sind.

Zwei weise Sprüche, die Ihr Leben ruinieren können

Ihre erste Aufgabe ist also, Gelegenheiten zu finden, bei denen Sie Arbeit in Spiel verwandeln können. Rufen Sie sich dabei bitte zwei wohlbekannte Maximen für den Erfolg ins Gedächtnis zurück. Eine von ihnen lautet, daß man nichts auf Morgen verschieben solle, was man heute besorgen könne. Das aber ist offensichtlicher Unfug, denn fast alles, was Sie planen, irgendwann einmal zu tun, könnten Sie auch jetzt schon tun. Warum nicht, beispielsweise, die Weihnachtseinkäufe fünf Jahre im Voraus erledigen? Dieses alte Sprichwort impft uns hauptsächlich Schuldgefühle ein, denn unsere Arbeit ist ja nie erledigt.

Wie habe ich als kleines Kind unter diesem Spruch gelitten! Ich kam Freitag nachmittags nach Hause und wußte, daß ich meine Hausaufgaben eigentlich sofort erledigen sollte. Statt dessen stahl ich Zeit und machte, wozu ich gerade Lust hatte. Sonntags war ich dann immer noch nicht dazu gekommen, zu tun, was man von mir „erwartete", und so wurden die Sonntagabende regelmäßig von den Schuldgefühlen, in denen ich schwelgte, ruiniert, so daß ich mich schließlich doch noch den gefürchteten Seiten der Lehrbücher stellen mußte. Noch Jahre später, während ich erwachsen wurde, sah ich alle Zeit, die ich auf etwas verwandte, das ich tun *wollte*, als gestohlen an. Hätte ich mir doch nur als Kind zu der Weisheit gratulieren können, die mich in produktivem Spiel aufgehen ließ anstatt mich mich immer wieder zurück in die Tretmühle nutzloser Plackereien zu führen. Denn von den Seiten aus dem Biologiebuch, die ich auswendig lernte und gleich wieder vergaß, habe ich heute nichts mehr, während ich die Fertigkeiten, die ich Freitag nachts und den ganzen Samstag über übte, tagtäglich nutze.

Mir ist aufgefallen, daß ich effektiv mehr schaffe, wenn ich mich weigere, etwas heute zu tun, was ich ebensogut morgen tun kann, denn viele der Dinge, die ich aufschiebe, haben sich nicht selten bis morgen schon von allein erledigt. Wie oft habe ich mich dabei abgemüht, etwas schnell fertigzubekommen – nur um dann später festzustellen, daß meine Anstrengungen für die Katz waren.

Wenn ich heute etwas nicht tue, was ich auf morgen verschieben kann, bleiben mir mehr Dinge, an denen ich wirklich Freude habe. Da ich meistens tue, was ich mir aussuche, habe ich es mir zur Gewohnheit gemacht, alle meine Aktivitäten zu genießen. Wenn ich mich dann schließlich den weniger begeisternden Aufgaben zuwende, stelle ich fest, daß auch sie mir leichter von der Hand gehen - aus Gewohnheit, wenn aus sonst schon nichts.

Die andere Maxime, die es verdient, aufpoliert zu werden, lautet: „Wenn etwas wert ist getan zu werden, dann sollte man es gut tun" oder: „Wenn schon, dann richtig". Das ist einer der ödesten und destruktivsten Sprüche, die ich kenne. In der Theorie hört er sich gut an, aber er führt dazu, daß man sich jedes Mal, wenn man etwas nicht gut machen kann, schuldig fühlt. („Gut" wird nämlich häufig definiert als „besser als man sein kann".) Deshalb geht man dann vielen Aktivitäten aus dem Weg, die man sonst genießen und womöglich auch meistern würde.

Dieser Spruch war denn auch ein weiteres Schreckgespenst meiner Existenz. Als ich Klavierstunden nahm, wußte ich, daß ich scheußliche Geräusche produzierte und daß eine fast unendliche Distanz zwischen mir und einem Solo-Auftritt in der Carnegie Hall lag. Wenn ich, anstatt von mir zu verlangen, gut zu spielen, einfach nur in der Lage gewesen wäre, Spaß an meinen lustigen kleinen Melodien zu haben, die für keine anderen als meine eigenen Ohren von Nutzen und Amüsement waren, hätte ich vielleicht wirklich meinen Weg zu einem Solo-Auftritt vor anderen finden können.

Ich schlage vor, diesen Spruch in „Wenn etwas wert ist, getan zu werden, dann ist es auch wert, *schlecht* getan zu werden" zu ändern. Das heißt natürlich nicht, daß man das, was man tut, nicht auch gut machen kann oder sollte, sondern die neue Fassung erlaubt uns einfach, den lästigen Prozeß temporärer Unbeholfenheit bei neuen Lernerfahrungen durchzustehen. Wenn man seine Lernblockaden aus dem Weg räumt, so meine Beobachtung, tut man, was man tut, normalerweise so gut, wie man unter den gegebenen Umständen kann.

Wie wär's mit einem Tag im Bett?

Leonard Orr, ein populärer Seminarveranstalter, erteilt vergnügliche Lektionen zum Thema Geld. Seine Empfehlung: Wenn Sie Ihr Einkommen verdoppeln wollen, verbringen Sie einfach mal einen Tag im Bett. Ich weiß nicht, ob das in jedem Fall funktioniert, aber ich weiß, daß es den meisten Menschen fast unmöglich ist, einen solchen Ratschlag anzunehmen. Sie arbeiten so zwanghaft, daß für sie ein voller eintägiger Arbeitsentzug einer Selbstfolterung recht nahe kommt.

Ein Tag im Bett gäbe Ihnen die Gelegenheit, Ihre Gefühle über die Arbeit einmal aufmerksam unter die Lupe zu nehmen. Da sich Ihr Geist dann im Leerlauf befindet, wird er anfangen, mit Möglichkeiten zu spielen, an die Sie lange nicht gedacht haben, weil Sie sich die Muße dazu nicht zugestanden. Was alles tun Sie zwanghaft, und wie viel davon muß wirklich getan werden? Wenn Sie den Zwang von Ihrem Leben nehmen, werden Sie Zeit haben, einige spannende neue Dinge zu tun, die sich möglicherweise – wer weiß? – ja sogar als wertvoll erweisen. Als Ergebnis könnte sich Ihr Einkommen in der Tat verdoppeln.

Der Trend geht zur Zweitmeinung

Wenn Sie unschlüssig sind, ob eine bestimmte Arbeit getan werden muß oder nicht, fragen Sie einfach herum und holen Sie andere Meinungen zum Thema ein. Fragen Sie insbesondere Ihre Kinder. Vielleicht entdecken Sie dabei, daß sich Ihre Kinder schon lange gewünscht haben, daß Sie endlich damit aufhören würden, an etwas zu arbeiten, das sie schon immer witzlos fanden.

Sobald Sie sicher sind, daß all Ihre Arbeit getan werden muß, verwandeln Sie jede Ihrer Aufgaben in ein Spiel. Ich weiß, daß das viel verlangt ist, aber wenn Sie sich eine Aufgabe zur Zeit vornehmen, stellen Sie vielleicht fest, daß Sie den Hang zu überflüssiger Arbeit nach und nach aufgeben. Wenn Sie ein so zwanghafter Arbeiter sind, daß es Ihnen unmöglich erscheint, Ihren Aufgaben einen Schuß Vergnügen zu verpassen – nun, dann haben Sie eine würdige Herausforderung gefunden! Krempeln Sie die Ärmel hoch, spornen Sie sich an und geben Sie nicht eher auf, bevor Sie Ihr Ziel erreichen. Dies könnte die härteste Herausforderung sein, der Sie sich jemals gegenübersahen, aber Sie können es schaffen! Wenn Sie wirklich feststecken, fragen Sie Ihre Kinder um Rat. Sie können sie als Ihre geborenen Experten im Spaßhaben ansehen.

Geschirrspülen zum Vergnügen und Gewinn

Bevor ich eine Geschirrspülmaschine hatte, mußte ich die Abwascharbeiten nach jedem Essen ganz allein von Hand erledigen. Anfangs fand ich das unangenehm, aber schon bald freundete ich mich damit an. Manchmal setzte ich dann meinen Kopfhörer auf und hörte beim Abwaschen Musik. Ich stellte fest, daß ich durch die körperliche Aktivität beim Zuhören noch mehr Spaß an der Musik hatte und sie auch besser im Gedächtnis behielt. Bei anderen Gelegenheiten empfand ich diese Aktivität als genau richtig für Tagträumereien und neue Ideen. Als ich schließlich meinen Geschirrspüler bekam, schwang auf jeden Fall ein wenig Traurigkeit mit, als ich meinem nächtlichen Ritual Lebewohl sagte. Sicher hätte ich damit fortfahren können, mein Geschirr von Hand abzuwaschen, hätte ich mir nicht Gedanken um die Vermeidung nutzloser Arbeit gemacht.

Der Geschirrspüler wollte jedoch gefüllt werden. Schon gab es eine neue Form des Spiels. Ich war fasziniert davon, zu erforschen, was er leisten konnte und was nicht. Ich machte Experimente, um herauszufinden, wie stark verschmutzt das Geschirr sein konnte, um nach dem Waschgang wieder funkelnd sauber zu sein. Ich habe festgestellt, daß manche Menschen solche Experimente nicht übers Herz bringen. Sie verspüren einen so starken Zwang, ihrem Geschirrspüler zu helfen, daß sie das ganze Geschirr vorwaschen, bevor sie es in den Automaten stellen. Die arme Maschine muß dann alles noch einmal machen und zieht nicht einmal Befriedigung daraus, weil ihre Fähigkeiten nicht herausgefordert und auf die härtestmögliche Probe gestellt werden. Ich für meinen Teil stellte fest, daß mein Selbstbild nicht davon abhing, daß ich meinem Geschirrspüler half, seine Arbeit zu machen, und ich fand, daß ich nach dem Waschgang immer noch alles das von Hand waschen konnte, was die Maschine nicht geschafft hatte. Aber auch in der Zwischenzeit habe ich nie aufgehört, über die Leistung dieses bemerkenswerten Apparates zu staunen. Ich bin inzwischen so fasziniert und entzückt von seinen Fähigkeiten, daß ich ihn jetzt gleich als erstes nach dem Aufstehen ausräume. Wenn ich mir Stück um Stück anschaue, fällt mir immer wieder auf, wie blitzsauber alles ist, wie es funkelt, und ich erinnere mich daran, wie schmutzig es noch die Nacht zuvor ausgesehen hatte. Mit dieser kleinen Übung im Würdigen von Technik läßt sich mein Tag schon einmal fröhlich an.

Legen Sie also los. So schwierig es auch scheinen mag, Plackerei in Vergnügen zu verwandeln – Sie sollten in der Lage sein, selbst die alltäglichste Aufgabe mit Leben zu erfüllen, wenn Sie wirklich daran arbeiten. Sobald Sie endlich damit Erfolg haben, all ihre drückenden und trivialen Lasten mit Freude zu erfüllen, wird Ihr einziges Problem noch sein, sich von den Schuldgefühlen über soviel Spaß im Leben freizumachen. Doch selbst die werden, wenn Sie sich selbstlos um deren Überwindung verdient machen, vorübergehen.

Ich weiß, ich verlange viel, und es ist vielleicht unmöglich, diese beiden drückenden Aufgaben zu lösen, nur um Ihr eigenes Leben mit mehr Freude zu erfüllen. Aber denken Sie daran – das Wohlergehen Ihrer Kinder hängt davon ab!

8

In Grenzen arbeiten

Kinder brauchen Struktur und Grundwissen.
Sie lernen am besten, wenn man ihnen hilft,
die zugrundeliegenden Prinzipien selbst zu entdecken.

Geschichte wird gelegentlich als Folge von Pendelschwüngen zwischen Gegensätzen porträtiert. Perioden der Freiheit, ja fast Zügellosigkeit, wechseln ab mit Zeiten, die vom Bedürfnis nach Recht und Ordnung beherrscht werden. Der Grund für diese heftigen Ausschläge sind überschießende, extreme Reaktionen und eine unangebrachte Synthese gegenüberliegender Pole eines Kontinuums.

Eine solche Synthese beziehungsweise Balance der Extreme Freiheit und Struktur erfordert effektives Lernen. Effektives Lernen erfordert individuelle Aufmerksamkeit, aber ohne gewisse Rahmenbedingungen kann Lernen nicht stattfinden. Wir brauchen Startpunkte – Strukturen, an die sich unser Geist halten kann. Wenn wir Spaß an einem Spiel haben wollen, müssen wir die Regeln beherrschen. Deshalb belastet es Kinder manchmal eher, wenn man sagt: „Heute kannst du tun und lassen, was du willst". Das Kind könnte nämlich antworten: „Muß ich?"

Die Struktur beginnt im Gehirn

Aber was meine ich mit „Struktur" und „Rahmen"? Man sollte das Integrative Lernen nicht „strukturiertem" Lernen gegenüberstellen, als seien dies Gegensätze.

Gelegentlich kommt allerdings Verwirrung auf, da die Struktur im Unterricht zuweilen von Lehrer und Lehrbuch ausgeht. Beim Integrativen Lernen geht sie vom Gehirn selbst aus. Denn man kann das Gehirn in erster Linie als ein Instrument zur Entdeckung von Erfahrungsmustern ansehen. Diese Muster entwickeln sich nach und nach zu einer allumfassenden Struktur des Lebens, wenn auch zu einer Struktur mit zahlreichen Inkonsistenzen und unaufgelösten Konflikten. Aber das Gehirn versucht wirklich, Sinn aus dem Leben zu machen und will möglichst viele dieser Konflikte versöhnen und auflösen.

Wenn die Muster persönlicher Erfahrung und die Muster des Unterrichts inkompatibel aufeinanderprallen, ist das Kind gezwungen, sich für eine Art Muster zu entscheiden oder aber Verwirrung und Konflikte zu erleiden. Wenn also die verinnerlichten Erfahrungsmuster des Kindes denen des Unterrichts direkt widersprechen, kann der resultierende Konflikt zu ernsten Störungen führen. Gerade die „Struktur" und „Disziplin" des Unterrichts können also den Schüler desorientieren und im Gehirn einen Mangel an Struktur, oder Chaos, hervorrufen, was wiederum zu undiszipliniertem und möglicherweise zerstörerischem Verhalten führen kann.

Wir alle wollen Inspiration und Anleitung beim Lernen. Wir möchten, daß man uns die Richtung zu den lohnendsten Erfahrungen des Lebens zeigt. Aber wir wollen uns auch sicher sein, daß diese Erfahrungen real und erreichbar sind, und wir wollen nicht, daß das, was wir bereits als wahr erkannt haben, willkürlich und ohne Sinn und Verstand über den Haufen geworfen wird. Ebensowenig wie wir die Langeweile wollen, die aufkommt, wenn wir jemandem zuhören, der von Erfahrungen redet, an die wir nicht anknüpfen können. Es reicht mir eben nicht, Ihnen zuzuhören, wie Sie über Ihre kleinen Freuden reden. Ich möchte, daß Sie mir zeigen, wie Ihre Erfahrungen auch zu meinen werden können – oder aber, wie ich ebenso spannende Dinge für mich selbst entdecken kann.

Wir müssen es erfahren

Eine Kardinalregel für gutes Schreiben trifft also auch auf das Lehren zu: „Erzähle nicht – zeige." Da Schüler nicht lernen können, was sie nicht erfahren können, muß Lernen auf Erfahrung basieren. Die Erfahrung aber muß Wert und Bedeutung haben. Lehrer können – wie Künstler – den Schülern nicht befehlen, den Unterricht als wertvolle Erfahrung zu erleben. Doch der Lehrer, der zugleich Künstler ist, begreift die Notwendigkeit des künstlerischen Elementes fast wie ein Filmkünstler. Im Kino läßt man einen Film ja auch nicht über sich ergehen, nur weil der Regisseur es einem vorschreibt, und ebenso wenig muß man eine Unterrichtsstunde über sich ergehen lassen, nur weil der Lehrer meint, man müsse. Sowohl der Kinofilm als auch der Unterricht können unsere Phantasie fesseln und uns eine bewegende und menschlich unverzichtbare Erfahrung voller Freude machen lassen.

Durch die Erfahrungen im Unterricht möchte der Lehrer aus dem Geist des Schülers Struktur hervorlocken. Der Schüler entdeckt als Ergebnis vielfältiger denkfördernder Aktivitäten dann hoffentlich spontan Strukturen, Regeln, Bedeutung und Verfahrensweisen. Strukturierte Wahrnehmungen ergeben sich auf hinreichend natürliche Weise, sobald man dem Gehirn die Möglichkeit gibt, alle Aspekte des Lehrstoffes zu untersuchen, mit ihnen zu spielen und dem Stoff seine eigene Ordnung und Integrität aufzuprägen.

Toscanini meinte, daß seine einzige Absicht beim Spielen eines Musikstückes sei, die Absicht des Komponisten so vollständig wie möglich auszudrücken. Als er einmal eine Wagner-Oper einstudierte, bestimmte er allein anhand der Partitur den genauen Zeitpunkt, an dem die Beleuchtung heller werden sollte. (Als er später das Originalmanuskript untersuchte, stellte er fest, daß Wagner die Beleuchtungsanweisungen tatsächlich genau so niedergelegt hatte, wie er es sich vorgestellt hatte.) Deshalb meinte Toscanini, daß er einer Partitur die Struktur nicht aufpräge, sondern danach trachte, sie aus der Musik selbst zu erschließen.

Wir lernen am besten, wenn wir gar nicht wissen, daß wir lernen

Wir lernen am effektivsten, wenn wir nicht einmal wissen, daß wir lernen. Man sagt besser: „Nehmen Sie den Schläger so in die Hand" als „Schauen Sie mir zu, damit Sie sehen, wie man den Schläger hält". Es ist besser, sich eine Aktivität auszudenken, die dazu führt, daß man den Schläger genau richtig hält – ohne überhaupt zu wissen, das man das tut. Wenn mir das gelingt, habe ich das Gefühl, meinen Schläger ganz individuell, und nicht wie jemand anderes, zu halten. Diese Lektion wird im

Film *The Karate Kid*, der als Text in den integrativen Unterricht aufgenommen werden sollte, thematisiert.

Wir lehren also durch indirektes Vorgehen, damit der Lernende nicht einmal Verdacht schöpft, daß er überhaupt lernt. „Sie haben uns echt kalt erwischt", meinte einmal einer meiner Schüler nach einem Jahr Literaturunterricht bei mir. „Wir alle meinten wirklich, daß wir einfach nur viel Spaß hatten und überhaupt nicht arbeiten mußten. Als wir uns dann mit Freunden von anderen Schulen unterhielten, stellten wir fest, daß wir viel weiter waren als sie. Jetzt können wir viel besser würdigen, was wir hier getan haben."

Obwohl also die Lernenden vielleicht nicht einmal Verdacht schöpfen, daß außer Spaß noch etwas anderes mitspielt, sitzen die Lehrer am längeren Hebel, weil sie wissen, worauf sie hinauswollen und weil sie sich zum Ziel gesetzt haben, Erfahrungen anzubieten, bei denen die Struktur des Themas in den Hintergrund tritt. Das heißt alles andere als „Macht, was Ihr wollt".

Alternative Schulen, die über das Ziel hinausschossen

Während der 60er nahm die Bewußtheit zu, daß die jungen Leute in der Vergangenheit zu sehr gegängelt worden waren; das führte dazu, daß Schulen, die sich der Freiheit und erfahrungsbasiertem Unterricht verschrieben hatten – auf Kosten des Inhalts allerdings – wie Pilze aus dem Boden schossen. Im folgenden Jahrzehnt wurde klar, daß viele dieser Schulen den Schülern zu wenig Gefühl für das Wesentliche des Lernens vermittelt hatten. Manche Schüler wuchsen trotz der Bekanntschaft mit befreienden Ideen vom Leben und ihren eigenen Gefühlen mit grundlegenden Lese-, Schreib- und Rechendefiziten auf. Später hatten sie aufgrund ihres ungenügenden Hintergrundwissens dann Probleme bei akademischen Anforderungen.

Kinder haben ein Recht auf Grundwissen

Ein Großteil der treibenden Kraft hinter der „Back to the Basics"-Bewegung („Zurück zu den Grundlagen") entsprang der berechtigten Sorge, daß Kinder, denen Werkzeuge als unverzichtbare Grundlage des Lernens vorenthalten werden, schwere Mangelerscheinungen aufweisen können, die sich später nur mit viel Aufwand wieder kompensieren lassen. Außerdem kann ein Zuwenig an Herausforderung jungen Menschen den Eindruck vermitteln, daß alles, was sie tun, schon gut genug sei, und daß somit kein Anlaß bestehe, ihr Bestes zu geben. Das Lernen mit Freude zu erfüllen, bedeutet nicht, nicht zu fordern. Die Standard-Anforderungen sollten sogar wesentlich höher liegen als heute. Unnötigen Streß vermeiden wir nicht, indem wir ignorieren, was erreicht werden muß – sondern, indem wir die Aufgabe so strukturieren, daß sie sich mit unseren natürlichen Neigungen, Wünschen und Erfahrungen verzahnt.

Das Streben nach Glück ist das Streben nach Höchstleistung

Es gibt nur wenig im Leben, das befriedigender ist, als etwas einzigartig gut zu machen. Am Ende des Tages saß Haydn, arm wie eine Kirchenmaus, an seinem Klavier und meinte, daß er die Freude, die er in seinen eigenen musikalischen Grübeleien fand, nicht gegen alle Reichtümer eines Königs eintauschen würde. Säuglinge und Kleinkinder gehen oft ähnlich total in einer interessanten Beschäftigung auf. Roderick MacLeish erzählt die folgende, erstmals von Kinderpsychiater Rima Laibow berichtete Geschichte: „Ein dreijähriges Kind saß im Sandkasten eines Spielplatzes und zeichnete die schematische Skizze eines Autos, das es gerade erfand, in den Sand. Die Mutter eines seiner Spielkameraden kam herüber und verwischte seine komplizierten Zeichnungen im Sand. »Man sollte Kindern so etwas verbieten«, meinte die Frau, »das verwirrt sie nur«. Dabei war der kleine Junge zutiefst versunken in etwas, das ihm *Spaß* machte."

Kinder brauchen Werkzeuge, um nach besseren Leistungen streben zu können. Zu Beginn des Lebens schaffen sie sich diese Werkzeuge selbst. Wenn sie älter werden und unangenehme Erinnerungen anhäufen, stoßen sie dann auf erste Hindernisse. Wenn sie Höchstleistungen vollbringen sollen, müssen sie ihre Blockierungen überwinden. Häufig benötigen Kinder die Hilfe von Erwachsenen, um die Freude zu entdecken, die im Lesen, Schreiben, Buchstabieren und Rechnen steckt.

Wenn wir auf eine Schwierigkeit treffen, haben wir im allgemeinen die Wahl, dreierlei zu tun. Wir können die Schwierigkeit umgehen. Wir können gerade genug tun, um mit ihr fertigzuwerden. Oder wir können uns der Herausforderung in vollem Umfang stellen. Vielleicht treffen wir unsere Wahl ganz bewußt nach unseren Prioritäten, vielleicht wählen wir, ohne zu denken. Hier können Eltern ihren Kindern entscheidend helfen.

Nachdenken über das, was man tut

Kinder können schon frühzeitig lernen, darüber nachzudenken, wie sie tun, was sie tun und wie sie das, was sie tun, noch besser tun können. Das heißt nicht, ihren Aktivitäten den Zauber zu nehmen, sondern es heißt, ihnen die Gelegenheit zu geben, ihre Handlungen zu überdenken, damit sie sich selbst besser verstehen können. Anleitung dieser Art kann ihre Wahlmöglichkeiten im Leben immer mehr mit Freude und Sinn erfüllen.

In Kapitel Siebzehn finden Sie ein Interview, daß ich mit einem Jungen führte, der gerade lernt, seinen Geist kreativ zu nutzen. Er artikuliert seine Gedanken in klaren Bildern, und indem ich in seine Welt trete und ihm Fragen zur Anwendung seiner Ideen stelle, kann ich ihm dabei helfen, sich über sein Denken noch klarer zu werden. Wenn Sie das Interview lesen, werden Sie feststellen, daß ich häufig Suggestivfragen stelle, aber ich nötige ihm die Implikationen dieser Fragen nicht auf, und er ist frei, meine Fragen zurückzuweisen. Sie werden sehen, wie er einen sorgfältig ausgeklügelten und höchst strukturierten Ansatz für kreatives Denken ausarbeitet. Solche Gespräche können uns Anregungen und Freude schenken, da wir das Entstehen und das Aufblühen eines neuen Geistes, eines neuen Bewußtseins, eines neuen Talents, eines neuen Genies, erforschen.

Unser eigenes oder das von jemand anderem?

Wenn uns Strukturen von außen übergestülpt werden, integrieren wir sie mit viel geringerer Wahrscheinlichkeit in unser Denken, als wenn wir sie von innen heraus entdecken. Die Strukturen, die wir auf eigene Faust entdecken, geben der Erfahrung Form und Gehalt. Hier entsteht das Gefühl, das vom Aha-Erlebnis der Entdeckung herrührt, etwas in den persönlichen Besitz zu übernehmen. Nicht, daß wir nicht fähig wären, Strukturen, auf die unsere Aufmerksamkeit von außen gelenkt wird, aufzunehmen; es geht darum, *wie* man unsere Aufmerksamkeit auf diese Strukturen lenkt.

Ich erinnere mich an einen Mathematiklehrer, der einmal in meiner Klasse Aufsicht hatte und eine Reihe freundlicher, aber provozierender Fragen darüber stellte, was für einen Unterschied es wohl mache, wenn man eine Zahl in die zweite oder dritte Potenz erhebe – und in welcher Beziehung dieser Unterschied wohl zur Struktur des Universums stehe. Seitdem haben mich die Entdeckungen, die ich als Folge dieser Fragen gemacht habe, von den physikalischen Konsequenzen dieser mathematischen Beziehungen – wie Babyspeck, Sonnentemperatur bis zu den Analogien zwischen diesen Phänomenen –, immer fasziniert. Beide Phänomene treten auf, weil das (kubische) Volumen eines Gegenstandes bei Größenzu- oder -abnahme proportional viel stärker zu- oder abnimmt als seine (quadrierte) Oberfläche. Die mathematische Struktur existiert im Universum selbst, nicht nur in meinem Geist; aber es so zu „sehen", mit seinen endlosen und kaleidoskopartigen Manifestationen, hat mich seither unstillbar fasziniert.

Ich entdeckte nicht nur etwas über das Universum, denn was ich entdeckte, stellte auch eine Grenze der – zumindest eingebildeten – möglichen Gegebenheiten dar. Erinnern Sie sich an die Phantasie aus meiner Kindheit, die ich im ersten Kapitel erwähnte, nämlich die Überlegung, daß das Universum möglicherweise nur ein Atom in dem Universum eines Riesen sein könnte? Als Kind verbrachte ich viel Zeit damit, diese Vorstellung zu durchdenken, und ich glaube, daß viele Menschen das tun. Ich ließ mein eingebildetes Universum unablässig schrumpfen, sich ausdehnen und erschuf ohne Unterlaß Universen in Universen.

Heute sehe ich ein, daß ein winzigeres oder ein größeres Universum unbeschreibbar verschieden von dem uns erfahrenen Universum sein müßte, weil Oberfläche und Inhalt eines Objektes nicht im gleichen Verhältnis schrumpfen oder zunehmen.

Dies mag scheinen, als lege man den freilaufenden Rädern kindlicher Phantasie kalt-rationale Bremsklötze an. Doch ganz im Gegenteil war ich, als die Zeit gekommen und ich bereit war, diese Strukturen und Grenzen der physischen Welt zu begreifen, auch bereit, ein ganz neues Reich voller Wunder und Geheimnisse wahrzunehmen. Wenn wir tatsächlich zur Größe von Insekten zusammenschrumpfen würden, hätten wir wahrscheinlich Außenskelette wie sie, um zu verhindern, daß die ganze Wärme und Feuchtigkeit allzu schnell aus unseren Körpern entweicht. Und wenn wir so groß wie die Sonne wären, würden uns all die in unserer Bauchregion durch immense Gravitationskräfte zusammengequetschten, ineinanderknallenden und wie Wasserstoffbomben explodierenden Atome fürchterliche Bauchschmerzen bescheren. So habe ich aus Respekt vor meiner wunderbar glatten Haut und meiner vergleichsweise ruhigen Verdauung meine Phantasien diszipliniert, um mich den mathematischen Realitäten der Natur ein bißchen besser anzupassen.

Apropos Verdauung: ich habe im Verlauf meines Erwachsenwerdens festgestellt, daß mir regelmäßig übel wurde, wenn ich zuviel naschte. Ich habe also gelernt, übermäßiges Naschen die meiste Zeit über zu vermeiden. In beiden Fällen führte eine Entdeckung zu – einmal geistiger, einmal körperlicher – Disziplin. Die Selbstdisziplin ist, da selbstentdeckt, in jedem Fall wirkungsvoller, als wenn man mir den Denkprozeß oder das Verhalten aufgezwungen hätte.

Innere vs. äußere Bedürfnisse

Einer der fragilsten Balance-Akte, denen wir uns im Verlaufe des Erwachsenwerdens gegenübersehen, ist die Herausforderung, unser Bedürfnis nach inneren und äußeren Wahrnehmungen ins Gleichgewicht zu bringen. Leider behandeln Erwachsene Kinder oft, als hätten diese keine eigenen Prioritäten. Sie meinen, daß ein Kind, das nicht auf der Stelle tut, was von ihm verlangt wird, kein Pflichtbewußtsein habe. Das Kind weist diesen Mangel an Wahrnehmungsfähigkeit natürlich von sich und hat den Wunsch, dagegen aufzubegehren. Wenn innere und äußere Bedürfnisse häufig miteinander konfligieren, kann dabei ein Chaos herauskommen – und ein Kind, das weder in inneren noch in äußeren Bedürfnissen Beständigkeit finden kann.

Wenn wir mit einem solchen Konflikt aufwachsen, haben wir vielleicht irgendwann das Gefühl, daß nicht unser Wille, sondern irgend etwas anderes unser Leben bestimmt.

Für eigene Handlungen und Werte auch selbst einstehen

Kinder, die nicht ausreichend Gelegenheit bekommen, Strukturen zu entdecken, werden, weil sie nicht wissen, was man von ihnen erwartet, unter Umständen sehr ängstlich. Manche Eltern nehmen ihren Kindern immer alle Probleme ab und vermitteln ihnen damit, daß man das, was man gerade macht, jederzeit fallenlassen und statt dessen, ohne jede Verantwortung für Kontinuität, irgend etwas anderes anfangen könne. Damit Kinder Selbstdisziplin entwickeln, ist ausreichend Anleitung und Richtungsweisendes gefragt. Wir können die Bedürfnisse von Kindern in dieser Hinsicht vielleicht am besten erfüllen, wenn wir ihnen helfen, zu entdecken, wo sie eine Zeit lang Fuß fassen, wo sie in einer Aufgabe, die sie mehr und mehr in den Bann schlägt, völlig aufgehen können. Die Wahl der Interessengebiete und der Art und Weise, wie die Aufmerksamkeit geleitet werden soll, sind von Kind zu Kind verschieden und werden jedem Erwachsenen klarwerden, der bereit ist, aufmerksam darauf zu achten.

Seien Sie konsistent mit Ihren Kindern

Zu entscheiden, wann es wichtig ist, das Kind aus Erfahrung lernen zu lassen – geleitet vielleicht von weiser Fragestellung der oben beschriebenen Art –, und wann einfache und direkte Vorschriften angebracht sind, ist eine delikate Angelegenheit. Man steht nicht seelenruhig da und diskutiert mit einem Kind, das genau vor einem heranrollenden Zug auf den Bahnschienen spielt: Man schnappt sich das Kind und macht, daß man wegkommt. Man kann dazu stehen, wie man will, aber das moderne Leben erfordert, daß man gelegentlich energisch und entschieden handelt, ohne jedes Mal das Warum zu erklären oder dem Erkenntnisprozeß Raum zu geben. Es gibt einige Bereiche, in denen wir aus der Notwendigkeit heraus einfach sagen müssen: „Dies darfst du hier machen und das nicht, und mehr gibt's dazu nicht zu sagen."

Das ist sicher besser, als ein Kind in einer Umgebung groß werden zu lassen, in der die Grenzen seiner Handlungen nie wirklich definiert wurden – etwas, was dieses Mal in Ordnung ist, sollte nicht ein andernmal nicht in Ordnung sein. Junge Leute wollen natürlich ständig ihre Kräfte messen. Die Eltern sagen: „Noch *einmal*, und du wirst schon sehen, was du davon hast!", aber sie bleiben nur selten (wenn überhaupt) bis zum Ende konsequent. Das Kind, das vor dem Strafstoß gewarnt wurde, wiederholt das Verhalten, erfährt aber nicht die versprochene Konsequenz. Das Kind meint nun womöglich – und das kann Verwirrung und Unsicherheit hervorrufen –, daß die Eltern nur Spaß machen. Das Kind hat das – möglicherweise ja auch zutreffende – Gefühl, daß der Erwachsene den Aufwand, der mit dem Festlegen von Richtlinien für akzeptables Verhalten verbunden ist, scheut.

Deshalb ist es wichtig, daß man das, was man seinen Kindern verspricht, auch einhält. Wenn Sie beispielsweise etwas Lustiges planen, wie etwa einen Zoobesuch am nächsten Mittwoch, ist es zwar erlaubt, die Pläne umzustoßen – aber nur dann, wenn das Kind klar und deutlich versteht, daß es einen guten Grund für die Programmänderung gibt und daß es etwas gleichwertig Vergnügliches als Ersatz gibt.

Kinder müssen natürlich die Realität auf die Probe stellen und führen dazu gelegentlich wahrhaft dramatische Duelle auf, bei denen es darum geht, wer denn nun hier das Sagen hat. In solchen Situationen wollen sie im Grunde, daß man ihnen sagt, wo die Grenzen liegen. Sie können diese Informationen am besten vermitteln, wenn Sie gefühlsmäßig nicht zu sehr engagiert sind. Das Schlechteste, was man machen kann, ist, auf das Verhalten des Kindes gemäß dem eigenen momentanen Gefühl zu reagieren. Kinder wollen ein Gefühl dafür entwickeln, daß man auf sinnvolle und konsistente Grenzen zählen kann.

Wenn unsere Hilfe zurückgewiesen wird

Bei anderen Gelegenheiten empfinden Kinder möglicherweise Frustration, weil sie noch nicht über die Fertigkeiten, das Wissen oder den richtigen Ansatz für etwas verfügen, das ihnen wichtig ist. Bei diesen Gelegenheiten können Sie Hilfestellung geben, indem Sie assistieren – nicht, indem Sie den Kindern erzählen, was sie jetzt machen sollen, sondern, indem Sie Fragen stellen, die Ihren Kindern helfen, die Aufgabe selbst zu strukturieren. Das geschieht am besten mit einer desinteressierten Geisteshaltung: das Kind sollte wissen, daß man bereit ist, zu helfen, wo Hilfe gewünscht wird, daß man aber kein Interesse daran hat, zu helfen, wo das nicht erwünscht ist – mit anderen Worten: man ist bereit, zu assistieren, aber man mischt sich nicht ein. Wichtig ist jedoch, daß man stets ernst nimmt, was das Kind tut – was auch passiert.

Fragen zum Denken über das Tun

Wenn man jemanden anleiten möchte, darüber nachzudenken, welche Möglichkeiten er hat, bei etwas voranzukommen, können Fragen sehr nützlich sein. Hier einige nützliche Beispiele:

1. *Was willst du erreichen?*

Diese Frage hilft dem Gefragten, das, was er gerade tun will, zu definieren. Manchmal erleichtert schon daß bloße Definieren der eigenen Absicht die tatsächliche Umsetzung. Diese Frage führt zumindest zu einer ungefähren Ahnung für die einzuschlagende Richtung. Als ich vier war, zog ich beispielsweise aus, um mich nach China durchzugraben. Die Aufgabe war so klar wie das Ziel. Alles, was ich tun mußte, war, oft genug mit einer Schaufel den Boden zu bearbeiten, und ich wußte, daß ich dann bald blauen Himmel, die Sonne unter meinen Füßen scheinen und den erstaunten Ausdruck der Chinesen sehen würde, in deren Territorium meine Schaufel eingefallen war. Vor meinem inneren Auge konnte ich sehen, wie mich diese kopfstehenden Menschen komisch anstarrten. Wenn die Frage nach meinem Ziel aufgekommen wäre, wären wir also recht schnell zur nächsten Frage übergegangen. Beachten Sie: *warum* ich mich nach China durchgraben wollte, ging niemanden etwas an. Ich wollte (und will auch heute noch) die spöttische Bemerkung nicht hören: „Wozu machst du *das* denn schon wieder"? Unsere bestgehüteten Absichten sind anderen möglicherweise ein Rätsel – und vielleicht bleiben sie das auch besser.

2. *Was benötigst du deiner Meinung nach, um diese Aufgabe zu erledigen?*

Hier wird der Gefragte aufgefordert, sich etwas eingehender mit der Aufgabe zu beschäftigen und sie realistisch zu definieren, um herauszufinden, was er benötigt, um die Aufgabe zu erledigen. Vielleicht nehmen wir eine Aufgabe zu früh in Angriff – ohne uns zuvor die Zeit genommen zu haben, zu bestimmen, was sie, jedenfalls bis zu einem gewissen Grad, alles beinhaltet. Beim Graben nach China beispielsweise hielt ich nicht inne, um mir Gedanken darüber zu machen, wie groß das

Loch hätte sein müssen, um hineinsteigen und immer weiter graben zu können. Ich begann also die Aufgabe ohne jede Vorstellung, wie sich die Dinge nach einer Weile entwickeln würden. Vielleicht habe ich es damals einfach genossen, zu sehen, wie aktiv ich war. Ich würde dann schon sehen, wie die jeweils nächsten Schritte aussehen könnten. Niemand sollte mir erzählen, daß ich nie und nimmer den ganzen Weg bis nach China zurücklegen konnte – es hätte dem Leben viel der Romantik genommen. Aber ich hätte vielleicht Gefallen daran gefunden, die Aufgabe ein wenig tiefer zu durchdenken als noch vor meinem Start. Später im Leben hätte mir das helfen können, viele der Dinge, die ich erledigen mußte und konnte, ebenfalls besser zu durchdenken.

   3. Über welche Ressourcen verfügst du, um die Aufgabe zu erledigen?

Wir ignorieren häufig die Tatsache, daß es eine Fülle verfügbarer Werkzeuge und Menschen gibt, die uns bei einer Aufgabe helfen können. Manchmal stecken wir womöglich stundenlang bei etwas fest, und schon die richtige Bitte könnte uns schnell wieder aus der Sackgasse befreien. Es ist gar nicht so sehr, daß wir nicht bitten wollten – wir denken einfach nicht daran, zu bitten. Aber wenn wir glauben, daß es ein Zeichen von Schwäche ist, wenn man um etwas bittet, halsen wir uns eventuell eine Menge überflüssiger Schwierigkeiten auf, nur um heldenhaft zu sein. Im Unterricht ist genau das oft der Fall. Kinder müssen lernen, solche Heldenstücke nicht zu vollbringen und gleichzeitig für das, was sie sich vorgenommen haben, die volle Verantwortung zu übernehmen. (Dies ist ein so wesentliches Thema, daß ich ihm das ganze neunte Kapitel gewidmet habe.) Meine Antwort beim Graben nach China wäre einfach genug ausgefallen: „Eine Schaufel.“ Diese Antwort hätte genügt, um mich wieder zur eigentlichen Aufgabe zurückzubringen und mich eine Weile zu beschäftigen. Glücklicherweise konnte ich mir die Frage ganz allein stellen und beantworten.

   4. Wenn du die Aufgabe, die du dir selbst gestellt hast, vollendet hast – was würde dir dann am meisten Freude bereiten?

Wenn ich mir die lohnenden Aspekte der Aktivität vor Augen führe, fällt es mir leichter, zu bestimmen, wieviel Energie ich investieren will. Wenn die Belohung attraktiv genug ist, mache ich nicht gleich am ersten Hindernis schlapp, aber wenn sie bedeutungslos ist, sehe ich vielleicht ein, daß es besser ist, nicht eine Menge Energie für etwas zu vergeuden, was ich nicht zu tun brauche. Ich erinnere mich, daß ich als

Kind meine Mutter fragte, warum sie denn die Unterwäsche bügele. „Ich habe meine Ansprüche", sagte sie. Ich hatte überhaupt nicht das Gefühl, daß meine Frage damit beantwortet war. Natürlich ging mich die Frage nach dem Warum nichts an, also konnten wir nicht weiterkommen. Ich hätte sie fragen sollen: „Was gefällt dir am meisten daran, die ganze Unterwäsche zu bügeln?" Wenn sie über diese Frage lange genug nachgedacht hätte, hätte sie vielleicht festgestellt, daß sie die Unterwäsche gar nicht zu bügeln brauchte. Andererseits hätte sie einen entzückenden kleinen Monolog darüber halten können, wie wundervoll das Gefühl ist, der einzige Mensch im ganzen Block zu sein, der jedes kleinste Wäschestück bügelt. Sie hätte sich stundenlang in der Befriedigung sonnen können, zu wissen, daß es im ganzen Haus nicht ein einziges zerknittertes Wäschestück gab. Wäre ich in der Lage gewesen, diese Befriedigung einzusehen und zu teilen, wäre ich wegen ihres Unterwäschebügelns viel glücklicher gewesen, vor allem, nachdem ich mir ihr Gerede darüber angehört hatte, daß sie die einzige Sklavin sei, die Lincoln nicht befreit habe.

Ich für meinen Teil hielt, als ich vier war, aus den bereits erwähnten Gründen das Graben nach China für eine tolle Beschäftigung. Außerdem fand ich Gefallen an der Vorstellung, mit meinem Tunnel über eine Abkürzung in ein fremdes Land zu verfügen. Ob diese Freuden genügt hätten, mich ein Leben lang zu motivieren und Quadrillionen von Dollars ausgeben zu lassen, ist nicht sicher, aber auch belanglos, denn meine Begeisterung für dieses unmögliche Vorhaben übertrug sich später auf andere, leichter zu verwirklichende Projekte. Damals genügte es mir, mich an den Gedanken der voraussichtlichen Belohnungen für die Aufgabe, die ich gewählt hatte, zu freuen und stolz darauf zu sein, daß ich weise (mit dem Verständnis, das ich damals hatte) genug gewesen war, sie in Angriff genommen zu haben.

5. *Was gefällt dir am besten an der Art, wie du es jetzt machst?*

Wir verlieren häufig aus dem Auge, wie gut wir bei dem, was wir tun, im Rennen liegen, und wir sollten in der Lage sein, das auch zu bedenken. Wenn sich der Erfolg nicht sofort einstellt, haben wir unter Umständen das Gefühl, unser Versagen sei überwältigend, wo doch in Wirklichkeit die bisherigen Bemühungen wirklich bewundernswert und auf lange Sicht wahrscheinlich auch erfolgreich sind. Wenn man in einer kreativen Aufgabe steckt, hat man leicht das Gefühl, daß keiner einen versteht oder an das glaubt, was man tun möchte. Diese Frage führt zu Anerken-

nung und Unterstützung statt zu Unzufriedenheit darüber, daß man die Aufgabe
noch nicht abgeschlossen hat. Wenn ich an das Graben nach China zurückdenke,
bin ich stolz darauf, daß ich die Idee hatte und auch einigen echten Schweiß investiert habe. Auch wenn ich nicht sehr weit kam; ich wollte, daß sich meine Idee in
der Realität bewährte, was bedeutete, daß ich nicht nur herumsaß und tagträumte.
Seitdem bin ich vom Graben und der Neugier, herauszufinden, auf was man wohl
stößt, wenn man tiefer gräbt, stets fasziniert gewesen. Natürlich kann man auf vielerlei Weise ohne echte körperliche Aktivität graben, und mein Graben nach der tie-
ferliegenden Bedeutung der Dinge heute mag zu einem Teil ein Resultat meines da-
maligen Vergnügens an meiner eigenen Bereitschaft sein, es mit einer handfesten
Schaufel zu probieren.

   6. *Wenn du dem, was du gerade tust, etwas hinzufügen könntest, damit es besser
läuft, was wäre das?*

   Man sieht viel leichter, was fehlt, wenn man es positiv sieht. Wenn ich meine
Bemühungen als gut werte und mir dann überlege, wie ich noch besser werden
kann, werde ich eher weitermachen als wenn ich nur mein Scheitern sehe – daß
meine Bemühungen unangemessen sind. Was, wäre es vorhanden, würde die Situation noch erfreulicher machen? Diese Frage lenkt meine Aufmerksamkeit auf die
Tatsache, daß der Prozeß, ein Ziel anzusteuern, an sich schon Wert hat. Ich vermute, daß ich für meine Operation „Buddeln" am liebsten die gesamte Nachbarschaft eingespannt hätte. Es ist verdammt einsam, wenn man ganz allein in Richtung China gräbt. Glücklicherweise gewann ich das Mädchen von gegenüber für
mein Projekt – bis wir uns stritten und ich eingeschnappt nach Hause ging und es
ihren Eltern überließ, das Loch in ihrem Garten wieder zuzuschütten. Seitdem bin
ich ziemlich gut darin, haufenweise Leute in meine geplanten, monumentalen Aufgaben einzubeziehen. Zumindest gibt es, wenn dabei mehr als zwei beteiligt sind,
immer jemanden, der im Falle einer Meinungsverschiedenheit den Schiedsrichter
spielt.

   Wenn Sie feststellen, daß sich Ihre Kinder mit Dingen beschäftigen, die nicht gut
laufen, kann es sein, daß Sie Ihre Kinder durch diese und ähnliche Fragen dazu
bringen können, produktiv über die Logik ihrer Aktivitäten nachzudenken, damit
sie einen realistischeren Eindruck von dem bekommen, was sie brauchen, und damit sie aus dem Leben herausholen können, was sie sich wünschen. In der

Zwischenzeit können Sie ja diese Fragen einmal bei der Bewertung einiger Ihrer eigenen Aktivitäten ausprobieren.

Kein Angst vor Widerstand

Möglicherweise stoßen Sie auf einen gewissen Widerstand, wenn Sie Fragen wie diese stellen, insbesondere, wenn Sie noch nie solche Fragen gestellt haben. Häufig möchte jemand, der frustriert ist, nur seine Frustration zur Schau stellen und hat in dem Augenblick wirklich keine Lust, eine Lösung zu finden. Weisen Sie dann auf genau diesen Sachverhalt hin, versuchen Sie, herauszubekommen, welche Art emotionaler Unterstützung benötigt wird, geben Sie diese, so gut Sie können und bieten Sie Ihrem Kind dann an, daß es zusätzliche Unterstützung anfordern kann, sobald die Dinge ein wenig klarer werden.

Machen Sie es selbst, aber nicht allein

Wenn Sie über Ihre eigenen Aktivitäten nachdenken, hilft es vielleicht, den folgenden Spruch im Hinterkopf zu behalten: „Sie müssen es selbst tun, und Sie können es nicht alleine tun." Der erste Teil der Aussage bedeutet, daß ich, wenn ich etwas tun möchte, was für mich wertvoll ist, auch die volle Verantwortung dafür übernehmen muß, während mir der zweite Teil versichert, daß mir, egal, wie ich mich beim Übernehmen dieser Verantwortung anstelle, die Hilfe und Kooperation anderer sicher ist. Selbst, wenn ich scheinbar ganz allein und auf mich gestellt arbeite, nutze ich Werkzeuge, die ich durch den sozialen Kontakt mit anderen erworben habe, beispielsweise Sprache und Denkfertigkeiten.

Nehmen Sie ihnen nicht alle Schwierigkeiten ab

Ein Fehler, den wir als Eltern häufig machen, ist, daß wir versuchen, unseren Kindern alles Leiden, das wir selbst einmal durchgemacht haben, zu ersparen. Erstens ist das unmöglich, und zweitens würde es, wäre es möglich, unsere Kinder einiger wichtiger Gelegenheiten zu lernen berauben. Fördernd, verständnisvoll und mitfühlend zu sein, sollte nicht heißen, anderen die Gelegenheit vorzuenthalten, sich für das, was sie tun und erreichen, verantwortlich zu fühlen. Ebensowenig heißt es, anderen das Recht zu nehmen, an Erlittenem zu wachsen.

Falls Sie jetzt meinen, ich träte für Leiden als Mittel des Lernens ein: Ich tue es nicht. Ich meine jedoch, daß Leiden manchmal unweigerlich aus der Erfahrung erwächst, und wenn das geschieht, werden Lernen und Wachstum möglich. Aber es ist falsch, anderen absichtlich Leiden aufzuzwingen, nur um sie etwas lernen zu lassen.

Da junge Menschen mit Dingen, die ihnen noch nicht gelingen, Schwierigkeiten haben, müssen wir in der Zwischenzeit bereit sein, ihre Mißerfolge ohne Kritik zu akzeptieren. Der Weg zum Erfolg besteht aus einzelnen Schritten – wichtigen Lernerfahrungen. Wenn ein junger Mensch etwa einen Freund verliert, kann diese Erfahrung unter Umständen zu einer erhöhten Sensibilität führen, die zukünftige Freundschaften besser gelingen läßt.

Mißerfolge sollten also für das, was man aus ihnen lernen kann, gewürdigt und geschätzt werden. Sie dürfen keinesfalls trivialisiert, weg-erklärt oder über-dramatisiert werden. Es ist ärgerlich für ein Kind, wenn seine Eltern darauf bestehen, ihm seine Gefühle abnehmen zu wollen. Es weiß oder wird noch entdecken, daß Mißerfolge einen wesentlichen Teil des Lebensprozesses ausmachen und ihren angemessenen Platz darin erhalten sollten.

Ihre Absicht, nicht unsere

Unsere Kinder gehören uns nicht und wurden nicht geboren, um unsere Wünsche zu erfüllen. Sie wurden mit eigenen Absichten geboren, und unsere Aufgabe ist es, ihnen beim Verwirklichen dieser Absichten zu helfen, ohne ihnen dabei unsere Ängste aufzuladen. Nützliche Strukturen und Regeln können durch Versuche an der Realität entdeckt werden. Wenn wir uns diese Strukturen selbst erarbeiten, glauben wir sie und können sie besser nutzen, als wenn wir gezwungen werden, sie aus zweiter Hand zu lernen.

Eine hochfliegende Vision

Es gibt jedoch noch einen Punkt, in dem die Vision verallgemeinert werden kann und in dem sie von vielen mitgetragen werden muß. Ich erinnere mich an eine Nacht in den frühen 60ern, ich ging gerade spazieren, als sich Präsident Kennedy mit einer Ansprache an die Nation wandte. In jedem Haus, an dem ich vorüberging, sah ich die eingeschalteten Fernseher und den Präsidenten, und alle waren zusammengekommen, um zu hören, wie er uns erzählte, daß noch vor dem Ende des Jahrzehnts jemand einen Spaziergang auf dem Mond machen würde.

Wie ein Schlag kam in jenem Moment die Erkenntnis über mich, daß dies ein seltener Augenblick in der Geschichte war. Die gesamte Nation versammelte sich um eine aufregende Vision der Zukunft. In diesem Augenblick hörten über hundert Millionen Menschen die selben Worte und wurden von ähnlichen Gedanken bewegt.

Seitdem wurde unsere Nation im Laufe der Jahre von Umwälzungen und Umbrüchen erschüttert. Wir haben mehr Meinungsverschiedenheit als Vision erlebt. Doch Visionen kommen nicht nur von unseren politischen Führern – sie müssen von innen, aus uns selbst, kommen.

Unseren Kindern zu helfen und sie zu ermutigen, eine eigene Vision zu finden, ist eines der größten Geschenke. Denn es kann keine machtvollere Kraft zur Strukturierung und Ordnung eines Lebens geben.

9

Das Leben nach den eigenen Wünschen gestalten

Wir lernen und vermitteln entscheidende Einstellungen, ohne uns dessen bewußt zu sein. Wenn wir auf unsere unbewußten Gedanken achten und sie richtig dirigieren, können wir unseren Geist gezielter und positiver nutzen.

Jede Minute unserer Lebenszeit trägt dazu bei, unser Leben zu dem werden zu lassen, was es ist – pro Stunde haben wir also mindestens sechzig Mal die Gelegenheit, unser Leben zu verbessern. Am wirkungsvollsten können Sie diese Gelegenheiten nutzen, wenn Sie lernen, Ihre unbewußten Gedanken zu kontrollieren. Es ist leicht, die Aufmerksamkeit auf diese Gedanken gerade unterhalb der Bewußtseins-Oberfläche zu lenken – man macht das nur normalerweise nicht.

Schauen Sie mal, was Sie denken

Als Sie den letzten Satz lasen, waren Sie sich seiner Aussage bewußt. Gleichzeitig traten auf der unbewußten Ebene andere Gedanken auf, denen Sie keine Beachtung schenkten. Gehen Sie einmal zurück und lesen Sie den Satz noch einmal. Schreiben Sie anschließend alles auf, was in Ihnen knapp unterhalb der Bewußtseinsschwelle aufstieg.

Hier sind einige Gedanken, die jemand notierte:

Ich habe Hunger.

Das ist wie ein Bassin, in dem man sich verströmen kann.

Ich bin froh, daß niemand meine Gedanken lesen kann.

Das könnte irgendeine Tür aufstoßen.

In diesem Raum summt der Ventilator.

Was hat sie letzte Nacht zu mir gesagt?

Ich muß daran denken, bald ein neues Bankkonto zu eröffnen.

Mein Vater kochte für gewöhnlich delikate Eier.

Was ist jetzt der nächste Schritt?

In jenen steinzeitlichen Gedanken steckt Gold

Unsere unbewußten Gedanken bestimmen, wie das Leben für uns läuft. Wenn unser Leben befriedigend ist, arbeiten unsere unbewußten Gedanken für uns. Wenn es nicht befriedigend ist, sind sie womöglich unsere Feinde. Sie können Einfluß darauf nehmen, ob wir reich oder arm sind, ob wir geliebt oder gehaßt werden, ob wir Erfolg haben oder versagen. Sie beeinflussen außerdem, Augenblick für Augenblick, was in unserem Leben geschieht.

Lassen Sie uns schauen, woher diese Gedanken stammen.

Unbewußte Gedanken stammen aus Einstellungen in unserem Geist, die als Ergebnis der Gesamtsumme unserer Erfahrungen gespeichert sind. Viele unserer Kindheitserfahrungen legten das Fundament für diese Gedanken. Hier ist ein Beispiel dafür, wie sie arbeiten:

Wie man die Aspirin-Hersteller begünstigt

Wenn einem immer wieder erzählt wurde, daß man sich ja schön warm einpacken soll, damit man sich nicht erkältet, fängt man wahrscheinlich jedesmal, wenn man zu dünn angezogen nach draußen geht, an zu schniefen. Vielleicht denken Sie, das habe etwas mit Bazillen zu tun – daß jeder, der einen Temperatursturz erleidet, von den Gesetzen der Medizin gezwungen wird, sich einen Schnupfen zu holen. Womöglich gilt es gar als unloyal (wenn nicht illegal), sich nicht zu erkälten.

Dann hat der Schnupfen ja auch noch eine soziale Seite. Man hat etwas, worüber man sich beklagen und für das man sich gemeinsam mit Leidensgenossen selbst bemitleiden kann. Außerdem kann man – gleichermaßen erlernt wie aus eigener Erfahrung – darüber dozieren, daß ein Schnupfen etwas ist, was man regelmäßig viermal im Jahr hat. Der gemeine Schnupfen hat noch etwas für sich, nämlich, daß er überhaupt nicht auf Medikation anspricht. Wir alle wissen, daß die beste Behandlung der Welt einen Schnupfen in einer Woche aus der Welt schafft, während er, sich selbst überlassen, volle sieben Tage bleibt. Man muß Bazillen, die so hartnäckig sein können, schon bewundern. Und nebenbei, wo kämen wir denn hin, wenn jeder auf die Idee käme, sich nichts mehr wegzuholen? Bedenken Sie die Auswirkungen auf das Fernsehen!

Sich nach Stunden in Sibirien noch amüsieren

Aber nicht jede Kultur reagiert auf den gemeinen Schnupfen so wie wir. Manchen Völkern wird nachgesagt, daß sie darin geübt sind, nächtelang bei Temperaturen unter Null ohne einen Faden am Leib im Freien zu sitzen. Und als ob das noch nicht genug wäre, müssen sie dabei noch ein Handtuch mit Wasser durchtränken, es um sich schlingen, mit ihrer Körperwärme trocknen und die ganze Prozedur in der Nacht volle drei Mal wiederholen. Und ihnen läuft nicht einmal die Nase.

Daß diese Menschen sich im Gegensatz zu uns nicht erkälten, liegt daran, daß ihre unbewußten Gedanken anders eingestellt sind. Leute, die Stunts dieser Art aufführen, glauben daran, daß sie in der Lage sind, genügend Körperhitze zu erzeugen, um jedem Schnupfen zu trotzen, so daß ihr Geist ihren Körper anweist, entsprechend zu handeln.

In etwas wärmeren Regionen lernen Freiwillige einer anderen Spezies, über glühende Kohlen zu laufen, ohne sich dabei die Füße zu verbrennen. Ein Freund von mir leitet Workshops im Feuerlaufen und demonstrierte kürzlich seine Fertigkeiten in einer Fernsehsendung. Er behauptet, daß fast jeder es gleich beim ersten Mal könne und läßt mich damit schon eingehend über die Bedeutung des „fast" nachgrübeln – bis jetzt habe ich sein Angebot, das Feuerlaufen selbst einmal zu versuchen, noch nicht angenommen. Wieder andere lernen, sich drei Tage lang lebendig begraben zu lassen – und überleben. Noch andere verbrauchen nur ein Viertel der Sauerstoffmenge, die Ärzte für die Aufrechterhaltung des Lebens bisher für nötig hielten (ein berühmter Praktizierender demonstrierte das in einer Sendung der B.B.C.).

Was haben Sie mit ihrem Unbewußten vor ?

Ich persönlich sehe nicht den Sinn im Erlernen irgendeiner dieser Fertigkeiten. Mir genügt es, mich warm einzupacken, wenn die Temperatur fällt, und wenn meine Füße nachts unbedeckt sind, laufe ich Gefahr, mir einen Schnupfen zu holen. Gelegentlich ziehe ich meine Reformkost mampfenden Freunde mit der Tatsache auf, daß ich einmal haufenweise „Hostess Twinkies" (besondere Teekuchen mit Cremefüllung) gefuttert habe, um einen Schnupfen im Keim zu ersticken. Aber im allgemeinen hatte ich (noch) nicht den Eindruck, daß es sich lohnen würde, meinen Körper und Geist in diesen exotischen, geheimnisvollen Künsten zu trainieren. Ich habe den Verdacht, es würde mich mehr Zeit kosten, als mir lieb wäre.

Aber ich glaube, daß es wichtig ist, meinen Geist für mich selbst und auch andere effektiv zu nutzen, denn die Probleme des modernen Lebens können ohne effektives Denken nicht gelöst werden. Wenn Sie mir zustimmen, schlage ich vor, daß Sie Ihr Unbewußtes nutzen, um Ihrem Geist zu helfen, seinen Job besser zu machen.

Bemerkungen, die unser Leben veränderten

Lassen Sie uns noch etwas über diese frühen Erfahrungen nachdenken. Wenn Sie wie die meisten Menschen sind, haben Sie als Kind sicherlich oft gehört, wie dumm, häßlich und tölpelhaft Sie selbst und wie schlecht Ihre Manieren seien. Schon eine einzige gedankenlose Bemerkung in diesem Sinn kann für ein Kind zutiefst und unauslöschbar schmerzvoll sein. Was all Ihre vermeintlichen Defizite anging, schienen sich Freunde, Geschwister, Eltern und Lehrer womöglich in einem entmutigendem Einverständnis zu befinden. Als einer meiner Mitarbeiter reflektierte, wie oft er sich trotz all seines Erfolges unzulänglich fühlt, meinte er: „Das Leben ist eine Verschwörung, die dich dumm aussehen lassen soll."

Wie man mißratene Kinder aufzieht

Kleine Kinder sind leicht zu beeindrucken und neigen dazu, zu glauben, was man ihnen sagt. Wenn wir sie davon überzeugen, daß sie unseren Ansprüchen nicht genügen, werden sie sich wahrscheinlich auch als ungenügend herausstellen. Bemerkungen von Eltern, Freunden und Geschwistern werden dann der Inhalt der unbewußten Erinnerungen, die später das Leben der Kinder formen.

Kein Wunder also, daß sich als Ergebnis früher Einflüsse möglicherweise häufig Gedanken einstellen wie: „Ich kann das nicht" oder „Er mag mich nicht besonders" oder „Ich wünschte, ich würde besser aussehen" oder „Wie konnte ich nur einen solchen Unsinn reden?". Solche Gedanken sind Platzhalter für Normen, die unter Umständen das ganze Leben lang gültig bleiben. Psychologen nennen diese Leistung I.Q., und manche von ihnen stehen unter dem Eindruck, daß dieser felsenfeststehe und sogar vererbt werden könne. Fest steht, daß Intelligenzquotienten deutlichen Schwankungen unterliegen und sich nicht selten durch die Veränderung des Inhalts des Unbewußten dauerhaft mitveränderten ließen. Verbesserungen scheinen deshalb so selten vorzukommen, weil die für eine Verbesserung nötigen Rahmenbedingungen nur selten angetroffen werden. Aber diese Rahmenbedingungen sind leicht genug zu schaffen.

Die Sprache aufräumen

Glücklicherweise bietet der Alltag Gelegenheiten ohne Ende zur Transformierung unserer unbewußten Gedanken. Eine Methode, damit anzufangen, besteht darin, diejenigen Gedanken zu identifizieren und zu zerstören, die uns zugrunderichten. Achten Sie beispielsweise auf die Sprache, die Sie gewöhnlich gebrauchen. Jedes negative Wort instruiert Ihr Unbewußtes, es Ihnen schwerzumachen. Selbst, wenn Sie nur scherzen – das Unbewußte hat keinen Sinn für Humor: es unterscheidet nicht zwischen einem Scherz und einer ernstgemeinten Absicht.

Versuchen Sie, sich Ihre gewöhnlichen, negativen Gedanken bewußt zu machen. Üben Sie dann, bis es zur Gewohnheit wird, genau das Gegenteil davon zu denken. Vor Jahren sagte ich beispielsweise immer, wenn man mich fragte, wie es mir gehe: „Scheußlich." Ich dachte, es wäre langweilig, jedermann papageienhaft

„Danke, gut" zurückplappern zu hören, und vermutlich wollte ich damit nur eine interessantere Diskussion ankurbeln. Wenn die Leute wirklich wissen wollten, wie es mir ging, so dachte ich, würden sie schon etwas tiefer bohren müssen.

Aber es klappte nicht. Die Leute nickten und lächelten trotzdem. Ich vermute, daß sie gar nicht richtig zuhörten. Dafür hörte mein Unbewußtes zu; ziemlich schnell bemerkte ich, daß ich mich immer öfter wirklich scheußlich fühlte. Also begann ich statt dessen, „Mit jedem Tag besser" und ähnliches zu sagen. Damit wurde auch mein Leben besser. Nebenbei erhielt ich so auch die Aufmerksamkeit, die ich wollte. Die Leute wollten nämlich wissen, warum ich so lächerlich optimistisch sei.

Wie ich Gefallen an meinem Aussehen fand

Dann kam eine sogar noch bessere Gelegenheit des Weges, wie ich Aufmerksamkeit auf mich lenken konnte. Das hatte mit meiner Unzufriedenheit mit meiner äußeren Erscheinung zu tun. Als ich klein war, hatte man mir gesagt, ich sei häßlich, und auch wenn das wahrscheinlich immer scherzhaft gemeint war, hatte es das häßliche Entlein in mir herausgekehrt. Der Gedanke, mit meinem Aussehen zu prahlen, war in jenen Tagen undenkbar. Aber ich entdeckte, daß ich mich selbst austricksen konnte, wenn ich mein Aussehen lobte und scherzhaft meinte, ich sei „hübsch". Wenn ich behauptete, ich sei hübsch, lachten die Leute, also nahm ich das nicht weiter ernst. Nachdem ich eine Weile geübt hatte, mich als hübsch zu bezeichnen, stellte ich fest, daß es mir auch nicht länger unangenehm war, Leuten zu erzählen, daß ich hübsch sei. Ich wurde sogar regelrecht eitel wegen meines Aussehens. Dann bemerkte ich, daß sich auch andere Menschen mir gegenüber nun anders verhielten. Es schien, daß ich tatsächlich attraktiver wurde, als ich aufhörte zu denken, ich sei häßlich.

Der hohe Preis der Bescheidenheit

Uns wurde beigebracht, daß das Herausstellen unserer Tugenden beinahe so verwerflich sei wie ein Bankraub. Leider bedeutet das, daß wir uns selbst damit eines unserer wichtigsten Werkzeuge nehmen, das wir zur Verbesserung unseres Lebens haben. Falsche Bescheidenheit ist wertlos. Sie trägt nur dazu bei, unsere Ideen persönlicher Unterlegenheit in Realitäten zu verwandeln.

Kleine Mädchen, die sich selbst bewundern

Sie haben wahrscheinlich schon bemerkt, daß die meisten kleinen Kinder nicht gerade an falscher Bescheidenheit leiden. Ein kleines Mädchen, das sich selbst im Spiegel bewundert, ist ein entzückender Anblick. Ich habe kleine Mädchen die wundervollsten Dinge über sich selbst sagen hören – wie zum Anbeißen herrlich und hinreißend toll sie seien. Unglücklicherweise scheinen sich kleine Jungen nicht so leicht von ihrem persönlichen Charme hinreißen zu lassen. Vielleicht liegt das daran, daß ihnen die Erwachsenen Bewunderung dieser Art kaum entgegenbringen. Auf jeden Fall habe *ich* mich nie im Spiegel gelobt, obwohl ich Ihnen versichern kann, daß die Bilder von mir als Baby so süß sind wie die von Shirley Temple.

Schluß zu machen mit der Bescheidenheit ist fast so schwierig wie Diäthalten

Als ich die Auswirkungen falscher Bescheidenheit entdeckte, beschloß ich, auf der Stelle Schluß damit zu machen und alles nur Mögliche zu tun, um mit meinen Tugenden aufzutrumpfen, ohne daß es aussah und klang, als beschriebe ich einen Verkehrsunfall. Das war keine geringe Herausforderung, und zuweilen fühlte ich mich dieser Herausforderung auch nicht gewachsen. Wie konnte jemand so Minderwertiges wie ich sich so schamlos in Szene setzen? Ob man mich dafür einsperren würde, daß ich vorgab, jemand zu sein, der ich gar nicht war?

Dann fand ich eine Lösung. Ich fand, daß es absolut in Ordnung ging, wenn ich meine eigene Schönheit hinausposaunte, vorausgesetzt, ich ging ebenso eloquent auf den Charme von anderen ein. Als ich damit anfing, bemerkte ich, daß jeder, den ich traf, wirklich schön war. Manche hatten ihre Schönheit bemerkenswert phantasievoll maskiert, aber jedesmal, wenn sie gerade einmal nicht darauf achtgaben, wie häßlich sie doch waren, schien unter der Oberfläche ein feiner Schimmer ihrer Attraktivität hindurch.

Ich bin mir darüber im klaren, daß ich hier ein ganz heißes Eisen anfasse. Wenn meine Behauptungen ernstgenommen würden, müßte der Miss Amerika-Wettbewerb Konkurs anmelden, und die ganze Hollywood-Ästhetik würde von der Bildfläche verschwinden. Aber mir ist aufgefallen, daß die gegenwärtig herrschenden Schönheitsnormen ziemlich willkürlich und rassistisch sind. Um schön zu sein, muß man einen äußerst zierlichen, leichten, ektomorphen Körperbau aufweisen und entweder weiß sein oder so aussehen, als wäre man weiß und nur gerade mit einer anderen Farbe angepinselt. Extrem Muskulöse und Rundliche sowie Orientalen, Afrikaner, Lateinamerikaner, Ind(ian)er und alle anderen Völker, die nicht unbewußt an den absurden und von vornherein diskreditierten Prototyp der Überrasse erinnern, haben generell keine Chance.

Aber noch in der Renaissance haben die Schönheitsnormen, wie man sie auch heutzutage noch in einigen anderen Kulturen findet, anders ausgesehen. Eine Freundin von mir, die jede Straße in den Vereinigten Staaten entlangschlendern kann, ohne daß ihr nachgepfiffen wird, besuchte vor kurzem eine andere Kultur und stellte fest, daß sie jeder Mann, dem sie über den Weg lief, um eine Verabredung bat. Nachdem sie viele Jahre damit verbracht hatte, mit intelligentem Aussehen über die Runden zu kommen, stellte sie plötzlich fest, daß sie eine wahre Schönheitskönigin ist.

In einer gegebenen Gruppe werden die Schönheitsnormen generell von Einzelnen so bestimmt, daß jeder, der diese Normen erfüllt, deren engsten Verwandten ähnelt. Ich fühle mich an den Zwischenfall in *Planet der Affen* erinnert, als eine Äffin ihre Zuneigung zu einem Menschen ausdrückt und ihm gleichzeitig zu verstehen gibt, wie abstoßend sie seine überaus große Häßlichkeit findet.

Meiner Meinung nach sind also generalisierte und durch die Medien verbreitete Schönheits-Normen eine der wichtigsten Mittel der Gesellschaft, Menschen unfaire Beschränkungen aufzuerlegen. Wenn nicht so viele Medienbilder in unseren Köpfen herumspuken würden, würden wir wahrscheinlich auch über ein weit größeres Spektrum an Meinungen über attraktives Aussehen verfügen. So, wie es aussieht, verurteilt der Hollywood-Komplex sowohl „schöne" als auch „häßliche" Menschen aller Art zu Unfaireß im Leben.

Ein Quick Fix gegen Häßlichkeit

Ich hatte einmal eine Schülerin, die für ihre Schönheit bekannt war, aber die Angewohnheit hatte, ihre Lippen unnatürlich weit über ihre Zähne zu ziehen. Ihr Gesicht war so geschnitten, daß sie hübsch aussah, wenn ihre Zähne zu sehen waren,
aber wenn sie versuchte, sie zu verbergen (und das tat sie fast immer), sah sie ver-
spannt aus, als fühle sie sich nicht wohl. Ich fragte sie, ob es einen Grund dafür gebe, daß sie das tat. „Ja", sagte sie, „eines Tages, als ich so um die neun Jahre alt war,
stieg ich zusammen mit einer Freundin in den Bus, und ein paar Jungs fingen an, sie
zu piesacken. Ich wollte sie in Schutz nehmen, aber da sagte einer der Jungs: »Halt
du mal deine monsterhäßlichen Beißer da 'raus«! Diese Bemerkung verletzte meine
Gefühle so sehr, daß ich es kaum ertragen konnte. Also fing ich an, meine Zähne vor
den Blicken der Leute zu verstecken, wann immer ich konnte."

Die meisten von uns könnten von ähnlichen Erfahrungen berichten. Unter Umständen sind wir schließlich zu der Überzeugung gelangt, daß wir, jedenfalls was
unser Aussehen angeht, nichts taugen.

Wie Sie dafür sorgen können, daß Ihre Kinder ein gutes Gefühl haben

Indem Sie das Offensichtliche herausstellen, wann immer es Ihnen auffällt, können
Sie als Elternteil für Ihre Kinder ein Umfeld schaffen, das ihnen Mut macht, sich
schön, intelligent, liebenswert, begabt, anteilnehmend und mit noch mal so vielen
weiteren positiven Eigenschaften gesegnet zu fühlen. Normalerweise werden Sie
die Leistung eines Kindes kaum verbessern, indem Sie negativ sind – dagegen werden Sie eine ausgesprochene Verbesserung feststellen, wenn Sie Lob offen austeilen.
Tragen Sie dick auf, und legen Sie noch etwas Unterstützung drauf. Sie können dabei wirklich nicht übertreiben, solange Sie nur ehrlich sind.

Bedenken Sie, mit wieviel Millionen Worten man etwas so Herrliches wie ein
menschliches Wesen – selbst ein vermeintlich minderwertiges menschliches Wesen
beschreiben kann. Keine Sorge, das resultierende verbesserte Selbstbild wird Ihr
Kind nicht verderben. Was verdirbt, ist ein *schlechtes* Selbstbild, das unablässig
lautstark nach Aufmerksamkeit schreit und diese Aufmerksamkeit auf alle möglichen falschen Arten erhält.

Aber ich warne Sie: Sie können nicht besonders gut – möglicherweise nicht einmal halbwegs befriedigend – loben, bevor Sie damit nicht bei sich selbst anfangen. Denn nur, wenn Sie richtig stolz auf sich selbst sind, können Sie auch gut darin werden, den Menschen, die Sie lieben, das Lob, das sie in so reichem Maße und uneingeschränkt verdienen, zuteil werden zu lassen.

10
Den Umgang mit Gefühlen lernen

Wie wir Gefühle erkennen und ausdrücken, prägt auch unseren Umgang mit
allem anderen. Negative Emotionen können das Denken hemmen und das Lernen
blockieren. Einige Richtlinien, die helfen sollen, Gefühle von einer negativen in
eine positive Kraft zu verwandeln.

Vaters Tagträumerei beim Feudeln des Küchenbodens wird von seiner kleinen Tochter unterbrochen, die nach einem Baseballspiel in Tränen aufgelöst hereinstürmt. „Betsy hat meinen Ball geklaut und mitgenommen", weint Annie und stampft mit ihrem schlammverschmierten Fuß genau dort auf, wo Vater gerade gewischt hat. Was soll der arme Mann machen – Annie auffordern, von seinem blitzblanken Fußboden zu gehen? Sagen: „Schon gut, beruhige dich, deine Mutter und ich kaufen dir einen neuen?" Annies Hand ergreifen, mit ihr zu Betsy gehen und die Rückgabe des entwendeten Balls verlangen?

Keine dieser Reaktionen würde viel nützen. Ob Vater Annies Problem nun ignoriert oder zu lösen versucht – er hilft ihr nicht dabei, sich selbst zu behaupten, um später besser ein unabhängiger, selbstgeleiteter Mensch zu werden.

Hinter dem Drama auf dem Spielfeld steckt wahrscheinlich eine lange Geschichte, die bisher nur zu einem Bruchteil erzählt wurde. Im Augenblick ist Annie nicht in der Lage, die Ereignisse fair zu schildern. Aber später, nachdem sie sich ausgeweint und die Wut aus ihrem Körper gestampft hat, wird sie ganz allein einen vernünftigen Plan ausarbeiten können. Wahrscheinlich braucht Vater einfach nur für sie da zu sein, während sie sich ihren Weg durch einen Zyklus mentaler Prozesse – der zu vernünftigen, der Situation angemessenen Gedanken und Aktionen führt – redet, weint und lacht. Einer der wertvollsten Dienste, die wir unseren Kindern erweisen können, wenn sie weinen, ist, für sie da zu sein.

Quiz: Was würden Sie in diesen Fällen tun?

Billy hat ein Gedicht geschrieben, das so gut ist, daß sein Lehrer meint, er habe es irgendwo abgeschrieben. Als er aus der Schule kommt, trampelt er ins Wohnzimmer und wirft sich wütend auf die Couch. Als Mutter fragt: „Na Schatz, wie war denn dein Tag heute?", läßt Billy den Kopf hängen und sagt kein Wort. Was würden Sie als Mutter tun?

Jeanette sucht ihren Mathelehrer auf, um vor einem Test noch einmal ein paar Aufgaben durchzugehen. Das Problem ist nur, daß sie sich überhaupt nicht auf die Aufgaben konzentrieren kann. Als der Lehrer fragt, woran sie denn denke, meint sie: „Meine Hündin Josephine ist heute morgen gestorben." Was würden Sie als Lehrer tun?

Dramen wie diese sind unser täglich Brot. Wie oft laufen wir jemandem über den Weg, der Sorgen hat, der seinem Schmerz Luft machen will, aber nicht weiß, wie.

Meine Erfahrung als Lehrer im Umgang mit freiwerdender Emotion

Von Zeit zu Zeit laufe ich einem Schüler über den Weg, der das Bedürfnis hat, sich einmal so richtig auszuheulen. Vielleicht gab es einen Todesfall in der Familie, aber häufig ist eine vorübergehende Frustration schon alles, was nicht in Ordnung ist. Gelegentlich haben mir unter Tränen geäußerte Selbstmorddrohungen Angst gemacht. Ich nehme diese Gefühle nicht auf die leichte Schulter – aber nachdem der Schüler sich ausgeheult hatte, sah ich ihn schon wieder mit Freunden in der Aula albern, als ob nie etwas nicht in Ordnung gewesen wäre. Hier war ein erstaunlich effektiver Heilungsprozeß am Werk.

Um die nächsten Schritte in ihrem Leben zu gehen, brauchen junge Leute und Erwachsene ab und zu unbedingt ein bißchen Zeit zum Weinen.

Leiden durch den Deutschkurs

Obwohl der Deutschkurs wirklich großen Spaß machte, hatte Rosemary ein anderes Gefühl. Im Alter von vierzig Jahren stand ihr, einer erfahrenen und sensiblen Krankenschwester, ihre erste gute Lernerfahrung noch bevor. Im Kurs weinte sie eine ganze Stunde lang. Die Geschichten, die sie erzählte, waren traurig, aber nachdem sie sie erzählt hatte, fühlte sie sich besser, mit dem glücklichen Resultat, daß der Deutschkurs ihre erste wirklich erfolgreiche Lernerfahrung in einem Klassenzimmer wurde.

Wie man „nicht viel" sehr effektiv tun kann

In so einem Fall muß ich nicht viel tun. Ich helfe dem aufgelösten Schüler einfach, indem ich ihm zeige, daß ich bereit bin, ihm zuzuhören. Meine mitfühlende Gegenwart erinnert ihn daran, daß längst nicht alles verloren und das Leben nicht nur ein einziges Jammertal ist. Wenn die Tränen kommen, empfange ich sie mit einem Nicken und mitfühlendem Lächeln. Das läßt sie noch bereitwilliger fließen.

Ich glaube, daß Menschen manchmal unwohl ist, wenn sie jemanden weinen sehen – sie nehmen irrtümlicherweise an, daß sie den traurigen Menschen aufheitern oder das Problem irgendwie lösen müßten. In Wirklichkeit besteht keine Veranlassung, etwas zu tun. Sobald sich genügend negative Emotionen angesammelt haben, öffnen sich im gesunden Menschen die Schleusen, und die Heilung beginnt. Mehr ist Weinen nicht – Erholung nach einer schmerzvollen Erfahrung. Weinen entlastet den Geist, damit die Freude zurückkehren kann und macht das Lernen wieder angenehm.

Deshalb ist die Unterstützung des Prozesses des Weinens, Zitterns oder beliebigen anderen Mittels, das das Kind (oder der Erwachsene) einsetzt, um schmerzliche Gefühle freizusetzen, eine der sichersten Methoden, das Genie in ihm aufblühen zu lassen. Mit den Worten von Shelley: „Wenn der Winter kommt, kann dann der Frühling noch weit sein?" Wenn also unsere Unzufriedenheit oder die anderer auf uns lastet, müssen wir ihr Raum geben, die Gefühle fühlen, bis sie nicht länger unangenehm sind, und dann mit dem Leben weitermachen.

Wir suchen alle nach einer Schulter, an der wir uns ausweinen können

Das ist uns allen ein echtes Anliegen, und es gehört zum Menschlichsten, das man tun kann. Einfach über alles Scheußliche im Leben zu reden, zu weinen und zu lachen, kann einem das Gefühl geben, ein ganz neuer Mensch zu sein.

Daher ist eine der Hauptaktivitäten, der die meisten von uns unbewußt frönen, nach Gelegenheiten zu suchen, jemanden dazu zu bekommen, zuzuhören, während man die Geschichte seines Kummers und Leidens erzählt. Vielleicht haben Sie schon bemerkt, *wie* beliebt diese Beschäftigung tatsächlich ist. Sobald die Schwelle der Schüchternheit erst einmal überschritten ist, stellen die Konversationen auf Dinner-Partys beispielsweise hauptsächlich Versuche dar, uns beim Erzählen von Fragmenten aus unseren privaten Dramen gegenseitig auszustechen. Jeder versucht, die günstige Gelegenheit, endlich einen Zuhörer gefunden zu haben, am Schopfe zu packen, und läßt all die unaufgelösten Traumata seines Lebens noch einmal aufleben.

Gäbe es keinen Schmerz – das Lernen würde nie aufhören

Wenn unsere Aufmerksamkeit von Schmerz verzehrt wird, bleibt möglicherweise nicht viel Aufmerksamkeit für andere Dinge übrig. Jeder Augenblick wartet mit neuen Lernmöglichkeiten auf. Je effektiver man uns zuhört, wenn wir uns entlasten, desto mehr freie Aufmerksamkeit haben wir später für die erfreulichen Dinge.

Wenn also Vater Annie die einfühlsame Aufmerksamkeit schenkt, die sie braucht, um die Ereignisse ihres Baseballspiels zu rekapitulieren, wird sie schon von selbst darauf kommen, wie sie ihren Ball zurückbekommt – und ihre Freundin vielleicht gleich dazu. Und wenn Mutter geduldig genug ist und Billy dazu bringt, ihr zu erzählen, was es mit seinem Gedicht auf sich hatte, wird Billy sich nicht weiter zurückziehen und nicht den Entschluß fassen, nie wieder zu schreiben. Eher wird er sich einen tolle Weg ausdenken, wie er den Lehrer von der Originalität seiner Arbeit überzeugen kann. Und wenn Jeanette genügend Gelegenheit erhält, über den Tod von Josephine zu weinen, wird sie die Matheaufgaben ganz allein ohne die Hilfe des Lehrers lösen.

Die Ehe von Gefühl und Lernen

Wo Gefühle unwillkommen sind, kann das Lernen nicht gut gedeihen, denn Lernen und Gefühl sind so innig miteinander verbunden wie ein Ehepaar. Menschen lernen auf vielen verschiedenen Ebenen, und einige dieser Ebenen sind emotionaler Natur. Aber wie Ehepaare können sich auch Lernen und Gefühl so weit auseinanderleben, daß keiner der beiden Partner glücklich oder produktiv ist.

Bei positiven Emotionen läuft die gesamte Intelligenz wie geschmiert und ist bereit, zu neuen Erfahrungen aufzubrechen. Negative Emotionen unterbrechen diesen Prozeß, bremsen das Denken aus und verursachen eine Dauerzeitlupe der von Schmerz befallenen Gedanken. Wenn niemand diesen Gedanken zuhört, schreien Sie mit zunehmender Intensität nach Aufmerksamkeit. Schließlich können sie in unserem Denkprozeß so fest Wurzeln schlagen, daß es mit der Zeit scheinen möchte, als seien sie bereits fester Bestandteil unseres inneren Mobiliars. Dann bringt es nicht mehr viel, sie anderen mitzuteilen, weil wir sie als Tatsachen behaupten, anstatt ihnen zu erlauben, Schmerz zu sein, der vorübergeht.

Das Rätsel beschränkter Intelligenz

Dies weist auf ein grundlegendes Rätsel menschlicher Intelligenz hin. Im Gehirn gibt es Milliarden Neuronen, und alle diese Neuronen können in einem wahren Irrgarten von Netzwerk, komplexer als alles Bekannte, miteinander Kontakt aufnehmen. Nur ein winziger Bruchteil dieser Neuronen wird zur Übermittlung sensorischen Inputs benötigt, und nur ein winziger Bruchteil mehr, um Mitteilungen in den übrigen Körper auszusenden. Die übrigen Milliarden bleiben sich selbst überlassen und treiben untereinander Konversation. Die Zahl möglicher Verbindungen ist größer als die Anzahl der Elektronen im ganzen Universum. Wenn das Gehirn nun über ein derartiges Potential verfügt, warum nutzt es dann nicht mehr davon? Warum sollte es unter Menschen in irgendeiner Form jemals Dummheit geben?

Ich glaube, die Antwort liegt in der Art und Weise begründet, wie das Gehirn von der Evolution strukturiert wurde. Da Lernen von einem positiven emotionalen Zustand begleitet werden muß, und weil alles Wissen, das ins Langzeitgedächtnis eingeht, vom limbischen System verarbeitet wird, blockieren negative Emotionen das

Gedächtnis. In einem negativen emotionalen Zustand können wir also nicht gut denken. Ich bin sicher, daß Ihnen das klar wird, wenn Sie sich an eine Zeit erinnern, als sie einen Test vor sich hatten und Ihr Gefühlsleben zur gleichen Zeit sehr aufgewühlt war. Wenn wir uns nicht klar fühlen, liegt das normalerweise daran, daß uns irgendeine Art emotionaler Belastung – Sorge, Zerknirschung, Angst oder Wut – im Weg ist.

Abbau emotionaler Blockaden im Unterricht

Eine Lehrerin für ABC-Schützen begann den Tag mit drei Fragen, die jedes Kind beantworten sollte. Die erste lautete: „Was ist in deinem Leben in den letzten vierundzwanzig Stunden geschehen, das sowohl *gut* als auch *neu* ist?"

Die zweite war: „Hast du dir über irgend etwas Sorgen gemacht, was du uns erzählen möchtest?"

Die dritte lautete: „Belastet dich irgend etwas so sehr, daß du es mit uns teilen möchtest?"

Ihre Schüler verhielten sich anfangs etwas zurückhaltend, aber sie wurden gelöster, als sie von den guten und neuen Dingen berichteten. Manchmal wollte ein Kind eine kleinere Sorge mit den anderen teilen. Doch nie hatte eines der Kinder eine große.

Eines Tages kam dann Eliza zu spät zur Schule. Ihr großer Bruder war in der Nacht zuvor von einem Auto angefahren worden, und sie war bis in den frühen Morgen bei ihm im Krankenhaus gewesen. „Ich habe eine große Sorge", sagte sie und unterbrach die gerade laufende Lesestunde, als sie eintrat. Unter Schluchzen erzählte sie die Geschichte von ihrem Bruder. Die Lehrerin ließ ihr Zeit, alles zu erzählen, was sie wollte. Als Eliza endete, hob ein kleiner Junge seine Hand. Er wollte erzählen, wieviel Angst er gehabt hatte, als er seine Großmutter im Krankenhaus besuchte. Die folgende Stunde teilten die Schüler Geschichten miteinander, die sie geängstigt oder traurig gemacht hatten. Dann schien jeder zufrieden zu sein, und die Arbeit ging wie gewohnt weiter.

Aber an jedem folgenden Morgen fiel es den Kindern leicht, ihre kleinen, und gelegentlich auch großen, Sorgen miteinander zu teilen. Die Lehrerin beobachtete, daß sich ihre Schüler für die Schule engagierten wie noch nie und gleichzeitig behutsamer miteinander umgingen. Sie schienen ihre Lektionen fröhlicher und leichter zu lernen.

Warum es so leicht ist, Dummheit zu lernen

Wenn man nicht klar denken kann, ist das oft das Resultat von Gefühlen, die das Funktionieren des Intellekts teilweise blockieren. Wenn uns keine Gefühle in den Weg kämen, könnten wir über so ziemlich alles ziemlich gut nachdenken.

Wenn wir unsere Gefühle nicht wahrhaben wollen, verschwinden sie jedoch nicht einfach. Wenn ich beispielsweise in einer bestimmten Umgebung Angst erlebe, erlebe ich diese Angst mit hoher Wahrscheinlichkeit erneut, wenn ich mich in einer Situation befinde, die mich an jene Umgebung erinnert. Wenn man mich etwa in einer Mathestunde gekränkt hat, neige ich dazu, Gefühle der Kränkung erneut zu erleben, wenn ich mich in einem ähnlichen Klassenzimmer befinde – vielleicht sogar allgemein, wenn ich mich mit Mathematik beschäftige.

Wie man Dummheit ent-lernt

Glücklicherweise können gespeicherte Gefühle entladen werden. Die in einer Unterrichtsstunde erlebte Kränkung verliert ihren Stachel, sobald man sich genügend mit ihr beschäftigt hat. Dabei können wir weinen, wenn wir traurig sind, nervös lachen, wenn uns etwas peinlich ist, schreien, wenn wir wütend sind und zittern, wenn wir Angst haben. Dieser läuternde Prozeß ist das Mittel, das die Emotionen, die unser Denken blockierten, aus unseren Systemen tilgt.

Wie wir von posthypnotischen Suggestionen beeinflußt werden

Häufig ist der Auslöser negativer Gefühle vor langer Zeit erfahrene Kritik. Vielleicht (ganz unabsichtlich) haben uns unsere Eltern, andere ältere Menschen, unsere Brüder und Schwestern oder Gleichaltrige kritisiert und uns dadurch – direkt oder indirekt – zu verstehen gegeben, daß wir dumm, häßlich oder uneffektiv seien. Es war schmerzvoll, solche Dinge zu hören, und wenn wir keine Gelegenheit bekommen, einen Teil der von diesen Ereignissen verursachten Ängste und Zweifel freizusetzen, bleiben sie gespeichert und werden weiterhin geglaubt. Es ist, als wären wir so hypnotisiert worden, daß wir nicht-existente Beschränkungen annehmen. In gewissem Sinne stehen wir also alle unter dem Einfluß posthypnotischer Suggestion. Die Suggestion wird von dem Schmerz, den wir fühlten, als wir zum ersten Mal negative Dinge über uns selbst glaubten, an ihrem Platz festgehalten.

Deshalb ist es wichtig, daß wir lernen, unsere positiven und negativen Gefühle zu erkennen und zu unterscheiden. Die positiven sollten genossen werden, die negativen abgebaut und geheilt.

Der physiologische Abbau negativen Stresses

Die Entladung negativer Gefühle ist ein physiologischer Prozeß, der die Gefühle aus den körperinternen Speichern befreit. Dieser Prozeß findet durch Gespräche, Lachen und Weinen, durch Zittern und Toben, Schwitzen und Gähnen statt. Dieser Prozeß ist die Antwort unseres Körpers auf schmerzhafte Erfahrungen – bis jemand den Prozeß unterbindet. Dann beginnen sich die Effekte der Speicherung negativer Emotionen aufzutürmen. Es ist, als ob man die Müllabfuhr streiken läßt und erlaubt, daß sich der ganze anfallende Unrat im Erdgeschoß auftürmt. Unter Umständen überwuchert er das ganze Haus. So gehen die meisten von uns mit negativen Emotionen um, bis sie auf den Gebieten, in denen unaufgelöster Kummer herrscht, starr und unbeweglich werden.

Emotionale Momente im Unterricht

Darum sind die gemeinsamen Momente, in denen man nicht zuläßt, daß die negativen Emotionen weiterhin gegen den Intellekt einschreiten, einfach wundervoll. Von Zeit zu Zeit gibt es den unvergeßlichen Augenblick, wenn ein Schüler zutiefst berührt ist und etwas teilen möchte. Das erinnert mich daran, wie ich meiner Klasse die Aufnahme einer Beethoven-Ouvertüre vorspielte, und als sie verklungen war, bemerkten wir, daß einer der Jungen sanft weinte. Wir saßen einen Augenblick lang still und warteten, was wohl geschehen würde. Dann sagte er: „Ich wünschte, ich könnte Beethoven dafür danken, daß er das komponiert hat."

Manchmal müssen Schüler mehr tun als nur weinen. Ich fand die Verbesserung in Einstellung und Lerngewohnheiten begeisternd, die sich einstellte, wenn jemand aus lauter Wut über all die Frustration ein Lehrbuch zerfetzt hatte. Es braucht nicht erwähnt zu werden, daß das nicht gerade häufig vorkommt.

So wichtig ist der gesunde Menschenverstand

Doch ein Wort der Warnung: Ich möchte dem öffentlichen Abreagieren von Emotionen keinen Freibrief ausstellen. Emotionale Kontrolle ist außerordentlich wichtig, und diejenigen, die Emotionen an unangemessenen Orten entladen, beweisen nicht gerade Reife oder gesunden Menschenverstand. Es ist immer möglich, zu warten, bis jemand in der Nähe ist, der verständnisvoll zuhören kann, bevor man all seine Gefühle überlaufen läßt. Und man kann das außerdem so privat anstellen, daß man keine unschuldigen Unbeteiligten damit behelligt.

Einer der tiefsten emotionalen Schmerzen

Wir alle sind für unterschiedliche Arten emotionalen Schmerzes anfällig, und ein großer Teil dieses Schmerzes ergibt sich zufällig. Aber die schmerzvolle Mißachtung, die andere gelegentlich für unsere tiefsten Gefühle gezeigt haben, ist eine Form von Schmerz, die wirklich tief geht. Als wir etwa zum ersten Mal ein leidendes Tier sahen, wurden unsere Gefühle möglicherweise verspottet. Schon früh in unserem Leben stellen wir fest, daß man manche Leute – aus Gründen, die wir nicht verstehen – für besser hält als andere.

Wir sehen, wie die Menschen, die wir lieben, unfreundlich miteinander umgehen. Man ist grausam zu uns. Alles das ist äußerst desillusionierend und erzeugt das Bedürfnis, zu weinen oder vor Angst zu zittern, und wenn wir unsere Gefühle ausdrücken, bedeutet man uns unter Umständen gar noch, wir sollten doch endlich still sein und mit dem Albernsein aufhören.

Wenn es Ihnen nicht gefällt, geben Sie es doch an Ihre Kinder weiter

Die Beschränkungen, die wir, wie man uns erzählt, angeblich schon als Kinder aufwiesen, sind im Gedächtnis gespeichert und kommen uns schon nach kurzer Zeit regelrecht natürlich vor. Nur allzu wahrscheinlich reproduzieren und beleben wir als Eltern die Behandlung, die wir selbst „genossen" haben, in unseren eigenen und vielleicht auch anderen Kindern neu. Man weiß beispielsweise heute recht gut, daß die meisten Kindesmißhandler als Kinder selbst mißhandelt wurden.

Viel von dem Schmerz, den wir weitergeben, hat mit unserem Gefühl zu tun, beschränkt zu sein. Wir halten uns für durchschnittlich, also bringen wir unseren Kindern bei, sie seien ebenfalls durchschnittlich. Wir meinen, daß unsere Begabungen nur so oder so weit reichen würden, also glauben wir, daß wir unsere Kinder vor Enttäuschung schützen müssen, indem wir sie davon überzeugen, daß die Reichweite ihrer Fähigkeiten ähnlich beschränkt sei.

Es gibt einen Ausweg

Um diesen Kreislauf zu durchbrechen, in dem jede Generation die folgende von ihren Beschränkungen überzeugt, müssen wir unseren eigenen Schmerz heilen, der seinen Anfang nahm, als wir „entdeckten" oder als uns beigebracht wurde, daß wir angeblich solche Beschränkungen hätten. Um aus diesen angeblichen Fehlern zu lernen, müssen wir vielleicht weinen, weil es so weh tat. Dazu müssen wir erkennen, daß der Schmerz immer noch in unserem Innern verborgen ist und darauf wartet, entdeckt zu werden.

Wenn man über die Verlust-Gefühle, die wir erlitten, als uns beispielsweise der Lehrer in der vierten Klasse mitteilte, daß man wohl nie das Zeug zu einem Schriftsteller haben würde, weinen kann (oder sogar verstehen kann, woher dieser Glaubenssatz rührte), wird man seinem eigenen Kind besser helfen können, Begabungen und Fähigkeiten, die noch darauf warten, zu voller Entfaltung zu gelangen, zu entdecken. Wir alle haben den Schmerz und die Unterdrückung erfahren, als uns gesagt wurde, was wir angeblich *nicht* tun könnten. Dagegen haben viel zu wenig Menschen die freudige Nachricht von dem erhalten, was sie tun konnten – rücksichtsvoll und begeistert, möglicherweise sogar feierlich bekanntgegeben.

Soziale Sanktionen gegen das Heilen

Obwohl der Heilungsprozeß völlig natürlich ist, hat unsere Gesellschaft ihn mehrere Generationen lang sowohl Kindern als auch Erwachsenen vorenthalten, so daß
wir gelernt haben, unsere Gefühle zu verleugnen. Diese erlernte Kontrolle ist ein
Problem an sich und bewirkt, daß viele Menschen so viel Angst vor ihren eigenen
Gefühlen haben, daß sie überhaupt vermeiden, darüber zu sprechen, wobei sie ihr
resultierendes irrationales Verhalten dann den Menschen in ihrer näheren Umgebung aufnötigen. Tatsächlich ist es genau dieser unaufgelöste Schmerz, der für den
größten Teil des ungeliebten Verhaltens, unter dem wir leiden, verantwortlich ist.
Wenn Dummheit gelernt wird, dann so.

Wenn die Gesellschaft den Ausdruck von Emotionen schätzen würde, müßten
wir unsere Emotionen nicht so oft verbergen und umlenken. Emotionale Entladung
ist ein Heilungsprozeß, der das Gehirn von den Beschränkungen befreit, die ihm
durch Schmerz, Angst oder Sorge aufgezwungen wurden. Solange uns diese negativen (und auch unbewußten) Gefühle und die Schatten der Erinnerung, die mit den
Gefühlen einhergehen, beeinflussen, enthalten wir uns das volle Potential unserer
Intelligenz selbst vor.

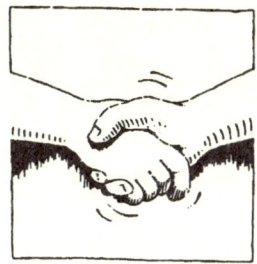

11

Die Freuden der Kooperation

*Die Zusammenarbeit in einer kooperativen Gruppe
fördert ein besseres Familienleben, besseren Unterricht, eine bessere Welt
– und den Erfolg des Einzelnen.*

In der Vergangenheit hielt man Konkurrenz für den Schlüssel zum Überleben und die treibende Kraft hinter allem Fortschritt. Heutzutage tut man das nicht mehr. Trotz seines gegenwärtigen Rufes einer Zauberformel in Geschäfts- und Regierungskreisen gibt es mehr und mehr Beweise, daß zumindest auf der Ebene des Einzelnen Konkurrenz weniger produktiv ist als Kooperation. Und global gesehen wächst das Bewußtsein dafür, daß der Nutzen der Kooperation die Gefahren und das verschwenderische Wesen der Konkurrenz bei weitem überwiegt.

Eine konkurrenzlose Zukunft

Die Konkurrenz mag eine glorreiche Vergangenheit hinter sich haben, aber ihre Zukunft sieht nicht so rosig aus. Noch vor dem Jahre 1900, als nur ein Prozent der Bevölkerung auf Kosten der verbleibenden neunundneunzig Prozent über dem reinen Existenzminimum lebte, war Konkurrenz für das Überleben wahrscheinlich notwendig. Aber innerhalb der letzten Jahrzehnte hat sich diese Situation dramatisch gewandelt.

Die heute verfügbaren Ressourcen und Mittel zur Nutzung dieser Ressourcen könnten der gesamten Weltbevölkerung zu einem ansehnlichen Lebensstandard verhelfen. Leider werden die Ressourcen aber verschwendet, falsch verteilt und in globalem Ausmaß mißbraucht – mit der Folge proportional wachsendem menschlichen Elends.

Aber die Vision einer Welt mit einem politischen System, das unsere gemeinsamen Ressourcen vernünftig und gleich verteilt und das die Menschen zur klugen Nutzung ihrer Ressourcen erzieht, ist denkbar. Eines Tages wird die anfallende Arbeit vielleicht nur noch von einem Prozent der Bevölkerung geleistet, während sich die übrigen neunundneunzig Prozent sozial engagieren, handwerklich tätig sind, sich den Künsten verschreiben, wissenschaftliche Forschungen betreiben und sich anderen Formen spiritueller Nahrung widmen.

Wie wir zu dieser helleren Zukunft kommen, ist hier nicht mein Thema. Allen, die dieser Frage nachgehen möchten, empfehle ich das Buch *Critical Path* von Buckminster Fuller. Hier soll es genügen, darauf hinzuweisen, daß es für uns überlebenswichtig ist, innerhalb der nächsten Jahrzehnte einzusehen, daß Konkurrenz, wie wir sie inzwischen in- und auswendig kennen, durch Kooperation ersetzt werden muß, damit wir unsere Zeit, Energie und Ressourcen vernünftig nutzen können.

Man muß nicht die menschliche Natur ändern

Viele glauben, daß Konkurrenz eine grundlegende Eigenschaft des menschlichen Wesens ist. Das stimmt aber offensichtlich nicht. Die jüngste Forschung auf dem Gebiet der Gewinnstrategien für Spiele hat gezeigt, daß in jeder menschlichen Gesellschaft, in der Menschen langfristige Beziehungen unterhalten, *Kooperation* die beste Strategie ist. Robert Axelrod dokumentiert diese Schlußfolgerung in seinem Buch *The Evolution of Cooperation*, wo er überzeugend argumentiert, daß wir in solchen Situationen am meisten Erfolg haben, in denen wir gezwungen sind, zusammenzuarbeiten. Und in ihrem Buch *Surviving: The Best Game on Earth* nimmt Norie Huddle dasselbe Thema auf: Sie hat viele Menschen interviewt, deren Ideen die Implikationen einer vollständig kooperativen Gesellschaft erforschen.

Wir sind vom Konkurrenzdenken so sehr indoktriniert, daß wir die Tatsache aus den Augen verloren haben, daß selbst in Wirtschafts-Unternehmen Kooperation um einiges effektiver ist als Konkurrenz. Das macht Kooperation zu einer der wichtigsten in der Schule zu lernenden Fertigkeiten.

In Schulen ist Kooperation immer besser als Konkurrenz

Selbst wenn Konkurrenz für Sie während einer Hungersnot überlebenswichtig sein könnte, hat sie in der Schule normalerweise nichts zu suchen. Das gilt besonders für hochgradig konkurrenzfördernde und selektive Privatschulen. Es mag legitim sein, die Anforderungen der Aufnahme-Bedingungen hochzuschrauben, aber wenn der Student einmal angenommen ist, reduziert das gegenseitige Ausgespieltwerden ihr Potential, gute Arbeit zu leisten.

Alle bisher durchgeführten Studien zeigen, daß kooperative Umgebungen effektiver sind als konkurrenzfördernde. Diese vielleicht überraschende Erkenntnis haben David und Roger Johnson gewonnen und in ihrem Aufsatz „The Internal Dynamics of Cooperative Learning Groups" („Die innere Dynamik kooperativer Lerngruppen") bekanntgemacht, der 1985 in *Learning to Cooperate, Cooperating to Learn* von R. Slavin und anderen veröffentlicht wurde.

Die Johnson-Brüder führten eine Reihe von Experimenten in realen Unterrichts-Situationen durch. Sie durchforsteten anschließend die wissenschaftliche Literatur zu dem Thema und fanden ihre Beobachtungen bestätigt. Kooperation war in Lernsituationen nahezu immer deutlich effektiver als Konkurrenz, obwohl in einigen wenigen Fällen die Ergebnisse ungefähr gleich ausfielen. Aber *nicht eine einzige Studie* konnte ein Beispiel anführen, bei dem Konkurrenz zu besseren akademischen Resultaten geführt hätte als Kooperation.

In ihrer Untersuchung darüber, wie guter Unterricht aussehen sollte, beschreiben die Johnson-Brüder ein Bildungssystem, das im Einklang mit den höchsten demokratischen Idealen steht. Ein solches System vermittelt demokratische Konzepte und erzeugt Achtung vor dem anderen, Entschlossenheit, sein Bestes zu tun und ein Gefühl für Fairneß.

Die Implikationen dieses Aufsatzes sind so einschneidend, daß ich gerne einen Teil aus der Schlußfolgerung, die sowohl für Schulen als auch für das heimische Lernumfeld einige praktisch anwendbare Grundsätze bereithält, zitieren würde.

Aus unserer Forschung über die Prozesse, die im Verhältnis von kooperativen Lernerfahrungen sowie (1) Produktivität und (2) zwischenmenschlicher Sympathie zwischen Schülern eine vermittelnde Rolle spielen oder für einen Ausgleich dieses Verhältnisses sorgen, können eine ganze Reihe von Schlußfolgerungen gezogen werden.

Obwohl die Art der Lernaufgabe offenbar keine große Rolle spielt, dürften die Prozesse, die höhere Leistung und Anziehung unter den Schülern fördern, auch die Förderung folgender Qualitäten beinhalten: qualitativ hochstehende Schlußstrategien, konstruktiver Umgang mit Meinungsverschiedenheiten über Ideen und zu ziehende Schlußfolgerungen, intensivere Beschäftigung mit der Aufgabe, ausgefeilteres Informations-Management, größerer Leistungs-Ausgleich unter Gleichaltrigen und die Ermutigung zu zielgerichteten Bemühungen, verstärkte gegenseitige Anteilnahme am Lernen, hilfreiche Interaktion zwischen Schülern unterschiedlicher Leistungsstufen, das Gefühl psychologischer Unterstützung und Akzeptanz, positivere Einstellungen gegenüber verschiedenen Themenbereichen und das Wahrnehmen gerechterer Benotung.

Die Johnsons leiten aus ihrer Arbeit eine Reihe von Implikationen ab, die ich folgendermaßen zusammengefaßt habe:

1. Alle akademischen Aufgaben können kooperativ unterrichtet werden. Je komplexer und intellektueller aber die Aufgabe, desto effektiver läßt sie sich mithilfe kooperativer Lehrprozesse vermitteln.

2. Kooperative Gruppen sollten so strukturiert werden, daß es den Gruppenmitgliedern leichtfällt, Kontroversen offen zur Sprache zu bringen. Respekt gegenüber abweichenden Meinungen sollte gefördert, mit jeder Meinungsverschiedenheit über Standpunkte sollte konstruktiv umgegangen werden, damit alle Gruppenmitglieder von der Auflösung des Konfliktes lernen können.

3. Die Gruppen sollten so geleitet werden, daß es neben der kontinuierlichen Beschäftigung mit dem Lernziel viel Gelegenheit gibt, das Denken mit den untersuchten Konzepten einzuüben und dadurch ein besseres Verständnis für diese Konzepte zu entwickeln.

4. Die Schüler sollten ermutigt werden, einander durch ihre Arbeit zu fördern, stets gutes Feedback über Erfolg oder Mißerfolg zu geben, einander zu motivieren und dafür zu sorgen, daß alle Gruppenmitglieder bei der Sache sind.

5. Wünschenswert ist eine heterogene Gruppeneinteilung. Generell gilt, daß Schüler unterschiedlicher Leistungsstufen besser voneinander lernen als wenn alle auf annähernd gleichem Niveau stehen.

6. Die Unterrichts-Atmosphäre sollte durchweg positive Beziehungen und Gefühle der Akzeptanz unter den Schülern fördern.

7. Da gute Erfahrungen der Schüler eine positive, intensive Beschäftigung auch mit anspruchsvollen Themen fördern, sollten die Schüler ermutigt werden, auch den nächsten Schritt zu machen und jedes Thema auf einem höheren und anspruchsvolleren Niveau zu erforschen.

8. Zusammenarbeit zum Erreichen eines Ergebnisses ist kein Schummeln. Darauf müssen die Schüler immer wieder hingewiesen werden.

Die Auswirkungen von Konkurrenz auf Kinder

Ein hoch-stressiges, konkurrenzförderndes Umfeld stempelt Jack leicht als Jungen ab, der schwer von Begriff ist. Obwohl er möglicherweise wirklich helle ist, spielt er lieber mit Älteren; wahrscheinlich gefällt er sich selbst nicht besonders, oder es fällt ihm schwer, Freundschaften mit Kindern in seinem Alter zu schließen. Weil er keinen Spaß an dem hat, was er macht, ist er prädestiniert dafür, irgendwann total auszubrennen (burnout). Oder er verwandelt in einem Akt der Selbstverteidigung seine instinktive Freude am kontinuierlichen Prozeß des Erwachsenwerdens in eine Folge verhaßter Selbstüberwindungen.

Wenn wir jungen Menschen die Gelegenheit geben, mit ihrer eigenen, individuellen Geschwindigkeit zu reifen, werden sie generell bessere Ergebnisse erzielen, als wenn wir sie mit anderen vergleichen. Wenn wir ihnen aufbürden, miteinander zu konkurrieren, laufen wir Gefahr, sie in gestreßte, gelangweilte und irritierte Übereifrige zu verwandeln, oder sie, durch so viele unvorteilhafte Vergleiche belastet, an sich selbst zweifeln zu lassen. Interessanterweise wurde diese Beobachtung in einer der wahrscheinlich konkurrenzbetontesten Umgebungen auf der ganzen

Welt gemacht: bei den Olympischen Spielen. Diejenigen jungen Spitzenathleten, die unter Konkurrenzdruck besonders gute Leistungen erzielen, sind nicht besonders auf Konkurrenz getrimmt, außer daß sie versuchen, ihre eigenen früheren Leistungen zu überbieten. Sie haben durch ihre Erziehung gelernt, auf ihre persönliche Art ihr Bestes geben zu können, ohne daß sie sich unbedingt mit der Vorstellung quälen müßten, wie wohl die anderen gegen sie abschneiden. Ihr gemeinsamer Nenner sind, unabhängig von ihrer Nationalität, oft und unerwarteterweise Eltern, die eher fördernd und flexibel, aber keine Menschenschinder oder chronisch dominant sind.

Das Ausbrennen in der Kindheit fördern

Heutzutage machen sich viele Eltern Sorgen, ob ihre Kinder an namhaften Universitäten angenommen werden; so setzen sie ihre Kinder fast schon von Geburt an konkurrenzbetonten Situationen aus. Dieses Umfeld vermindert fast unausweichlich die Fähigkeit ihrer Kinder, effektiv zu lernen.

Angefangen bei Tageskrippen, die so selektiv, das heißt konkurrenzbetont, wie möglich sind, pressen diese Eltern ihre Kinder durch private Schulen, karren sie zu kleinen Liga-Wettkämpfen, die sich meistens durch übermäßig betonten Leistungsdruck auszeichnen, und bereiten ihre Kinder generell mit zuwenig Freude an Erfolg, Zufriedenheit, Liebe, Selbstvertrauen, Selbstachtung und ihren Fähigkeiten auf ein Leben voller Unzufriedenheit vor. Sie sind irrigerweise der Meinung, ihre Kinder könnten als Erwachsene vielleicht gezwungen sein, auf der Straße betteln zu gehen, wenn sie nicht schon früh durch eine harte Schule gehen. Manche dieser Kinder, denen nie ausreichend Gelegenheit gegeben wurde, herauszufinden, wer sie eigentlich sind und was sie mit ihrem Leben anfangen wollen, treibt dieser Druck dazu, genau die Alternativen zu wählen, vor denen ihre Eltern sie immer bewahren wollten.

Eltern, die ihre Kinder wirklich auf die „reale Welt" vorbereiten wollen, könnten ihrem Nachwuchs statt dessen ermöglichen, das Leben, wie es wirklich ist, kennenzulernen, indem sie ihre Kinder auf eine Schule in der Nachbarschaft schicken, wo sie viele unterschiedliche Menschen kennenlernen können. Die Kinder können anschließend zu Hause alles, was in der Schule möglicherweise zu kurz gekommen ist, nachholen, indem die Eltern eine intellektuell interessante, anregende und fordernde Umgebung schaffen. Mit den Übungen in Teil Drei sollte das möglich sein.

Lernen, Kindern zu vertrauen

Besonders kleine Kinder wissen oft viel besser, wie man ein kooperatives und reichhaltig förderndes Umfeld schafft. Wenn wir sie beobachten und ihnen erlauben, uns Tips zu geben, können wir etwas darüber lernen, wie die Ereignisse im Leben nahtlos leicht ineinanderfließen können. Mit Kindern zusammenzuarbeiten und ihnen Ressourcen zur Verfügung zu stellen, genügt schon. Kindern dagegen jede Handlung vorzuschreiben, genügt nicht.

Manche Kinder nehmen jedoch schon in jungen Jahren ein ausgeprägtes Konkurrenzverhalten an. Vielleicht ließen ihre frühen Lernerfahrungen in ihnen die Befürchtung aufkommen, daß sie keinen Erfolg haben oder nicht bekommen würden, was sie zum Überleben brauchten. Wenn es Anzeichen für solchen übermäßigen Druck gibt, dann erörtern Sie die Angelegenheit mit dem Kind, indem Sie die Vorteile des Teilens und kooperativer Zusammenarbeit herausstellen. Mit der Zeit sollten Sie in der Lage sein, ein entspannteres Verhalten zu vermitteln, vorausgesetzt, Sie schaffen keine ernsten Verspannungen oder Sorgen wegen dieses Problems.

Von Zeit zu Zeit ist es Zeit für eine „Auszeit"

Zu tun, was sich natürlich ergibt, schließt Perioden schnellen Wachstums und Perioden der Sammlung ein. Ich kenne Highschool-Abgänger, die ein oder zwei Jahre lang herumhingen und eigentlich nichts taten und dann plötzlich die Fähigkeit an den Tag legten, einen Berg anspruchsvoller Arbeit in kurzer Zeit zu leisten. Jemand, der die Gelegenheit hat, sich eine Zeitlang treiben zu lassen, empfindet möglicherweise das Bedürfnis nach Anleitung. Dieses Bedürfnis, sich treiben zu lassen, kann jederzeit auftreten. Es tritt häufig dann auf, wenn sehr viel Wissen und/oder Erfahrung akkumuliert wurde und das Bedürfnis besteht, Zeit zu haben, um alles zusammenzufügen.

Was sie wirklich wollen

Kindern zu ermöglichen, ihren eigenen Weg zu finden, bedeutet nicht, sie einfach ihren Launen zu überlassen – obwohl manche Kinder auch auf sich gestellt gut genug arbeiten. Es bedeutet vielmehr, die Kommunikation über das, was dem Kind einleuchtet und das, was nur den Leuten einleuchtet, die dem Kind vorzuschreiben versuchen, was es tun soll, aufrechtzuerhalten.

Ich habe viel Zeit mit Gesprächen mit jungen Leuten verbracht, und ich habe sie dabei gefragt, was sie von Erwachsenen wirklich wollen. Die Essenz von dem, was ich gelernt habe, ist, daß sie als Menschen für voll genommen werden wollen, als Menschen, die selbst denken können und selbst am besten eine Vorstellung davon haben, was gut für sie ist. Alle jungen Leute, mit denen ich gesprochen habe, waren darüber besorgt, daß sie von Erwachsenen nur selten respektvoll behandelt wurden.

Eine Gruppe wies auf die nachstehenden wichtigen Punkte hin:

1. Die Erwachsenen sollten uns unterstützen, aber uns auch gleichzeitig mehr Freiheit geben und uns zutrauen, diese Freiheit auch verantwortlich zu nutzen.

2. Die Erwachsenen sollten nicht länger versuchen, uns davon abzuhalten, die Dinge so zu sehen, wie sie wirklich sind.

3. Die Erwachsenen sollten endlich aufhören, Ewiggestrige zu sein und anfangen, in die Zukunft zu schauen. (Die Jugendlichen haben den Eindruck, daß Erwachsene zu oft Kommentare machen, die mit „Als ich in deinem Alter war" beginnen, anstatt zu sagen „Vielleicht sehen die Dinge in der Zukunft anders aus als noch zu meiner Zeit".)

4. Wir wollen wie Menschen behandelt werden, und wir haben fast nie das Gefühl, wie Menschen behandelt zu werden.

5. Warum können wir nicht einfach Freunde sein?

6. Warum können uns die Erwachsenen nicht mehr Struktur und Sicherheit im Leben geben? (Damit meinen die Jugendlichen nicht, daß man ihnen vorschreibt, was sie tun sollen, sondern, daß man ihnen eine soziale Struktur aufzeigt, die Sinn macht und ihnen eine verstandesmäßige Erklärung eines „normalen" Lebens bis zu seinem Ende liefert. Jeder zweite Jugendliche geht davon aus, daß die Welt in einem nuklearen Holocaust vernichtet werden wird.)

Wie Sie sehen, wird hier ein großes Verlangen nach einer kooperativen Beziehung zwischen den Altersstufen ausgedrückt. Diese jungen Leute wollten, daß das Leben in Zukunft spannend, streßfrei, vergnüglicher, lohnender, mit weniger Sondermüll belastet ist und weniger Anlaß zu der Angst gibt, schon in jungen Jahren zu sterben. Mir erscheinen diese Ansprüche recht vernünftig. Auf jeden Fall machen sie Sinn im Lichte der Theorie des Integrativen Lernens.

Was möchten die jungen Leute von uns vermittelt bekommen?

Ich wollte aber auch wissen, ob diese jungen Leute das Gefühl hatten, daß es vernünftig sei, Jugendlichen allgemein irgendwelche Beschränkungen oder Grenzen aufzuerlegen oder ihnen bestimmte Richtlinien zu geben. Welchen Rat würden sie selbst ihren Kindern geben, angenommen, sie behielten als Eltern ihre jetzige Sicht des Lebens bei? Nach einem verläßlichen Gefühl für das eigene Sein wurden auch hier Kooperation und Respekt als wichtige Themen genannt:

1. Du solltest tun, was du für richtig hältst und dadurch lernen, deiner Intuition zu vertrauen.
2. Du solltest mehr zuhören als reden.
3. Du solltest lernen, über das, was du hörst und vorhast, nachzudenken.
4. Du solltest Selbstvertrauen haben.
5. Du solltest lernen, dich zu entspannen.
6. Du solltest lernen, die Fähigkeiten anderer zu respektieren.
7. Du solltest lernen, die Weisheit in dir selbst zu finden – du mußt nicht alt sein, um weise zu sein.
8. Du solltest wissen, wie stark sich die Gesellschaft auf Ellenbogen stützt.
9. Du solltest deine Intuition mit rationalem Urteil zügeln.
10. Du solltest Achtung vor allen Menschen lernen.
11. Du solltest das anstreben, was du willst.
12. Du solltest positiv denken.
13. Du solltest lernen, eine Situation aus allen Blickwinkeln zu sehen.

Ich kann nicht garantieren, daß diese Sichtweisen repräsentativ für das sind, was junge Leute wollen, denn sie sind nur das Ergebnis eines Interviews mit einer kleinen Gruppe. Ich kannte diese Gruppe aber vorher nicht, und ich drängte ihrem Denken meine Vorstellungen auch nicht auf.

Vielleicht haben Sie Lust, selbst ein paar junge Leute zu befragen und zu sehen, ob Sie abweichende Antworten erhalten. Lesen Sie ihnen in dem Fall die obigen Antworten vor und schauen Sie, was die Jugendlichen davon halten. Wenn Sie eine Ihrer Meinung nach gute Liste beisammen haben, stellen Sie vielleicht fest, daß Sie bereits alle Punkte der Liste erfüllen. Machen Sie die Probe mit den jungen Leuten in Ihrem Leben und sehen Sie, was sie dazu meinen.

Wie würden Sie sich als Rehjunges fühlen?

Meine Lehrerin in der fünften Klasse hatte immer etwas gegen den Ausdruck „Kids"*. Sobald jemand diesen Ausdruck benutzte, schnitt sie eine Grimasse und pflegte dann zu sagen: „Meinst du junge Rehe?"

Seitdem habe ich mich immer gefragt, welches Ansehen dieser Ausdruck wohl genießt; und wo immer ich die Gelegenheit habe, frage ich junge Leute, wie sie sich fühlen, wenn man sie „Kids" nennt. Die meisten meinen, daß sie es nicht mögen, obwohl sie sich normalerweise darüber keine großen Gedanken machten. Einige haben das Gefühl, daß es zwischen ihnen und demjenigen, der den Ausdruck benutzt, eine Distanz aufbaut.

Ich selbst bin inzwischen allerdings regelrecht allergisch auf den Ausdruck geworden. So ähnlich reagiere ich auch, wenn ich höre, wie ein Bankmanager sagt: „Das Mädchen macht Ihnen die Unterlagen fertig und schickt sie Ihnen zu." Ich meine, daß eine erwachsene Sekretärin kein „Mädchen" ist, und ich meine, daß ein junger Mensch kein „Kid" ist. Andauernder Gebrauch solcher Ausdrücke macht nicht nur diejenigen, auf die sie sich beziehen, kleiner; er verstärkt auch das „kleine" Image in unseren Köpfen.

---

* Der Ausdruck „Kid" bedeutet im Amerikanischen „Kind", allerdings etwas von oben herab und abwertend. Eine zweite Bedeutung ist „Kitz". Anm. d. Übers.

Über die Ethik von Jugendlichen, die ich kannte

Ich finde, daß junge Leute im allgemeinen dazu neigen, sich so verantwortlich zu verhalten wie man es von ihnen erwartet. In einem Milieu, das sie als nicht-verantwortlich ansieht, fällt es zuweilen schwer, Anzeichen dafür zu finden, daß sie doch verantwortlich sind. Aber hier ist bloß eine selbsterfüllende Prophezeiung am Werk. Wenn man jungen Leuten konsistent Vertrauen entgegenbringt, werden sie diesem Vertrauen oft auch sehr schön gerecht.

Obwohl es den weithin verbreiteten Glauben gibt, daß sich ein Gefühl für Ethik nur beim Erklimmen der Stufen des Älterwerdens entwickelt, habe ich festgestellt, daß kleine Kinder manchmal ein bemerkenswert reifes Gefühl für Moral haben. Ich denke, daß ein hochstehendes moralisches Bewußtsein etwas damit zu tun hat, daß man an Menschen anteilnimmt, die man nie getroffen hat und auch nie treffen wird – Menschen beispielsweise, die auf der anderen Seite des Globus verhungern. Ich erinnere mich, daß eine meiner Töchter, als sie kaum sprechen konnte, den folgenden Kommentar über sich selbst abgab: „Ich liebe jeden Menschen auf der Welt – auch die, die ich gar nicht kenne." In ihrem ganzen Leben hat sie sich immer so verhalten, als hätte sie den höchsten Grad auf der Skala ethischer Entwicklung bereits erreicht. Vorausgesetzt, die Kinder haben die Gelegenheit, Menschen kennenzulernen, die ihre Denkfähigkeit verstehen und respektieren und auf einem hohen Verantwortlichkeits-Niveau handeln, bin ich nicht davon überzeugt, daß Kinder ethisches Empfinden stufenweise, also eine Ebene nach der anderen, entwickeln.

Ich denke, daß ein Kind manchmal etwas wahrnimmt, was ihm moralisch falsch vorkommt – dann möchte das Kind, daß seine Eltern die moralische Unzulänglichkeit bestätigen. Einer meiner Cousins beispielsweise stieß in jungen Jahren auf Schriften gegen die Vivisektion. Er war sofort überzeugt, daß es etwas Verwerfliches ist, unnötige wissenschaftliche Experimente an lebenden Tieren durchzuführen und ihnen dadurch mutwillig Schmerzen zuzufügen. Als er versuchte, seine Eltern davon zu überzeugen, putzten sie ihn schnell herunter und schickten ihn heulend und ohne Abendessen ins Bett und behaupteten obendrein noch lautstark, er sei widerwärtig. Vielleicht war er widerwärtig. Aber er versuchte auch, zu artikulieren, was er für eine moralische Wahrheit hielt, und Menschen, die das tun, ecken häufig an.

Manchmal versuchen Kinder also, auf einem hohen moralischen Niveau zu operieren, und nur Erwachsene, die zufällig anderer Meinung sind (oder ihren Horizont nicht von einem Kind erweitern lassen wollen), geben ihnen dann das Gefühl, nicht in der Lage zu sein, überhaupt moralische Werte oder ähnliches artikulieren zu können. Solche Kinder schließen ihren Frieden mit der Welt dann möglicherweise in einem Zustand gefühlsmäßiger innerer Emigration, indem sie sich einem Regreß auf die niedrigste Stufe ethischer Bewußtheit unterwerfen und sich von dort dann Stück für Stück nach oben arbeiten.

Wenn wir also lernen, Kinder respektvoll und kooperativ zu behandeln anstatt sie herumzukommandieren und ihnen irrationale Autorität aufzustülpen, werden wir vielleicht früher höhere und ausgereifte Stufen ethischer und moralischer Einsicht zu sehen bekommen als unter anderen Umständen.

Verhaltensmaßregeln für den Notfall

Eine Freundin berichtete mir kürzlich von einem Abschnitt ihres Lebens, als sie so krank war, daß sie fast ununterbrochen das Bett hüten mußte, obwohl sie ihren siebenjährigen Sohn, für den sie sich keine Betreuung leisten konnte, alleinerziehend zu versorgen hatte. „Mein Sohn zeigte sich der Situation unglaublich schnell gewachsen. Morgens machte er mir Frühstück, er sorgte dafür, daß er pünktlich zur Schule kam, er hielt das Haus sauber und machte alles, was ich nicht machen konnte. Er hatte nie irgendwelche Anzeichen dafür gezeigt, daß er sich so verantwortlich verhalten könnte, aber als ich wirklich Hilfe brauchte, hat er mir wirklich geholfen."

Solche Geschichten von jungen Menschen, die in Notfällen verantwortliches Verhalten zeigen, sind bei armen Familien recht häufig. Wenn keine Erwachsenen da sind, übernimmt das älteste Kind die Rolle der Eltern und kümmert sich um die anderen. Offensichtlich trauen wir Kindern verantwortliches Verhalten oft deshalb nicht zu, weil wir die Dinge so eingerichtet haben, daß junge Menschen fast nie die Gelegenheit haben, zu beweisen, wie verantwortlich sie sein können. Wenn wir ihnen vertrauen, sind sie möglicherweise noch immer nicht-verantwortlich oder machen Fehler. Aber warum geben wir ihnen nicht die Chance, ihre Fehler zu korrigieren und aus ihnen zu lernen, damit sie es in Zukunft besser machen können?

Kooperation und Verantwortlichkeit gehen Hand in Hand, da die Grundlage der Kooperation die Verantwortlichkeit für die übrigen Mitglieder der Gruppe ist. An der Thornton-Friends-Schule lernten die Schüler, derartig kooperativ zu sein, daß einmal, als ein Schüler mit einem Experiment in der Klasse das Konkurrenzdenken der meisten Menschen demonstrieren wollte, das Experiment mißlang, weil alle Schüler entgegen den Erwartungen des Experimentators kooperierten.

Diese Schüler kooperierten nicht nur in der Schule, sondern übernahmen ihr kooperatives Verhalten oft auch aus der Schule in Arbeitssituationen oder andere Schulen. Viele von ihnen waren sehr geschickt dabei, eine Gruppe ganz subtil zu einem kooperativeren Verhalten hin zu manövrieren.

In einer Atmosphäre des Vertrauens zusammenarbeiten

Wenn Menschen verschiedener Altersstufen zusammenkommen, um an einem Projekt zu arbeiten, das ihnen wirklich wichtig ist, werden sie mehr Erfolg haben, wenn man ihrem Denken vertraut und man sich auf sie verläßt. Wenn man ihnen nicht vertraut, werden sie die Aufgabe normalerweise nicht sonderlich schätzen und sie eher schlampig erledigen.

Schulen sollten Orte sein, an denen man lernen kann, gemeinsam mit anderen an wichtigen Dingen zu arbeiten. Auch Familien können so funktionieren. Wenn man schon nicht die Schule ändern kann, kann man vielleicht jedenfalls seine Familie so umgestalten, daß jeder Respekt und Selbstachtung erhält, wenn er tut, was sich ihm ganz natürlich ergibt.

Ich kannte einmal eine achtköpfige Familie, in der Vater und Mutter beide berufstätig und sehr angesehen waren. Sie arbeiteten so gut zusammen, daß sie ihre eigene Opern-AG auf die Beine stellten und jeder darin eine tragende Rolle übernahm (beide spielten exzellent). Als ich bei ihnen eine Woche lang zu Besuch war, fiel mir auf, daß alles ohne sichtbare Absprache wie von selbst funktionierte. Einkaufen, Essenkochen und Saubermachen liefen wie am Schnürchen, mit keiner sichtbaren Arbeits-Zuteilung oder sichtbarer Planung, wer was tun sollte, obwohl ich mir sicher bin, daß es irgendeine Planung gegeben haben muß. In dieser Familie schien man zu erwarten, daß jeder ein bißchen extra beisteuerte.

Eine Familie, die Kooperation bis zu solchem Grad lernt, verfügt über eine Menge kreativer Energie, die ihre Vorhaben interessant und produktiv machen kann. Das gleiche gilt für größere Gruppen. Kooperation voller Spaß ist eine der schönsten Erfahrungen, die wir machen können, vorausgesetzt, man empfindet sie als freiwillig und erwünscht. Solche Kooperation setzt voraus, daß alle Gruppenmitglieder einander respektieren und zusammenhalten und den Bedürfnissen aller anderen so gut wie ihren eigenen dienen. Und genau so sollte es im großen Maßstab auch in der Welt sein.

Teil Drei
Sich ins Lernen verlieben

Wir kommen nun zu einer Zusammenstellung diverser Aktivitäten, die Sie stimulieren sollen, gemeinsam mit Ihren Kindern oder Schülern das noch verborgen liegende Gold alltäglichen Genies in der Schatztruhe Ihrer Familie oder Klasse zu heben. Das Integrative Lernen ist viel mehr als nur eine Methode, eine bessere Meinung von sich selbst zu bekommen; es ist eine Chance, tiefliegende Intelligenzreserven zu entdecken, die man sonst vielleicht nie nutzen würde.

Bei der Beschreibung der Aktivitäten stelle ich sie in den Kontext von Lernsituationen aus meiner eigenen Erfahrung. Auf diese Weise kann ich die Theorie noch ein Stück weiter entwickeln.

Diese Übungen sind nicht für den luftleeren Raum gedacht – sie sollen Ihnen ein wachsendes Wissen über die Theorie und Philosophie des Integrativen Lernens vermitteln, indem Sie einige Prozesse des Integrativen Lernens am eigenen Leibe erleben.

Eine bestimmte Reihenfolge brauchen Sie dabei nicht einzuhalten. (Vielen Lesern machte es Spaß, mit „Das klingt ja ganz plausibel!" aus Kapitel Dreiundzwanzig anzufangen.) Ebensowenig sind meine Anleitungen sklavisch zu befolgen. Denken Sie sich, wenn Sie können, bessere aus.

Wenn Sie eine bestimmte Übung nach einmaligem Ausprobieren nicht nützlich finden, haben Sie die Wahl: vergessen Sie die Übung, untauglich wie sie für Ihre Erziehungs- oder Unterrichts-Bedürfnisse ist, und probieren Sie etwas anderes aus – oder kommen Sie zu der Überzeugung, daß Ihre Schwierigkeiten in Ihrer Unerfahrenheit mit einer solchen Übung begründet liegen und probieren Sie weiter, bis Ihnen die Übung etwas bringt.

Für die Eltern und Lehrer, die über die hier angeführten Übungen hinausgehen möchten, sei hier noch schnell skizziert, wie man Integrative Lernerfahrungen entwerfen kann. Kapitel Vierundzwanzig erklärt, wie man Mind Maps verwendet. Mind Maps sind ein innovativer Ansatz zur Organisation des Stoffes, den Sie vermitteln oder lernen wollen. Das Mind Mapping wird Ihnen nicht nur helfen, die Kernkonzepte, die dem Stoff seine Struktur geben, zu identifizieren; Mind Maps eröffnen Ihnen auch eine ganz neue Sicht auf die Organisation des Stoffes, so daß Sie eine klarere Präsentation des Materials vorbereiten können.

Wenn Sie den Stoff so aufbereitet haben, wollen Sie sicherlich zweierlei tun: (1) ihn in eine Form bringen, die die Phantasie anspricht und (2) ihn im Langzeitgedächtnis verankern. Entwickeln und erklären Sie dazu die Kernpunkte des Stoffes in Form einer Geschichte oder eines Dialogs, die Sie dann vor einem Konzertmusik-Hintergrund laut vortragen können. Entwickeln Sie anschließend (mit mindestens einem Tag Abstand) Aktivitäten um diese zentralen Ideen herum und benutzen Sie dazu Übungen und Fragen wie die in den folgenden Kapiteln.

Um das Üben noch vergnüglicher zu machen, sollten sie nach zusätzlichen Anregungen Ausschau halten, die Übungen noch vergnüglicher zu machen. In jeder Lernerfahrung können Lehrer und Lernende gemeinsam neue Möglichkeiten erforschen.

Ein Test für gute Übungen ist, zu sehen, ob sie ein weitgefächertes Spektrum interessanter und verschiedener Antworten provozieren können. Um zu selbständigem Denken zu erziehen, möchten Sie sicher vermeiden, daß die Schüler bloß *raten*, was Lehrer oder Eltern wohl meinen könnten. Die beste Übung ist einfach, hat ein offenes Ende und ist gleichermaßen interessant für Anfänger wie für fortgeschrittenere Schüler.

12

Warum hast du denn nie ein Wort gesagt?...

Den meisten Menschen wird nie richtig zugehört.
Diejenigen, denen zugehört wird, verbessern ihre Denkfähigkeit.

„Nie hören mir meine Eltern zu", beschwerte sich die Teenagerin in Worten und Tonfall, die ich schon tausendmal zuvor gehört hatte. Manchmal kommt es mir vor, als wüßten Eltern generell nicht, wie man richtig zuhört. Bewahrheitet sich so der alte Spruch, daß man Kinder sehen, aber nicht hören sollte?

„Alice hört uns nie zu", hatte ihre Mutter zuvor am Telefon gemeint. Sowohl Mutter als auch Tochter hatten das Bedürfnis, mit dem dauernden gegenseitigen Unverständnis, das daher rührte, daß sie einander nicht zuhörten, anzugeben. Beide fühlten sich abgelehnt und ziemlich hilflos. Offenbar konnte keine der beiden Frauen lange genug stillsitzen, um herauszufinden, was die andere dachte; beide hungerten selbst danach, daß ihnen jemand zuhörte.

Wir alle hungern nach Aufmerksamkeit

So geht es den meisten. Selten hören wir einander zu – und dabei haben wir selbst ein so großes Bedürfnis nach Aufmerksamkeit, daß es uns schwer und schwerer fällt, anderen zuzuhören. Wir sind der Unaufmerksamkeit müde und zahlen sie anderen mit gleicher Münze heim. Kaum jemandem wird genug zugehört. Man kann durch sein Leben gehen, ohne daß einem jemals jemand fünf Minuten lang am Stück zuhört.

Den Teufelskreis aufbrechen

Daß einem niemand zuhört, ist eine der frustrierendsten Erfahrungen, die es gibt. Aber anscheinend will niemand diesen Teufelskreis gegenseitiger Frustration durch das einseitige Angebot, ganz Ohr zu sein, aufbrechen. Wann haben Sie es das letzte Mal jemandem so richtig zugehört? Haben Sie bemerkt, wie es Sie schon dreißig Sekunden nach dem Beginn einer Unterhaltung juckte, zu sagen: „Ja, das erinnert mich an die Zeit, als ich…"

Dann ist da noch dieser dringende Zwang, Ratschläge oder so mitfühlende Goldstücke auszuteilen wie: „Mensch, tolle Idee! Mach das doch!" oder „Oh Mann, das ist das Schlimmste, was ich je gehört habe. Ich kann gar nicht verstehen, warum du damit nicht aufhörst." Anscheinend meinen wir, daß unsere armen Freunde ohne sofortiges Feedback eingehen und sterben. Es kommt uns nicht einmal in den Sinn, daß diese ständigen Unterbrechungen eine weitaus schlimmere Form von Vandalismus darstellen als das Einwerfen von Fensterscheiben. Scheiben können ersetzt werden. Originäre Gedanken, einmal unterbrochen, sind unter Umständen für immer verloren.

Eine Übung, um Gehör zu finden

Bemerkenswert daran ist, daß es doch so leicht ist, dafür zu sorgen, daß einem jemand zuhört. Alles, was man tun muß, ist, mit jemandem eine Abmachung zu treffen: „Ich höre dir x Minuten zu, wenn du mir dafür auch x Minuten lang zuhörst." Es ist das alte „Eine Hand wäscht die andere"-System, und wir können es einsetzen, wann und wo wir wollen.

Wir nennen diesen Prozeß ein *Denk-und-Hör-zu*. Die Regeln zur Leitung eines *Denk-und-Hör-zu* lauten: Der Zuhörer unterstützt den Sprecher nonverbal, indem er ihm in die Augen schaut. Sie können lächeln, wenn der Sprecher glücklich ist, ernst dreinschauen, wenn der Sprecher ernst ist und verständnisvoll nicken, wenn Sie das Bedürfnis danach haben. SEIEN SIE einfach STILL.

Der Sprecher seinerseits muß den Zuhörenden nicht anschauen. Wenn wir denken, müssen unsere Augen wandern können. Der Sprecher muß auch nicht unbedingt sprechen. Möglicherweise trifft man auch auf Weinen, Lachen und andere Formen emotionalen Ausdrucks, die den Denkprozeß fördern.

Ein unbegrenztes Übungsfeld

Am Tag darauf machte ich einen zweistündigen Spaziergang mit einer Freundin. Das Wetter war schön und die Umgebung reizend. Ich hörte ihr zu, während sie sich über ein persönliches Problem aussprach, für das ich absolut keinen Rat parat hatte. Danach fühlte sie sich besser und schien zu wissen, was sie tun sollte. Dann war ich an der Reihe und machte die gleiche Erfahrung. Wir hatten beide kostenlos eine Therapie im Werte von etwa hundert Dollar erhalten. Ich hoffe nur, daß die Therapeuten-Verbände das nicht herausbekommen.

Sobald Sie etwas Übung beim *Denk-und-Hör-zu*-Spiel haben, können Sie anfangen, die Sitzungen auf spezielle Situationen zuzuschneiden. Manchmal können Sie ganz informell sein und dem anderen einfach nur zuhören. Ihre Freunde werden nicht einmal wissen, daß gerade ein *Denk-und-Hör-zu* stattfindet. Bei anderen Gelegenheiten geht es Ihnen vielleicht um ein bestimmtes Thema. Dann könnten Sie etwa sagen: „Ich höre mir an, wie dein Tag gelaufen ist, wenn du dir auch meinen anhörst".

Denk-und-Hör-zu-Sitzungen können sich besonders bei Meinungskriegen als praktisch erweisen. Sorgen Sie dafür, daß jeder Kontrahent so und so viele Minuten ohne Unterbrechung erhält, bevor der nächste drankommt. Der „Krieg" wird sich dann effektiver zu einer Lösung durchkämpfen, denn Menschen legen ihre Differenzen meistens deshalb nicht bei, weil keiner Gelegenheit bekommt, wirklich zu hören, was der andere sagt.

Die Zeitzuteilung ist Ermessenssache. Anfänger haben vielleicht Probleme mit mehr als drei Minuten. Alte Hasen wie ich und mein Freund nehmen uns eine Stunde pro Schlagabtausch.

Sobald Sie gut darin geworden sind, nicht zu unterbrechen, möchten Sie vielleicht eine aktive Rolle übernehmen und ab und zu reflektierende Ideen oder klärende Fragen einstreuen. Wenn Sie mir beispielsweise lang und breit erzählt haben, wie Sie sich wegen Ihrer Großmutter fühlen, ist es möglicherweise angemessen, wenn ich sage: „Mir als Außenstehendem kommt es so vor, als ob Ihre Großmutter ab und zu vielleicht einfach etwas Aufmerksamkeit braucht." Oder ich könnte fragen: „Meinen Sie, es könnte da etwas geben, was Ihre Großmutter gern hätte, um das sie aber nicht bitten mag?"

Vielleicht brauchen Sie ein wenig Eingewöhnungszeit

Eigentlich ist es ganz leicht, Uneingeweihte in das *Denk-und-Hör-zu*-Spiel einzuführen. Die meisten Menschen stimmen wahrscheinlich zu, wenn ich behaupte, daß ihnen in ihrem ganzen Leben keine fünf Minuten durchgehend zugehört wurde. Aber genauso wahrscheinlich meinen sie auch, daß es ihnen schwerfällt, eine so enorm lange Zeit stillzusitzen, während jemand anderes redet – oder so lange ohne jedes Feedback zu sprechen.

Für manche ist es fast, als müßten sie fünf Minuten lang auf einem Drahtseil tanzen. Sie sind verzweifelt. Sie wollen, daß jemand sagt: „Ist echt okay, daß du das sagst. Du unterhältst mich. Du bist kein kompletter Idiot, auch wenn du dir vielleicht wie einer vorkommst, wenn du so vor dich hinbrabbelst." Wenn diese Menschen keinen Kommentar, der ihnen Sicherheit gibt, als Reaktion erhalten, sterben sie mit Sicherheit vor lauter Verlegenheit.

Wann immer ich von der Verlegenheit höre, die Leute befällt, weil sie nicht unterbrochen werden, sage ich ihnen: „Ja, das erste Mal ist das unheimlich schwer, was? Aber mit ein bißchen Übung sieht das schon ganz anders aus. Meinen Sie, es würde sich lohnen, wenn Sie sich bemühen würden, zu entdecken, wie wertvoll es ist, wenn Ihnen jemand wirklich zuhört und versucht, herauszufinden, was Sie denken?" Die meisten Menschen stimmen mir zu, daß sich das lohnt.

Jeder braucht ab und an eine Gelegenheit, zu denken, ohne unterbrochen zu werden. Das Denken „in Kladde" hilft und schweift leicht ab. Vielleicht kommt es unbeholfen heraus oder so überstürzt wie ein Wasserfall. Vielleicht enthalten diese

Gedanken auch faule Ideen, die noch nicht zu guten geschmiedet wurden. Oder scheinbar gute Ideen, die sich später als irrig erweisen. Der Zuhörer sollte also einfach zuhören und den Sprecher alles ganz allein ausarbeiten lassen. Mit genügend Zeit kann jeder von uns selbst auf die meisten Dinge kommen, vorausgesetzt, wir haben die nötigen Informationen.

Sie können daraus ein Geschäft machen – wie Lucy

Lassen Sie mich Ihnen ein „saftiges Möhrchen mit Stiel" als Wegzehrung anbieten, damit Sie die Durststrecke durchstehen und selbst einmal versuchen, jemandem zuzuhören. Erinnern Sie sich an Lucys kleines Schild „Der Doktor ist da – 5 Cents"? Nun, Sie könnten ja ein eigenes, ähnliches Schild aufstellen, damit man zu Ihnen kommt und Ihnen erzählt: „Ich habe ein Problem." Darauf erwidern Sie dann: „Nehmen Sie Platz und erzählen Sie mir davon." Dann beschreibt man Ihnen detailliert das Problem, während Sie nichts weiter tun als einfach nur zuzuhören. Nach einer Weile meint man dann zu Ihnen: „Haben Sie vielen Dank, Sie haben mir sehr geholfen. Jetzt weiß ich genau, was ich tun muß."

Ich kann Ihnen gar nicht sagen, wie oft ich genau das schon getan habe. Ich habe einen umwerfend guten Ruf als Ratgeber – aber den Rat erteilen für gewöhnlich meine Ohren. Wenn ich mich gelegentlich dazu aufraffe und jemandem einen echten Ratschlag gebe, kommt er normalerweise gut an, aber später finde ich dann meistens heraus, wie fürchterlich er in Wirklichkeit war. Wenn Sie sich also der selbstbefriedigenden Neigung enthalten können, sich durch das Erteilen von Ratschlägen überlegen zu fühlen, können Sie genauso weise sein wie ich – wenn ich mich zusammenreißen kann –, und Sie werden den gleichen guten Ruf haben, anderen bei ihren Problemen helfen zu können. Vielleicht setzen Sie Ihren Ruf dann ja sogar in klingende Münze um.

Doch ein Wort der Warnung: Es ist äußerst wichtig, daß man das Thema einer *Denk-und-Hör-zu*-Sitzung streng vertraulich behandelt, und daß keine Partei etwas von dem, was die andere gesagt hat, preisgibt oder sich darauf bezieht, solange nicht die ausdrückliche Genehmigung dazu erteilt wurde. Ein Vertrauensbruch bei *Denk-und-Hör-zu*-Sitzungen kann Freundschaften zerstören und denen, die sich auf die

Diskretion des Zuhörenden verließen, die problematische und möglicherweise schmerzhafte Dinge offenbart haben, große Unannehmlichkeiten bereiten.

Denk-und-Hör-zu bei der Arbeit und in der Ehe

Denk-und-Hör-zu-Sitzungen lassen sich phantastisch während der Arbeit und daheim einsetzen. Wenn Sie sich bei irgend etwas festgefahren haben, besuchen Sie einfach einen Freund und sagen ihm: „Ich brauche etwas Zeit." Stellen Sie dann Ihre Stoppuhr auf eine vereinbarte Zeit und reden Sie, bis die Zeit um ist. Sie werden immer öfter feststellen, daß Sie allein schon dadurch Ihr Problem überblickt und auch schon fast gelöst haben. Ihr Freund kann sich direkt im Anschluß oder später dann die gleiche Zeit nehmen.

Wenn es in Ihrer unmittelbaren Nachbarschaft niemanden gibt, der Ihnen zuhören könnte, hätte die Telekom sicher nichts dagegen, wenn Sie zum Telefonhörer greifen. Mich ruft häufig jemand an, der einfach nur möchte, daß ich fünf oder zehn Minuten lang dasitze und ihm beim Weinen zuhöre. Einige meiner Freunde führen Ferngespräche für schlappe 1000 DM pro Monat hin und zurück über den Atlantischen Ozean. Und das ist immer noch billiger als Psychotherapie.

Wenn Ihr Mann, Ihre Frau oder Ihr Kind beim nächsten Mal ein Problem hat, dann sagen Sie doch einfach: „Setz dich hin und erzähl mir davon. Jeder von uns hat zehn Minuten." Dann befolgen Sie die Regeln des *Denk-und-Hör-zu*. Schon nach wenigen *Denk-und-Hör-zu*-Sitzungen bemerken Sie wahrscheinlich, daß Ihre Familie jetzt anders miteinander kommuniziert.

Wann immer sich ein ernster Konflikt zwischen Ihnen und einem Familienmitglied anbahnt, geben Sie fünf Minuten in jede Richtung und ergreifen Sie so oft das Wort, bis das Problem vom Tisch ist. Vielleicht dauert das den ganzen Tag, aber es ist der schnellste und wirkungsvollste Weg zu einer Lösung, den ich kenne.

Ein machtvolles Werkzeug

Wie wichtig es ist, jemanden zu haben, der einem zuhört, ist unschätzbar. Ich habe immer wieder beobachtet, wie die Intelligenz meiner Schüler durch bloßes

Zuhören zunahm. Wie sollen wir auch denken lernen, wenn wir es nicht üben? Und was wäre zum Denkenlernen besser geeignet, als jemanden zu haben, der uns dabei zuhört? Können Sie sich vorstellen, daß Sie jemals laufen gelernt hätten, wenn die ganze Zeit über jemand an ihrem Ellenbogen gehangen hätte? Oder angenommen, früher, als Sie sprechen lernten, wäre jedes dritte Wort von einem Älteren verbessert oder modifiziert worden. Wie können Sie also denken lernen, wenn andere ständig versuchen, den ersten, rohen, ungeschliffenen Ausdruck Ihrer Ideen zu verbessern?

Lassen Sie uns das nutzen, um die Intelligenz unserer Art zu erhöhen

Unsere Neigung, andere zu unterbrechen, ist ein weiterer Grund, warum in unserer so unglaublich intelligenten Spezies die Dummheit so weit verbreitet scheint. Im Grunde ist unsere Spezialität das Denken, aber nur wenige Menschen bekommen die Gelegenheit, das auch verantwortlich und unabhängig zu tun. Wie gut könnten wohl Vögel Ihrer Meinung nach fliegen, angenommen, ein anderer Vogel müßte sie unablässig in der Luft halten, ihren Flug korrigieren oder sich sonstwie einmischen? Oder stellen Sie sich vor, Pferde müßten jedesmal, wenn sie galoppieren wollten, vorher um Erlaubnis fragen – nur um dann festzustellen, daß ihr Galoppieren größtenteils nicht einmal den Ansprüchen genügt. Würden Sie einen Hund, der sich erst mit allen anderen Hunden in der Nachbarschaft absprechen muß, bevor er bellt, mit der Verteidigung Ihres Hauses betrauen? Warum sollte jede andere Spezies so ungeheuer viel selbstbewußter bei der Ausübung ihrer ureigensten Spezialität sein als wir?

Hier meine persönliche Garantie

Das alles gäbe es natürlich nicht, wenn wir eine soziale Konvention hätten, nach der wir einander zuhören und jede Idee durchdenken müßten. Diese soziale Konvention allein würde schon die meisten von uns in Genies verwandeln. Ich fordere Sie heraus. Wenn Sie denken, daß ich übertreibe, versuchen Sie das *Denk-und-Hörzu*-Spiel auf einer normalen Basis und sehen Sie, was dabei mit Ihren Denken passiert. Ich garantiere, daß das einen ganzen Haufen Ihrer Probleme lösen wird.

Nehmen Sie sich jetzt einen Augenblick Zeit und denken Sie über Ihre eigene Erfahrung nach. Hat man Ihnen, als Sie aufwuchsen, genug zugehört? Hört man Ihnen heute genug zu? Was ist das für ein Gefühl, jemandem wirklich zuzuhören? Meinen Sie, daß Sie sich damit anfreunden könnten? Fühlen Sie sich unbehaglich, wenn Sie sich vorstellen, daß es so einfach sein könnte, Menschen wirklich zu helfen?

Der Junge, dem endlich zugehört wurde – und wie er wuchs

Mein Schüler Fred war fast unerträglich. Im Unterricht war er nicht einen Augenblick aufmerksam, er machte nie seine Hausaufgaben, war anscheinend total unkreativ und fiel einfach nur lästig. Eines Abends hatten wir dann eine Elternversammlung, zu der auch sein Vater gekommen war. Während des Abends ließen wir alle Anwesenden *Denk-und-Hör-zu*-Sitzungen veranstalten. Danach meinte sein Vater zu mir: „Wissen Sie, all die Jahre habe ich Fred nie zugehört, ohne ihn zu unterbrechen. Daran werde ich wohl was ändern müssen."

In der nächsten Woche erzählte mir Fred, daß er eine Geschichte über ein Geheimnis schreiben und dafür meine Hilfe in Anspruch nehmen wollte. Das war schon ein Geheimnis für sich. Ich hatte ihn vorher nie mehr als einen Absatz schreiben sehen, und nie einen interessanten dazu. Aber an diesem Tag brachte er drei Seiten mit, die er schon geschrieben hatte. Ich hörte ihm also zu, während er die Geschichte in Gedanken weiterentwickelte. Schon wenige Tage später war sie fertig. Er hatte über fünfundzwanzig Seiten geschrieben. Ich wünschte, ich hätte eine Kopie dieser Geschichte. Ich würde sie in diesem Buch veröffentlichen und sie allen Vätern widmen, die sich endlich dazu durchringen, ihren Söhnen zum ersten Mal richtig zuzuhören.

13

Ich bin froh, daß du geboren wurdest, weil...

Wenn wir Gutes über uns hören, werden wir klüger.
Anderen Menschen Gutes über sie zu sagen, macht uns ebenfalls klüger.

Albert war einer der kontraproduktivsten jungen Männer, die ich jemals getroffen habe. Er wurde an der Thornton Friends School zu spät im ersten Halbjahr eingeschrieben; er konnte also keine Note für das Halbjahr bekommen, und er wurde noch vor Ablauf des zweiten Halbjahres der Schule verwiesen. Er hat also niemals überhaupt eine Note für etwas bekommen, was wohl nur recht und billig war, weil er nie etwas getan hat.

Am Tag nach seinem Verweis rief sein Vater an und dankte mir dafür, daß ich ihn vom Unterricht ausgeschlossen hatte. Das hielt mich nicht davon ab, mich schuldig zu fühlen wegen der Eltern, die ein Jahres-Schulgeld für nur wenige Monate der Inaktivität und vergeudeten Zeit ihres Sohnes bezahlt hatten.

Jetzt habe ich jedoch keine Schuldgefühle mehr. Vier Jahre später erhielt ich einen weiteren Anruf von dem Vater: „Ich wünschte wirklich, Sie könnten zur High-School-Abschlußfeier meines Sohnes kommen", sagte er. „Er ist einer der besten Schüler in der Geschichte der Schule. Er hat Hervorragendes auf literarischem Gebiet geleistet und möchte nun eine Karriere als Englisch-Dozent machen."

Natürlich fragte ich mich, was da wohl geschehen sein und diese wundersame Verwandlung bewirkt haben mochte.

„Sie sagten ihm, daß er es könne", meinte der Vater. „Das wichtige dabei ist, daß er Ihnen glaubte. Nachdem Sie ihn hinausgeworfen hatten, entschloß er sich, aktiv zu werden und sich zu engagieren. Es hat geklappt. Es hat wirklich geklappt."

Der Billionen-Dollar-Klau

Aber warum sollte dieser offensichtlich begabte junge Mann bis zur neunten Klasse warten müssen, bis ihm einmal ein Lehrer sagt: „Du kannst das"? Und warum sollten Millionen andere Kinder das nie hören?

Diese Geschichte ist kein Einzelfall. Häufig höre ich von Eltern, daß niemand ihrem Sohn oder ihrer Tochter gesagt habe, daß sie zu etwas taugen würden, bis ich des Weges kam. Manchmal fühle ich mich wie eine Ein-Mann-Armee, die die von Horden unsensibler Lehrer verursachten, im Lebenshintergrund meiner Schüler aufgetürmten Verwüstungen beseitigen muß.

Aber warum sind diese Lehrer so unsensibel? Warum bestärkt nicht jeder Lehrer seine Schüler im Glauben an ihre Fähigkeiten? Weil uns beigebracht wurde, nicht an uns selbst, und ebensowenig aneinander zu glauben. Die Erfahrung mit der enormen Menge an Kritik, die man an uns übt, wenn wir größer werden, läßt uns allmählich glauben, daß man jemanden nur verbessern kann, indem man ihn kritisiert. Ich frage mich manchmal, wieviel genau dieses Stück kulturellen Wahnsinns die Nation wohl Jahr für Jahr an entgangener Geisteskraft und Produktivität kostet. Ich bin sicher, daß es mindestens in die Billionen Dollar geht. Vielleicht ist es Zeit, das zu ändern.

Wie Rebecca nett zu sich selbst war

Nach der Abschlußfeier des ersten Jahrgangs unserer Schule dankte mir eine Mutter dafür, daß wir dazu beigetragen hatten, in der Einstellung ihrer Tochter eine Kehrtwende um 180 Grad einzuleiten. „Solche Dinge passieren nicht einfach", meinte sie, „aber es *ist* passiert". Ein wichtiger Teil dieser Kehrtwende war wie folgt verlaufen: Einmal hörte ich, wie Rebecca etwas Gehässiges über sich selbst sagte, und ich stellte sie deswegen zur Rede. „Du kannst *mich* kritisieren, soviel zu willst,

Rebecca", sagte ich, "aber ich will nie wieder hören, wie du dich kritisierst. Du bist einfach zu gut dafür."

Gilda darf nicht mehr schauspielern

Andererseits erinnere ich mich an die Zeit, als Gilda, die Tochter eines Freundes, an einem meiner Workshops teilnahm. Als sie nach Hause kam, platzte sie beinahe vor Begeisterung über die neuen Möglichkeiten, die sie in der Schauspielerei sah. Ihr Vater und ich standen zu der Zeit in Kontakt, und so bekam ich alles mit, was geschah. Gilda machte den Fehler und teilte ihre Begeisterung mit ihrem Vater, der sie daraufhin mit Kritik regelrecht überschwemmte. Kurz darauf verließ sie einfach den Kurs, mit hängenden Schultern und langem Gesicht – soviel zu Gildas Schauspielerei.

Erfolg ist nicht sehr gefragt

Es ist wirklich nicht schwer, jemandem zu sagen, daß er gut sein kann. Natürlich muß man es auch *meinen* – man muß an den Menschen *glauben*. Aber alle von uns wurden mit der Fähigkeit geboren, sehr erfolgreich zu sein, und alles, was dazu wirklich nötig ist, ist die richtige Art der Förderung. Stopfen Sie Ihre Kinder voll mit Lob für deren Erfolge und lassen Sie das Leben selbst für den Umgang mit Kritik oder Mißerfolgen sorgen. Wir sind so beschäftigt damit, unsere Kinder vor der Schule harter Rückschläge zu bewahren, daß wir am Ende selbst zu dieser Schule harter Rückschläge werden, schon, um sie das Einstecken üben zu lassen. Das ist nicht fair. Unsere Kinder sind klug genug, selbst Erfahrungen zu machen, auch dann, wenn wir selbst es nicht waren. Ein Freund, von Beruf Schriftsteller, erzählte einmal, wie er einen Test machte, der ihm helfen sollte, einen Beruf zu wählen. Ihm wurde nur eines empfohlen, und zwar, nicht Schriftsteller zu werden. Aber er ließ sich nicht beirren und wurde dennoch Schriftsteller, und er ist sehr erfolgreich damit. Lassen Sie also Ihre Kinder selbst herausfinden, wo ihre Grenzen liegen und erfinden Sie aus Ihren eigenen Enttäuschungen im Leben heraus keine künstlichen Grenzen, die nichts mit Ihren Kindern zu tun haben.

Eine Übung – drehen Sie den Spieß um

Wenn Sie sich das nächste Mal über etwas beschweren oder hören, wie sich jemand anderes in Ihrem Haus über etwas beschwert, dann würgen Sie die Beschwerde an Ort und Stelle ab, und vereinbaren Sie folgendes: Jede Beschwerde muß mit irgend einer positiven Bemerkung ausgeglichen werden. Jeder, der sich nicht daran hält, muß eine Strafe bezahlen – einen Cent, einen Dollar, tausend Dollar – wieviel auch immer angemessen ist. (Sie können das Geld beispielsweise in einen Urlaub investieren.)

Nachdem sich das eine Weile eingespielt hat, gehen Sie dann zum nächsten Schritt über. Rufen Sie einen *Keine-Beschwerde-Tag* aus. Machen Sie das einmal jeden Monat. Jeder, der sich an diesem Tag auch nur einmal beschwert, bezahlt eine Strafgebühr. (Es ist immer möglich, die in einer Beschwerde enthaltene Information auf positive und fördernde Weise zu vermitteln.)

Der monatliche *Keine-Beschwerde-Tag* kann sich nach drei oder vier erfolgreichen Monaten auf zwei *Keine-Beschwerde-Tage* pro Monat ausdehnen. Machen Sie nach und nach immer mehr *Keine-Beschwerde-Tage*, bis es nur noch einige wenige, sorgfältig ausgewählte Zeiten im Monat gibt, an denen man sich überhaupt noch beschweren darf.

Verstehen Sie mich nicht falsch. Manchmal ist es durchaus wichtig, sich zu beschweren, anderenfalls laufen wir Gefahr, unkritisch zu werden und Dinge hinzunehmen, die wir nicht hinnehmen sollten. Aber Beschwerden nützen niemandem etwas, solange sie nicht vernünftig vorgebracht werden.

In unserer Schule fanden wir es sinnvoll, etwa in der Mitte des Jahres ein oder zwei Tage zu reservieren, an denen sich alle Schüler den ganzen Tag lang über die Schule beschweren konnten. Nach ein paar Stunden, wenn sich die Schüler ihre Beschwerden vom Herzen geredet hatten, fingen sie im allgemeinen an, positiver zu denken und Lösungen für die Probleme, über die sie sich beschwert hatten, in die Wege zu leiten. Zeit und Ort für verantwortliche Beschwerde zu finden, ist dafür ein erster Schritt.

Das *Ich-bau-dich-auf*-Spiel

Die Kunst des Stichelns ist der Motor unserer Zeichentrick-Industrie, unserer gewalttätigen Comics, unseres politischen Systems und des unbeschwerten Spaßes auf Teenager-Feten und Cocktailpartys. Was sich liebt, das neckt sich, heißt es, und in manchen Familien sind Sticheleien sogar das Hauptgesprächsthema.

Man mag noch so sehr lachen, wenn man wegen seines krausen Haares, des kahlen Fleckes auf seinem Nasenrücken, seiner Vorlieben, seines Lumpen-Looks etc. gepiesackt wird – das Unbewußte findet das überhaupt nicht spaßig. Das Unbewußte kann den Unterschied zwischen einer freundschaftlichen Frotzelei und einer ernstgemeinten Attacke nicht erkennen, da es keinen Sinn für Humor hat – es neigt dazu, alle Sticheleien als Handlungsanweisungen zu speichern. Die Angewohnheit, sich selbst schlecht zu machen („Ich kann nicht zeichnen") bringt also gern eben die Eigenschaften hervor, die wir so halb im Scherz beschreiben.

Die Angewohnheit, uns und andere niederzumachen, ist sozial so tief eingegraben, daß wir lernen müssen, wie man den Prozeß wieder umdreht. Glauben Sie mir als Ex-Stichler erster Klasse, daß der Quell der Heiterkeit nicht versiegen wird, wenn Sie beginnen, zu Menschen wie selbstverständlich nett zu sein. Es gibt so viel zu lachen, auch ohne daß man auf subtile Weise versucht, Freunden ein schlechtes Gefühl zu geben.

Das *Ich-bau-dich-auf*-Spiel ist eine fröhliche Art, Schluß mit dieser Gewohnheit zu machen. Es macht Spaß, ist einfach zu spielen und hilft besonders Familien, in denen die Stichelsucht grassiert. Das Spiel wird mit Hilfe kleiner Sketche gespielt. Einer kann beispielsweise so tun, als hätte der zweite ihn versehentlich umgerannt. In der ersten Version des Sketches sticheln die beiden genauso kreativ gegeneinander, wie sie es gewohnt sind. In der zweiten Fassung sagen sie einander nur nette Dinge.

Wie bei jeder Sucht macht man unter Umständen Entzugserscheinungen durch, während man lernt, einander nicht mehr herunterzuputzen. Falls sie ihre Kinder nicht ständig an ihre Fehler erinnern, so die Sorge mancher Eltern, könnten ihre Kinder womöglich nie in der Lage sein, sich selbst zu entdecken. Geschwister fürchten zuweilen endlose gegenseitige Vergeltungsaktionen. Zu lernen, nett zueinander zu sein, fällt anfangs vielleicht schwer. Aber wenn alle durchhalten, wird das Ergebnis der Mühe Wert sein.

Der Triumph des Geburtstags-Kreises

In unserer Schule entwickelten wir eine wundervolle Methode, um dafür zu sorgen, daß alle Schüler die Gelegenheit bekamen, zu erkennen, wie gut sie waren. Das einzige, was mich an dieser Technik überrascht, ist, daß sie nicht schon vor Jahrhunderten erfunden worden und gleich zum Stamm-Menü auf Kinderpartys avanciert ist. Sie wird *Geburtstags-Kreis* genannt.

Ein *Geburtstags-Kreis* geht so: das Geburtstagskind setzt sich in die Mitte eines von den Anwesenden gebildeten Kreises, und jeder von ihnen sagt dem in der Mitte Sitzenden: „Ich bin froh, daß du geboren wurdest, weil…" und vollendet den Satz mit dem, was er an diesem Menschen am liebsten mag. Niemand darf die Aussage mit einem Kommentar wie: „Als ich dich damals traf, dachte ich, du wärst ein Freak, aber jetzt merke ich, daß du echt in Ordnung bist" relativieren. Man darf sich auch nicht selbst schlechtmachen: „Ich wünschte, ich könnte China-Drachen nur halb so gut bemalen wie du." Weiterhin muß das Kompliment aufrichtig gemeint und für denjenigen, der es hört, glaubwürdig sein. Dies ist nicht die Zeit für sinnentleertes Süßholzraspeln. Und das Geburtstagskind muß das alles ohne ein Wort zu sagen in sich aufsaugen.

Teenager können auch Menschen sein

Wenn Sie eine Gruppe von etwa dreißig Teenagern sehen könnten, die diesen Prozeß erleben, würde Ihr Glaube an die Zukunft der Welt aufblühen. Weit entfernt vom Sarkasmus und der emotionalen Defensivhaltung, die diese Altersgruppe so häufig charakterisiert, würden Sie von allen geteilte ehrliche und weise Kommentare zu hören bekommen.

Zuneigung, Umarmungen, selbst Tränen sind die Regel bei Geburtstags-Kreisen. Teenager sind häufig deshalb so albern, unausstehlich und aufsässig, weil unsere Kultur das von ihnen erwartet und ihnen beibringt, so zu sein.

Manchmal sind diese Erwartungen wirklich empörend. Zwei unserer Schülerinnen wären bei einem unverschuldeten Autounfall beinahe ums Leben gekommen. Keine von ihnen hatte jemals Drogen genommen. Als eins der Mädchen wieder zu Bewußtsein kam und ihr mit grober Hand Glassplitter aus der Haut gezogen wurden, hörte es die Krankenschwester sagen: „Das wird Euch lehren, bedröhnt durch die Gegend zu kutschieren."

Probieren Sie bei Ihrer nächsten Geburtstagsparty doch einmal einen *Geburtstags-Kreis*. Machen Sie ihn zum Höhepunkt des gesamten Festes. Lassen Sie alle Platz nehmen und erklären Sie ihnen kurz, wie sie es machen sollen. Erzählen Sie ihnen, wieviel Spaß das machen wird.

Wie man anderer Leute Partys aufmöbelt

Und verschonen Sie auch nicht Ihre erwachsenen Freunde. Wenn ich zu einer Party komme, die zu Ehren von jemandem gegeben wird, schlage ich normalerweise mit hervorragenden Ergebnissen einen *Geburtstags-Kreis* vor. Stellen Sie sich vor, Dagwood geht nach zig Jahren im gleichen Büro in den Ruhestand, und sein Chef, statt ihm eine goldene Uhr zu schenken, läßt alle aus dem Büro auf dem Boden Platz nehmen und Dagwood erzählen, wie sehr in den ganzen Jahren alle seine Sandwiches geliebt haben?

Wenn Sie meinen, daß die Leute das nicht mitmachen, täuschen Sie sich. Jeder hält Ausschau nach Vorwänden, um Lob auszuteilen und zu erhalten. Es passiert mir selten, daß ich einen *Geburtstags-Kreis* anleiere und ich nicht mindestens ein Dutzend Leute heulen sehe, während sie einander sagen, was sie sich immer schon sagen wollten und wozu sie sich vorher nie sicher genug gefühlt haben.

Geben Sie uns nur eine halbe Chance, und wir werden uns lieben

Der Schlüssel hierbei ist *Sicherheit*. Menschen lieben einander von Natur aus, wenn sie nicht unter negativen, unter unglücklichen Umständen erworbenen Gefühlen leiden. Wir müssen diese Liebe ausdrücken, und *Geburtstags-Kreise* sind eine ausgezeichnete Methode, sich das zur Gewohnheit zu machen. *Geburtstags-Kreise* sind für denjenigen, der Lob verteilt, ebenso wichtig wie für den, der das Lob empfängt – wir müssen uns von der Seele reden, wie sehr wir andere Menschen lieben, bewundern und respektieren.

Jetzt sind Sie auf der Empfängerseite des Lobes

Denken Sie darüber nach, wie Sie sich dabei fühlen, gelobt statt kritisiert zu werden. Haben Sie Schuldgefühle? Halten Sie es für etwas Fürchterliches, eine gute Meinung von sich selbst zu haben? Denken Sie, daß derjenige, der Sie lobt, nur versucht, Sie zu manipulieren? Würden Sie gern öfter gelobt werden? Denken Sie, daß Sie sich noch um einiges steigern könnten, wenn man Sie für gute Arbeit genügend lobt? Sind Sie stoisch, berühren Sie solche Dinge nicht? Ist es so am besten? Ist jeder so?

„Gott ist nicht glücklich, wenn ich glücklich bin"

Vor einigen Jahren litt eine Bekannte von mir an Panikanfällen und fragte sich, was diese Anfälle wohl auslösen würde. Wir sprachen stundenlang über das Problem, bis wir endlich über einen entscheidenden Hinweis stolperten. Es schien, als würde meine Freundin vor einer neuen Herausforderung in ihrem Leben stehen und glauben, daß sie sie nicht annehmen sollte.

„Meine Eltern sagten mir: Wenn ich Gott dienen wolle, solle ich nach China auswandern und Missionarin werden", meinte sie. „Ich wollte nie eine Missionarin sein. Ich würde gerne ein neues Forschungszentrum für theoretische Physik eröffnen. Ich habe deswegen Schuldgefühle, weil das etwas ist, was mir Spaß macht."

„Ich kann wirklich nicht für Gott sprechen", meinte ich, „aber wenn ich Gott wäre, würde ich die Dinge so arrangieren, daß die Menschen genau *das* gern tun wollen, was ich sie tun lassen wollte. Glaubst du, daß Gott nicht will, daß du Menschen hilfst, die Geheimnisse des Weltalls zu verstehen, aber will, daß du in einen fremden Erdteil latschst und dort etwas machst, was du im Grunde nicht ausstehen kannst?"

Natürlich hatten die Eltern meiner Freundin wahrscheinlich nie von ihr verlangt, Missionarin zu werden. Aber irgendwie hatte sie den Eindruck, daß alles, was sie tun wollte, was ihr ein gutes Gefühl für sich selbst gab, was ihr Ansehen in der Gemeinschaft und ihr die besondere Anerkennung der Menschen, mit denen sie arbeitete, verschaffte, falsch sei. Es war falsch, einfach, weil sie Spaß daran hatte.

Als meine Freundin erkannte, was sie sich selbst antat, fühlte sie sich viel besser und begann auf der Basis dessen, was sie wirklich tun wollte und am besten konnte, neue Pläne zu schmieden. Dabei mußte sie allerdings zugeben, daß sie ein feiner

und wirklich bemerkenswerter Mensch ist. Ich glaube, sie hatte damit Schwierigkeiten, denn sie hatte aufwachsen müssen, ohne je etwas Positives über sich zu
hören. Ganz offensichtlich hätten ihre Eltern ihrem Leben eine völlig andere Wendung gegeben, wenn sie ihr ab und zu gesagt hätten: „Louise, du bist ein wundervolles Mädchen, und wir sind wirklich stolz auf dich". So wie es aussah, hatte sie das
– wenn ihre Eltern es überhaupt je gesagt hatten – nicht gehört.

Jährlich veranstaltete Geburtstags-Kreise hätten diese Situation wesentlich korrigieren und in ihrem Leben einen gewaltigen Unterschied zum Besseren machen
können.

Schulentlassung – einmal anders

Lassen Sie mich berichten, wie Abschlußfeiern an der Thornton Friends School
normalerweise aussahen. Ich muß dem vorausschicken, daß unsere Abschlußjahr-
gänge nie mehr als fünfzehn Schüler umfaßten, so daß Sie den Jahrgang in kleinere
Gruppen aufsplitten müßten, wenn Sie vorhaben, etwas Ähnliches in einer größeren Institution durchzuführen. Vielleicht könnte diese Aktivität Teil der Übungen
im Vorfeld des Abschluß-Zeremoniells werden.

Wir befinden uns also in einem von hunderten von Kerzen erleuchteten Raum.
Die Abgänger kommen in zwei Reihen herein und nehmen ihre Plätze in der
Zuhörerschaft ein. Dann kommt jeder der Reihe nach in den vordersten Gang und
nimmt, das Gesicht zu den Zuhörern gewandt, Platz. Eine Zeitlang kann jeder, der
möchte, etwas sagen.

Das ist der Zeitpunkt, da Eltern, Freunde und manchmal sogar Fremde aufstehen und Dinge wie: „George, deine Mama und ich sind so stolz auf dich, und wir
möchten einfach nur, daß du das weißt" sagen. Oder: „Mensch, Bill, weißt du noch,
die Nächte, wo wir so spät noch aufwaren und Probleme wälzten? Ich werde nie vergessen, wie du mir einmal geholfen hast, was ich mit meiner Schlangen-Sammlung
machen sollte. Du hast mir in diesem Jahr wirklich geholfen, Bill." Oder Humor-
volles wie: „Schätze, du wirst Dir jetzt ein neues Moped zulegen müssen, Amy. Die
Jungs auf dem College wollen bestimmt keins, das so antiquiert ist wie deins." Wenn
die Zeremonie vorbei ist, bleibt normalerweise kaum ein Auge trocken. „Was für

eine wundervolle Schule", sagen die Leute, wenn sie gehen. „Diese jungen Leute wissen wirklich, wie man einander liebt."

Einander lieben ist nicht das einzige im Leben, aber wozu ist der Rest gut, wenn wir nicht einmal das tun?

14

Die kleine Miss Muffet – mit Anmerkungen

*Der wundervollste, in jedem Geist vergrabene Schatz. Wenn wir lernen,
Verbindungen herzustellen und unter die Oberfläche zu sehen,
können wir diesen Schatz heben.*

In den letzten zwei Kapiteln haben wir uns damit beschäftigt, wie (1) Zuhören unsere Denkfähigkeit verbessert und (2) unser Selbstvertrauen zumindest teilweise davon abhängt, daß wir hören, daß andere Vertrauen in uns haben.

Jetzt kommen wir zur Sache, ein Experte darin zu werden, phantasievoll, kreativ und unabhängig mit dem Stoff, den uns das Leben bietet, umzugehen. In diesem Kapitel werden wir uns mit dem Lesen befassen – aber nicht mit dem Lesen, das nur Echo von Worten ist. Ob Wörter dabei eine Rolle spielen oder nicht – unser Geist liest ständig. Diese Art Lesen wurde uns schon in die Wiege gelegt, aber möglicherweise haben wir gelernt, nie auf diese Weise zu lesen.

Von einem Kleinkind zu lernen, stellt Ihr Denken wirklich auf die Probe

Sie können selbst Freude daran haben, Ihr Kind zu dieser Art Lesen anzuleiten. Bei den Konversationen, die sich im Anschluß ergeben, stellen Sie möglicherweise fest, daß Sie selbst auch besser lernen, wie man denkt. Dieser Nutzen wird sich für Sie al-

lerdings erst dann einstellen, wenn Sie aufmerksam beobachten, auf welch einzigartige Weise Kinder beobachten und denken. Zu lernen, wie man sich mit Kindern
unterhält und mit ihnen phantasievolle Spiele spielt, ist eine weit größere Herausforderung und weit wichtiger als der Entwurf von Raketen, die das äußere Weltall
durchkreuzen oder die Neuplanung innerstädtischer Verkehrsflüsse. Hier erforschen wir den inneren Weltraum – eine Gelegenheit zur Neustrukturierung Ihres
Gedankenflusses.

Wenn es also Zeit für die Gutenacht-Geschichte wird, dann nähern Sie sich
Ihrem Kind mit dem gleichen Geist der Neugier, gelassenen Erwartung und Vorher-
bestimmung, mit dem sich schon die alten Griechen dem Orakel von Delphi näherten. Wie das Orakel gibt auch Ihr Kind vielleicht scheinbaren Unsinn oder nicht-
dechiffrierbare Rätsel von sich, aber wenn Sie aufmerksam zuhören, werden Sie
vielleicht merken, wie viele weiterführende neue Möglichkeiten dabei an die Oberfläche Ihres Denkens perlen.

Dinge, die nur Kinder sehen

Als Kinder nehmen wir in unserer Umgebung vieles wahr, das sich von dem, was die
Erwachsenen in unserer Umgebung sehen, unterscheidet. Wenn wir von diesen Erlebnissen berichten, erhalten unser Intellekt und unsere Kreativität manchmal
regelrechte Energieschübe. Lesen Sie zum Beispiel einmal die ersten Seiten des *Kleinen Prinzen*, wo das Kind das Bild einer von einem Elephanten verschluckten Boa
Constrictor zeichnet – die Erwachsenen sehen in diesem Bild nur einen Hut.

Wenn wir größer werden, geben wir unsere besonderen Wahrnehmungen, und
damit uns selbst, auf. Der Verlust besteht in der Fähigkeit des Geistes, mit der Erfahrung ausreichend zu *spielen*, so daß er die Adern der Bedeutung, die unter der Er-
fahrungsebene ausstrahlen, aufspüren kann. Auf einer Ebene ist dieses Spielen eine
Form des **Symbolisierens**. Symbolisieren stellt eine Möglichkeit dar, auf die abstrakte Bedeutung von Dingen zu reagieren. Auf einer weiteren Ebene ist dieses
Spielen ein **Tiefen-Strukturieren** bzw. das Einfügen von Details, die das Bewußtsein normalerweise als zu banal ansieht und infolgedessen ausläßt. Schauen wir
einmal, wie sich diese Ebenen in einem einfachen Satz auswirken.

Goldgraben in Sätzen

Nehmen Sie beispielsweise an, ich würde zu Ihnen sagen: „Geben Sie mir meinen Hut." Diese gewöhnliche, gradlinige Aufforderung könnte, wenn sie in einem Traum auftauchen würde, mein Bedürfnis symbolisieren, mich in Ihrer Gegenwart zu bedecken und zu schützen. In diesem Zusammenhang könnte ich die Szene aus Shakespeares *Anthony and Cleopatra* anführen, wo die Königin, die sich gerade das Leben nehmen will, mit den Worten anhebt: „Den Mantel gib, setz mir die Krone auf." Sie macht Staat für die letzte Behauptung ihrer Würde, indem sie den Tod entwürdigender Gefangenschaft vorzieht.

Man kann einen Satz auch erforschen, indem man zur Aufdeckung seiner Tiefenstruktur seine Implikationen herausarbeitet. „Geben Sie mir meinen Hut" impliziert beispielsweise, daß es hier zwei von uns gibt, daß ich meinen Hut im Augenblick nicht habe, während Sie vermutlich Zugriff auf ihn haben, daß ich das Gefühl habe, in einer Position zu sein, Sie auffordern oder Ihnen befehlen zu können, ihn mir zu geben, daß ich nicht so höflich sein muß, „Bitte" zu sagen, und so weiter. Mit anderen Worten: immer, wenn wir zuhören oder sprechen, verstehen wir simultan zahlreiche klare und offensichtliche Implikationen, die wir uns nur sehr selten bewußt machen. Wenn diese Implikationen nicht klar wären, würden wir durcheinanderkommen und den Gesprächsfaden verlieren.

Vielleicht sind das Symbolisieren und das Tiefenstrukturieren genau die beiden Prozesse, die unser Denken so spezifisch menschlich machen. Auf jeden Fall kann man sie immer verbessern. Meistens kommen wir gut genug so zurecht, neigen aber dazu, uns nur dort über etwas im klaren zu sein, wo wir uns ohnehin auf vertrautem Boden bewegen. Unsere Verständnisprobleme rühren wahrscheinlich daher, daß uns die symbolische Bedeutung entgeht oder wir uns über die Tiefenstruktur nicht im klaren sind.

Wenn Symbole und Tiefenstruktur genügend durcheinandergeraten, führt uns das geradewegs in Konflikte, Scheidungen, gewalttätige Tumulte und Krieg. So lange mein Garten Ihr Reich des Bösen ist, ist es schwer, Sie zu überreden, doch einmal zu einem Barbecue herüberzukommen.

Der Fall des willfährigen schwarzen Schafes

Vor vielen Jahren kam eine besorgte Mutter zu mir: „Mein Sohn ist an der Universität angenommen wurden", meinte sie, „aber nur unter der Bedingung, daß er einen Sommerkurs zur Verbesserung seiner Studierfähigkeit absolviert. Er war noch nie ein guter Schüler, und das können wir einfach nicht verstehen. Der Rest unserer Familie sind allesamt akademische Überflieger."

Manchmal ist das schwarze Schaf der Familie psychologisch in der Rolle des Sündenbockes gefangen. Bevor das Sündenbockdasein nicht aufhört, fällt es diesem Menschen schwer, erfolgreich zu sein. Richard schien jedoch lernwillig. Er war nett und bereit, zu arbeiten. Er schien nur nicht besonders intelligent zu sein. Seine Mutter bat mich, die Rolle seines Tutors zu übernehmen und zu sehen, was ich tun konnte.

Richards glänzende Augen und sein gewinnendes Lächeln signalisierten seine Bereitschaft, zu gefallen. Er wartete immer, bis ich ihm sagte, was er tun sollte. Seine freundlichen Bemerkungen waren bemerkenswert für ihre Sinnentleertheit, und eine längere Konversation mit ihm konnte depressiv machen. Ich erkannte bald, daß er nicht verstehen konnte, was unter der Oberfläche der Erfahrung lag. Ich wollte sehen, ob ich ihm helfen konnte, mit mehr Tiefe und geistiger Durchdringung zu beobachten.

Ich zeigte ihm also ein Bild, auf dem ein Boot in der Mitte eines ruhigen und schönen Sees zu sehen war und fragte ihn: „Was siehst du in diesem Bild?"

„Ein Boot!" sagte er eifrig und freute sich, daß ich eine Frage gestellt hatte, die er beantworten konnte.

„Sonst noch etwas?"

„Nein, nur ein Boot."

„Nun, wo befindet sich denn das Boot?"

„In dem Bild", sagte er, und sein Lächeln wurde breiter.

Richard konnte offensichtlich nicht zwischen Sprechen über das Bild als Objekt einerseits und mentaler Durchdringung und Erforschung des Bildinhaltes andererseits unterscheiden, ein Prozeß, den wir als Blockierung (suspension) oder Phantasielosigkeit (disbelief) bezeichnen könnten. Im Kino tut man so, als wäre das, was man sieht, real – zumindest sagt man sich nicht selbst: „Das sind nur Bilder auf einer

Leinwand; das geschieht nicht wirklich." Man erlaubt seiner Phantasie, in die Fiktion einzutauchen.

Richard konnte nicht in das Bild eintauchen. Ich fragte mich wirklich, ob er überhaupt jemals in irgend etwas eingetaucht war, an etwas anteilgenommen hatte. Möglicherweise war er beim Spielen früher einmal verletzt worden und hatte dann beschlossen, nie wieder zu spielen. Welchen Hintergrund er auch immer hatte – er spielte ganz sicher nicht mein Spiel. Er schien geradezu völlig vergessen zu haben, wie man spielt.

„Ist auf dem Bild Wasser zu sehen?" fragte ich

„Ja."

„Warum hast du das dann nicht erwähnt?"

„Jeder weiß doch, daß da Wasser sein muß, wo ein Boot ist."

„Nicht unbedingt", entgegnete ich, „das Boot könnte sich in einer Garage befinden, oder auf dem Dach eines Autos."

„Das ist wahr", räumte Richard ein, „wir haben ein Kanu in unserer Garage stehen. Es liegt da, wenn wir nicht damit unterwegs sind."

„Richtig", sagte ich. „Aber dieses Boot liegt im Wasser. Warum hast du mir nicht erzählt, daß es sich im Wasser befindet?"

„Das ist doch offensichtlich", entgegnete er.

„O.k., welche anderen offensichtlichen Dinge siehst du sonst noch?"

„Ich sehe ein Boot."

„Das sagtest du schon."

„Nun, sobald ich es einmal gesagt habe, ist es offensichtlich."

„Okay, aber du hast auch gesagt, dieses Boot befände sich im Wasser."

„Nein, Sie haben das gesagt", erwiderte er.

„Okay. Wenn du nun raten solltest, was ich sonst noch so über das Bild sagen könnte, was wäre das?"

„Dies ist ein Bild", sagte Richard. „Das ist ebenfalls offensichtlich."

Obwohl ich ziemlich entmutigt war, schien mir doch, als wäre ich auf der Spur von irgend etwas. Anscheinend spielte Richard sein eigenes, privates Spiel: er konnte nicht wirklich so dumm sein. Er schien es anderen überlassen zu wollen, für ihn zu denken. Warum konnte er nicht einfach berichten, was in ihm vorging?

Ich dachte darüber nach, wie wohl sein Leben ausgesehen haben mochte. Was für Erlebnisse während seiner Erziehung mochten wohl zu einem solchen Verhalten geführt haben? Angenommen, er wäre in jungen Jahren einmal sehr sensibel gewesen und hätte von seinen Beobachtungen berichtet – um dann zu hören, daß das, was er beobachtet hatte, falsch war. Womöglich war er so zu der Überzeugung gekommen, daß nichts von dem, was er sah, dachte und fühlte, Sinn machte – daß er sich darauf verlegen mußte, anderen zu erzählen, was sie anscheinend hören wollten. Somit hätte er, der nie über seine eigenen Gedanken reflektierte, keine Basis für ein Verständnis dafür entwickeln können, wie andere die Welt wahrnahmen. Ich würde seine Aufmerksamkeit auf seine eigenen Wahrnehmungen richten müssen.

„Siehst du Himmel in dem Bild?", fragte ich.

„Ja", sagte Richard.

„Beschreib ihn mir."

„Es ist einfach Himmel."

„Nun, ist der Himmel rot, oder ist er blau?"

„Nichts von beidem genau. Er enthält unterschiedlich gefärbte Flecken."

„Beschreib die Flecken."

„Es sind einfach Flecken."

„Ach, komm schon", meinte ich, „kannst du nicht sehen, daß der hier ein bißchen wie ein Elephant aussieht?"

„Ja", sagte er, irgendwie erstaunt, „Jetzt, wo Sie es sagen… er sieht *tatsächlich* wie ein Elephant aus."

„Richard", sagte ich, „hast du jemals als Kind im Bett gelegen und Figuren in den lustigen Flecken an der Decke gesehen?"

„Nein."

„Hast du nie Figuren in Wolken gesehen?"

„Nein."

„Dann tu's jetzt."

„Alles, was ich sehe, sind Flecken", meinte Richard.

„Einer von ihnen sieht aus wie ein Elephant."

„Das haben Sie gesagt."

„Sieht er für dich nicht genauso aus?"

„Doch."

„Finde etwas anderes, das wie ein Tier oder Gegenstand aussieht."

Er starrte eine Zeitlang auf das Bild und sah mich dann ausdruckslos an. „Alles, was ich sehe, sind Flecken", meinte er.

„Schau mal hierher", meinte ich. „Dieser hier sieht ein bißchen aus wie eine Giraffe. Und der da erinnert irgendwie an ein Messer. Siehst du?"

„Ja", sagte er, „ja, das sehe ich."

„Was sonst noch?"

Er lachte. „Der da sieht aus wie meine Großmutter." Als er mich diesmal anschaute, sah ich etwas Neues in seinem Gesichtsausdruck. „In diesem Bild steckt mehr, als man auf den ersten Blick sehen kann", meinte er. Von da an fiel mir die Arbeit mit ihm leichter. Wir machten gute Fortschritte, und schließlich war er in der Lage, den für die Zulassung zur Universität erforderlichen Kurs zu absolvieren. Er wurde schließlich ein erfolgreicher Anwalt – und machte seiner talentierten Familie alle Ehre.

Das fehlende Glied kann ganz einfach sein

Richard hatte nicht gelernt, unter die Oberfläche seiner Erfahrungen zu schauen. Durch das Erforschen der Tiefenstruktur eines Gemäldes öffnete er seinen Geist für neue Möglichkeiten und wurde dadurch empfänglicher für Implikationen.

Gelegentlich ist das Scheitern beim Tiefersehen jedoch sehr spezifisch. Es hat damit zu tun, daß man sich nicht bewußt ist, welche Annahmen andere über eine gegebene Situation haben. Einer meiner Schüler beispielsweise, der eine Hauptrolle in der Theater-AG der Schule spielte, beherrschte seinen Text so schlecht, daß ich dachte, sein Erinnerungsvermögen wäre defekt. Als er ein Jahr später eine noch anspruchsvollere Rolle spielte, saß sein Text dagegen perfekt. Als ich ihn fragte, was seit seiner letzten Rolle geschehen war, meinte er: „Letztes Jahr wußte ich noch nicht, daß wir das Skript mit nach Hause nehmen und unseren Text auswendiglernen sollten."

Das war so offensichtlich, daß ich mich mit diesem Gedanken nicht einmal abgegeben hatte. In solchen Situationen ist ein Lehrer möglicherweise versucht, ziemlich ärgerlich zu werden oder gar zu spotten. Aber es spielt fast keine Rolle, ob sich

der Schüler etwas selbst denken kann oder ob es ihm explizit gesagt werden muß –
solange das Wissen *überhaupt* erworben und genutzt wird. Wir alle übersehen von
Zeit zu Zeit Dinge, die für andere selbstverständlich sind.

Hier ist noch ein weiteres Beispiel dafür, wie man einem Schüler innerhalb von
wenigen Minuten vom Scheitern zum Erfolg helfen kann, indem man ihm klar-
macht, wie wichtig die Analyse der Tiefenstruktur von Texten ist. Dieser Schüler
konnte von einem einzigen Beispiel ausgehend generalisieren – und endlich verstehen, was er jahrelang übersehen hatte.

Aaron entdeckt Kolumbus

Als Aaron von seinem Kurs in amerikanischer Geschichte der Kopf rauchte, konnte
man nur schwer sagen, was sein Problem war. Sein Lehrbuch war, wenn überhaupt
irgend etwas, zu leicht. Es fing dort an, wo die meisten amerikanischen Geschichten
anfangen, mit den Überfahrten, die zur Entdeckung Amerikas führten.

„Ich verstehe dieses Buch nicht", beschwerte er sich.

„Was verstehst du daran nicht?", fragte ich.

„Es macht keinen Sinn."

„Okay", sagte ich, „lies mir den ersten Satz vor."

Aaron begann zu lesen: „»Bevor Kolumbus Amerika entdeckte, führten die Indi-
aner ein selbstbestimmtes und hoch-organisiertes Leben.«"

„Verstehst du den Satz?", fragte ich.

„Nein", meinte Aaron.

„Was verstehst du nicht?"

„Alles."

„Okay, nehmen wir den Satz mal auseinander. Zuerst, wer war denn eigentlich
Kolumbus?"

„Keine Ahnung", meinte Aaron.

Da erkannte ich, was das Problem war. Aaron hatte seine Erziehung so lange aus-
geblendet, daß er kaum wußte, was Amerika war. Er hatte noch nie von Kolumbus
oder den Indianern gehört. Aber die Tiefenstruktur jenes letzten Satzes erforderte

Hintergrundwissen über eben diese Dinge. Also füllte ich seine Lücken. Er schien erfreut; jetzt konnte er verstehen.

„Du siehst also, Aaron", sagte ich, „wenn du irgend etwas von diesem Buch haben willst, mußt du herausfinden, worauf es sich bezieht. Frag deinen Lehrer, wenn du die Bezüge in einem bestimmten Satz nicht verstehst – oder schlage sie selbst nach."

„Verstehe." Aaron schien äußerst zufrieden.

„Ich schätze, daß wir ein bißchen daran arbeiten müssen", meinte ich. „Es gibt eine Menge Hintergrundwissen, das du noch nicht hast. Komm nach deiner nächsten Stunde noch mal zu mir, dann sprechen wir noch ein bißchen darüber."

Aber Aaron kam nie zurück, und als ich nachforschte, stellte sich heraus, daß er in dem Kurs gute Fortschritte machte. Anscheinend mußte er nur seine Schwierigkeiten verstehen, um sie zu beheben. Sobald er diese Einsicht gewonnen hatte, erkannte er, daß er nicht dumm war, sondern daß ihm lediglich einiges Wissen fehlte, das er sich aber leicht genug aneignen konnte. Dann begann er, seine Lektüre buchstäblich in die Tiefe zu strukturieren. Er füllte seine Lücken mit Hintergrundwissen, ohne das er nicht verstehen konnte, worum es im Text ging, auf.

Eine Phantasieübung mit Kinderreimen

Richard und Aaron hatten etwas gemein, nämlich die Neigung, nur „auf einem Zylinder zu laufen", weil keiner von beiden jemals einen anderen Zylinder dazugeschaltet – womöglich gar beide ausgeschaltet – hatte. Was auch immer der Grund war – die Lösung gestaltete sich verhältnismäßig einfach. Lerne, symbolisch und hinter den Buchstaben zu sehen, und du kannst genug über die Situation herausfinden, um kreativ zu arbeiten.

Wenn Sie kreativ unter die Lupe nehmen, welche Implikationen in Märchen und Kinderreimen stecken, können Sie und Ihre Kinder viel Spaß dabei haben, den Symbolismus und tiefere Bedeutungsschichten zu erforschen. Diese schlichten Geschichten haben wegen ihrer machtvollen archetypischen, unter der Oberfläche liegenden Bedeutungen ihre Anziehungskraft über Jahrhunderte behalten. Diese Anziehungskraft begründet sich zu einem Teil in der Weise, wie der Inhalt dieser Geschichten auf das Unbewußte wirkt und so die Grundlage für die eigene Erforschung dessen bildet, was in der Tiefe der Seele aufgewühlt wird. Das gibt uns die Gelegenheit, einige der zuvor verborgenen Gedanken in Worte zu fassen und dadurch sicherer zu machen. Es schult außerdem die Phantasie und vermittelt gleichzeitig die Fähigkeit, eine Beziehung zu Geschichten herzustellen, indem man sie nicht nur passiv wie ein Schwamm aufsaugt, sondern selbst aktiv Bedeutungen schafft und sie in neue Bedeutungen transformiert – eben das, wozu der Geist geschaffen wurde und was Aaron und Richard vergessen hatten.

Schon früh ein kreatives Verhältnis zu Geschichten aufzubauen, kann dazu beitragen, das Kind davon abzuhalten, sich später jenen Arten von Drogenerfahrungen zuzuwenden, die auf viele Jugendliche, denen die Fähigkeit abhanden gekommen ist, ihre Phantasie selbst zu stimulieren, so anziehend wirken.

Erzählen Sie also Geschichten oder sagen Sie Kinderreime auf und stellen Sie dabei Fragen. Die Fragen werden Antworten auf symbolischen und tiefenstrukturierten Ebenen hervorrufen. Es besteht keine Veranlassung, diese Antworten zu analysieren.

„Ich könnte dich umbringen" ist nicht unbedingt eine Morddrohung

Kinder drücken normalerweise spontan aus, was sie gerade bewegt. Obwohl die Gedanken, die sie in Worte fassen, oberflächlich vielleicht traurig klingen, stellt allein schon die Tatsache, daß die Gedanken erzählt werden, für das Kind einen Heilungsprozeß dar. Seien Sie also nicht geschockt, wenn die Übung unappetitliche Bilder heraufbeschwört, und lenken Sie die Diskussion sanft auf freundlichere Themen. Wenn das Kind beispielsweise phantasiert, die ganze Welt in die Luft zu jagen oder den kleinen Bruder oder die kleine Schwester umzubringen, dann hören Sie einfach zu und lassen Sie zu, daß sich diese Gedanken dadurch, daß sie zur Sprache kommen, aus dem Bewußtsein löschen. Weisen Sie dann ruhig darauf hin – und vergewissern Sie sich, daß das Kind auch wirklich aufnimmt, was Sie sagen –, daß man so etwas niemals tun darf. Ist Ihnen übrigens aufgefallen, wie oft Sie selbst ähnlich abscheuliche Dinge sagen, wenn Sie aufgebracht sind – um dann später festzustellen, daß Sie doch alles lieber wieder vergessen sollten?

Ihr Kind hat möglicherweise ein sogar noch größeres Bedürfnis nach einer solchen emotionalen Neutralisierung als Sie. Kinder müssen in einer unvorhersagbaren, manchmal sogar bedrohlichen Welt leben und glauben vielleicht, daß Erwachsene die Intensität ihrer Emotionen nicht nachvollziehen können. Phantasievolles Erforschen kann ein Ventil für diese aufgewühlten Gefühle sein, die das Kind, unfähig, sie unverhüllt zu verarbeiten, symbolisch ausdrückt. Besser, die Gewaltphantasie läuft sich durch das Verbalisieren tot als wenn sie sich ins Unbewußte eingräbt. Eine negative Reaktion gibt dem Kind möglicherweise nur unangenehme Gefühle, wenn es unannehmbare Gefühle hat. Alle Gefühle sind annehmbar, nur die Handlungen, die auf die Gefühle folgen, sind es unter Umständen nicht. Denken Sie also daran, daß Kunst eine Alternative zur Gewalt und Geschichtenerzählen eine Kunst ist, und ermutigen Sie das Kind, dem roten Faden der Gefühle, die das Labyrinth der Phantasie nach und nach verständlich machen, nachzugehen.

Aber Sie müssen diese Phantasie nicht als Ihre eigene akzeptieren. Lassen Sie statt dessen Ihre Phantasie eine positivere Einstellung modellieren. Verzichten Sie einfach auf Kritik und versuchen Sie nicht, die Phantasien des Kindes zu verändern, denn wenn Sie das tun, vertraut Ihr Kind Ihnen vielleicht nicht mehr.

Was ist ein „Tuffet"?

Nun zu einem Beispiel. Die kleine Miss Muffet* saß, wie Sie sich vielleicht erinnern, auf einem Tuffet. Wenn Sie „Tuffet" im Wörterbuch nachschlagen, werden Sie es nicht finden. Ich werde also von meiner eigenen Tuffet-Forschung berichten. Es scheint, daß das Mahl, zu dem sich Miss Muffet vor einigen hundert Jahren erstmals niederließ, um Dickmilch und Molke zu tafeln, im Freien stattfand und es sich bei ihrem Tuffet um ein Grasbüschel handelte.

Zufällig verlegte jedoch jemand das Mahl nach drinnen (vielleicht, weil das Speisen im Haus gerade in war), und es wurde erforderlich, „Tuffet" neu zu definieren. Irgendwer scheint „Tuffet" die Bedeutung „Schemel" gegeben zu haben, die es sich nun für alle Zeiten, offenbar aber nur für die Anwendung in diesem bestimmten Kontext, im *Oxford English Dictionary* bequem gemacht hat. Mir scheint, als sei

---

* ein amerikanisches Märchen – Anm. d. Übers.

man mit der ganzen Angelegenheit recht willkürlich verfahren, so daß ich der Meinung bin, daß jeder, der Lust hat, dem Wort mit Fug und Recht auch eine andere Bedeutung geben kann. Wer weiß insgesamt schon besser als Miss Muffet selbst, worauf sie saß?

Lassen Sie Ihr Kind sich ausdenken, was ein Tuffet ist und ein Bild davon malen. Was ist das für ein Gefühl, Dickmilch und Molke zu tafeln, während man auf einem dieser Dinger sitzt? Warum sollte überhaupt jemand darauf sitzen? Wo befand sich das Tuffet eigentlich? Im Zimmer der kleinen Miss Muffet? Was befand sich sonst noch in ihrem Zimmer? Eine Spielzeugeisenbahn? Eine elektrische Rosine? Vielleicht unterhielt sie einen Zirkus oder ein Oktopus-Museum in ihrem Zimmer?

Vielleicht befand sich das Tuffet auch in der Schule der kleinen Miss Muffet. Vielleicht war es das, worauf man im Rektorat sitzen muß, wenn man sich danebenbenommen hat. Dann wiederum kann es genausogut im Eßzimmer gewesen sein, wo man noch eher etwas ißt. Oder vielleicht befand sich das Tuffet in einem ganz speziellen Zimmer, vom dem nur Miss Muffet wußte, einem Zimmer, in dem man sich verstecken und wo einen niemand finden konnte, und wo man in Ganz Speziellen Gedanken Ganz Speziellen Dingen nachhängen konnte. Vielleicht war das Tuffet ein magisches Tuffet, mit geheimen Schubladen, in denen Miss Muffet ihre Schätze verwahrte, wie etwa ihre kleine Spielzeug-Achterbahn und ihre Schneeschmelzmaschine und ihre Gozilla-Puppe. Möglicherweise befand sich im Innern des Tuffet auch eine Fabrik, in der kleine Männchen mit langen Bärten in Lichtöfen Sterne buken, die sie dann nachts aufhängten. Möglicherweise war das Tuffet ein Zauberteppich, auf dem man seine Augen schließen, sich etwas wünschen und sich dann zu jedem gewünschten Ort transportieren lassen konnte.

Der Gourmet-Ansatz

Wie auch immer, Miss Muffet war da und tafelte Dickmilch und Molke. Was ist das überhaupt – Dickmilch, Molke? Bekommt man so etwas bei McDonalds? Wächst das auf Feldern? Wird das in Schokoladenfabriken hergestellt? Fällt das vom Himmel? Zieht man so etwas in einer kleinen Flasche im Keller heran? Kommt das aus dem Kühlschrank? Bekommt man Dickmilch und Molke zum Geburtstag oder zu

Weihnachten geschenkt? Muß man Dickmilch und Molke essen, wenn man unartig ist? Hat man nach dem Essen von Dickmilch und Molke angenehme Träume? Oder Sodbrennen? Wird man im geheimen stark davon, so daß man fliegen kann wie ein Kolibri oder schäumen wie eine Root-Beer*-Flut, sich buckeln wie eine Katze, die sich streckt, oder im Herbststurm fallen wie ein abgestorbenes Blatt?

Nur eine … Spinne ist eine gute Spinne

Versetzen Sie sich in Miss Muffets Gegenspielerin. Was für eine Art Spinne ist das? Vielleicht eine Spinnenmutter, die eine Menge Babys zu füttern hat, die alle etwas Dickmilch und Molke in ihre leeren Mägen bekommen wollen. Wenn Miss Muffet doch nur etwas von ihrem Mahl abgäbe, mehr verlangt die Spinne ja gar nicht. Vielleicht war es ja sogar Miss Muffets Lieblingsspinne, aber manchmal kann einem auch ein Liebling bedrohliche Grimassen schneiden — doch das geht schon in Ordnung.

Die Spinne könnte eine Architektin gewesen sein, die nach geeigneten Plätzen zur Errichtung eines gigantischen Netzwerkkomplexes, ähnlich einem Einkaufszentrum, Ausschau hielt. Ob Miss Muffet gern ein speziell zugeschnittenes Netz — ein Designer-Netz – in ihrem Zimmer hätte? Vielleicht könnte sie die Spinne an das Rektorat der Schule weiterempfehlen, wo man ein paar gute Netze braucht, um all die bösen Kinder einzufangen, die während des Unterrichts schwatzen, wenn der Lehrer spricht.

Trägt die Spinne eine Brille und doziert sie wie eine Professorin? Spricht die Spinne wirklich Englisch oder irgendeine andere Sprache, die nur kennt, wer in staubigen Ecken oder unter Sofas haust oder sich aus dem Weltraum ins Fernsehen auf der Erde einschaltet?

Um was für eine Sorte Spinne handelt es sich hier? Wird es Zeit für einen Ausflug ins Naturgeschichte-Museum, um herauszufinden, ob dies eine bestimmte Art ist, die vor allem Dickmilch und Molke bevorzugt?

---

* ein schäumendes, aus Wurzelextrakten hergestelltes Getränk. Anm. d. Übers.

Die Erforschung von Miss Muffets Unterstützungssystem

Und, zuguterletzt: was tat Miss Muffet, nachdem sie so ängstlich die Flucht ergriffen hatte? Hat sie ihrer Mutter erzählt, daß eine böse Spinne ihr Abendessen unterbrochen hatte und daß Mami doch bitte Schluß damit machen möge? Hat sie die Polizei oder die Feuerwehr gerufen? Hat sie dem Präsidenten einen Brief geschrieben und ein Gesetz gegen Spinnen in den Zimmern kleiner Mädchen gefordert? Hat Sie irgend jemanden vom Fernsehen gebeten, vorbeizukommen und Aufnahmen von der Spinne zu machen, damit jeder sie sehen kann und niemand mehr Angst haben muß?

Halten Sie die Möglichkeiten offen

Wenn Sie diese Art Dialog mit ihrem Kind ausprobieren, werden Sie wahrscheinlich bemerken, daß ihr Kind manchmal an der Geschichte, wie sie geschrieben ist, festhalten will und manchmal wieder viel Spaß daran hat, die Nebenpfade auszukundschaften. Vielleicht kichert Ihr Kind und meint: „Das ist doch ganz anders", wenn Sie selbst eine der obengenannten Ideen vorschlagen. Wenn Sie nachhaken, wie es sich denn in Wirklichkeit verhalte, erhalten Sie vielleicht eine Antwort wie: „Weiß ich nicht!", aber bleiben Sie dran. Selbst wenn das Kind meint, das sei albern – neue Möglichkeiten wühlen den Geist auf – nimmt ein flexibleres Bild der Wirklichkeit Gestalt an. Das kann später im Leben wichtige Konsequenzen haben. Denken Sie daran, daß Kinder viel Zeit darauf verwenden müssen, die Dinge in ihrem Denken zu ordnen – es ist also gut, wenn Sie das Phantasiespiel spielen, wenn Ihren Kindern danach ist, aber drängen Sie es nicht auf.

Es ist gut für Sie, eine alberne Seite zu haben

Kinder haben viel Vergnügen daran, zu sehen, wie albern ihre Eltern sind. Sie fühlen sich dann sicherer. „Wenn Papa so albern sein kann wie ich, dann bin ich wohl ganz in Ordnung. Und wenn Papa albern ist, kann ich ihn auch mal herumkommandieren und ihm sagen, daß er mit einem Feudel auf dem Kopf in der Ecke stehen soll – dann habe ich auch mal das Sagen."

Benutzen Sie diesen Erkundungs-Prozeß nicht, um dem Kind Ihre Ideen aufzudrücken oder nur Ihren eigenen Phantasien zu frönen. Schauen Sie einfach nur, was
das Kind damit anstellt, wohin es geht und wie sich seine Phantasie entwickelt,
wenn Sie frische Ideen ins Spiel bringen. Tragen Sie während des Prozesses dazu
bei, Beschränkungen aufzulockern, so daß sich noch eine zusätzliche Vielfalt von
Möglichkeiten ergibt. Allgemein macht das Genie zum Teil auch aus, daß man sich
ausmalen kann, wie die Dinge anders sein könnten. Wir alle haben das Potential dazu, aber dieses Potential muß entwickelt werden.

Geben Sie einen Schuß Musik dazu…

Die Gutenacht-Geschichten können zu einer noch viel interessanteren Herausforderung werden, wenn man sie jedesmal frisch und mit inspirierender Musik neu
erfindet. Denken Sie sich, mit dem Kind auf dem Schoß und klassischer Musik im
Hintergrund, eine Geschichte aus und lassen Sie sie auf einen Höhepunkt zulaufen,
während Sie darauf achten, daß der Erzählrhythmus zur Musik paßt. Fordern Sie
dann das Kind auf, die Geschichte fortzusetzen. Nach einer Weile sind dann wieder
Sie an der Reihe. Steuern Sie die Geschichte auf einen weiteren Höhepunkt zu und
lassen Sie dann wieder das Kind übernehmen.

Erleben Sie, wie lang, komplex und wundervoll diese Geschichten mit nächtli-
cher Übung werden. Erleben Sie, wie viel empfänglicher Sie beide für die künstlerischen Möglichkeiten der vor einem Hintergrund aus Musik ausgesponnenen Worte werden.

Wie das in der Schule helfen wird

In der Schule wird es später zahlreiche Gelegenheiten geben, bei denen es wichtig
ist, Implikationen auszuloten. Denjenigen mit einem beweglichen Vorstellungsver-
mögen fällt es leichter, ein aktives geistiges Wechselspiel mit Ideen einzugehen – die
Möglichkeiten offen zu halten und neuen Möglichkeiten nachzugehen. Wenn man
flexibel denkt, kann man leichter kluge Entscheidungen treffen und sich über wichtige Probleme schlüssig werden. Zu lernen, wie man in gegebenen Situationen viele

Implikationen erkennt – beziehungsweise eher: nicht zu lernen, sie *nicht* zu erkennen – ist einer der aussagekräftigsten Faktoren für intelligentes Verhalten.

Wenn, wie man sagt, die Schlacht bei Waterloo auf den Spielplätzen von Eton gewonnen wurde, können die großen Entdeckungen und neuen Optionen des einundzwanzigsten Jahrhunderts auch in den Kinderzimmern des zwanzigsten Jahrhunderts erschlossen werden.

Und was ist mit Teenagern?

Spekulationen wie diese über den Denkprozeß eines der weltweit bekanntesten kleinen Mädchen sind nicht nur für Kinder, sondern ebenso für Philosophie-Professoren und verantwortliche Manager in Unternehmen gedacht. Ich habe Gruppen der letzteren gesehen, die sich erstaunlich lange in Diskussionen über Miss Muffet und ihre Spinnenfreundin verstrickten. Teenager haben jedoch möglicherweise das Gefühl, daß sie über solchen Albernheiten stehen. Immerhin sind die Jahre zwischen der Pubertät und dem Erwachsensein die Jahre, in denen wir uns insofern wandeln, als wir die Kindheit hinter uns lassen und entscheiden, was für uns im Leben wichtig ist. Vielleicht sind wir in dieser Zeit älter als zu sonst irgendeiner Zeit vorher oder nachher. Wenn der Teenager und ich also über wichtige Dinge sprechen, sei es über Hemingway oder The Grateful Dead, landen wir am Ende wahrscheinlich dabei, daß wir Bedeutung, Struktur und Wesen des Universums (oder zumindest *eines* Universums, und sei es nur das von Sid Vicious) zusammentragen. Miss Muffet ist in solcher Gesellschaft möglicherweise passé.

Teenager als Fanatiker

Ich habe zwei Sorten von Teenagern entdeckt: Fanatiker und Nicht-Fanatiker. Ich gehörte zu den Fanatikern, so daß ich das Gefühl habe, diese Art etwas besser zu verstehen. Für den fanatischen Teenager gibt es nur *ein* wirklich wichtiges Etwas im Leben. Alles andere muß erduldet werden, um Zeit für die zentrale Leidenschaft zu erkaufen. In meinem Fall waren es Gilbert and Sullivan. Ich aß, trank, schlief und pries die Golden Fourteen Operas und die D'Oyly Carte Opera Company, die sie verbreitet hatte. Ich glaubte, daß W. S. Gilbert sich mit allen überhaupt nur existie-

renden tiefschürfenden Fragen auseinandergesetzt hatte, während Sir Arthur Sullivan all die Musik geschrieben hatte, die geschrieben werden mußte. Für mich war
alle Zeit, die nicht dem Gedächtnis an oder der Aufführung jener Seifenopern gewidmet wurde, verschwendete Zeit. In der Abgeschiedenheit meines Zimmers trat
ich jeden Tag nach der Schule der D'Oyly Carte Opera Company bei (via His Ma-
ster's Voice), gleichgültig, worum ich meine Vokal-Akkorde gerade hüllen konnte.
Jetzt, da ich ein wenig mehr über Gott und Atomphysik entdeckt habe als ich damals wußte, habe ich gelernt, daß diese Herangehensweise an die Probleme des
Universums möglicherweise provinziell war. Aber zu jener Zeit war schon der leiseste Zweifel an der Genialität der unsterblichen Meister über Geist und Melodie ein
persönlicher Angriff auf mich.

Verpaßte Gelegenheiten

Eltern, Lehrer und Freunde, die die Bedeutung der Gegenstände des fanatischen In-
teresses von Teenagern herunterspielen oder vor ihnen zurückschrecken, verpassen eine Chance, diese Energie für andere Zwecke dienstbar zu machen. Die meisten von uns neigen dazu, auf den Fanatiker zu reagieren, indem sie in die entgegengesetzte Richtung rennen. Nach einem fünfzehnminütigen Gespräch mit einem
Fanatiker haben wir alles gehört, was wir jemals zu dem Thema wissen wollen. Er-
barmen mit den Eltern, die Heavy Metal nicht ausstehen und ihm jeden Tag stundenlang nicht entfliehen können! Das Thema schmerzt, kein Wunder. Aber noch
schlimmer ist, daß ein reichgefüllter Energiespeicher nie aus seinem zu engstirni-
gen Engagement befreit wird.

Der Fanatiker-Quiz

Fanatische Teenager, die ich persönlich kennengelernt habe, waren fixiert auf die
Redskins, Building Organs* (die Musik machen), Science Fiction, The Rocky Horror Picture Show, Elton John, Hollywood-Filme, Autos (für manche als Rennwagen,

---

* Ein Wortspiel: „organ" bedeutet im Amerikanischen sowohl inneres Organ als auch Orgel. Im Deutschen
kennen wir „Organisten". Anm. d. Übers.

andere reparierten sie), Skateboards, Spielzeugsoldaten (zu Tausenden), The Greatful Dead, David Bowie, Karate, Gustav Mahler (nur Symphonien), Bürgerkriegs-Uniformen, das Komponieren atonaler moderner Musik, Walt Disney, Pferde, Bankdrücken, Gitarrespielen, die Kultur der Appachen, die Kultur der Navajos, Kampfflugzeuge aus dem Zweiten Weltkrieg, die Geschichte des Ersten und Zweiten Weltkrieges, Computerspiele, Amateur-Radio, Stereo-Verstärker, Weihnachten, Photographie, Comic-Hefte, Raumschiff Enterprise und Baseball.

Alle diese Themen gründen in gewisser Weise auf dem Tiefenstrukturieren. Beispielsweise kann man eine ganze Weile über die Physik des Skateboard-Fahrens schwadronieren, was dann zu einer Untersuchung des körpereigenen Balance-Prozesses führen und sich unter Umständen zu einem vertiefenden Anatomie-Studium auswachsen kann.

Natürlich kann man dem Fanatiker solche Studien nicht aufzwingen. Fanatiker reagieren hypersensibel auf den Unterschied zwischen denen, die an ihrem Lieblingsthema interessiert sind oder sich vielleicht dafür interessieren könnten, und jenen, die nur versuchen, sie zu manipulieren. Sie leben in einer privaten Welt, die wie ein Tempel mit Ehrfurcht betreten werden muß. Ziehen Sie Ihre Schuhe aus, bedecken Sie Ihren Kopf und flüstern Sie nur. Aber vor allem: Hören Sie sich den Sermon von vorne bis hinten an, geben Sie eine Kleinigkeit in die Kollekte und warten Sie die Verse der Liturgie und die Reaktionen ab. An diesem Punkt werden Sie beweisen müssen, daß Sie etwas gelernt haben.

Wenn Sie das Ritual hinter sich haben, also ein Eingeweihter sind, dann legen Sie los mit Fragen wie:

Was zieht dich an diesem Thema am meisten an? Beschreib doch mal, wie du dich in dieses Thema verliebt hast. Wer hat sonst noch Interesse daran? Wie kommunizierst du mit anderen Interessierten? Wünschst du dir, du hättest mehr Freunde, die daran interessiert sind? Was würdest du am liebsten damit anfangen? Wie wird dich das in zehn oder zwanzig Jahren beeinflussen? Wie funktioniert das? Wie könntest du jemand anderen darin unterrichten? Was ist das wichtigste dabei? Was würdest du in dieser Richtung am liebsten studieren oder tun? Wen würdest du am liebsten treffen, der dein Interesse teilt? Welche bedeutenden Beiträge hoffst du zum Verständnis dieses Gebietes machen zu können, damit die Welt dein Interesse besser mit dir teilen kann? Gibt es spezielle Literatur zu diesem Thema? Welchen

Beitrag oder welche Vervollständigung hätte die Literatur zu diesem Thema am nötigsten? Wenn du jemanden motivieren solltest, etwas über dies Thema zu schreiben, was noch nicht geschrieben wurde – was würde das sein? Gibt es bildende Kunst, die damit zu tun hat? Was muß auf diesem Gebiet noch beigesteuert werden? Welche Wissenschaften sind am engsten mit diesem Gebiet verknüpft? Gibt es eine davon, die du gern ein wenig eingehender erforschen würdest? Was, glaubst du, ist die soziale Bedeutung oder Botschaft dieses Themas? Was für Gesetze sollten deiner Meinung nach als Reaktion auf die Bedeutung deines Interessengebietes verabschiedet werden? Was für eine Gesellschaft würde es dir ermöglichen, diesem Thema auf ideale Weise nachzugehen? Kannst du dir Fragen vorstellen, bei deren Beantwortung selbst Experten Probleme hätten? Angenommen, du hättest vor, ein Forschungsteam auf die Beine zu stellen, um das Verständnis oder die Bedeutung deines Interessengebietes zu erhöhen – was würdest du die Forscher tun lassen?

Nicht jede dieser Fragen wird bei jedem Teenager funktionieren. Übergehen Sie die Fragen, auf die Sie keine Antwort erhalten und begnügen Sie sich mit einigen wenigen Fragen, die den Stein ins Rollen bringen. Behalten Sie dabei im Hinterkopf, daß Sie wahrscheinlich der einzige sind, der jemals fragt, und daß der arme, einsame Fanatiker lange darauf gewartet hat, daß sich jemand dafür interessiert. Seien Sie sich bewußt, daß Sie es mit einem Phänomen zu tun haben, das so tief mit dem Erleben des Teenagers verquickt ist, daß es fast schon Teil seiner Identität ist. Sie und ich können einander über das Idol eines Teenagers sagen, was wir wollen, aber Anzeichen mangelnder Ehrfurcht werden mit großer Wahrscheinlichkeit ein kühles und feindselig-defensives Verhalten provozieren.

Teenager, die keine Fanatiker sind

Die meisten Teenager sind jedoch keine Fanatiker. Einige von ihnen haben ein weitgefächertes Interessenspektrum und kommen einem ein wenig wie Erwachsene in Miniaturausgabe vor. Manche scheinen überhaupt keine Interessen zu haben. Sie sind unter Umständen apathisch, gelangweilt, nur daran interssiert, mit Freunden loszuziehen oder stehen mit der Welt regelrecht auf Kriegsfuß. Ich habe jedoch festgestellt, daß es unter der Oberfläche bestimmte Dinge gibt, über die sich die meisten jungen Leute Gedanken machen und die sie gerne mit jemandem, dem sie vertrauen können, erörtern würden. An erster Stelle stehen dabei Sex, Musik, Träume und Erwachsensein.

Wenn Sie nicht wissen, wie Sie mit einem Kind oder Jugendlichen über Sex sprechen sollen, kann Ihnen nichts von dem, was ich hier sage, wesentlich weiterhelfen. Die meisten Teenager wollen jedoch nach meiner Erfahrung nicht so sehr die mechanische Seite des Sex diskutieren, sondern mehr soziale und ethische Fragen, wie beispielsweise, warum so viele Teenager schwanger werden, ob in der Schule über sexuelle Fragestellungen gesprochen werden sollte, ob Ratschläge zur Geburtenkontrolle jemanden nur dazu einladen, loszuziehen und alle Hemmungen über Bord zu werfen, und wie sich AIDS auf sexuelle Gewohnheiten auswirken sollte.

Die anderen drei Fragen können jedoch ohne allzuviel frühere Erfahrung angegangen werden – mit einem Wort der Warnung: Wenn Sie als Ergebnis einer Unterhaltung, die intensive Gefühle berührt, eine Vertrauensbasis geschaffen haben, sollten Sie bedenken, daß der Schock, von einem neuen Freund betrogen zu werden, gerade in diesem Alter ungemein schwer und nachhaltig wirkt, und daß es unter Umständen sehr lange dauert, bis Ihnen wieder verziehen wird, wenn Sie dieses Vertrauen verletzen (oder es zu verletzen scheinen).

Lernen Sie, Musik zu würdigen

Musik nimmt im Leben vieler Teenager eine zentrale Stellung ein, und obwohl die Vorlieben auseinandergehen, wissen die meisten Teenager eine Menge über die Musik, die sie mögen. Sie können die Normen kennenlernen, nach denen solche Musik bewertet wird, wer sie kreiert, wie Leben und Werte des Musikers aussehen, was sie vermitteln wollen und wie diese Musik das Denken junger Menschen beeinflußt. Nehmen Sie sich etwas Zeit, um sich einen Überblick über die Songtexte zu verschaffen, die Ihnen von Ihrem jungen Freund empfohlen werden. Was ist die Botschaft, und was für ein Gefühl haben Sie dabei? Seien Sie ehrlich, was Ihre Gefühle angeht, gleichzeitig aber auch behutsam, damit Sie nicht den Anschein erwecken, als hätten die Gefühle des Teenagers keinen Wert, wenn sich Ihre Gefühle von denen des Teenagers unterscheiden. Meinungsverschiedenheiten und die

Übereinkunft, in Gefühlen nicht übereinkommen zu müssen, lösen häufig Spannungen, die sich andernfalls in einer Atmosphäre des Nichtwissens um die Gefühle des anderen noch verstärken können.

Sollte Musik, die eine ernstlich verstörende Wirkung auf Jugendliche hat, zensiert werden? Natürlich wollen diejenigen, die der Zensur das Wort reden, die Musik, die sie mögen, nicht zensieren lassen, haben aber möglicherweise das Gefühl, daß andere Musik und ihre Wirkung auf Zuhörer eventuell problematisch sein könnte. Erörtern Sie diese Probleme offen mit den Jugendlichen, bitten Sie sie um Informationen und teilen Sie mit ihnen, was Sie wissen.

Die wunderbare Welt der Träume

Ein weiteres häufig genanntes Diskussionsthema sind Träume. Wir schlafen bis zu einem Drittel oder Viertel unseres Lebens und haben bis zu sechs Traumphasen jede Nacht. Manche erinnern sich an ihre Träume, andere wieder nicht. Träume können in unserem Leben gelegentlich eine wichtige Rolle spielen, wie es bei meinem Freund der Fall ist, der Erzählungen schreibt, die auf seinen nächtlichen Phantasiereisen basieren. Wir leben zudem in einer Kultur, die, abgesehen vom Reich der Psychiatrie, die Bedeutung des Redens und Nachdenkens über Träume noch nicht erkannt hat. Doch manche Träume müssen durchgesprochen werden. Das gilt besonders für Teenager.

„Letzte Nacht", erzählte mir einmal ein Mädchen, „träumte ich, ich würde die ganze Nacht nur Babys bekommen. Jedes Mal, wenn ich mich von einer Seite auf die andere drehte, kam schon das nächste herausgeflutscht." Damit einhergehend hatte sie gerade einen wichtigen Schritt hin zu einem kreativen Bewußtsein gemacht. Als ich ihr dabei zuhörte, wie sie ihren Traum erzählte, entdeckte sie in ihrem Denken eine Verbindung zwischen dem Gebären von Babys und persönlichem Wachstum. Das Erzählen ihres Traumes hatte eine sehr positive Wirkung auf sie.

Lassen Sie Träume für sich selbst sprechen

Eine hervorragende Form der Traumanalyse sind die *Denk-und-Hör-zu*-Sitzungen. Eine gute Idee ist, sich die Träume wieder und wieder erzählen zu lassen, bis der

Träumende sie selbst versteht. Auf diese Weise kann man eine Menge Erkenntnisse über sich selbst gewinnen.

Es stimmt schon, daß man manchmal jemandem eine Einsicht in einen Traum geben kann, die der Träumer zuvor nicht erkannt hatte. Dann gibt es ein tiefes Einatmen, und ein Ausdruck des Erkennens huscht über das Gesicht. Aber wesentlich häufiger paßt Ihre Deutung eines fremden Traumes nur auf *Sie*, nicht auf den Träumer, und dem anderen bedeutet sie nur zusätzliches Gepäck. Aber wenn man einen eigenen Traum nur oft genug erzählt, wird man ihn auch verstehen – zumindest soweit, wie man zu der Zeit selbst für den Umgang mit den Traum bereit ist.

Die meisten Träume symbolisieren Erfahrung und reflektieren starke Wünsche oder Ängste. Psychotherapeuten deuten Träume beispielsweise von einem Freudschen, Adlerschen oder Jungschen Standpunkt aus und finden in ihm auf diese Weise unterschiedliche Bedeutungen. Aber warum nicht die Symbole ihre eigene Bedeutung entfalten lassen, während Sie den Traum noch einmal für sich durchdiskutieren? Wenn Sie üben, Ihre Träume zu erforschen, wird Ihnen schon bald einiges in die Augen springen; beispielsweise die Tatsache, daß Träume häufig Wortspiele enthalten. So erzählte mir jemand, der gerade vorhatte, eine neuartige Schulung mitzumachen, einen Traum über eine Zugfahrt* und erkannte sofort das Wortspiel.

Obwohl es normalerweise keine gute Idee ist, anderer Leute Träume zu deuten, ist es prima, wenn man Fragen stellt, die dabei helfen, die Tiefenstruktur des Traumes ans Tageslicht zu bringen. Hier sind einige, die vielleicht nützlich sein könnten:

Einige Fragen zu Träumen

Welches ist der lebhafteste Traum, den du je gehabt hast? Was ist dein Lieblingstraum? Meinst du, daß deine Träume irgend etwas bedeuten? Hast du eine eigene Theorie oder Ideen darüber, was Träume sind und was sie bezwecken? Erzähle einen Traum. Erzähle ihn noch einmal. Hast du Fragen dazu? Wie würdest *du* deine eigenen Fragen beantworten? Erinnern dich Träume an irgend etwas Bestimmtes – wie Songtexte, Gedichte, Kinofilme, Werbespots, Märchen, Gemälde oder Geister-

---

* Das amerikanische „train" bedeutet „Zug" (Eisenbahn) und zugleich „trainieren, schulen, üben". Anm. d. Übers.

bahnen? Träumst du manchmal von der Zukunft? Hast du schon einmal etwas geträumt, das genauso eingetroffen ist wie du es geträumt hast? Von welchen Menschen träumst du am häufigsten? Glaubst du, daß sie auch von dir träumen? Wünschst du dir, daß jemand Bestimmtes von dir träumt? Kennst du irgendwelche Bücher, Kinofilme, Songs oder etwas anderes, das mit Träumen zu tun hat?

Träumst du auch manchmal, wenn du nicht schläfst? Welche Beziehung besteht deiner Meinung nach zwischen Tagträumen und Träumen im Schlaf? Glaubst du, daß es Träume gibt, die von mehreren Menschen gleichzeitig geträumt werden? Hast du jemals einen Traum Wirklichkeit werden lassen? Meinst du, daß du in Zukunft einmal einen Traum Wirklichkeit werden lassen wirst? Was ist das Wertvollste, daß dir ein Traum geben könnte? Hast du schon mal geträumt, du würdest ein Lied schreiben oder ein Bild malen – und bist du dann mit dem Wunsch aufgewacht, es wirklich zu tun? Sind Tiere in deinen Träumen wichtig? Wie wichtig sind Tiere, verglichen mit ihrer Wichtigkeit in deinen Träumen, in deinem Wachleben? Kannst du dir vorstellen, einen Traum als Grundlage für eine eigene Geschichte oder ein eigenes Bild zu nehmen?

Träumst du in Farbe? Hörst du in deinen Träumen lebhafte Geräusche? Spürst du in deinen Träumen, wie sich dein Körper bewegt? Träumst du manchmal, etwas zu lesen? Träumst du manchmal, daß du eine interessante Diskussion führst? Hast du schon einmal davon geträumt, mit jemandem zu kämpfen, mit dem du dich sonst nie anlegen würdest? Hast du schon einmal geträumt, mit jemandem befreundet zu sein, den du eigentlich nicht ausstehen kannst? Hast du im wirklichen Leben jemals etwas als Folge eines Traumes getan?

Anklage wegen Adultismus

Adultismus, die systematische Unterdrückung von Menschen, nur weil sie jung sind, stellt wahrscheinlich die am weitesten um sich greifende Ungerechtigkeit in unserer Gesellschaft dar. Niemand hat bis jetzt als Sprecher für die Befreiung der Jugend so viel Einfluß gewinnen können, daß er die öffentliche Phantasie gefesselt und eine Bewegung wie die Frauenbewegung oder die Bewegung zur Befreiung der Schwarzen ins Leben gerufen hätte. Einmal erwachsen, entscheiden sich die meisten dafür, zu vergessen, wie sie unterdrückt wurden und behandeln dann die nächste Generation genauso, wie sie selbst behandelt wurden.

Jung zu sein ist keine Krankheit, Geistesschwäche oder andere Art von Unvermögen. Junge Leute bekommen dennoch häufig zu spüren, daß Ältere sie aufgrund ihrer Jugend nicht mögen oder nicht respektieren. Mir ist aufgefallen, daß die meisten jungen Leute sehr gern über dieses Thema sprechen möchten, wenn sie gefragt werden – sie werden normalerweise nur nie gefragt. Ich glaube, wenn Sie die Sicherheit schaffen, die für aufrichtige Antworten erforderlich ist, dann werden Sie die Antworten junger Leute auf die folgenden Fragen überraschen:

Einige Fragen zum Adultismus

Bist du jemals nur aufgrund deines Alters schlecht behandelt worden? Wünschst du dir etwas, was Menschen, die älter sind als du, dir niemals antun sollen? Wünschst du dir etwas, was ältere immer tun sollten? Magst du es, wenn man dich „Kid" oder „Kind" nennt? Wenn nicht, warum nicht? Hast du manchmal das Gefühl, daß sich ältere Leute bewußt von dir distanzieren? Hast du das Gefühl, daß es etwas gibt, was ältere Leute von dir lernen sollten? Behandelst du Jüngere mit vollem Respekt? Wie wäre das, wenn du es tätest? Gibt es ein Alter, in dem die Menschen alt genug sind, um genug vom Leben zu verstehen und ein anderes Alter, in dem man ihnen ständig sagen muß, was sie tun sollen?

Was für eine Welt erbst du von früheren Generationen? Wofür würdest du ihnen gerne danken? Was, wünschtest du, hätten sie besser machen sollen? Hast du das Gefühl, daß es da irgendeinen „Saustall" gibt, den deine Generation nun ausmisten muß? Beabsichtigst du, daran mitzuarbeiten? Wenn du eine ideale Gesellschaft entwerfen könntest, wie sähe die aus? Wie wirst du einmal als Vater oder Mutter sein? Gibt es irgend etwas, das deine Eltern getan haben und was du auch zu tun hoffst? Haben deine Eltern irgen detwas getan, was du unbedingt vermeiden willst? Gibt es irgend eine Art von Unterstützung, die du dir wünschst und die dir für immer unerreichbar vorkommt? Hast du das Gefühl, daß dich ältere Leute dauernd irgendwie belügen? Belügst du sie selbst ständig irgendwie? Was ist das beste daran, wenn man so alt ist wie du? Was ist deiner Meinung am besten daran, dreißig zu sein? Was ist deiner Meinung nach am besten daran, sechzig zu sein? Wie hoch schätzt du deine Lebenserwartung ein? Glaubst du, daß du das Recht hast, Kinder in diese Welt zu setzen, in der du leben mußt? Hatten deine Eltern das Recht, dich in diese Welt zu setzen? Hast du das Gefühl, daß du wirklich geboren werden wolltest?

Welchen Menschen in deinem Alter bewunderst du am meisten? Welchen Menschen, der älter ist als du, würdest du am liebsten als Vorbild für dein Leben nehmen? Was für ein Gefühl hättest du dabei, wenn Jüngere dich als Vorbild für ihr Leben nähmen? Welche Veränderungen in der Art und Weise, wie junge Leute behandelt werden, hoffst du bewirken zu können? Was sollte sich nicht ändern? Was ist das wichtigste, was ältere Leute über deine Altersgruppe wissen sollten? Was können ältere Leute am besten tun, um Euch wirkungsvoll zu unterstützen? Geben dir ältere Leute häufig die Schuld für etwas, an dem du gar keine Schuld trägst? Wofür gibst du ihnen häufig die Schuld, für das sie möglicherweise keine Schuld trifft? Meinst du, daß du es auch nett finden wirst, eine Unterhaltung wie diese mit einem Teenager zu führen, wenn du selbst einmal auf die Fünfzig zugehst? Welche deiner jetzigen Vorstellungen, glaubst du, werden sich wohl verändern, wenn du älter wirst? Was schätzt du, welche nicht mehr vorhandenen Vorstellungen haben deine Eltern wohl gehabt, als sie so alt waren wie du? Was können deine Eltern mit Recht von dir erwarten? Was dürfen sie nicht mit Recht erwarten? Was darfst du mit Recht von ihnen erwarten?

Vor kurzem verbrachte ich einen ganzen Abend damit, Teenagern solche Fragen zu stellen. Ich hatte viel Spaß dabei, und sie ebenso. Sie alle wollten zu einer Neuauflage wiederkommen. Sie alle schienen sehr originell zu denken, denn niemand hatte ihnen vorher auch nur eine dieser Fragen gestellt. Hoffen wir, daß sich das ändert.

15

Kernkonzepte, die unser Denken strukturieren

Der Einfluß so grundlegender Konzepte wie das der Sequenz und Balance auf das Denken im weitesten Sinne ist enorm. Bereits kleine Kinder können diese und andere Kernkonzepte durch körperliche Aktivität erleben und verstehen.

Wir haben uns mit Methoden zur Stimulierung unserer Phantasie im Alltag, besonders als Reaktion auf das gesprochene oder geschriebene Wort, beschäftigt. Phantasie ohne Struktur allerdings hat nicht viel Wert.

Die unserem Alltags- und Gedankenleben zugrundeliegende Struktur hängt entscheidend von Konzepten ab, die ich Kernkonzepte nenne. Man kann sie mit Computerprogrammen vergleichen. Wir sehen sie nicht wirklich, wenn wir auf sie zurückgreifen, aber durch sie organisieren wir unsere Gedanken und Handlungen. Kernkonzepte erhalten die Konsistenz in Standpunkt, Verhalten und Anwendung von Fertigkeiten aufrecht.

Kernkonzepte sind demjenigen, der sie hat, nicht automatisch klar – sie fügen sich derart nahtlos in unseren Erfahrungshintergrund ein, daß sie unter Umständen ununterscheidbar von der eigenen Persönlichkeit scheinen. Doch Reichweite und Tiefe dieser Kernkonzepte bestimmen die Qualität unseres Denkens und Folgerns aus der Erfahrung. Da sie sich von klein auf entwickeln, ist es so wichtig, über ihre Rolle für unser Lernen und Leben nachzudenken.

So wichtig ist unbewußtes Lernen

Kinder brauchen Gelegenheiten, ihr Verständnis zu strukturieren und weiterzuentwickeln. Da der Körper Erfahrung organisiert, findet ein großer Teil dieses Strukturierens unbewußt statt. Am erfolgreichsten lernen wir vielleicht gerade dann, wenn wir mit unseren Gedanken ganz woanders sind. Obwohl wir uns nicht bewußt sind, überhaupt etwas zu lernen, werden unsere Wahrnehmungen dauerhaft verändert. Das gleiche gilt für unsere tiefsten Glaubenssätze.

Dieses Kapitel wird also davon handeln, wie wir vom bewußten Prozeß des Aufnehmens und Einübens neuer Dinge Verhaltensweisen und automatische Reaktionen ausprägen, die außerhalb unserer bewußten Kontrolle liegen. In diesem Kapitel werden wir auch untersuchen, wie Kernkonzepte den Aufbau von Verbindungen zwischen unseren Ideen und Erfahrungen unterstützen. Lassen Sie uns damit beginnen, ein bestimmtes Mittel zur Strukturierung von Erfahrung herauszugreifen, um zu sehen, wie weitreichend der Effekt auf unser Denken sein kann.

Was ist das Menschlichste an uns?

Angenommen, Sie sollten bestimmen, was den menschlichen Geist vom Geist anderer Tiere unterscheidet – was, würden Sie sagen, wäre das?

Die üblichen Anworten auf diese Frage lauten unter anderem Sozialisation und das Herstellen von Werkzeugen. Aber auch Ameisen und Bienen sind soziale Tiere, und von einigen Affen weiß man, daß sie wie wir Werkzeuge benutzen.

Unser Gefühl für Fairneß

Sie könnten eine weitere Antwort in Betracht ziehen – der menschliche Sinn für Fairneß, der anderen Tieren fehlt. Wenn wir auch nicht immer merken, wenn wir andere unfair behandeln, so wissen wir doch normalerweise gut, wenn man uns nicht fair behandelt.

Der Begriff der Fairneß erfordert, daß man sowohl zählen als auch ein Gleichgewicht herstellen kann. Wenn Sie und ich beispielsweise eine Anzahl Kronkorken unter uns aufteilen wollten, sollten wir jeder entweder die gleiche Anzahl erhalten, oder aber unsere Sammlungen sollten insgesamt gleich wertvoll sein – jedenfalls solange wir uns nicht darauf einigen, daß die Werte ungleich sein sollen.

Fairneß ist eines unserer grundlegendsten Konzepte. Man kann sie auf jeden Aspekt des Lebens ausdehnen. Das Konzept der „Fairneß" führt zu den komplexesten philosophischen und moralischen Streitfragen, zu den kniffligsten mathematischen Operationen und geradewegs hinein in die Welt subatomarer Physik. Und doch beginnt Fairneß schon in den eigenen vier Wänden, beispielsweise beim Aufteilen von Gegenständen unter Familienmitgliedern.

Bob geben, was ihm zusteht

Vor einigen Jahren machte ich mir Sorgen wegen eines Schülers, der drauf und dran zu sein schien, in jungen Jahren straffällig zu werden. Bob kam aus einer vielköpfigen Familie und hatte, denke ich, dort so wenig Aufmerksamkeit erhalten, daß er zu glauben begann, sich mit Gewalt Aufmerksamkeit verschaffen zu müssen. Obwohl ich wußte, daß er intelligent war, hatte er schon seit Wochen keine Hausaufgaben mehr gemacht, als ich ihn zu einer Besprechung zu mir bat.

Als er in mein Büro kam, konnte ich die Wut schon an seiner Machopose ablesen. Er suchte eine Auseinandersetzung, und ich wußte, nicht nur mit mir – er war bereit, es mit der ganzen Welt aufzunehmen. Als er sich steif auf einen Stuhl herabließ, legte er seinen Kopf auf die Seite und erklärte: „Ich mag Ihre Hausaufgaben nicht."

„Ich weiß auch, warum", sagte ich. „Sie sind unter deinem Niveau. Du bist zu clever für den Kram."

Der Macho verabschiedete sich aus seinem Körper. Er schien sich zu entspannen, setzte sich dann gerade auf und sah mich leicht zweifelnd an. „Meinen Sie?"

„Das weiß ich", meinte ich, „du bist einer der hellsten Köpfe, mit denen ich bisher gearbeitet habe. Wir sollten uns für dich gemeinsam andere Hausaufgaben überlegen. Was würdest du gerne lernen?"

Das schien genau das zu sein, wonach Bob gesucht hatte – wenn er die ihm zustehende Aufmerksamkeit bisher zu oft nicht bekommen hatte, bekam er jetzt vielleicht sogar mehr als ihm zustand. Gemeinsam arbeiteten wir einige Hausaufgaben aus, die genau richtig für ihn waren, und er erledigte sie exzellent. Danach lief es für ihn besser. Heute ist er einer der führenden Köpfe auf dem Gebiet der Weiterbildung.

Was geschieht, wenn man zuviel bekommt

Kindern mehr zu geben, als ihnen zusteht, kann sie auch unglücklich machen. Manchmal wollen Kinder etwas Bestimmtes haben, aber wenn sie es dann bekommen, verspüren sie ein Ungleichgewicht, und in der Folge verschlechtert sich ihr Verhalten. Trotzdem werden sie ihre Umgebung weiterhin auf die Probe stellen, um zu sehen, ob sie mehr bekommen können, als sie eigentlich verdienen. Dann gibt es wahrscheinlich Ärger.

In extremen Fällen können sehr mächtige oder wohlhabende Menschen, die nie auf irgendwelche Grenzen stießen, ihr Leben lang mit chronisch verschleppter Übellaunigkeit leben – und nach ihren Grenzen suchen, wobei dann unzählige Unschuldige die Konsequenzen ausbaden.

Wie erkennen wir Fairneß überhaupt? Vielleicht schlugen wir uns mit Vorstellungen von Fairneß schon herum, als wir anfingen, uns auf unsere Hinterbeine zu stellen und aufrecht zu gehen. Wir haben entdeckt, wie anfällig wir für Stürze sind. Wir mußten uns darauf konzentrieren, das Gleichgewicht zu halten, um das Gewicht gleichmäßig auf beide Füße zu verteilen, um beide Körperhälften gleichzubehandeln. Ein vierbeiniges Tier kann mit dem Verlust eines Beines noch gut genug über die Runden kommen. Ich hatte einmal eine dreibeinige Katze – man konnte es kaum erkennen, wenn man nicht genau hinsah. Meine Katze tat alles, was eine normale Katze auch tat. Aber versuchen *Sie* einmal, auf einem Bein zu gehen und sehen Sie, wie bemerkenswert das ist. Ja, die Gleichheit wird eines der Hauptanliegen im Leben eines Zweibeiners.

Krabbelübungen

Um uns aufzurichten und auf zwei Beinen zu stehen, müssen wir vorher eine ganze Menge anderer Dinge tun. Der langwierige Prozeß des Krabbelnlernens als Vorbereitung auf das Laufenlernen bietet eine Vielzahl von Gelegenheiten, Erfahrungen ins Bewußtsein zu bringen, die eine vierbeinige Kreatur einfach als selbstverständlich hinnehmen würde. Sie können einige der Erfahrungen, auf denen Sie Ihren Begriff von Fairneß gegründet haben, erforschen, wenn Sie einmal auf allen Vieren durch das Zimmer krabbeln und dabei Ihre Körperempfindungen und neuen Perspektiven erforschen.

Inwiefern sieht die Welt anders aus, wenn man krabbelt? Versuchen Sie, drei Schritte mit Ihren Händen zu machen, bevor Sie Ihre Beine nachziehen. Achten Sie darauf, wie sich Ihr Körper in einer natürlichen Bewegungssequenz, die vom vorwärtsgerichteten Bewegungsmoment diktiert wird, bewegen will. Achten Sie auch darauf, wie wichtig offenbar die Vorwärtsbewegung beim Krabbeln ist.

Es geht vorwärts

Halten Sie jetzt inne und überlegen Sie: Wieviel Ihres Lebens begreifen Sie in Begriffen der Vorwärtsbewegung? Bewegen Sie sich vorwärts in der Zeit? Betrachten Sie die Menschheitsgeschichte als Vorwärtsbewegung? Ihr Körper ist dafür ausgelegt, sich effektiv vorwärts zu bewegen, aber wie sieht es mit dem Rückwärtsgehen aus? Inwiefern und warum ist das ein anderes Gefühl? Und was ist mit Ihrem Auto? Achten Sie einmal darauf, wie Sie beim Lesen eines Buches vorankommen, wie Sie sich durch die Zeilen und Seiten des Buches vorwärtsbewegen. Achten Sie darauf, wie Sie Aufgaben organisieren. Wie schon Alice im Wunderland herausfand: es ist wichtig, am Anfang zu beginnen und durch die Mitte voranzuschreiten, bis man zum Ende kommt.

Vorwärtsbewegung ist an sich schon ein Kernkonzept. Fast alles, was wir tun oder denken, läßt sich in Begriffen der Vorwärtsbewegung begreifen. In dieser Hinsicht befinden wir uns im Einklang mit dem Universum, denn kontinuierliche Bewegung in die gleiche Richtung ist der Zustand alles Seienden.

Ein in Bewegung befindlicher Körper unterliegt der Trägheit und behält seine Bewegung bei, bis eine äußere Kraft auf ihn einwirkt. Das bedeutet, daß Sie sich, wenn Sie im Weltall treiben und von etwas angestoßen werden, in alle Ewigkeit in diese Richtung bewegen werden, bis Ihnen etwas anderes in die Quere kommt.

Selbst wenn Sie schlafen, nehmen Sie an einer Vorwärtsbewegung teil, da sich alles im All bewegt.

Und auch wenn es vielleicht zu offensichtlich scheint, als daß man darauf eingehen müßte: Ein Problem, das die meisten von uns haben, ist, sich immer weiter vorwärts auf ihr Ziel zuzubewegen.

Die Dinge auf die Reihe bekommen – Sequenzieren

Sehen Sie jetzt einmal, wie groß der Anteil des Sequenzierens am Krabbeln ist. Die Schritte müssen eine bestimmte Reihenfolge einhalten. Wir können nichts tun, bevor wir nicht zuerst etwas anderes getan haben. Wieder einmal ist unser Leben um ein Konzept herum organisiert. Aber häufig gelingt es uns nicht, die für die Erledigung einer Aufgabe effektive Reihenfolge zu finden. Jede Aufgabe läßt sich so in Unteraufgaben zerlegen, daß die Aufgabe als ganzes leichter zu schaffen ist. In der Schule wird Ihr Kind Aufsätze entwerfen und eine logische Reihenfolge in die Entwicklung der tragenden Ideen bringen müssen. Übung im Krabbeln und im Nachdenken über den Prozeß des Krabbelns werden dafür das Fundament legen. Später im Leben können sich viele Aufgaben ergeben, die ohne ordentliches Sequenzieren nicht zu lösen sind. Fast jeder hat Probleme dabei, irgend etwas Wichtiges zu sequenzieren, und die Folgen schlechten Sequenzierens können tragisch sein.

Obwohl man das Sequenzieren normalerweise strikt beibehalten muß, gibt es dabei unter Umständen auch willkürliche Komponenten, die je nach Vorliebe variieren. Die Festigung Ihres Konzeptes vom Sequenzieren kann Ihnen mehr Freiheit bei der Ausarbeitung von Sequenzen nach ihren individuellen Bedürfnissen geben, da die beste Methode, eine Aufgabe zu organisieren, nicht für jeden gleich ist. Sie ordnen, vom morgendlichen Aufstehen bis zum abendlichen Stellen des Weckers, so oft Ereignisse, daß Sie vielleicht schon lange aufgehört haben, zu bemerken, *wie* Sie das eigentlich tun. Aber es ist immer möglich, bessere Ergebnisse zu erzielen, wenn man eine neue Reihenfolge für das lernt, was man tut. Erfolgreiche Menschen haben gelernt, ihre Aktivitäten so zu organsisieren, daß die Abfolge der Ereignisse die gewünschte Wirkung hat.

Die beiden Konzepte verbinden

Lassen Sie uns diese beiden Konzepte der Vorwärtsbewegung und des Sequenzierens mit der Funktionsweise des Körpers verknüpfen. Dazu setzten wir sie mit dem Konzept der Balance in Beziehung. Dadurch bringen wir dem Geist bei, nach Verbindungen zwischen körperlicher Erfahrung und der Struktur des Denkens Ausschau zu halten – Verbindungen, die helfen können, einen bewußteren und wohlbegründeten Denkstil zu entwickeln. Wir können diese drei Begriffe durch eine kleine Übung, die das Konzept des Zählens einführt und das Zählen mit allen drei genannten Konzepten in Beziehung setzt, am eigenen Leibe erfahren.

Münzen aufheben

Legen Sie zwanzig Münzen mit gleichem Wert in vier Reihen so auf den Boden, daß Sie beim Krabbeln zwischen zwei Reihen mit jeder Vorwärtsbewegung leicht je eine Münze aufheben können. Sie und Ihr Kind krabbeln jeweils zwischen zwei Reihen. Für jeden von Ihnen geht es darum, alle zehn Münzen aufzuheben, je eine mit jeder Vorwärtsbewegung. Anschließend vergleichen Sie Ihre Münzsammlungen. Wie können Sie erkennen, ob Sie gleichviele Münzen haben? Sie könnten die Münzen in zwei Türmen nebeneinander aufbauen und schauen, ob die Türme gleichhoch sind. Sie könnten jede Münze nacheinander hinlegen und sehen, ob Sie gleichviele zum Hinlegen haben. Noch schneller geht das vielleicht, wenn Sie immer zwei oder sogar drei Münzen auf einmal hinlegen. Warum nicht wesentlich mehr Münzen auf einmal?

Sie könnten die Münzen wiegen. Sie könnten sie in ein randvoll gefülltes Wasserglas gleiten lassen und die Menge des von den Münzen verdrängten Wassers messen. Diskutieren Sie mit Ihrem Kind die beste Methode zur Ermittlung der Gleichheit.

Machen Sie Vorschläge, aber lassen Sie sich von Ihrem Kind zur Lösung führen. (Piaget hat gezeigt, daß kleine Kinder einen Begriff von Gleichheit haben, der auf unvollständigen Interpretationen ihrer Wahrnehmungen beruht. Erforschen Sie deshalb ohne zu drängen andere Möglichkeiten, wenn Ihnen Ihr Kind eine Erklärung gibt, die Sie für unvollständig halten. Lernen Sie mindestens ebensoviel, wie Ihr Kind von Ihnen lernt. Lernen Sie, was Ihr Kind sieht und wie es seine Erfahrung konzeptualisiert. Vertrauen Sie darauf, daß sich das mit der Zeit und zunehmender Reife ändert.)

Mit Münzen handeln

Beginnen Sie nun einen Münzhandel: „Ich gebe dir eine von meinen, wenn du mir eine von deinen gibst." Das macht den Handel ausgeglichen. Entsprechend bleibt der Handel auch bei „zwei von meinen für zwei von deinen" im Gleichgewicht. Ungleiche Zahlen dagegen bringen den Handel aus dem Gleichgewicht. Versuchen Sie einen ungleichen Handel und achten Sie darauf, was für ein Gefühl Sie dabei haben. Hat es Ihr Kind am liebsten, wenn Sie alle Münzen bekommen oder anders herum? Was ist fair? Warum sollte einer von Ihnen mehr als der andere haben? Ist Ihrem Kind diese Art Fairneß wichtig? (Vielleicht meint das Kind ja, daß genügend Münzen da sind, so daß Sie beide soviel Münzen haben können, wie Sie wollen. Vielleicht möchte das Kind im Moment auch sicherstellen, daß es alle Münzen bekommt.)

Handberührungs-Übung

Setzen Sie sich jetzt Ihrem Kind gegenüber hin und spielen Sie *Backe Backe Kuchen* oder ein anderes Handklatsch-Spiel, bei dem Sie Ihre Handflächen zusammenbringen. Aber jedesmal, wenn sich Ihre Handflächen berühren, nehmen Sie und Ihr Kind je eine Münze auf. Diese Übung beinhaltet die gleiche Bewegung wie beim Krabbeln, aber diesmal mit gleichzeitiger Berührung der Hände. Dies zeigt also, wie man gleichzeitig sequenzieren und Münzen sammeln kann.

Diese Übung wird dem Kind helfen, mit Ideen wie Sequenz, Gleichgewicht, Vorwärtsbewegung, Anhäufung von materiellem Wohlstand, Fairneß, Teilen, Gleichheit, Anzahl und anderen Konzepten, auf die Sie während des Spiels vielleicht stoßen, zu experimentieren. Dabei werden viele Dinge gleichzeitig erforscht, und zwar alle auf einer grundlegenden Ebene körperlichen Erlebens. Der Lernprozeß findet unbewußt statt, und Ihr Kind wird sich wahrscheinlich nicht bewußt daran erinnern, aber später, wenn es diesen Konzepten auf einer höheren Ebene unmittelbar wiederbegegnet, wird es viele dieser Konzepte leichter verstehen können.

Sobald das Kind mit der Übung mit gleichen Münzen vertraut ist, können Sie diese Aktivitäten ausdehnen, indem Sie Münzen mit unterschiedlichen Werten in die Übung aufnehmen. Nun wird es erforderlich, festzulegen, warum die eine Münze so viel wert ist wie mehrere andere, denn der Grund dafür ist nicht unmittelbar einsichtig. Fangen Sie mit Kuchen unterschiedlicher Größe an. Zeigen Sie, daß man für ein Stück eines großen Kuchens ebensogut zwei Stücke eines kleineren Kuchens nehmen kann.

Wann ist eins mehr wert als zwei?

Gehen Sie dann zu Dingen über, deren unterschiedliche Werte dem Kind klar sind. Ein Blatt Papier mit Bild darauf kann soviel wert sein wie zehn Blätter ohne Bild. Oder anders herum – weil man auf einem unbeschriebenen Blatt Papier ja noch ein Bild malen kann. Überlassen Sie dem Kind das Werturteil. Andererseits können verschiedene Bilder auch unterschiedlich vielen unbeschriebenen Seiten entsprechen. Schauen Sie, ob Sie ein konsistentes Wertesystem vereinbaren können. Ändert sich die Bewertung eines Bildes durch das Kind von Zeit zu Zeit, so daß der Wechselkurs für unbeschriebenes Papier steigt oder fällt? Das legt den Grundstein für das Verständnis fluktuierender Preise im Laden nebenan.

Warum sollte eine Mark so viel wert sein wie zwanzig Fünfpfennigstücke? Nun, vielleicht ist ein Dreirad ja auch so viel wert wie fünfundzwanzig Bausteine. Wenn das Kind beim Einkaufen zwischen verschiedenen Dingen wählen muß, kann die Fähigkeit, ein Ding als einem anderen äquivalent anzusehen, die Grundlage für das Verständnis der Funktionsweise des Währungssystems legen.

Spiel mit ungleichen Münzen

Versuchen Sie, wenn Sie einige dieser Ideen erforscht haben, ein Spiel mit ungleichen Münzen. Das Kind fragt sich vielleicht, warum der Wert eines Markstückes im Verhältnis zu Fünfpfennigstücken keiner Fluktuation unterworfen ist, während sich der Wert eines Glases Marmelade doch von Tag zu Tag ändert. Das führt zur Frage, wie wichtig es ist, daß wir über allgemein anerkannte Normen für bestimmte Maße verfügen. Bedenken Sie etwa die Dinge im Leben des Kindes, die immer auf eine bestimmte Weise geregelt sein müssen. Kann man genausogut unter dem Bett schlafen wie im Bett? Ist es in Ordnung, wenn man zur Schule einen Schlafanzug trägt? Wir können unsere Kleidung zwar täglich wechseln, aber es gibt eine Übereinkunft, die besagt: Schlafanzüge nur nachts. Gut, warum dann nicht eine Übereinkunft, die besagt, daß ein Groschen immer zehn Pfennigen entspricht? Beide sind gleich willkürlich, denn Schlafanzüge bedecken den Körper und halten warm, so daß man sie eigentlich gut zur Schule tragen könnte. Es ist nur so, daß alle übereinkommen, es nicht zu tun.

Manche Dinge sind also willkürlich, manche Dinge unterliegen einer wertmäßigen Veränderung, und manche Dinge (wie Mami und Papi) haben einen undefinierbaren Wert. Ich kann mit Ihnen um Pfennige feilschen, aber ich kann meine Mami und meinen Papi nicht gegen Ihre Eltern eintauschen.

Versuchen, in einer unfairen Welt fair zu sein

Obwohl es so wichtig ist, so fair wie möglich zu sein, erkennen wir jetzt, daß nichts wirklich fair *ist*. Die eine Familie hat Mami und Papi, die andere hat nur eine Mami, eine Familie hat nur einen Papi, und wieder eine andere hat Mami, Papi, Oma und Opa. Eigentlich ist das nicht fair, aber jeder befindet sich in einer anderen Situation – während es einerseits also Dinge gibt, die man miteinander vergleichen kann, gibt es andererseits auch Unvergleichbares. Wir versuchen, die Dinge so fair wie möglich einzurichten, und wir akzeptieren, daß manche Dinge niemals fair, vielleicht noch nicht einmal vergleichbar sein werden.

Aber wann versuchen wir, fair zu sein, und wann nicht? Ich habe nicht vor, zu versuchen, Ihnen Ihren Papi zurückzugeben, wenn Sie keinen haben. Aber wenn Sie Ihr Lunchpaket verloren haben, helfe ich Ihnen beim Suchen, und wenn es sich nicht wieder anfindet, teile ich vielleicht sogar meines mit Ihnen.

Diese Themen sollten im Familienkreis diskutiert werden. Gefragt ist hier das Denken des Kindes, das behutsam gefördert werden sollte. Das Kind verfügt möglicherweise über Einsichten, über die Sie nie verfügen werden, wenn Sie versuchen, zu erklären, was *Ihrer* Meinung nach richtig ist. Vielleicht kann das Kind auf ein entscheidendes Ungleichgewicht oder ein bestehendes Gleichgewicht hinweisen, das Ihnen noch nie aufgefallen ist. Vielleicht kann Ihnen das Kind eine neue Art des Sequenzierens zeigen.

Nach Gelegenheiten zum Sequenzieren Ausschau halten

Weiterhin kann man Erfahrung ebensogut zu Aktivitäten wie zu Zahlen in Beziehung setzen. Betrachten Sie beliebige Gegenstände. Der Tisch hat vier Beine. Kann er krabbeln? Der Hund hat vier Beine. Kann er krabbeln? Das Auto hat vier Räder. Kann es krabbeln? Welche Dinge bewegen sich vorwärts, welche Dinge befinden sich im Gleichgewicht?

Als Ergebnis dieser Erforschung hat Ihr Kind später im Leben ein besseres Verständnis für Dinge wie ausgeglichene Handelsbilanzen in der Wirtschaft, ausgewogene Diäten, ausgeglichene Persönlichkeiten, physiologische Homöostase, mathematische Gleichungen und so weiter. Fällt Ihnen irgendein Themenkreis ein, in dem Balance kein zentrales Konzept wäre? Und was ist mit der Vorwärtsbewegung und dem Sequenzieren?

Sich Mathematik und Wissenschaft einverleiben

Die bisherigen Übungen haben sich mit grundlegenden und allgemeinen Kernkonzepten beschäftigt, jedoch nicht mit Kernkonzepten, die nur bei sehr speziellen Themen wichtig werden. Schauen wir einmal, was man schon mit einer Handvoll Kernkonzepten in Mathematik und Wissenschaft erreichen kann.

In der Mathematik stellt die Zahlengerade eins der ersten und wichtigsten zu lernenden Dinge dar. Obwohl jeder, der die Ausgaben in seinem Scheckbuch aufsummieren kann, die Zahlengerade unbewußt die ganze Zeit über verwendet, habe ich festgestellt, daß die meisten intelligenten Erwachsenen im Grunde nicht einmal die Zahlengerade begriffen haben.

Markieren Sie ein paar Striche auf dem Boden, jeweils mit etwas Abstand, und bezeichnen Sie die entstehenden Zwischenräume. Der mittlere Strich wird Null genannt, und zur einen Seite liegen, beginnend mit der Null, die positiven Zahlen – zur anderen Seite die negativen. Einer der Spieler steht auf der Null. Jemand ruft ein Vorzeichen, entweder Plus oder Minus. Der Spieler wendet sich in die vom Vorzeichen angegebene Richtung. Jemand anderes ruft eine Zahl, beispielsweise „7". Der Spieler auf der Null macht dann sieben Schritte in diese Richtung und ruft die Zahl aus, auf der er zu stehen kommt. Wenn man mit Null beginnt, ergibt +7 eine positive 7, aber eine folgende -8 ergäbe schließlich -1. So bekommt der Spieler durch wirkliche Bewegung auf der Zahlengeraden ein Gefühl dafür, wie Addition und Subtraktion funktionieren und erkennt außerdem, daß sie im Grunde ein- und derselbe Vorgang sind.

Lassen Sie uns nun auf die gleiche Weise ein wissenschaftliches Konzept angehen. In der Physik kennen wir die Konzepte Geschwindigkeit und Beschleunigung. Diese sind an und für sich leicht zu verstehen, aber viele Anfänger im Physikkurs haben mit diesen Konzepten, wie auch mit den Formeln, in die sie eingehen, Probleme. Bitten Sie eine kleine Gruppe von Schülern, sich in einem Kreis aufzustellen und dann einen Ball herumgehen zu lassen. Sorgen Sie zunächst dafür, daß der Ball mit gleichbleibender Geschwindigkeit weitergeworfen wird. Erhöhen Sie dann die Geschwindigkeit. Vermindern Sie sie anschließend. Während des Spiels kommen dann die Spieler an die Reihe und rufen etwa „konstante Geschwindigkeit", „Schneller" oder „Langsamer". So einfach die Übung ist – sie sollte helfen, die Grundlagen für ein Verständnis der in der Physik vorkommenden Konzepte zu legen.

Auf ähnliche Weise kann man auch andere Kernkonzepte aus anderen Bereichen durch körperliche Aktivitäten erleben.

Machen Sie den Selbstversuch

Da wir jetzt zu den allgemeineren Kernkonzepten zurückkehren, schauen Sie doch einmal, ob Sie daraus Anregungen für Fortgeschrittene auf Erwachsenen-Niveau gewinnen können. Besorgen Sie sich ein Buch zu einem Thema, mit dem Sie nicht

vertraut sind. Gehen Sie es mit Blick auf Ideen durch, die mit Balance, Sequenzieren, Vorwärtsbewegung und Gleichheit zu tun haben. Wieviel verstehen Sie schon
jetzt? Wieviele Verbindungen können Sie zwischen diesem unbekannten Gegenstand und anderen Themen, die Sie schon verstanden haben, herstellen?

Indem Sie Ihren Körper erforschen, Ihren eigenen Vorrat an Kernkonzepten aufbauen und diese Kernkonzepte auf neue und unerwartete Art und Weise anwenden, üben Sie Ihren Geist darin, für die Erziehung Ihres Kindes Richtlinien zur Verfügung zu stellen, die wesentlich wirkungsvoller sind als der Stechschritt traditioneller Erziehung. Gleichzeitig eröffnen Sie sich vielleicht auch einige neue Möglichkeiten für Ihr eigenes Denken.

16

Bist du es – wirklich?

Sie können Ihr ganzes Leben damit vergeuden, anderer Leute Programme
auszuführen. Warum nicht Ihre eigenen?

Das letzte Kapitel erforschte einige der dem Denken zugrundeliegenden Ideen und Strukturen, die uns unsere Erfahrungen verständlich machen und uns dabei helfen, die Oberfläche der Erscheinungen zu durchdringen und der zugrundeliegenden Wirklichkeit Sinn zu verleihen. Aber egal, wie gut wir die Welt um uns herum auch verstehen, wir können uns erst dann ganz fühlen, wenn wir erkennen, wer wir sind und in welcher Beziehung wir selbst zu dem stehen, was wir beobachten oder wissen.

Das Entdecken der wesentlichen Merkmale unserer Identität ist ein Prozeß, der sehr lange dauern kann – für manche ihr ganzes Leben. Spuren zur Entdeckung unserer Identität scheinen jedoch schon von Beginn an in uns angelegt zu sein. Sobald wir uns von den irrigen Vorstellungen darüber freigemacht haben, wer wir sein sollten, sind wir besser darauf vorbereitet, zu entdecken, wer wir sind. Es ist, als würde man morgens den Wasserdampf vom beschlagenen Badezimmerspiegel wischen. Natürlich könnte man den Spiegel auch vollgedampft lassen und sich das eigene Gesicht hinter dem Nebel zusammenphantasieren – eine idealisierte, von der Einbildungskraft projizierte Sicht seiner selbst, eine Sicht allerdings, die einem nicht viel nützt, wenn man wissen will, wie man wirklich aussieht. Aber man könnte den Spiegel auch einfach freiwischen und dem, was einen dort erwartet, ins Auge sehen.

Manchmal bekommt unser Bild von unserer Identität schärfere Konturen, wenn wir vor einer großen Herausforderung stehen. Oder auch, wenn wir in der Hitze eines emotionalen Konfliktes, vielleicht sogar in Verzweiflung, entdecken, aus welchem Holz wir geschnitzt sind und was wir unter extremen Umständen tun. Und doch lag schon immer etwas unter der Oberfläche, schon vor der Herausforderung, die unser Gefühl für Sinn, Zweck und Absicht klärte. Werfen wir also einen Blick darauf, was das sein könnte und wie man es kennenlernen kann.

Der einzigartige Schatz, der Sie sind

Sie wurden mit einem einzigartigen Schatz geboren. Dieser Schatz ist Ihre besondere Sichtweise und der spezielle Charakter, den Sie allein mit Leben erfüllen. Dieser Schatz ist das, was Ihre Freunde am meisten vermissen werden, wenn Sie später einmal gegangen sind. Nie in der Geschichte hat jemand das Leben genau so gesehen wie Sie; niemand lebte sein Leben jemals so wie Sie, niemand hatte jemals Ihren spezifischen Einfluß auf alles, was Sie umgibt.

So sicher wie Sie durch Ihre Fingerabdrücke Spuren Ihrer Anwesenheit hinterlassen, hinterlassen Sie durch Ihre Wirkung einen Abdruck in der Erfahrung anderer, wohin Sie auch gehen.

Achten Sie auf das gleiche gewisse Etwas auch bei Ihren Freunden. Denken Sie an den Verlust, wenn jemand für immer gegangen ist. Wie würden Sie diesen Jemand ersetzen? Es gibt immerhin mehr als 5 Milliarden Menschen, aus denen Sie wählen können – und Sie können keinen finden, der genausogut wäre? Wenn nicht, was ist dann diese einzigartige Qualität, die verlorengeht, wenn jemand von uns geht? Versuchen Sie, diese Qualität in jedem Ihrer Freunde zu erspüren. Halten Sie auch in berühmten Menschen Ausschau nach dieser Qualität. Kann sonst noch jemand so schön singen wie Ihr Lieblingssänger, vor Gericht einen Mandanten so versiert vertreten wie Ihr Lieblingsanwalt, so gekonnt mimen wie Ihr Lieblingsschauspieler? Natürlich nicht. Ich kannte einmal einen Mann, der einen Türgriff polieren konnte wie vielleicht kein zweiter jemals vor oder nach ihm. Obwohl ich ihm nur ein einziges Mal begegnete, hinterließ er einen unauslöschlichen Eindruck auf mein gerade neun Jahre altes Gedächtnis.

Aber worin genau besteht diese Einzigartigkeit, die andere so sehr vermissen, wenn man gegangen ist? Und was kann man tun, um sich und anderen dieses besondere „Warenzeichen" seines Seins klarer vor Augen zu führen?

Natürlich hat auch jedes Kind Qualitäten, an die sich, da jedes Leben in der gesamten Geschichte nur ein kurzer Besuch auf der Erde ist, schon bald niemand mehr erinnern wird. Aber unterdrückende Kräfte, die auf das Kind einwirken, können seine Identitätsbildung stören – und werden manchmal sogar absichtlich mit genau dieser Absicht benutzt. Wie auch immer – wenn Sie wollten, daß Kinder und junge Leute ihre Identität im Schmelztiegel des Lebens verlieren, würden Sie dieses Buch nicht lesen. Kindern dabei zu helfen, sich Ihre Chance vor Augen zu führen, die Welt um ihre Einzigartigkeit zu bereichern, ist das wertvollste Geschenk, das Sie ihnen anzubieten haben.

Wir wir unseren größten Schatz aus dem Fenster werfen

Trotz der Tatsache, daß unser größter Schatz unsere Einzigartigkeit ist, stecken wir viel Energie in Aktivitäten und Versuche, eben diese Einzigartigkeit schnell wieder auszulöschen. Wir vergessen, daß unsere Einzigartigkeit es verdient, gefördert und mit all unseren Ressourcen unterstützt zu werden – und wischen sie leichterhand für Belohnungen vom Tisch, die uns auf weit minderwertigere Weise das Gefühl geben, bedeutend zu sein. Wieviel großartiger als materieller Wohlstand oder hohle Lobhudelei ist doch ein voll entwickeltes Talent! Würden Sie lieber eine Villa in Hollywood besitzen – oder mit dem Genie beispielsweise eines Mozart oder eines Babe Ruth* im Rampenlicht stehen? Irgendwo in Ihrem Innern steckt Ihr persönliches Genie – und wartet und fragt sich, wann Sie sich endlich dazu aufraffen, es zur Welt zu bringen.

Erforschen Sie also dieses Talent. Wenn Sie sich wirklich Mühe dabei geben, wird das auch Ihre Kinder anregen, ähnlich forschend aktiv zu werden. Außergewöhnliche Begabungen bleiben manchmal in der Familie, und zwar nicht aus genetischen Gründen, sondern wegen der Vorbildfunktion und des Einflusses der Eltern

---

* George Herman („Babe") Ruth (1895–1948): Amerikanischer Profi-Baseballer und populärster Spieler in der Zeit zwischen den Weltkriegen. Anm. d. Übers.

bei der Kindererziehung. Warum wurden alle vier Söhne Johann Sebastian Bachs, die das Mannesalter erreichten, weltberühmte Meister in der Kunst des Komponierens, während keine einzige seiner Töchter die Feder in die Hand nahm, um zu komponieren? Mit Sicherheit können wir das nicht dem Gesetz der durchschnittlichen Gleichverteilung zuschreiben, die Gene derartig günstig arrangiert zu haben – eher lag es daran, daß man von Frauen nicht erwartete, daß sie komponieren konnten. Und so ging uns vielleicht die Hälfte der größten Kompositionen unwiederbringlich verloren, ganz zu schweigen von anderen Werken genialer Menschen, die vor dem zwanzigsten Jahrhundert hätten entstehen können. Sexismus fordert einen hohen Preis.

Verlieren Sie sich nicht länger in Konformität

Wie stark lassen Sie sich von dem weitverbreiteten Druck beeinflussen, einfach einer aus dem Volk zu sein – nie aus der Reihe zu tanzen, nie das Boot zum Schaukeln zu bringen? Wie tief suchen Sie statt dessen in Ihrem Innern nach dieser besonderen Gabe, die nur man selbst ans Licht bringen kann?

Denken Sie einen Augenblick lang über die Bedeutung dieses Wörtchens „Gabe" nach. Es ist eine Segnung, die man empfängt, aber dieses Wort heißt auch, der Welt Instrument zu sein. Wenn es uns nicht gelingt, ein solches Instrument zu sein, bleibt die Gabe ungegeben, und wir fühlen uns irgendwie frustriert und seltsam enttäuscht von uns selbst.

Wie Lou sich fand

Viele Menschen entdecken sich selbst durch das Schreiben. Auch bei Lou, einem Schüler, der zwei Jahre vor seiner Graduierung an unsere Schule kam, war das so. Er hatte einige Jahre allein gelebt und die Arbeit auf einer Farm und Haschischrauchen dem Schulbesuch vorgezogen. Als er beim ersten Mal die Aufnahme an unsere Schule beantragte, wurde sein Antrag abgelehnt. Aber im folgenden Jahr beschloß er schließlich, doch noch etwas aus sich zu machen, schrieb uns einen eloquenten Brief und lobte uns für unsere „noble Entscheidung", ihn im Vorjahr abgelehnt zu haben und meinte, daß er nun bereit sei, die Herausforderung einer guten Schulbildung anzunehmen.

In meinem Aufsatz-Kurs beschloß Lou, sich bis zum äußersten Erreichbaren zu fordern. Die ersten paar Seiten, die er schrieb, hätten ebensogut von einem Drittkläßler stammen können; die Satzstruktur war unbeholfen und übersimpel, die Gedanken geistlos und der Wortschatz, wenn es hochkommt, lausig. Aber er war sich seiner Beschränkungen bewußt und entschlossen, sie durch intensive Arbeit zu überwinden. Täglich bat er um eine besondere Hausaufgabe. Schon bald stellte er sich seine eigenen Aufgaben. Er entwarf eine ganze Reihe von Schreibübungen für sich selbst, die ihn darauf vorbereiten sollten, zu denken wie ein Erzähler.

Inzwischen hatte Lou Freundschaft mit Sam, einem ebenfalls schriftstellerisch sehr begabten Schüler geschlossen, der James Joyce so zum Vergnügen las. In Sam fand Lou einen bereitwilligen Lehrer, und er ließ Sam keine Ruhe, bis ihm dieser nicht ein paar Tips gegeben hatte, was er lesen und wie er schreiben solle. Sam gab ihm bemerkenswerte Lehrstunden in Sachen Stil und Schreibtechnik. Es dauerte nicht lang, und Lous Arbeiten begannen, die Wirkungen seiner Motivation und Sams Einflusses zu zeigen.

Was mir am meisten an Lou auffiel, als ich ihn zum ersten Mal traf, war sein ironischer Humor. Während seines Reifungsprozesses im Schreiben und Denken wurde dieser Humor noch zentraler, und sein miserabler Wortschatz begann, sich zu einer neuen Perspektive möglichen Gebrauchs von Sprache zu wandeln. Er lernte den Wert des unerwarteten, wohlplazierten Wortes für Durchschlagskraft und Bündigkeit kennen. Was er schrieb, nahm die Aufmerksamkeit gefangen und brachte einen meistens ein bißchen aus der Fassung.

Ich weiß nicht, ob Lou einmal Erzähler werden oder seine Begabung in eine andere Richtung lenken wird, aber er hatte große Freude daran, seinen einzigartigen Stil und Standpunkt zu entdecken. Zumindest teilweise wurde ihm dies durch ein Umfeld ermöglicht, das seine Entwicklung zu schätzen wußte, als sie stattfand. Niemand versuchte, ihn erneut in eine vorgeprägte akademische Rolle zu zwängen – anderenfalls hätte er möglicherweise schulischen Veranstaltungen generell den Rücken zugekehrt.

Die altertümliche Praxis der Heraldik

Lous Versuch, seine eigene Individualität zu entfalten und auszudrücken, zeigt die Art des Denkens, die durch Konformitätsdruck in der heutigen Gesellschaft häufig unterdrückt wird. Jeder, und besonders jeder junge Mensch, der sich auf eine solche kreative Selbst-Entdeckung einlassen will, braucht alle Unterstützung und Beispiele, die er bekommen kann.

Ein nützliches Modell dafür können wir der alten europäischen Kunst der Heraldik entleihen, durch die Familien früher ihr Selbst-Bild ausgedrückt und sich mit hochgeschätzten Eigenschaften identifiziert haben.

Keine schlechte Idee – es ist schade, daß wir uns heutzutage nicht mehr so klare Gedanken über die Familienidentität machen und es meist vorziehen, die Familienidentität so oberflächlich oder indifferent wie möglich zu belassen. Wie sieht es damit in Ihrer Familie oder Gemeinschaft aus? Haben Sie je versucht, ein Gefühl für gemeinsame Absicht und von allen geteilte Werte auszudrücken? Wenn Sie dies Gefühl entwickeln möchten, stellen Sie vielleicht fest, daß etwas Symbolismus dafür hilfreich sein kann.

So wichtig sind Symbole

Um sich über sich selbst klarzuwerden, lohnt es sich, sein Selbstbild zu entdecken und Symbole zu erfinden, die zeigen, daß die eigene persönliche Vision von anderen geteilt wird. Ein Symbol hilft, das Denken auf sich selbst zu fokussieren.

Symbole haben große Macht über Kinder und üben eine starke Anziehungskraft auf sie aus. In ihren Zeichnungen symbolisieren sich Kinder häufig selbst, beispielsweise, wenn sie eine Beziehung zwischen sich und jemand oder etwas anderem illustrieren. Solche Symbole können Kindern dabei helfen, ein Gefühl für ihre eigene Macht zu entwickeln. Das ist ein ganz natürliches Anliegen von Kindern und ein immer wiederkehrendes Motiv der Geschichten, die sie faszinieren. Geschichten, in denen Held oder Heldin über eine schwierige Situation triumphieren, machen dem Kind Mut, Furcht und Hilflosigkeit zu überwinden, indem sich das Kind ausmalt, wie es ist, einer bedrohlichen Situation ins Auge zu sehen und zu überleben.

Eine Übung in Selbst-Bestimmung

Beleben Sie die Sitten und Gebräuche der Heraldik neu, indem Sie einen in vier Quadranten unterteilten Schild anfertigen. In den ersten Quadranten zeichnen Sie ein Bild, das symbolisiert, wie Sie sich selbst sehen. Wenn Sie gerne kochen, könnte eines Ihrer Symbole zum Beispiel ein Kuchen sein. Wenn Sie gerne lesen, zeichnen Sie ein Buch. Wenn Sie ein Autonarr sind, könnten Sie einen Wagen zeichnen. Wenn Sie ein Träumer sind und den Kopf dauernd in den Wolken tragen, zeichnen Sie eine Wolke. Wenn Sie ein aggressiver Mensch sind, der immer für einen Kampf zu haben ist, dann zeichnen Sie eine geballte Faust.

Wie uns andere sehen

Wenn Sie Ihre eigene Menge von Symbolen aufgezeichnet haben, finden Sie heraus, wie andere Sie sehen. Bitten Sie Ihre Kinder, sich ein paar Symbole für Sie auszudenken und zeichnen Sie diese Symbole in den nächsten Quadranten. Lassen Sie anschließend Ihre Kinder einige Symbole zeichnen, die sie und/oder ihre Beziehung zu Ihnen darstellen. Fahren Sie dann mit der Übung fort und drücken Sie im dritten Quadranten aus, wie Sie sich selbst gerne sehen würden, und im vierten, wie Sie gerne von der Welt gesehen werden würden.

Die Übung ausdehnen

Sie können diese Übung auch nutzen, um über Ihren Begriff von sich selbst hinaus Ihre Ziele, Träume und Wünsche für die Zukunft, die Art von Menschen, mit denen Sie gerne zusammensein möchten, Ihre Sicht der Welt, Ihr Wertesystem, Ihren Denkstil und andere Aspekte Ihres Lebens zu symbolisieren. Fertigen Sie eine ganze Reihe von Schilden an, je einen für jedes Konzept aus dem letzten Satz. Machen Sie eine kleine Mappe daraus.

All diese Begriffe in eine symbolische Form zu bringen, hilft, sie zu objektivieren und führt möglicherweise zu einer klareren Entscheidungsfindung in Ihrem Leben. Probieren Sie eine wöchentliche, der Entwicklung von Symbolen gewidmete Familienaktivität. Lassen Sie alle Familienmitglieder etwas symbolisieren, über dessen Beziehung zu sich selbst sie in der letzten Woche nachgedacht haben. Üben Sie, geäußerte Ideen oder Einwände in eine präverbale symbolische Form zu bringen. Das erleichtert es diesen Ideen, sich mit etwas tief im Geist zu verbinden, sich zu klären und zu einer Basis unserer Handlungen zu werden. Das kann im Leben zuweilen einen beträchtlichen Unterschied machen. Nehmen Sie sich alle nach der wöchentlichen Familienübung im Symbole-Erfinden Ihre Mappen noch einmal vor und erinnern Sie sich gegenseitig daran, welches beim letzten Mal Ihre Symbole waren.

Machen Sie es sich zur Gewohnheit, präverbal zu denken

Wenn es sich die ganze Familie zur Gewohnheit macht, zur kreativen Problemlösung nach und nach präverbal zu denken, sollte auch nach und nach eine Verschiebung zu einer tieferen Kommunikation zwischen den einzelnen Familienmitgliedern stattfinden. Mitglieder einer Gesellschaft, die die gesprochene Sprache überbetont und die Rolle von Symbolen für ihr Kulturleben herunterspielt, tendieren dazu, oberflächlich miteinander umzugehen. Genießen Sie also die wachsende Tiefe der Kommunikation, die diesen und verwandten Übungen entspringt.

Sie können die wöchentlichen Zusammenkünfte auch variieren, indem Sie Themen wählen: eine Woche Träume für die Zukunft, die nächste, wie uns unsere Freunde sehen; oder unser Wertesystem; oder wie wir unsere Freunde sehen. Ich will hier nicht allzu sehr ins Detail gehen, denn die Themen, die Sie wählen, sollten sich aus dem Denken und der Kommunikation aller entwickeln. So machen Sie den Prozeß des Wachsens der Bewußtheit für einander bewußter. Diese Bewußtheit kann weitreichende Auswirkungen auf alles haben, was sich in Ihrem Leben möglicherweise ereignet.

Den Erfolg vorbereiten

Wahrscheinlich alle bedeutenden und erfolgreichen Menschen hatten von Kindheit an eine Art Vorauswissen um ihre Größe. Wie auch viele, die nie Bedeutung erlangten. Der wichtigste Unterschied besteht darin, daß die Erfolgreichen in ihren Träumen von jemandem bestärkt wurden, der ihnen wichtig war, während den Erfolglosen das Gefühl vermittelt wurde, ihre Träume seien töricht und nicht zu realisieren.

Anerkanntermaßen ist ein weiterer Wesenszug erfolgreicher Menschen, ihre Fähigkeit, ihre Ziele zu bestimmen und in Worte zu fassen. Das präverbale Symbolisieren von Zielen ist sogar noch machtvoller als sie aufzuschreiben, denn Symbole graben sich tiefer in unsere mentalen Prozesse ein.

Wir müssen unsere Einstellung gegenüber unseren Träumen von der Zukunft ändern und einsehen, daß genau die „offensichtlich" unrealisierbaren Träume schon die Realität von morgen werden können. Diese Träume veranlassen unser Unbewußtes, sie zu realisieren. Wenn wir es uns zur Gewohnheit machen, unsere Hoffnungen und Träume symbolisch auszudrücken, legen wir damit das Fundament für die Erfolge der Zukunft.

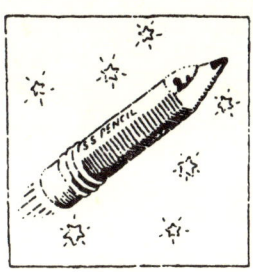

17

Der Garten der Erinnerung und Kreativität

Lernen Sie, Ihrer Kreativität zu vertrauen und befreien Sie Ihre Phantasie, damit sie ihren eigenen Weg findet, Ideen auszudrücken und Probleme zu lösen.

Kreativität ist eine Funktion unserer ganzen Persönlichkeit und ihres Wechselspiels mit der Welt, und nicht etwas, das wir nach Belieben an- und abschalten. Je mehr wir uns als innovative und originelle Denker sehen, desto kreativer scheinen wir zu werden. Die bisherigen Übungen sollten unser Vertrauen in unsere Denkfähigkeiten stärken und unsere ureigenen kreativen Impulse stimulieren. Aber auch der Geist enthält Ressourcen, die uns dabei helfen, und wir können lernen, diese Ressourcen direkt anzuzapfen.

Die offensichtlichste dieser Ressourcen ist das Gedächtnis. Das Anzapfen des Gedächtnisses erleben wir als faszinierenden, manchmal geheimnisvollen Prozeß. Zu verstehen, wie wir uns an etwas erinnern – wie Eindrücke ins Gedächtnis gelangen und wieder abgerufen werden –, schenkt uns machtvolle Einsichten, wie wir unsere kreativen Kräfte nutzen und stärken können.

Denn Kreativität und Gedächtnis sind unauflösbar miteinander verknüpft. Unsere Erfahrungen und Reflexionen über Erfahrungen gehören uns auf einzigartige Weise und stellen den Schatz dar, auf dem alle Kreativität gründet – ob sie sich nun künstlerisch, wissenschaftlich oder auf andere Weise ausdrückt. Was immer wir über die Kreativität sonst noch sagen – die folgenden drei Punkte sind für sie essentiell: wir müssen unsere Einzigartigkeit wertschätzen, wir müssen dem Wert unserer Erfahrung vertrauen, und wir müssen in der Lage sein, frei und ausgiebig aus dem vollen Spektrum unserer Erfahrung, die den Inhalt unseres Gedächtnisses ausmacht, schöpfen zu können.

Das Land ohne Erinnerungen

Julietta, eine wundervolle Oper von Bohuslav Martinu, hat das Gedächtnis (bzw. dessen Fehlen) zum Thema. Basierend auf einem Stück von George Neveux erzählt sie die Geschichte von einem Mann, der ein Land besucht, in dem es keine dauerhaften Erinnerungen gibt. Weil die Erinnerungen so flüchtig sind, gibt es dort einen Mann, der neue Erinnerungen als Ersatz für alte verkauft. Der Held Michel, der dieses Land besucht, verliebt sich in Julietta, die sich manchmal an ihn erinnert und dann wieder nicht. Obwohl er sich schon drei Jahre lang regelmäßig mit ihr trifft, ist sie überzeugt: „Heute Nacht begegnen wir uns zum ersten Mal", und später, nach dem Erwerb einer Erinnerung, erzählt sie ihm von ihrer gemeinsamen Reise nach Sevilla – wo die beiden natürlich nie gewesen sind.

Gedächtnis ist integrierte Erfahrung

Michels alptraumhafte Erfahrung mit Menschen ohne Gedächtnis, deren Erwartungen und Realitäten mit jedem Augenblick wechseln, sagt etwas über die Funktion des Gedächtnisses und wie wir es verwenden. Das Gedächtnis ist mehr als eine bloße Sammlung von Fakten – das Gedächtnis stellt alles das dar, was wir in unser Leben integriert haben.

Alles, was unser Gedächtnis nicht stimuliert, wird schnell wieder vergessen, während wir uns an Dinge, die uns viel bedeuten, ewig erinnern. Wie oft müßten Sie hören, daß Sie eine Million gewonnen haben? Wir vergessen nicht, wie wir uns verliebten, nicht den Tod Nahestehender oder die Unfälle, die wir erlitten (es sei denn, sie sind zu traumatisch, um erinnert zu werden).

Den Dumbo in mir finden

Vor ein paar Monaten sah ich zum ersten Mal seit meiner Kindheit wieder Walt Disneys *Dumbo*. Einige Teile des Films waren mir so vertraut, als hätte ich sie erst gestern gesehen; exakt umrissene visuelle Formen hatten sich dauerhaft ins Gedächtnis eingeätzt. Andere Szenen hätte ich genausogut noch nie zuvor gesehen haben können.

Unser Gedächtnis selektiert also, was am stärksten auf uns wirkt, während alles, was nicht auf uns zu wirken scheint, keinen bleibenden Eindruck hinterläßt. So weit wir wissen, heißt das jedoch nicht, daß wir uns alles, was wir wollen, auch wieder ins Gedächtnis zurückrufen können. Denn das, was für uns wichtig ist, ist logischerweise nicht immer das, an was wir uns erinnern. Da das Gedächtnis seinen Sitz im Limbischen System, dem emotionalen Zentrum des Gehirns, hat, sind wahrscheinlich die Erinnerungen, die sich auf emotionale Erfahrungen beziehen, dauerhafter als Erinnerungen an praktische Notwendigkeiten. Wenn wir etwas gefühlsmäßig intensiv genug erleben, können wir es nicht vergessen. Anderenfalls vergessen wir das Ereignis wahrscheinlich.

Diese besondere Konstruktion des Gedächtnisses war nützlich für unsere Vorfahren aus Mammutzeiten, die sich an alles, was starke Gefühle hervorrief, erinnern mußten, um am Leben zu bleiben, Nahrung zu finden und sich fortzupflanzen. Die Menschen – mit komplexeren Sozial- und Wirtschaftssystemen – hatten im Laufe der Evolution keine Zeit, Gedächtnisse zu entwickeln, die in der Lage gewesen wären, etwa Details von Bilanzblättern herunterzubeten. Wo also solche Details eine Rolle spielen, müssen wir dem Gedächtnis gut zureden. Am besten geht das, indem man sich in das, was man tut, heftig genug verliebt und diese Liebe dann mit Strategien zur Bekräftigung ihres Anspruches auf Gedächtnisraum unterstützt.

Wenn Sie es wirklich lieben, erinnern Sie sich auch daran

Sind Sie jemals noch einmal dort entlanggeschlendert, wo Sie einst einen fröhlichen Tag mit jemandem, den Sie liebten, verbracht haben? Und haben Sie sich dabei die Unterhaltung ins Gedächtnis zurückgerufen, die Sie beide führten, als Sie – vielleicht vor vielen Jahren – an einem bestimmten Platz vorbeigingen? Können Sie sich vorstellen, wie es ist, etwas so sehr zu lieben, daß jedes winzigste Detail davon ein unauslöschlicher Teil Ihres Gedächtnisses wird?

Der große Dirigent Arturo Toscanini liebte die Musik so sehr, daß er niemals ein Stück vergaß, das er einmal aufgeführt hatte. Einmal, als er schon älter war, plante er, ein Werk eines Komponisten namens Raff aufzuführen, dessen Partituren man allerdings nicht rechtzeitig zur Aufführung finden konnte. Es handelte sich um ein Violinenquartett, das Toscanini einmal als Neunzehnjähriger gespielt hatte. Als er ungefähr fünfzig Jahre später die Partitur nicht finden konnte, war er in der Lage, das Stück aus dem Gedächtnis zu transkribieren. Als die Partitur später gefunden wurde, verglich man sie mit den Erinnerungen Toscaninis. Jede Note stimmte.

Tatsächlich verfügen fast alle von uns über ein so gutes Gedächtnis, wir wissen nur nicht, wie wir es anzapfen können. Hypnose-Experimente belegen das immer wieder. Ein Maurer unter Hypnose kann die exakte Position jedes Steins beschreiben, den er vor Jahren in eine Wand eingemauert hat.

In Konzentrationslagern internierte Menschen waren in der Lage, sich Werke aus Musikgeschichte und Literatur, die sie einmal kennenlernten, ins Gedächtnis zurückzurufen und aufzuschreiben. Die positiven emotionalen Assoziationen mit solchen Dingen verstärken sich bei Menschen in Situationen, in denen das Leben im Kontrast dazu vollkommen trostlos ist, so sehr, daß detaillierte Erinnerungen an die Oberfläche steigen können.

Es ist zumindest teilweise ein Mangel an emotionalem Engagement, der verhindert, daß wir uns an viele Dinge erinnern, die uns sonst deutlich präsent wären. Wenn wir den Gegenstand ansprechend finden und mit positiven Erlebnissen verknüpfen, können wir uns mit Leichtigkeit daran erinnern. Wenn wir unangenehme Assoziationen überwinden und auslöschen, kehrt die Erinnerung zurück. Selbst Erlebnisse unter Narkose hat man durch ausreichende psychologische Beratung ins Gedächtnis zurückrufen können.

Damit wir uns also etwas leichter merken können, müssen wir einen intensiven emotionalen Kontext dafür schaffen. Wir müssen das, woran wir uns erinnern wollen, als wesentlichen Teil unserer Persönlichkeit betrachten.

Eine Erinnerung ist nicht einfach ein Informationssplitter, den wir in irgendeiner entfernten Ecke unseres Gehirn fallenlassen; Erinnerungen sind ein integraler Bestandteil des Selbst. Wenn wir etwas intensiv erleben, werden wir uns wahrscheinlich nicht nur daran erinnern, sondern es auch als eine machtvolle kreative Kraft nutzen können.

Wer hat in meinem Bettchen geschlafen?

Lassen Sie uns jetzt ein weiteres Gedankenexperiment durchführen. Stellen Sie sich vor, Sie würden vor Ihrem Bett stehen und sich fragen, wer wohl die Nacht zuvor darin geschlafen hat. Waren Sie das oder jemand anderes? Oder waren Sie zu viel-leicht zu zweit dort? Tun Sie so, als würden Sie in das Land von Julietta kommen, in dem Erinnerungen zufällig kommen und gehen. Die einzige Methode, an eine Erin-nerung zu kommen, ist, sie von dem Erinnerungsverkäufer zu erwerben, und was er Ihnen gibt, wird davon abhängen, was er gerade auf Lager hat. Sie wissen also par-tout nicht, wer letzte Nacht in Ihrem Bett geschlafen hat.

Ein solcher Gedächtnisverlust wäre ein Verlust Ihrer selbst. Wenn Sie keinerlei Verbindung mit ihrem früheren Selbst haben, ist es fast so, als hätten Sie überhaupt kein Selbst. Fügen Sie ein Stück Erinnerung hinzu, und Sie haben ein Stück Selbst. Fügen Sie noch mehr Erinnerungen hinzu, und mehr und mehr Selbst wird sicht-bar. Aber ist dieses Selbst mein wahres Selbst oder ein falsches, von mir zur Vertei-digung gegen die wahren Erinnerungen erfundenes, Selbst? Und was soll den Aus-schlag geben, welche Erinnerungen ich bewahren möchte? Warum kann man nicht sein ganzes Leben genau so, wie es sich ereignete, wieder abrufen?

Die Selektivität des Gedächtnisses nutzen

Die Erinnerungen, über die wir zu einem gegebenen Zeitpunkt verfügen, sind die emotional integrierten. Man hat ein besonderes Gefühl für die Orte, an denen man schläft, denn genau dort ist man am verletzbarsten. Wenn dort ein Fremder ohne unsere Erlaubnis schliefe, würde man sich möglicherweise sehr gestört fühlen. Wenn jemand dort mit Ihnen schliefe, würden Sie diese Erfahrung wahrscheinlich intensiv spüren.

Aber Erinnerungen werden zu Hirngespinsten: Nicht an alles erinnert man sich bis ins Detail. Im allgemeinen erinnert man sich an das, woran man sich erinnern will und vergißt, was man vergessen will. Bringen Sie also die Schönheit ins Spiel, wenn Sie etwas dauerhaft behalten wollen – machen Sie es anziehend für Gedächtnis und Phantasie. Genau das tat Lozanov, als er zum Anzapfen des Langzeitgedächtnisses Konzert-Sitzungen einsetzte, bei denen er die gefühlsmäßige Wirkung an sich neutralen Unterrichtsstoffes durch ansprechende Poster, intensives, dramatisch betonendes Vorlesen und schöne Musik verstärkte.

Musik als Gedächtnisstütze

Sie können mit Musik auch das Auftauchen von Erinnerungen aus der Vergangenheit, mit denen Sie dann spielen können, fördern. Gibt es eine Erinnerung, die einen destruktiven Einfluß auf Ihr Leben hat? Würden Sie diese Erinnerung gern in eine weniger virulente Form verwandeln? Angenommen, man hätte Ihnen als Kind gesagt, daß Sie niemals schreiben lernen könnten. Eine solche Erinnerung könnte auf Ihr Leben einen zwanghaft negativen Einfluß erlangt haben, etwa weil Sie dem Menschen, der Ihnen das sagte, Glauben schenkten und ihn liebten. Beim Musikhören können Sie diese Erinnerung in einer weniger bedrohlichen Form neu beleben, denn die Musik erzeugt eine Atmosphäre der Freude und gibt Ihnen die Sicherheit, die Erinnerung untersuchen und in einem neuem Licht betrachten zu können. Nehmen wir beispielsweise an, Sie hätten denjenigen damals einfach falsch verstanden, und in Wirklichkeit hatte er gesagt: „Du wirst einmal unübertrefflich schreiben lernen." Erschaffen Sie sich unter dem Einfluß der Musik eine neue Erinnerung, die Ihnen erlaubt, sich Ihren Herzenswunsch zu erfüllen.

Aber was, wenn sich die relevanten Erinnerungen so tief im Mantel der Zeit verbergen, daß Sie nicht einmal wissen, warum Sie so negative Gefühle haben? Die Musik erlaubt Ihnen, sich positive Erfahrungen vorzustellen, um der Negativität zu begegnen. Diese positiven Erfahrungen nehmen in Ihren Emotionen dann den Platz der negativen ein und bringen dabei vielleicht auch die negativen Erinnerungen mit an die Oberfläche, so daß Sie den Schmerz empfinden und transformieren können. Mit Musik kann man sich also ein Umfeld erschaffen, das es erlaubt, sich selbst eine neue Richtung vorzugeben.

Geführte Phantasiereisen (guided imagery)

Was ich über das Gedächtnis gesagt habe, gilt auch für die Kreativität. Wir können die Kreaturen und Bilder unserer Phantasie nach Belieben manipulieren, bis sie als physische Tatsachen ihren Weg in die Wirklichkeit finden. Eine hervorragende Methode zur Stimulierung dieses Prozesses sind musikalisch begleitete *geführte Phantasiereisen*. Die Musik erlaubt dem Geist, zu spielen. Diese Phantasiebilder können Ihnen von selbst in den Sinn kommen, oder jemand gibt Ihnen Anregungen.

Wenn Sie jemandem gern eine *Phantasiereise* vorlesen möchten, können Sie beispielsweise die untenstehende Passage verwenden. Linda Carlson, eine Sozialarbeiterin in Chaska, Minnesota, verfaßte sie während eines meiner Seminare. Ich dachte, man könnte junge Leute, die mehr von der Schule haben möchten, so auf vergnügliche Weise ansprechen, und ich bat Linda um die Erlaubnis, die Geschichte hier aufzunehmen:

»Hallo! Darf ich mich vorstellen? – Ich bin dein magischer Geist. Vielleicht brauche ich mich dir gar nicht so förmlich vorzustellen, denn ich bin Teil deines Lebens und der Tiefe deines Seins, seit du geboren wurdest. Wenn ich mich dir hier vorstelle, dann will ich dich eigentlich nur noch vertrauter damit machen, auf wie vielfältige Weise ich dir bisher eine Quelle der Hilfe war und immer sein werde.

Ich verwende das Wort „magisch", um mich selbst zu beschreiben, weil ein Magier, wie du weißt, anscheinend in der Lage ist, die geheimnisvollsten Dinge mit einer solch famosen Leichtigkeit geschehen zu lassen. Jetzt sehen wir noch einen schwarzen Zylinder, und im nächsten Augenblick kommt schon ein flauschiges, weißes Kaninchen aus dem Hut.

Ich bin auf ähnlich geheimnisvolle Weise am Werk. Seit du auf die Welt kamst, habe ich alle Bilder, Gerüche, Berührungen, Eindrücke und Gefühle behalten, die du jemals gesehen und erlebt hast. Alles, was du jemals über die Ereignisse des Lebens und andere Tatsachen gelernt hast, habe ich in meinem Gedächtnis gespeichert. Ich liebe Farben und Klänge und Vielfalt und Abwechslung und scheine ständig so hungrig auf Action, wie ein heranwachsender junger Mensch wie du hungrig aufs Mittagessen ist. du kannst immer auf mich zählen – ich werde alles für dich lernen, was du in deinem ganzen Leben wissen mußt. Wenn du mich besser kennenlernst, wird dir noch viel klarer werden, auf wie viele Weisen ich für dich arbeite.

Wenn du liest, werden die Wörter, die du siehst, aufgezeichnet. Du sollst wissen, daß ich mit meinem fotografischen inneren Auge sehr schnell mit Wörtern umgehen kann, sei also unbesorgt, wenn du die Seiten der Bücher, die du liest, einfach schnell überfliegst. Ich merke mir auch alle Wörter, die du hörst und möchte, daß du weißt, daß du darauf vertrauen kannst, daß ich kein einziges davon jemals vergessen werden. Und natürlich bewahre ich auch deine Lebenserfahrungen auf, die es dir ermöglichen, zu fühlen, dich zu bewegen, zu berühren und zu schmecken.

Vielleicht fragst du dich, wie du mich dazu einladen kannst, dir meine Tricks zu verraten. Nun – ein Geist, der so viele raffinierte Kunststücke beherrscht, hat manchmal Freude an einer ebenso raffinierten Einladung. Selbstverständlich kannst du immer fragen: „Was stand auf Seite 30 meines Sozialkundebuches?" oder: „Wie genau heißt der Landkreis, in dem ich wohne?", und ich kann die Antwort sofort aus meinem magischen Zylinder ziehen. Vielleicht mußt du mir einfach nur erzählen, was du brauchst und dann, nachdem du bei mir geklingelt hast, eine Notiz unter der Tür durchschieben, auf einen Baum im Vorgarten oder hinter dem Haus klettern und einfach nur Spaß haben, während du darauf wartest, daß ich dich mit der Antwort überrasche.

Ich bin da… wenn du mich am wenigsten erwartest! Verlaß dich drauf!«

Diese *Phantasiereise* funktioniert am besten mit Kindern, die alt genug sind, um alle vorkommenden Wörter zu verstehen. Für jüngere Kinder habe ich deshalb die folgende neue Version geschrieben:

»Hallo, ich bin dein magischer Geist. Ich bin immer bei dir, um dich zu lieben und dir zu helfen, wenn du Hilfe brauchst. Wenn du Hilfe brauchst, schließe einfach deine Augen und bitte mich, zu kommen – und schon bin ich da.

Ich bin ein Magier, weil ich zu dir komme, wenn du gerade nicht hinguckst. Wenn du zu angestrengt guckst, bin ich vielleicht nicht da, aber wenn du deine Augen schließt und ruhig und geduldig wartest, werde ich zu dir kommen.

Ich bin immer da und passe auf alles auf, was passiert: alles, was du siehst oder hörst oder schmeckst oder riechst oder berührst oder in deinem Körper spürst. du kannst dich an alles erinnern, was du willst und wann du willst – frage mich einfach. Ich liebe Farben und Klänge und Abwechslung und scheine ständig so hungrig darauf, etwas zu tun und mich zu bewegen, wie du als heranwachsendes Kind mittags Hunger hast.

Du kannst dich immer darauf verlassen, daß ich alles für dich lerne, was du in deinem ganzen Leben wissen mußt. Wenn wir uns besser kennenlernen, wirst du noch viele neue Wege finden, wie ich dir helfen kann.

Ich bringe dir bei, wie man liest und wie man Spaß am Lesen hat. Ich werde dir dabei helfen, Bücher zu benutzen, damit du Antworten auf die Fragen findest, auf die du eine Antwort suchst, und ich werde dir dabei helfen, die Träume zu träumen, die du träumen willst. Ich werde dir dabei helfen, alle Bücher zu lieben, und ich werde dir auch dabei helfen, die Bücher zu finden, die du am meisten lieben wirst. Und ich werde dir immer, wenn du liest, dabei helfen, dich an alles zu erinnern, was du behalten mußt.

Vielleicht fragst du dich, wie du mich dazu bringen kannst, dir meine Zauberkunststücke zu verraten. Nun – versuch einfach alles, was du dir ausdenken kannst, und ich komme. Vielleicht komme ich, wenn du gerade im Hof spielst oder ein Nickerchen in deinem Zimmer machst oder fernsiehst oder zur Schule gehst. dir wird schon etwas einfallen, um mich zu rufen. du kannst mir einen ganz besonderen Namen geben, wenn du willst.

Ich bin da… wenn du mich am wenigsten erwartest! Na, bin ich nicht eine wundervolle Überraschung?«

Geführte Phantasiereisen dieser Art, vorgelesen vor sanfter musikalischer Hintergrundberieselung wie dem *Canon* von Pachelbel, können für eine reichhaltige Erfahrung sorgen, die dann das Fundament für den Erwerb von Wissen über sich selbst und neue kreative Kräfte legt.

Jason entdeckt Captain Kreativ

An dieser Stelle möchte ich Sie mit dem neunjährigen Jason Gebbia bekanntmachen. Betty, Jasons Mutter, erzählte mir, daß er eines Tages, als das erste Schuljahr auf das Ende zuging, derartig verstört war, daß er alle Gardinen im Zimmer heruntergerissen hatte. Sie erzählte mir, daß es immer ein echter Kampf sei, mit einem lernbehinderten Kind zurechtzukommen, das ständig frustriert war, weil es den schulischen Ansprüchen nicht gewachsen war.

Betty ließ sich als Lehrerin für das Integrative Lernen ausbilden. Um Jason zu helfen, beschloß sie eines Abends, als er Probleme mit den Hausaufgaben hatte, die

Techniken für *geführte Phantasiereisen* anzuwenden, die sie gelernt hatte. Jason sollte einen Aufsatz schreiben, in dem alle Wörter mit schwieriger Aussprache vorkommen sollten, die er in der Woche gelernt hatte. Betty hatte das Gefühl, daß die
Aufgabe gut war und Jason eigentlich Spaß an ihr haben müßte. Aber es machte
schon Probleme genug, überhaupt etwas zu Papier zu bringen.

„Jason", sagte sie, „laß uns mal was versuchen. Ich werde dich gleich bitten, dich
auf den Boden zu legen und so zu tun, als ob du schläfst, und dann werde ich ein
bißchen Musik anmachen und dir dabei helfen, ein paar Sachen in deiner Phantasie
zu spielen. Würde dir das gefallen?"

Jason wollte das probieren. Betty erinnert sich nicht mehr daran, was genau sie
dann machte, aber sie folgte der allgemeinen Richtung der oben angebotenen
Phantasiereise. Sie erinnert sich auch nicht mehr, ob Captain Kreativ nun ihre oder
Jasons Idee war. Aber sie meint, daß wahrscheinlich Jason ihn erfunden hat. Wie
auch immer, nach der *geführten Phantasiereise* beschloß Jason, Captain Kreativ in einer Geschichte über eine Schiffsreise auftreten zu lassen. Schon bald trat Captain
Kreativ nicht nur in seinen Geschichten auf, sondern half ihm sogar beim Schreiben
selbst. Danach stellte das Schreiben kein so großes Problem mehr für Jason dar.

Ein paar Tage später kam Jason mit einem kleinen Spielzeugmännchen im
Knopfloch die Treppe herunter. „Wofür ist der denn?" fragte Betty.

„Das ist Kluger Kopf", meinte Jason, „er gibt mir tolle Ideen".

Ein paar Wochen später interviewte ich Jason. Über Captain Kreativ, Kluger
Kopf und andere Themen werde ich ihn für sich selbst sprechen lassen.

„Konntest du mit Captain Kreativ leichter schreiben?" fragte ich.

„Ja," meinte Jason, „viel leichter."

„Was hat er denn getan?"

„Er und sein kleiner komischer Freund, Kluger Kopf, und die M.S. Bleistift haben mir dabei geholfen, viele sehr gute Geschichten und lange Geschichten zu
schreiben, und auch bei den Aussprache-Hausaufgaben und in der Schule. Zum
Beispiel meine neuste: »Die Invasion der MUSKKEL«" (Jason bezog sich auf **M**illio-
nen **U**ngewöhnlicher **S**eltsamer **K**leiner **K**reaturen, die **E**infach überall **L**auern).
„Meine letzte Hausaufgabe war »Der Mann unter den Tellern«."

Ich bat Jason, mir diese letztere Geschichte, die er gerade diesen Abend geschrieben hatte, vorzulesen. Sie ging ungefähr so: „Überall im Land gab es Löcher

und in der einen Hälfte waren Dinge in Geschirrspülern und manche auf Müllhau-
fen. Am Sonntag wurden Bilder gestohlen. Die Bilder waren von einer unartigen
Schwester, wer oder was die Bilder genommen hat, weiß ich nicht und kann ich
auch nicht aufschreiben. Wenn ich das wüßte und das ganze aufschreiben würde,
müßte ich nicht mehr zu Fuß gehen, so groß wäre die Belohnung. Ende."

„Wie hat dir deiner Meinung nach Captain Kreativ beim Schreiben dieser Geschichte geholfen?"

„Na, ein bißchen dafür hab ich von einem Poster aus dem Schaufenster einer Vi-
deothek und das zu einem Film mit dem Namen *Creatures* gehörte. Also erzälte ich
Captain Kreativ und seinem pelzigen Freund, Kluger Kopf, davon, und wir beschlossen dann, *Dinge* statt *Creatures* zu nehmen. Ich hab mir überlegt, noch eine
weitere Geschichte in der Schule zu machen, die hieß: »Dinge und Es«, »Es und das
Ding«."

„Machen Captain Kreativ und Kluger Kopf ungefähr das gleiche oder haben sie
unterschiedliche Aufgaben?"

„Eigentlich haben sie unterschiedliche Jobs. Kluger Kopf macht lieber die echten Action-Geschichten. Wie man sehen kann, hat er einen Schutzhelm auf mit einer kleinen Glühbirne obendrauf. Er macht hauptsächlich die Action- und harten
Geschichten, während Captain Kreativ Abenteuer erlebt und zu entfernten Erdtei-
len und entfernten Planeten geht, weil er normalerweise auf einem Schiff ist."

„Er ist also der Abenteurer."

„Yeah, meistens geht er aus dieser Galaxie zu drei Galaxien hinter Pluto oder einfach um die ganze Welt nach Afrika. Was weiß ich, wohin er geht – jedenfalls geht er
da hin und kommt zurück und erzählt einem davon, und ich und er und Kluger
Kopf versuchen, alles zusammenzubringen und daraus eine Überschrift zu machen. Und »Die Invasion der MUSKKEL« fing auch mit einer Vertretung in der dritten Klasse an. Ich fragte sie, ob sie mir weiterhelfen könnte, und weil ich MUSKKEL
so mochte, fiel mir dann ein Experiment aus Sachkunde mit meinen ersten zehn
MUSKKEL wieder ein. Die sind im Wasser gewachsen. So bin ich auf den Titel gekommen."

„Wie war es für dich, eine Geschichte zu schreiben, bevor du auf Captain Kreativ
getroffen hast?"

„Ich brauchte 'ne ganze Stunde allein für die Hälfte. Jetzt kann ich eineinhalb Geschichten in einer Stunde machen. Ich glaube, das ist das höchste, was ich bisher geschafft hab. Ich hab nämlich mal eine halbe Geschichte gemacht, die ich angefangen hatte und dann die Hälfte fertiggemacht. Dann schreib ich einfach noch 'ne ganze Geschichte und genau dann, wenn ich fertig bin für die nächste Geschichte, dann klingelt es."

„Und was macht die M.S. Bleistift für dich?"

Bei dieser Frage ging Jasons Stimme auf eine ziemlich emotionale Tonhöhe. Ich konnte sehen, daß es eine Angelegenheit von großer Wichtigkeit für ihn war, womit Captain Kreativ seine Reisen unternahm. „Ohne die M. S. Bleistift könnte Captain Kreativ nirgends hingehen. Er könnte höchstens von hier, wo ich jetzt stehe, bis vielleicht nach New York gehen, bevor er sich in ein Staubkorn verwandeln würde. Und mit der M. S. Bleistift kann er von hier, wo ich stehe, bis Pluto fliegen oder um die ganze Welt zum Pluto, zu einer anderen Galaxie, und dann dahin zurück, wo ich mit M. S. Bleistift bin."

Ich machte mir eine mentale Notiz, daß Captain Kreativ, wie Jason, auf etwas angewiesen ist, das über ihn hinausreicht, das ihm Kräfte verleiht, die ihn so überlegen machen. So wie Jason auf Captain Kreativ angewiesen ist, ist Captain Kreativ auf die M. S. Bleistift angewiesen. Dies ist die natürliche menschliche Tendenz: über sich hinauszugehen und die Fühler nach Inspirationen bis ins Weltall auszustrecken.

„Du hast also Captain Kreativ und Kluger Kopf, die dir beim Schreiben helfen. Helfen Sie dir manchmal auch bei anderen Dingen?"

„Wenn ich mal einen echt schwierigen Einfall haben muß – so wie Kluger Kopf, er hat eine kleine Glühbirne für Ideen. Und er hat kleine Saugnäpfe an den Füßen, damit er sich an einem festhalten und einen mit den klugen Ideen füttern und die alten, schlechten, verschrumpelten Ideen absaugen kann. Dann fängt die Glühbirne an zu glühen, und es geht durch seinen Helm durch, dann durch seinen ganzen Körper, auch wenn er ganz grün ist, und dann kommt es zu seinen Füßen heraus und geht *in* einen, und dann dreht er das Ganze um, nur daß er diesmal die schlechten raussaugt, als ob der linke Fuß ausstößt und der rechte einsaugt. Es ist so ähnlich, wie wenn man Wasser in die Spüle laufen läßt und dann die Hände wie eine Kralle darunter hält und dann ein Teil des Wassers nach links spritzt und ein Teil nach rechts, und ein Teil geht einfach gerade durch nach unten. Kluger Kopf saugt schlechte Ideen ein, verwandelt sie in gute und bläst sie auf der andern Seite wieder raus. Ähnlich wie'n Ventilator – der saugt Luft auf der einen Seite ein und bläst sie auf der andern Seite wieder raus."

Dann erzählte mir Jason noch mehr über die M. S. Bleistift. „Sie könnte ihn zum Pluto bringen, oder auch ins Jahr 1951", meinte er.

Betty stellte der ersten Geschichte von Captain-Kreativ das gegenüber, was Jason jetzt macht. „Die erste hat einen echt gefordert", meinte sie, „die war wirklich schwierig. Bei der hier setzte er sich hin, und wir machten so eine Art Spiel daraus. Er meinte: »Ich will das nicht machen, Mama«, und ich meinte: »O.k., nur zwei Sätze« und dann: »Wenn du schon mal zwei geschrieben hast…«, und dann hatte er die Geschichte ziemlich schnell fertig. Und das alles machte er, während ich das Abendessen zubereitete. Ich saß nicht hier und redete ihm gut zu oder half ihm oder sowas, ich sagte einfach nur etwas in der Art wie: »Ein paar Sätze mehr, ein paar Tatsachen mehr. Du kommst jetzt gerade richtig groß in Fahrt, warum jetzt aufhören?« Und ich wußte, daß es nicht länger als dreißig Minuten dauern würde, bis sie fertig war, und er brachte jedes einzelne der Wörter aus der Aussprache-Übung darin unter – was mehr einschränkt, als wenn er nur für sich schreibt."

Ich fragte Jason, ob ihm jemand bei seinen Mathehausaufgaben geholfen hatte.

„Nichts, außer meinem Mathebuch."

„Glaubst du, es könnte da jemanden wie Kluger Kopf geben, der dir bei Mathe hilft?"

„M-hmm."

„Wer könnte das sein?"

„Vielleicht der Typ eine Etage höher, der mit dem kleinen Diplom auf dem Kopf." Er ging nach oben, um die Stoffpuppe zu holen – College-Abgänger mit Diplom.

„Meinst du, du fragst ihn nächstes Mal, wenn du ein Problem mit einer Aufgabe hast?"

„M-hmm. Aber weißt du, ich hab noch eine Frage. Wie kann ich denn „Alter Grüner Typ" benutzen?"

„Vielleicht kannst du was in Sachkunde mit ihm anfangen?"

„Bin ich mir nicht sicher."

„Was mußt du in Sachkunde tun?"

Jason erzählte mir, daß sie etwas über pflanzliche Systeme lernten, und ich schlug vor, daß vielleicht „Grüner Typ" Jason diese Systeme erklären könne. Jason sagte nein, sie würden im Unterricht erklärt, aber er könnte Grüner Typ dazu benutzen, um ihn daran zu erinnern, seine Pflanzen zu gießen.

„Ich könnte ihn auf eine Pflanze setzen, und dann schau ich rüber, und da sitzt dann Grüner Typ auf der Pflanze und erinnert mich daran, daß sie Wasser braucht." Das, nebenbei, ist eine hervorragende Gedächtnisstütze, auf die Gedächtnis-Experten ausgiebig zurückgreifen. Jason schien ganz von allein darauf gekommen zu sein.

Ich fragte Jason, wo in der Schule er sonst noch Hilfe gebrauchen könnte.

„Lesen."

„Was für eine Art Hilfe brauchst du beim Lesen?"

„Ich hasse es."

„Könnte es jemanden geben, der dir dabei hilft, das Lesen zu lieben?"

Jason erzählte mir von einem Buch mit dem Titel *Intergalactic Spy*, das er liebend gern las. „Einmal habe ich es in zwei Tagen durchgekriegt", meinte er.

„Angenommen, du hättest jemanden, der dafür sorgt, daß du jedes Buch, das du liest, so sehr liebst wie *Intergalactic Spy*. Würde das helfen?"

Jason nickte nachdrücklich.

„Wer könnte das für dich tun?"

„Grüner Typ."

„Klingt, als ob er sehr nützlich wäre."

Was soll dieses ganze Hirngespinst?

Als ich später einer Freundin von diesem Interview erzählte, meinte sie: „Lernt er dadurch nicht nur, in einer Phantasiewelt zu leben? Zieht er sich nicht aus der Realität zurück?" Im Gegenteil – wie Mardi J. Horowitz in *Image Formation and Cognition* darlegt, wird geistige Gesundheit weitestgehend durch unsere Fähigkeit bestimmt, die Erzeugung unserer eigenen mentalen Bilder zu kontrollieren. Jason war offensichtlich in der Lage, imaginäre Charaktere zu beschwören und als Hilfestellungen bei den Aufgaben, die ihm wichtig waren, zu benutzen. Kreative Menschen greifen häufig auf solche Rituale zurück. Diese Rituale dienen ihnen als Vorbereitung auf die angestrebte kreative geistige Tat – sie teilen ihrem Geist mit, auf welche Resultate sie aus sind.

Einige der Bilder in dieser Unterhaltung mit Jason erinnern mich ein bißchen daran, wie Einstein seine Erforschung der Beziehung von Raum und Zeit beschrieb, die schließlich in der Relativitätstheorie mündete. Er stellte sich vor, auf einem Lichtstrahl zu reiten und achtete aufmerksam darauf, was sich aus dieser Vorstellung ergab. Später übersetzte er die Bilder, die sich dabei ergeben hatten, in mathematische Formeln. Den kreativsten Teil seines Lebenswerks leistet er also auf eine Weise, die der von Jason beschriebenen ähnelt.

Und wenn Sie Jasons Bemerkungen aufmerksam lesen, fällt Ihnen vielleicht auf, daß er bereits über eine ziemlich scharfsinnige wissenschaftliche Phantasie verfügt, denn seine Fähigkeit, eine bestimmte Art Prozeß durch ein Modell zu beschreiben, ist charakteristisch für Revolutionen im wissenschaftlichen Denken, wie etwa das Bohrsche Atommodell (grob vergleichbar mit dem Sonnensystem) oder die DNS-Doppelhelix.

Möglicherweise haben als „lernbehindert" diagnostizierte Kinder wie Jason in Wirklichkeit Lernstil und Wissen, die mit der Weise, wie man die Dinge in der Schule normalerweise angeht, einfach inkompatibel sind. Dadurch können diese Kinder mit den akademischen Anforderungen, die an sie gestellt werden, große Schwierigkeiten haben, aber als Erwachsene steuern sie dann möglicherweise wichtige Erkenntnisse bei. Die jüngsten Durchbrüche beim Verständnis menschlicher Lernstile können sich bei der Richtigstellung dieses Sachverhaltes als nützlich erweisen und mithelfen, diese Kinder davor zu bewahren – möglicherweise unwissentlich –, schweren Schaden gerade an denjenigen zu nehmen, die versuchen, ihnen zu helfen.

Bei der Bestandsaufnahme unserer Ressourcen können wir Hilfe gebrauchen

Noch etwas wird aus meiner Unterhaltung mit Jason und den Resultaten seiner Zusammenarbeit mit Captain Kreativ offensichtlich: der Geist ist in der Lage, eine Vielzahl von Werkzeugen zu entwickeln, die ihm helfen, beliebige Probleme, vor denen er steht, zu lösen, aber wir wissen, die Ressourcen, über die wir verfügen, oftmals nicht genügend zu würdigen; es müssen uns erst andere mit der Nase auf neue Möglichkeiten stoßen. Jasons Mutter hatte ihm einen neuen Weg zu schulischem Erfolg eröffnet. Spontan hatte er daraufhin seinen Ansatz über die ursprüngliche Form der *Geführten Phantasiereisen* hinausentwickelt. Trotzdem brauchte er die Hilfe durch meine Fragen, um sich zusätzliche Möglichkeiten zu erschließen, an die er zuvor nicht gedacht hatte.

Ob Jason von den Ideen, auf die er während unserer Unterhaltung gekommen war, praktischen Gebrauch macht oder nicht, wird sich zeigen. Vielleicht wird ihm Grüner Typ beim Lesen zur Seite stehen, ihn an den Intergalaktischen Spion erinnern und ihn so zu einem leidenschaftlichen Leser machen. Vielleicht auch nicht. Lassen Sie mich aber die Geschichte eines ehemaligen Schülers von mir erzählen, der ein ernsthaftes Leseproblem schon nach einer kurzen Unterhaltung, in der ich seine Aufmerksamkeit auf ihm bereits bekannte Denkprozesse richtete, loswurde.

Warren baut sein visuelles System neu auf

Lesen machte Warren ernsthafte Probleme, so daß er es, wo er konnte, vermied. Er war ein Stereo-Freak und liebte es, Verstärker zu bauen und instandzusetzen, aber in akademischer Hinsicht zahlte sich das für ihn nicht aus. Seine Eltern nörgelten und drängten ihn, besser in der Schule zu werden, damit er aufs College gehen konnte.

Ich forderte Warren auf, sein Leseproblem zu beschreiben. „Ich komme nur zur Hälfte durch einen Satz, und dann verliere ich den Überblick."

„O.k., mal angenommen, dein Gehirn wäre so ähnlich wie ein Verstärker, der nicht funktioniert. Was würdest du tun, um ihn wieder zum Funktionieren zu bringen?"

„Nun, ich würde zuerst mal jeden Kanal einzeln checken, damit ich sehe, ob da irgend etwas nicht in Ordnung ist. So gesehen... ich glaube nicht, daß meine Augen besonders gut zusammenarbeiten; ich glaube, ich benutze ein Auge, um die erste Hälfte des Satzes zu lesen und das andere für die zweite Hälfte, und die beiden finden nicht zusammen. Ich könnte mir eine Augenbinde kaufen und es mit einem Auge zur Zeit versuchen, bis ich es auf die Reihe bekomme."

Warren befolgte seinen eigenen Rat, und innerhalb weniger Wochen verbesserte sich seine Lesefähigkeit deutlich. Dann änderten sich allmählich seine Interessen, und er meinte, daß er wirklich aufs College gehen wollte.

Die Resultate von Warrens mechanischer Herangehensweise an sein visuelles System sind beeindruckend. Es folgt noch eine weitere Geschichte mit ähnlichem Tenor, die illustriert, wie mächtig ein Bild sein kann, wenn es darum geht, dem Geist zu ermöglichen, das Nervensystem neu zu programmieren – in diesem Fall, um mit einem schwerverletzten Körper zurechtzukommen. June Sasson, eine Kollegin beim Integrativen Lernen, erzählte sie mir.

Die Geschichte von Barbara

„Es war kurz nachdem ich das Lozanov-Training absolviert hatte", begann sie, „als ich Barbara traf. Ich war damals zufällig mit einer Freundin unterwegs, die mich gebeten hatte, mit ihr gemeinsam eine Bekannte, die bei einem Autounfall schwer verletzt worden war, zu besuchen. Als ich in Barbaras Zimmer kam, bemerkte ich, daß man sie wie Gemüse behandelte. Ihr Kopf war bei dem Unfall so schwer verletzt worden, daß ihr Gesicht einige Zentimeter auf die Seite ihres Schädels geschoben worden war. Der größte Teil ihres Gehirns war zerstört worden, so daß der Chirurg meinte, es bestehe keine Aussicht für sie, jemals wieder kommunizieren zu können.

Als wir in ihrem Zimmer standen und uns unterhielten, war ich überrascht, als ich sah, wie sie unser Gespräch mit den Augen verfolgte. Ich bat darum, einen Augenblick mit ihr alleingelassen zu werden. Dann tischte ich ihr eine hahnebüchene Lüge auf. »Ich bin eine Spezialistin von der Westküste«, meinte ich, »ich bin sehr erfolgreich mit Patienten wir dir; sie lernen bei mir, wieder zu sprechen. Ich würde gerne mit dir arbeiten und dir helfen, zu lernen, wieder zu kommunizieren. Ich werde eine Zeitlang jeden Tag herkommen und dich besuchen.«

Ich weiß nicht genau, warum ich ihr das erzählte. Vielleicht, weil ich meinte, es könne ja nicht schaden. Wenn ich ihr nicht helfen könnte, würde ich ihr zumindest mehr positive Aufmerksamkeit schenken als sie von sonst jemand bekam.

Also besuchte ich sie zwei Wochen lang jeden Tag. Ich erzählte ihr, daß ihr Gehirn einem Spinnennetz von Pfaden gleiche, und daß wir, obwohl einige der Pfade, wie sie sicherlich wußte, beschädigt worden waren, nur zehn Prozent unseres Gehirns nutzen, so daß wir einfach andere, nie zuvor genutzte Pfade nehmen und sie auf Sprache eichen könnten. Ich bat sie, sich vorzustellen, diese Pfade seien von Unkraut überwuchert, und meinte zu ihr, sie solle sich an diesem Abend etwas Zeit nehmen, das Unkraut und die Steine aus dem Weg zu räumen. Am nächsten Tag forderte ich sie auf, zu sehen, wie die Wörter, die ich sagte, tiefe Furchen in den Pfad gruben, den sie gerade freigelegt hatte. Dabei wiederholte ich wieder und wieder einsilbige Wörter mit klassischer Musik im Hintergrund.

Drei Wochen, nachdem ich diesen Prozeß begonnen hatte, kam ich in Barbaras Zimmer und begrüßte sie. »Hi«, sagte sie zu mir. »Siehst du, ich hab dir doch gesagt, daß du sprechen kannst«, meinte ich. Ich hatte eine Todesangst, als würde Eiswasser durch meine Adern schießen. Die Mischung aus Euphorie, daß sie tatsächlich gesprochen hatte und Panik vor dem, in was ich da gestoßen war, war überwältigend. Ich ging ins Bad, lehnte mich an die Wand und schwitzte und zitterte. Schließlich sagte ich mir, daß nun einmal getan war, was getan war und konnte es kaum erwarten, zu sehen, wie weit sie über ein einfaches »Hi« hinauskommen könnte. Ich kam aus dem Bad und umarmte sie. »Laß uns weitermachen«, sagte ich und stellte die klassische Musik wieder an. Innerlich kicherte ich wie verrückt.

Sie brauchte ungefähr zwei Wochen, bis sie gelernt hatte, die ersten fünfzig Wörter zu sprechen. Und nicht viel länger, bis sie wieder fast alles sagen konnte.

Bevor ich ging, erzählte ich ihr, daß sie den gleichen Prozeß benutzen könne, um auch ihre Arme und Beine wieder zu bewegen. Als ihre Familie ihre ersten Worte hörte, konnte sie es gar nicht erwarten, ihr zu helfen. Alle standen ihr bereitwillig als Therapeuten zur Verfügung und halfen ihr, zu lernen, Arme und Beine wieder zu benutzen, Finger für Finger. Als ich sie zum letzten Mal sah, ging sie an Krücken, und das einzige Indiz dafür, daß sie einmal ein Sprachproblem hatte, war eine geringfügige Verzögerung vor bestimmten Lauten. Sie meinte zu mir, sie habe vor, sich noch weiter zu verbessern, bis sie sich wieder normal bewegen könne.

Als ich ihr enthüllte, daß ich gelogen hatte und keine Spezialistin von der Westküste war, meinte sie: »Ich dachte nie, daß ich einmal jemandem für eine Lüge dankbar sein würde, aber jetzt bin ich es ganz bestimmt.«

Zwei Dinge haben mich an Barbaras Situation am meisten verblüfft. Zum einen, wie sich ihre Familie normalerweise stritt, wer dran war, sich *nicht* um sie zu kümmern. Vom Augenblick ihrer einsetzenden Genesung an wollte jeder so viel wie möglich mit ihr zusammensein. Und dann, daß sie mir erzählte, wie schrecklich es sei, Durst auf Wasser zu haben und warten zu müssen, bis sich endlich jemand dazu bequemte, ihr etwas zu Trinken zu geben. Dann gab man ihr womöglich auch noch Fruchtsaft oder etwas anderes, was sie nicht wollte.

June erzählte mir diese Geschichte einige Jahre, nachdem sie sich zugetragen hatte. Außer mit Barbaras Familie hat sie noch nie mit jemand anderem darüber gesprochen.

„Der Arzt hat einen klaren Fehler gemacht", meinte sie. „Ihr Gehirn war nicht so beschädigt wie er gedacht hatte."

„Wußten Sie nicht", fragte ich, „daß es heute als gesichert gilt, daß verlorengegangene Gehirnfunktionen von anderen Teilen des Gehirns übernommen werden können, so daß es im Falle der Schädigung eines großen Teils des Gehirns möglich ist, die normale Funktion zurückzuerlangen?"

Sie hatte das nicht gewußt und fürchtete, daß jemand sie anzeigen würde, weil sie ohne Approbation medizinisch tätig gewesen sei. „Was Sie getan haben, hatte nichts mit Medizin zu tun", meinte ich, „Sie haben sie einfach unterrichtet. Viele Menschen müssen nach Hirnschäden neu unterrichtet werden, und zwar fast genauso, wie Sie mit Barbara gearbeitet haben."

Der Lernende ermöglicht den Erfolg

Der Schlüssel zu Junes Erfolg war ihr Glaube, daß Barbara ihrem Gehirn neue Fertigkeiten beibringen konnte. Um sie anzuleiten, setzte sie metaphorische Bilder ein. Auf diese Weise wirken Metaphern genau wie viele Sprachmuster. Viele Wörter sind Metaphern, die wir benutzen, um subjektive Erfahrungen zu beschreiben, die wir nur mittelbar verstehen können. „Ich bin total geladen" ist ein Beispiel für eine solche Metapher. Diese Eigenschaft der Sprache kann zuweilen psychosomatische Krankheiten hervorrufen oder kurieren. Zusammen mit Junes Erfahrung zeigt das, wie groß der Einfluß der Sprache auf Körper wie Geist ist.

Bei diesem erfolgreichen Unterricht übernahm June die Führung und gab die Richtung vor, aber es war Barbaras Entschlossenheit, es wirklich funktionieren zu lassen, die den Erfolg erst möglich machte. Die Motivation, die Barbara als Erwachsene hatte, neue Pfade in ihrem Gehirn zu bahnen, entspricht der Motivation, die jedes Kind spürt, neue Wege zu Wissen, Verständnis und Tun zu finden.

So wichtig ist präverbales Denken

Es ist also von frühester Kindheit an wichtig, wie wir Bilder in unserem Denken benutzen. Ob wir die Bilder, die für uns am nützlichsten sind, nun in unserer Phantasie oder in der Welt der Technik entdecken – mit ihrer Hilfe können wir über die Probleme, denen wir gegenüberstehen, weit effektiver nachdenken, als wenn wir uns allein auf Logik verlassen würden. Da der Geist von Natur aus Muster bildet und erkennt, kann man durch das Denken in Bildern auf wesentlich mehr Ideen zugreifen, als mit Sprache allein. Indem Jason seine präverbalen Lernerfahrungen neu mit Leben erfüllte, schien er in der Lage zu sein, den Konflikt, der offenbar seinen Anfang genommen hatte, als er in der Schule mit übertrieben linguistischen Anforderungen konfrontiert wurde, zu überwinden. Captain Kreativ half ihm, die Bilder zu beschwören, die bei Bedarf in Worte übersetzt werden konnten, um Erfolg zu haben.

Aus mehreren Gründen läßt sich der Übergang zu bildhaftem Denken leichter zusammen mit entspannender klassischer Musik im Hintergrung vollziehen als mit *Phantasiereisen* oder Fragen allein. Zum einen fällt der Übergang von Sprache zu bildhaftem Denken leichter, wenn Sprache und Musik zusammenspielen. Ein weiterer Faktor ist, daß die mit der Musik verknüpfte Freude Spannungen löst, Bedenken zerstreut und die Entwirrung des Problems erleichtert.

Leiten Sie Ihre Diskussion mit Meditation ein

Wenn Sie sehen wollen, wie wirkungsvoll diese Kombination aus präverbalem Denken und Musikhintergrund sein kann, dann probieren Sie es doch mit anderen Menschen aus. Am Schluß von Kapitel Sechzehn schlage ich einige Gruppenübungen vor, bei denen es um das Erfinden von Symbolen geht. Jetzt werden wir die musikalische Note hinzufügen.

Versammeln Sie die Familie oder Gruppe und stellen Sie ein Problem zur Diskussion. Für Anfänger am besten ein hypothetisches Problem, wie beispielsweise der Entwurf eines sich selbst steuernden Autos. Das nimmt der Sache den Druck, weil kein Zwang zu einer endgültigen Einigung besteht.

Wählen Sie ein klassisches Musikstück aus, das Sie alle mögen, beispielsweise den *Canon* von Pachelbel. Schlagen Sie vor, daß alle die Augen schließen und tief atmen. Stellen Sie dann die Musik an. Danach können die Familienmitglieder die Ideen diskutieren, die ihnen eingefallen sind. Möglicherweise hat jemand zu Beginn noch keine Ideen, aber ihm oder ihr werden im Verlauf der Diskussion schon welche einfallen.

Sie können diese musikalische Meditations-Übung zur Problemlösung oder als Startmoment für eine Diskussion über ein Thema, das für alle gleichermaßen wichtig ist, einsetzen. Angenommen, Sie wollten entscheiden, ob Sie sich hier ein neues Haus kaufen oder lieber in eine andere Stadt ziehen sollten. Alle Familienmitglieder können sich nun bei Musik mit dem Problem beschäftigen und es anschließend ausdiskutieren. Die aufkommende Diskussion wird wahrscheinlich eine größere Tiefe haben.

Im nächsten Kapitel werden wir erforschen, wie wir diese Idee in einem noch weiterem Rahmen verwenden können, um Schreibfertigkeiten weiterzuentwickeln. Erst einmal genügt es, die Musik den Fluß der Bilder stimulieren zu lassen – Bilder, die im nächsten Augenblick schon wieder verblaßt sein oder so zentral im Leben werden können wie Captain Kreativ für Jason, oder jener Ritt auf dem Lichtstrahl für Einstein.

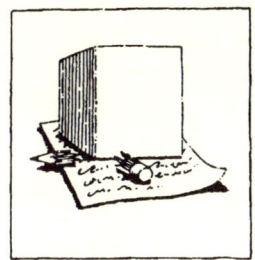

18

Wie man Dichter wird

In Musik eine Quelle der Inspiration und Entspannung finden: eine Übung zur
Verbesserung der Schreibfertigkeit und für mehr Freude.

Jetzt ist es an der Zeit, zu erforschen, wie wir die innere Einzigartigkeit unseres Geistes an die Oberfläche bringen und uns unserer ganz spezifischen Fähigkeiten bewußt werden können, über die nur wir verfügen. Die bewußten Zweifel hinter sich
zu lassen, die den ursprünglichen Denk-Akt blockieren, ist eine Herausforderung,
die in der Geschichte der Menschheit schon einigen der kreativsten Köpfe dieselben
rauchen ließ. Ich möchte diese Herausforderung auf einem vergleichsweise einfachen Weg angehen. Vielleicht hilft diese Übung Ihnen, wie auch schon mir, dabei,
altbekannte Stolpersteine in Ihrem Leben zu überwinden.

Das Ende der Schreibblockierung

Eines meiner faszinierendsten Erlebnisse hatte ich an dem Tag, als ich meine
Schreibblockierung überwand und meine Produktivität als Resultat einer einzigen
Fünfundvierzig-Minuten-Übung mehr als verdoppelte.

Es war etwa folgendermaßen: Mein Freund Barry Morley und ich entwickelten
einen neuen Ansatz für das Schreibenlehren, den wir „Poesie und Entspannung"
nannten. Er beinhaltete eine Kombination aus geführte Phantasiereisen und klassi-

scher Musik als Vorspiel und Inspiration beim Verfassen eines Gedichtes. Barry
setzte diese Übung mit seinen und ich mit meinen Schülern ein. Wir fanden sie
äußerst hilfreich dabei, unwillige Schreiber zu überreden, die in ihnen schlum-
mernden kreativen Impulse zu erforschen.

Mein Durchbruch beim Schreiben

Es ergab sich nun, daß ich einige Jahre, nachdem wir diese Übung (die ich übrigens
zwar oft geleitet, aber nie am eigenen Leib erlebt hatte) entwickelt hatten, einen
Kurs für das Schreiben von Kurzgeschichten leitete. Ich beschloß, daß ich für diesen Kurs selbst auch Hausaufgaben machen wollte. Ich hatte das Thema für die ge-
plante Geschichte gewählt und wollte mich von klassischer Musik dabei anregen
lassen, die Geschichte zu skizzieren.

Ich ließ die Musik zwanzig Minuten lang mein Denken stimulieren und mir Bilder ins Bewußtsein bringen. Das ging ungefähr so: Ich hörte der Musik einen Augenblick lang zu, und dann kam mir eine Idee für die Geschichte. Ich mochte die
Idee nicht, also verbannte ich sie aus meinem Geist und lauschte weiter der Musik.
Schon bald kam mir eine Idee nach der anderen. Ich erlaubte den Ideen nach und
nach, wie Blasen in meinem Innern aufzusteigen, sich miteinander zu vermengen
und verschiedene Gestalt anzunehmen. Ich fing an, mit dem Umriß der ganzen Geschichte zu spielen, und während die Geschichte zahlreiche Permutationen ihrer
selbst durchmachte, spürte ich, wie sie immer festere Formen annahm. Nach diesen
zwanzig Minuten stand die Geschichte dann, und ich war bereit, sie auszuformu-
lieren.

Als ich damit fertig war, wurde mir klar, daß ich mit meiner alten Methode für die
gleiche Geschichte mehrere Überarbeitungs-Zyklen gebraucht hätte. Das Musikhören hatte mich in die Lage versetzt, diese Revisionen schon in meiner Phantasie
vorwegzunehmen.

Am nächsten Tag schrieb ich mit dieser Methode eine weitere Geschichte, und
dann noch eine.

Ein preisgekröntes Theaterstück in wenigen Stunden

Der Höhepunkt nahte wenige Wochen später, als mich ein Freund bat, einen Einakter für die Aufführung in einem Lunchtime-Theater zu schreiben. An jenem Morgen, als er diese Bitte an mich herantrug, las ich gerade ein Buch über Kosmologie. Nach der Lektüre wollte ich das Stück schreiben, und nachdem ich den Prozeß des Meditierens zur Musik durchlaufen hatte, kamen in mir Ideen über Kosmologie in den Sinn, die sich ihren Weg bahnten und sich zu einer unterhaltsamen kleinen Komödie verwoben. Nach vier Stunden hatte ich das Stück fertiggeschrieben und schickte es meinem Freund, der es aber nicht mochte.

Ungefähr zur gleichen Zeit las ich jedoch einen Anschlag für einen landesweit ausgeschriebenen Wettbewerb für einaktige Hörspiele. Ich reichte mein Stück für den Wettbewerb ein und gewann. Wenige Monate später konnte ich dann eine professionell aufgeführte Fassung meines Stückes im Radio hören.

Dauerhafte Befreiung von der Schreibblockierung

Ich benutzte diese Technik der Stimulation durch klassische Musik einige Jahre lang und erlaubte den Ideen dabei, sich selbst auszuarbeiten, bis ich zum Schreiben bereit war. Es war eine phänomenale Erfahrung. Bis dahin hatte ich mit mir als Schriftsteller immer gerungen und mich wieder zwingen wollen, dem unausweichlich weißen Blatt Papier ins Gesicht zu sehen. Aber als ich einmal entdeckt hatte, daß Musik ein Garant für Inspiration sein konnte, fürchtete ich das weiße Blatt nicht länger und schob die zu erledigenden Schreibarbeiten nicht länger auf. Vorher pflegte mein Leben aus Spazierengehen, dem Verspeisen von Erdnußbuttersandwichs, Anrufen und sonstigen Vermeidungshandlungen zu bestehen, mit denen ich solchen Aufgaben regelmäßig auswich. Jetzt konnte ich einfach die Musik abspielen und aufschreiben, was immer gerade an die Oberfläche meiner Phantasie geperlt kam.

Nach ungefähr zwei Jahren mit dieser Technik brauchte ich die Musik nicht länger. Ich war jetzt in der Lage, zu schreiben, was und wo immer ich wollte. Oft stand ich in aller Frühe auf und setzte mich an die Schreibmaschine. In den zehn Jahren habe ich seitdem nur ein einziges Mal eine solche Schreibblockierung erlebt.

Spaß und Inspiration im Schreibkurs

Wenn die Schreibblockierung schon für mich, der ich das Schreiben immer geliebt habe, ein Problem darstellte, dann stellte es mit Sicherheit auch ein Problem für viele meiner Schüler dar, die das Schreiben haßten – oder das Schreiben fürchteten und sich ihm mit Zweifeln und ausgeprägter Zurückhaltung näherten. Die „Poesie und Entspannung"-Übung half vielen Schülern, wie auch schon zuvor mir, ihre Schreibblockierung zu überwinden. Ich habe die Erfahrung gemacht, daß nach viermaliger Durchführung der Übung im Schreibkurs selbst ehemals widerspenstigste Schreiber plötzlich mit leichter Hand schrieben. Tatsächlich wurde vielen meiner Schüler, die das Schreiben zuvor noch gehaßt hatten, der Umgang mit Stift und Papier eine der wichtigsten und vergnüglichsten Aktivitäten. Ich werde nie den Jungen vergessen, der frank und frei erklärte, er habe keine Lust auf Poesie. Später wurde er so vernarrt ins Schreiben, daß es keine Stunde mehr gab, in der er sich nicht gekränkt gefühlt hätte, wenn er nicht sein neuestes Abenteur in Sachen Introspektion vorlesen durfte.

Schreiben ist, wie Sprechen, offensichtlich eine vollkommen natürliche Ausdrucksform für uns alle, aber als Resultat von zu viel rot Angestrichenem und zu vielen Tests haben wir so viele schlechte Gefühle, daß wir beim Schreiben verkrampfen und gehemmt werden. Die *Poesie und Entspannung*"-Übung beseitigt diese Hemmung und konvertiert den Schüler zur Liebe zum Schreiben.

Versuchen Sie es selbst

Wenn Sie diese Übung selbst ausprobieren wollen, können Sie auf den *geführten Phantasiereisen* aus dem letzten Kapitel (S. 297) aufbauen. Nehmen Sie Ihre Passage auf Band auf und spielen Sie sie sich das Band selbst vor, während Sie klassische Musik hören. Dann hören Sie eine Zeitlang einfach nur der Musik zu und machen sich Gedanken darüber, was Sie schreiben wollen. Beginnen Sie mit dem Schreiben, sobald Sie zu Ende überlegt haben. So einfach ist das.

Die *geführten Phantasiereisen* sollen hier einfach nur das anfängliche Gefühl mancher Menschen überwinden, die Musik allein würde nicht genügen. Die Phantasiereisen sind eine zusätzliche Anregung, an und für sich aber nicht nötig.

Tatsächlich geht es mit Musik allein unter Umständen sogar besser, denn wenn Sie anfangen, sich beim Musikhören Gedanken über Wörter zu machen, werden Sie das Vergnügen erleben, Ihre beiden Hirnhemisphären miteinander zu synchronisieren. So macht die Musik aus der früher möglicherweise als frustrierend erlebten Ideensuche ein echtes Vergnügen. Sie werden schnell bemerken, daß Sie Ihren Geist darin üben können, die Ideen fließen zu lassen, wo Sie wollen. Ich habe meinen so gut trainiert, daß ich die Ideen fließen lassen kann, sobald ich mich ans Textverarbeitungsprogramm setze. Da sich meine Schreibblockierung schon lange in Wohlgefallen aufgelöst hat, brauche ich dafür auch vorher keine Musik.

Als Gruppenleiter

Wenn Sie beabsichtigen, „Poesie und Entspannung" als Gruppenübung einzusetzen, dann bitten Sie die Gruppenmitglieder, Stift und Papier bereitzuhalten, damit sie mit dem Schreiben beginnen können, sobald sie sich dazu bereit fühlen. Da ein fremdes, in Wechselbeziehung mit uns stehendes, Bewußtsein ablenkt, sollten alle den Augenkontakt mit anderen im Raum bis zur Beendigung der Niederschrift vermeiden.

Sagen Sie den Teilnehmern, daß sie das Schreiben dem Stift überlassen und nicht das Gefühl haben sollen, etwas Bestimmtes vor dem inneren Auge haben zu müssen, wenn sie mit dem Schreiben beginnen. Ihr Unbewußtes wird das Gedicht schreiben, einfach während sie Musik hören. Wer herausfinden möchte, was sein Unbewußtes geschrieben hat, kann ja einfach schauen, was aus dem Stift fließt. Es ist immer wieder überraschend, wie viele aus der Gruppe genau diese Erfahrung machen.

Wenn sich am Ende der Übung jemand dafür entschieden hat, kein Gedicht zu schreiben, dann sagen Sie der Gruppe, daß die Übung nicht jeden gleich beim ersten Mal inspiriert, daß aber spätestens beim vierten Anlauf jeder gute Erfahrungen mit ihr machen wird. Ich erwähne das (und ich weiß, daß es stimmt), nur dann zur Bestärkung, wenn ich bei jemandem Schwierigkeiten bemerkt habe. Ich erwähne es nicht gleich zu Beginn, denn das könnte einigen Schülern nur suggerieren, daß sie Schwierigkeiten haben sollten.

Nach der Niederschrift lasse ich mir alle Gedichte geben und lese sie anonym vor. Das halte ich so, weil einigen Menschen bei dem Gedanken, daß andere wissen, was sie geschrieben haben, unwohl wird. Neue Inspirationen scheinen manchmal etwas seltsam und beängstigend, und nur nachdem sich unter den Gruppenmitgliedern Vertrauen und Sicherheit entwickelt hat, haben sie vielleicht den Wunsch, ihre Gedichte namentlich würdigen zu lassen.

Probieren Sie es mit Ihrer Familie aus

Eltern, die diese Übung zu Hause im Famlienkreis ausprobierten, erzielten hervorragende Resultate. Die Übung ist gut geeignet, wenn Ihre Kinder gerade Freunde bei sich zu Besuch haben und eine Gruppenaktivität angebracht scheint. Zwingen Sie es nicht. Erklären Sie einfach Ihren Vorschlag und fragen Sie, ob jemand das gern mal probieren würde. In der richtigen Atmosphäre kann auf diese Weise ein neues Familienritual entstehen, das jedem hilft, ein wundervolles Zusammengehörigkeitsgefühl zu entwickeln und das außerdem die schriftliche Ausdrucksfähigkeit verbessert.

„Brücken-und-Lücken"-Geschichten

Eine weitere Technik, die ich bei der Förderung der Schreibfertigkeit bemerkenswert hilfreich fand, nennt sich *„Brücken und Lücken"*. Ich lernte sie kennen, als ich einen Erwachsenen unterrichtete, der nach einer schweren Gehirnverletzung versuchte, wieder lesen zu lernen. Wir arbeiteten mit einfachen Kinderbüchern, mit einem Bild pro Seite, das von je einer Zeile Text begleitet wurde. Natürlich konnte der Text nicht viel vom Bildinhalt einfangen, und so schlug ich vor, daß der Mann zu jeder Seite ein oder zwei eigene Zeilen hinzufügen solle. Wir schrieben diese Zusätze auf Karteikarten und legten sie ins Buch. Beim nächsten Lesen hatte er viel Vergnügen an einer Geschichte, zu der er selbst beigetragen hatte. Das Ergebnis war ein kräftiger Anstieg seiner Lernkurve.

Dann erkannte ich, daß jeder diese Technik des Expandierens einer grob skizzierten Geschichte zur Verbesserung seiner schriftlichen Audrucksfähigkeit nutzen kann. Ich habe sie mit Kindern eingesetzt, die gerade schreiben lernten, wie auch mit Erwachsenen, unter denen auch einige berufsmäßige Schriftsteller waren. Dieser Ansatz fördert auf jedem Fertigkeitsniveau die Entwicklung neuer Fertigkeiten und Wahrnehmungsweisen.

Sie funktioniert so gut, weil wir uns beim Schreiben einer Geschichte nicht nur einzelne Sätze ausdenken müssen, sondern zusätzlich auch einen vollständigen Handlungsablauf, die Struktur des Handlungsgerüstes. Struktur und Details erfordern unterschiedliche Aufmerksamkeit und lassen sich nicht immer gut miteinander in Einklang bringen. Ausreichend Struktur am richtigen Platz erlaubt es Schriftstellern, sich auf die Verbesserung ihres Stils und die Planung eines detaillierten, kumulierenden Effekts zu konzentrieren, der für gutes Schreiben unerläßlich ist.

Um eine *Brücken-und-Lücken*-Geschichte für Ihr Kind zu kreieren, schreiben Sie einfach einige Sätze mit viel Platz dazwischen auf ein Stück Papier. In den Zwischenraum kann das Kind dann ergänzende Sätze schreiben. Hier eine *Brücken-und-Lücken*-Geschichte als Beispiel:

> ES IST EIN SCHÖNER TAG AUF DEM LAND.
> DIE SONNE SCHEINT HELL.
> TROTZDEM IST HAROLD TRAURIG.
> JEMAND HAT SEINEN KEKS GESTOHLEN.
> ER FRAGT DIE SCHLANGE: „HAST DU MEINEN KEKS GESTOHLEN?"
> DIE SCHLANGE ANTWORTET: „S-S-S-S".
> HAROLD GLAUBT, DAS SOLLE „JA" HEISSEN.
> ER SCHIMPFT DIE SCHLANGE AUS.
> JETZT FÜHLT ER SICH BESSER.
> JETZT KANN ER DEN SCHÖNEN TAG AUF DEM LAND GENIESSEN.

Wenn Sie eine *Brücken-und-Lücken*-Geschichte schreiben, können Sie immer an dem Teil arbeiten, der Ihnen gerade zusagt. Weil Sie sich nicht um die zeitliche Abfolge zu kümmern brauchen, ist das es ein bißchen wie die Arbeit an einem Gemälde. Sie können Details in beliebiger Reihenfolge einfügen und zwischen Teilen der Geschichte hin- und herhüpfen, bis sie Ihren Vorstellungen entspricht.

Versuchen Sie einmal eine *Brücken-und-Lücken*-Geschichte mit Ihrem Kind, und schlagen Sie nach dem Ausfüllen der Lücken vor, daß Ihr Kind sich eine *Brücken-und-Lücken*-Geschichte zum Ausfüllen für Sie ausdenkt. So etwas kann sich lange hinziehen und dabei viel zur Freude am Prozeß des Schreibens beitragen.

19

Nur die Hilflosen bitten nie um Hilfe

Wirklich erfolgreiche Menschen verstehen es, zum richtigen Zeitpunkt um Hilfe zu bitten. Doch manche Hilfe ist äußerst schädlich, manche respektlos, und manche einfach nur lästig.

Norie Huddle, Autorin von *Surviving: The Best Game on Earth* ist einer der neugierigsten und dabei produktivsten Menschen, die ich kenne. Innerhalb von fünf Minuten hat sie gleich beim ersten Treffen Ihre ganze Philosophie aus Ihnen herausgezerrt – in einem der durchdringendsten Interviews, das Sie jemals erleben werden.

Norie hat eine wundervolle Geschichte parat, die hilft, zu erklären, wie sie so geworden ist. Sie erzählt, daß sie als kleines Mädchen während einer Autofahrt mit ihrem Vater Interesse an einem großen weißen Haus hatte, das sie durch das Wagenfenster gesehen hatte. „Würdest du das Haus gerne besichtigen?" fragte ihr Vater. Als Norie das bejahte, fuhr er rechts ran, ging mit Norie die Treppen zur Eingangstür hoch, klopfte an und überredete die Frau, die dort wohnte, ihnen das Haus zu zeigen.

„Seitdem", meint Norie, „hatte ich immer, wenn ich etwas wissen wollte, das Gefühl, daß ich mit Leichtigkeit alles über das Thema, das mich interessierte, herausfinden konnte. Erst Jahre später sah ich, daß vor dem Haus ein Schild mit der Aufschrift »Zu verkaufen« stand."

Das ist ein Beispiel dafür, wie lohnend es ist, Kindern den Wert des *Bittens* zu vermitteln, wenn man gleichzeitig dafür sorgt, daß sich auch die Antworten einstellen. Wir alle müssen lernen, wie nützlich es ist, um Hilfe zu bitten, wenn wir von der Hilfe profitieren können.

Natürlich existiert ein empfindliches Gleichgewicht zwischen der inneren Bewußtheit für die Einzigartigkeit unserer eigenen Antworten einerseits und dem Bedürfnis, Hilfe und Anleitung von anderen zu erhalten andererseits. Viele von uns erhielten leider oft Hilfe, die einen so manipulativen, kontrollierenden und respektlosen Charakter hatte, daß wir vielleicht irgendwann sogar Hilfe generell mißtrauten. In Nories Fall war die Bitte klar und einfach, und die Reaktion war direkt und nichtmanipulierend. Sie lernte, daß ein neugieriger Gedanke unmittelbar zu Handlung führen und zu prompter und erschöpfender Antwort führen kann.

Wie ich in einem der letzten Kapitel schon darlegte, sind wir als kooperative Spezies im Laufe der gesamten Geschichte immer darauf angewiesen gewesen, einander zu helfen. Die ungewöhnliche lange Phase der menschlichen Kindheit stellt die für eine umfassende Wachstums- und Lernerfahrung erforderliche Zeit zur Verfügung. Während dieser Zeit ist die Qualität der elterlichen Erziehung von größter Wichtigkeit.

Leider geben Eltern häufig mehr Beistand als nötig und ersticken damit das Bedürfnis des Kindes, Hilfe zu erhalten oder um Hilfe zu bitten. Aber in der richtigen Atmosphäre lernt das Kind, ein gutes Gefühl dabei zu haben, wenn es seine Eltern, und später auch andere, um Hilfe bittet.

Aus der Einsamkeit herauskommen

Als George an unsere Schule kam, war er entschlossen, alles allein zu machen. Das Problem war nur, daß er nie etwas zu Ende brachte. Sobald er auf Schwierigkeiten stieß, hörte er auf zu arbeiten und erklärte entweder, daß er nicht in der Lage sei, die Arbeit zu tun oder daß sie der Mühe nicht wert sei. Er war ein isolierter, unglücklicher Junge.

Als ich dann eines Tages einmal neben ihm saß, bemerkte ich, daß er einen originellen und bemerkenswerten Zeichenstil an den Tag legte. Ich vermutete, daß er schon einige Jahre Übung im Zeichnen hatte, aber ich fragte ihn trotzdem: „Wo hast du denn das gelernt?"

„Hat mir Eddie beigebracht", meinte er. „Ich hab einfach nachgemacht, was er machte."

Ich war überrascht. Eddie war ein Schüler an unserer Schule, dessen künstlerische Arbeiten sich von denen Georges stilistisch deutlich unterschieden. George hatte Eddie erst vor wenigen Monaten getroffen, also konnte er noch nicht lange gezeichnet haben. „Eddies Zeichnungen sehen aber nicht so aus wie die da", meinte ich.

Jetzt schien George überrascht. „Finden Sie?"

„Ganz sicher. Eddie zeichnet Autos und Flugzeuge, du geometrische Abstraktionen. Euer Stil ähnelt sich ein kleines bißchen, aber nicht viel. George, deine Arbeiten sind absolut einzigartig."

George schien das zu gefallen. Während der folgenden Wochen bemerkte ich, daß er seine Arbeit nun öfter zu Ende brachte und anscheinend auch bereitwilliger Ratschläge von anderen annahm. Ganz offenbar hatte er so viel Angst gehabt, einfach nur ein Nachahmer zu sein, daß er überhaupt nicht um Hilfe bitten mochte. Aber jetzt erkannte er, daß Hilfe zu bekommen nicht bedeutet, daß man etwas so machen muß, wie andere wollen. Bald darauf blühte Georges Schaffen auf.

Schluß mit dem Schummeln

Im traditionellen Unterricht sitzen die Schüler in Reihen, der Stirnseite des Raumes gegenüber. Es wird von der Annahme ausgegangen, daß alle Schüler direkt mit dem Lehrer und nicht miteinander kommunizieren sollen. Das diene der Vermeidung des Schummelns und halte die Kinder davon ab, etwas falsch zu verstehen, indem sie Fehler voneinander lernten. Das alte Ein-Zimmer-Schulhaus basierte jedoch darauf, daß die Schüler sich gegenseitig etwas beibrachten. Der Unterricht dort war oft hervorragend.

Beim Integrativen Lernen gibt es kein Schummeln, und man geht von der Annahme aus, daß Schüler effektiv voneinander lernen können. Da die Unterrichts-Erfahrung allen Schülern helfen soll, mit dem maximalen Einsatz ihrer Fähigkeiten zu lernen, wird Schummeln unnütz und irrelevant. Wenn sich jeder bewußt ist, wie gut jeder andere ist und wieviel jeder weiß, kann auch keiner schummeln. Als Reaktion auf Nichtwissen vermittelt man dem Betreffenden einfach, ohne es an die große Glocke zu hängen, das fehlende Wissen.

Das Lehrer/Schüler-Verhältnis umkehren

Im idealen Unterricht sind also die Schüler, die voneinander lernen, bunt gemischt. Das kehrt das Lehrer/Schüler-Verhältnis um. In einem integrativen Unterricht ist jeder Schüler von zahlreichen potentiellen Lehrern umgeben.

Das funktioniert gut, wenn jeder weiß, wie man effektiv um Hilfe bittet. Aber man kann nicht bitten, solange man nicht weiß, daß man Hilfe braucht. Mit anderen Worten: Man muß wissen, wo man steht und wohin man kommen will und etwas darüber, warum man Probleme dabei hat, dorthin zu kommen.

Es ist nichts Heldenhaftes daran, so zu tun, als brauche man keine Hilfe, wenn man sie braucht, und es macht keinen Sinn, um Hilfe zu bitten, wenn man sie nicht benötigt. Zu lernen, auf intelligente Weise um Hilfe zu bitten, macht uns schließlich unabhängig, denn das ist der schnellste Weg zur Aneignung von Hintergrund und Übung, die wir bei jedem Wissensgebiet zur Beherrschung der Grundlagen benötigen.

Unsere Angst vor dem Ignoranten-Strip

Die meisten Menschen in unserer Gesellschaft fürchten, man könnte sie dabei ertappen, daß sie etwas nicht wissen. Es ist erstaunlich, wie sehr diese Furcht einen intakten Informationskreislauf sabotiert. Wenn ich versuche, zu verhindern, daß jemand herausfindet, wie wenig ich weiß, stelle ich alle möglichen unproduktiven Dinge an, nur um mein Nichtwissen zu verbergen. Aber ich lerne dabei mit Sicherheit kein bißchen dazu. Deshalb zerstreuen sich diese Horden furchtsamer Menschen, die auf ihr fehlendes Wissen gar nicht gut zu sprechen sind, in endlosem belanglosen Palaver, in Smalltalk – über die neueste Mode, den Tabellenplatz der Bundesliga-Mannschaft und wo es gerade Sonderangebote gibt. Für manche ist das einfach eine Flucht vor echter Kommunikation. Wenn das Angstniveau hoch genug ist, wird es anscheinend erforderlich, sich mit Alkohol abzustumpfen, der am Ende (auch in kleinen Mengen) das Gehirn schädigt. Und so läuft ein großer Teil des sozialen Lebens in diesem Land ab. Wie ein fabelhafter Lehrer, den ich einmal traf, mit Vorliebe meinte: „Alles basiert auf Furcht."

Ein zehnfacher Anstieg des Informationsflusses

Ich denke, daß schon mit einer simplen Änderung der Art und Weise, wie wir miteinander umgehen, der Informationsfluß in unserer Gesellschaft auf mindestens das Zehnfache ansteigen würde. Wenn Sie mir eine Frage stellen und ich die Antwort nicht weiß, tue ich, so wie es jetzt aussieht, eines der folgenden vier Dinge: (1) ich tue so, als hätte ich gar nicht hingehört, (2) ich tue so, als würde ich die Antwort kennen und hoffen, daß ich richtig rate (besonders leicht bei Ja-Nein-Fragen), (3) ich wechsle unvermittelt das Thema oder (4) gebe einen Splitter Non-Information von mir, der zwar wie eine Antwort aussehen soll, aber keine ist.

Wenn Sie mir in der idealen Gesellschaft eine Frage stellen würden und ich die Antwort nicht wüßte, würde ich schlicht und ergreifend (hoch erfreut über die Gelegenheit, etwas Neues zu lernen) sagen: „Weiß ich nicht, aber wenn Sie mir's verraten, weiß ich's." Das würde dem anderen die Gelegenheit geben, Wissen, das ich nicht habe, mit mir zu teilen und meinen Wissensschatz zu bereichern. Im Endeffekt würde ich dadurch so viel Wissen anhäufen, daß ich in den meisten Konversationen bei fast jedem aufkommenden Thema mitreden könnte.

Wie man Gratis-Unterricht bekommt

Lassen Sie uns das einen Schritt weiter denken. Angenommen, Sie fragen jedesmal, wenn Sie jemanden mit Spezialwissen träfen, denjenigen über sein Spezialthema aus. Wahrscheinlich bekommen Sie dann gratis einen persönlichen Intensivkurs. Ihr neuer Freund wird vermutlich solange weiterreden, wie es die Zeit erlaubt, denn es macht immer Spaß, Spezialwissen mit anderen zu teilen. Und Sie hätten eine Darstellung, die maßgeschneidert auf Ihre speziellen Bedürfnisse wäre.

Wenn ich mich eine Stunde lang mit einem College-Professor unterhalte, habe ich festgestellt, erhalte ich fast soviel Informationen zu einem Thema, als wenn ich einige Wochen lang in einem Hörsaal säße. Ich erhalte eine komprimierte Fassung mit allen Highlights – eben den Stoff, an den ich mich wahrscheinlich erinnern werde, wenn ich den Rest des Kurses schon wieder vergessen habe. Auf diese Weise habe ich wiederum viele Stunden Zeit extra, in denen ich mich mit einer Menge anderer Professoren unterhalten kann. Und das alles gratis. Was für eine großartige Art, einen Abend zu verbringen!

Beweis dafür, daß jeder liebend gerne hilft

Wir alle lieben es, zu helfen, wie und wo wir nur können. Wenn Sie das nicht glauben, denken Sie einmal daran, wie sie irgendwo anhielten und jemanden nach dem Weg fragten. Normalerweise ist es fast, als erwiese man demjenigen, der einem gerade hilft, einen Gefallen. Ist Ihnen aufgefallen, wie viele Leute alles stehen und liegen lassen, nur um rüberzukommen und zu reden? Ich habe Verkäufer und Tankwarte erlebt, die einen mit Bargeld in der Hand wartetenden Kunden ignorierten, um mir dabei zu helfen, mich in der örtlichen Geographie zurechtzufinden. Sie ließen mich einen Blick auf ihre Karten und in ihre Nachschlagewerke werfen, und manchmal begleiteten sie mich sogar persönlich zu meinem Ziel. Einige Leute haben einen meilenweiten Umweg in Kauf genommen, nur um mir zu helfen, ans Ziel zu kommen. Als ich einmal einen Mann nach dem Weg fragte, machte er einen dermaßen großen Umweg, um mich an mein Ziel zu bringen, daß ich mir sicher war, er wolle ein Trinkgeld. So bot ich ihm ein paar Dollar an und brachte uns damit beide in Verlegenheit – er hatte einfach nur helfen wollen. Haben Sie jemals jemanden nach dem Weg gefragt und zur Antwort bekommen: „Nerven Sie mich jetzt bitte nicht, ich habe zu tun"? Es ist offensichtlich, daß es mehr als neunundneunzig Prozent von uns lieben, Wissen zu teilen, wann immer sich eine Gelegenheit dazu ergibt.

Finden Sie heraus, was Sie nicht wissen

Aber manchmal ist es schwierig, überhaupt zu wissen, was wir nicht wissen. Falls wir nicht ständig richtige Antworten gaben, wurde uns von Lehrern, die uns

Schuldgefühle einimpfen wollten, dermaßen zugesetzt, daß wir nicht einmal mehr uns selbst gegenüber zugeben mögen, was wir nicht wissen. Deshalb ist die folgende Übung vermutlich für Sie genauso wichtig wie für Ihre Kinder, denn Sie werden bemerken, daß Sie Ihr Bewußtsein dafür schärfen, wann Sie Hilfe brauchen.

Eine Übung im Um-Hilfe-Bitten

Verbinden Sie einem Familienmitglied die Augen. Alle anderen können der „blinden Kuh" helfen, ihren Weg durch den Raum zu finden – aber nur, wenn die blinde Kuh um Hilfe bittet. Wenn Hilfe gewünscht wird, sollte sie immer einfühlsam und umfassend gegeben werden. Lassen Sie sich der Reihe nach die Augen verbinden, während Sie Ihren täglichen Routine-Arbeiten nachgehen.

Sie können diese Übung so lang machen, wie sie möchten. Vielleicht nur ein paar Minuten, vielleicht einen ganzen Tag, je nachdem, wie Sie sich dabei fühlen. Jeder wird entdecken, wieviel Spaß es macht, durch den zeitweiligen Verzicht auf den Gesichtssinn die übrigen Sinne zu schärfen. Achten Sie darauf, wie Sie mit verbundenen Augen allmählich gewöhnliche Tätigkeiten immer besser ausführen können. Achten Sie auch darauf, wie Sie immer genauer bestimmen können, was für Hilfe Sie benötigen.

Die Turmbau-Übung

Eine weitere Einsatzmöglichkeit für die Augenbinde ist die Turmbau-Übung. Verteilen Sie einige Bausteine über den Boden. Der- oder diejenige mit verbundenen Augen baut dann aus den Steinen einen Turm, wobei ein anderer nach Bedarf Informationen gibt. Versuchen Sie am Anfang einfach, den Turm so hoch wie möglich zu machen. Mit mehr Erfahrung können Sie komplexere Strukturen ausprobieren.

Einen Familienrat gründen

Gründen Sie, nachdem Sie durch die Augenbinden-Übung alles darüber gelernt haben, wie man genau die Hilfe erbittet, die man benötigt, einen Familienrat, der regelmäßig zusammenkommt. Der Reihe nach sprechen alle über die Hilfe, die sie zur Verwirklichung ihrer Ziele benötigen. Hier kann das in Kapitel Zehn beschriebene *Denk-und-Hör-zu*-Format zum Zuge kommen. Sie können Übereinkünfte ausarbeiten, damit jeder die benötigte Hilfe erhält und gibt. Gewähren Sie jedem gleich viel Redezeit, damit jeder einen fairen Anteil der Aufmerksamkeit bekommen kann.

Probieren Sie einige besondere Projekte

Wenn jeder mit der Hilfe, die er bei den täglichen Routine-Arbeiten gibt und erhält, zufrieden ist, können Sie ausgefallenere Projekte in Angriff nehmen. Wenn ein Familienmitglied das wünscht, kann sich der Familienrat damit befassen und entscheiden, was für Hilfe benötigt wird und wie sie gegeben werden sollte. Als ich jung war, gründete ich beispielsweise eine Theatergesellschaft. Zu der Zeit konnte ich noch nicht Auto fahren, und ich war häufig auf die Hilfe meiner Eltern angewiesen, um die Darsteller zu Proben herumzuchauffieren. Da es dafür keine formelle Struktur gab, fühlte ich mich immer schuldig, wenn ich meine Eltern darum bat und schob es entsprechend immer bis zur letzten Minute auf. Wenn wir einen Familienrat gehabt hätten, wäre es mir viel leichter gefallen, zu bitten, und es hätte weniger Konflikte zwischen meinen Eltern und mir gegeben. Der Familienrat ist ein wundervoller Weg, um Verantwortungsbewußtsein zu vermitteln.

Hilfe bei den Hausaufgaben

Hilfe bei den Hausaufgaben ist ein besonders heikles Problem, weil es man gerade hierbei nur zu leicht die falsche Art Hilfe geben kann. Wenn Sie mit Ihrem Kind arbeiten, sollten nicht Sie es sein, der oder die denkt, sondern Sie sollten das Denken Ihres Kindes unterstützen. Verlangte Informationen zu lange zurückzuhalten, hilft allerdings auch nicht weiter. Das kann sich leicht zu einem Machtkampf zwischen Elternteil und Kind auswachsen.

Einmal beispielsweise half meine Mutter einem meiner Brüder bei einem Aufsatz. Mein anderer Bruder hörte dabei zu. Aus Jux schrieb er alles auf, was mein Bruder sagte, ließ aber alles aus, was meine Mutter sagte. Seine Notizen lasen sich ungefähr so: „Ah-ha. Ja, das wäre klasse. Meinst du? Okay, das schreibe ich. Weiß ich nicht. Oh ja, hört sich gut an. Okay. Wie buchstabiert man das?" und so weiter. Damit hatte er ungefähr drei Seiten gefüllt, wobei nicht eine einzige Idee von meinem Bruder kam. So wurde zwar die Hausaufgabe fertig, aber es half meinem Bruder nicht dabei, unabhängig denken zu lernen. Er mußte das anders lernen. (Als meine Mutter das Protokoll meines jüngeren Bruders las, lachte sie und änderte auf der Stelle ihre Methode. Sie liebte es, diese Geschichte bei allen möglichen gesellschaftlichen Anlässen zu erzählen.)

Spendieren Sie Ihrem Kind ein *Denk-und-Hör-zu*, wenn es ans Hausaufgabenmachen geht, damit er oder sie sich darüber klar werden kann, was für Hilfe genau es braucht. Anschließend können Sie Fragen zu allem stellen, was nach Ihrer Meinung das Kind davon abhält, so unabhängig zu sein, wie es sein sollte. Sie könnten zum Beispiel fragen: „Wieso glaubst du, daß du mehr lernst, wenn *ich* das im Lexikon nachschlage als wenn du selbst nachschlägst?" Diese Frage ist heikel. Sie kann leicht nach Kritik oder Ablehnung klingen. Stellen Sie die Frage also so, daß Sie eine wohlbegründete Antwort, nach der Sie zum Lexikon greifen müßten, auch akzeptieren könnten und so, daß das Kind das auch weiß. Eine weitere Frage: „Hast du deinen Lehrer gebeten, dir besser zu erklären, wie man solche Probleme angeht?" Ihr Ziel beim Helfen sollte sein, Unterstützung anzubieten, die zu Unabhängigkeit führt. Das bedeutet, daß Sie stets geduldig und liebevoll sein sollten.

Zu lernen, Hilfe zu geben und erhalten, kann unser Leben stark verändern. Wir fühlen uns weniger isoliert, besser darauf vorbereitet, uns den Herausforderungen des Lebens zu stellen. Dabei wachsen wir enger zu einer Famlie zusammen und entwickeln wirklich bedeutungsvolle und tiefgehende Verbindungen, die sich von dem für viele Familien heutzutage so typischen Gezanke und Davonrennen in alle Richtungen wohltuend abheben.

20

Bedeutung tief im Bauch

Wie wichtig es ist, ehrlich seinen Gefühlen gegenüber zu sein. Üben, Gefühle auszudrücken, kann Spaß machen – und zur Familienharmonie beitragen.

Im letzten Kapitel haben wir erforscht, wie man die Bindung des Einzelnen zur Gruppe stärken kann, um die volle Entwicklung der Einzigartigkeit dieses Menschen zu unterstützen. Doch wie soll sich diese Einzigartigkeit ausdrücken? Hinter jedem wahrhaft persönlichen Ausdruck stehen unweigerlich eine Menge Gefühle. Damit wir diese Gefühle besser ausdrücken können und geschickter im Umgang mit ihnen werden, brauchen wir einen Weg zu ihrer Erforschung.

Die Bedeutung der Emotionen zieht sich wie ein roter Faden durch dieses Buch, wie sich Emotionen überhaupt durch jede Diskussion über Lernen und Lehren ziehen müssen. In Kapitel Fünf haben wir uns mit der Theorie des Dreieinigen Gehirns befaßt, derzufolge Wissen, das ins Langzeitgedächtnis eingehen soll, das Limbische System passieren muß, das die Emotionen kontrolliert; weiterhin mit dem Wechselspiel von Denken und Gefühl (in Kapitel Zehn) sowie den Verbindungen zwischen Emotionen, Gedächtnis und Kreativität (in Kapitel Siebzehn).

Nicht nur für unser psychisches und soziales Wohlbefinden ist es lebenswichtig, sensibel für Emotionen und das Bedürfnis zu werden, sie auch auszudrücken – es ist wesentlich für unsere Fähigkeit, rational und intellektuell zu operieren. Diese Sensibilität und Ausdruckskraft sind Fähigkeiten, die wir leicht und auf vergnügliche Weise kultivieren können.

Wie Rosalind sich selbst beibrachte, zu hassen, was sie tat

Als ich Rosalind zum ersten Mal traf, war sie eine intelligente Sechstkläßlerin, die zufällig die Schule nicht mochte. Eigentlich mochte sie nichts besonders außer ihrem Papa und ihrem Pferd. Als ich sie danach fragte, stellte ich fest, daß es doch noch andere Dinge gab, die ihr etwas bedeuteten: Luft, Wasser, Essen, Licht und so weiter. Mit anderen Worten: Rosalind war auf einer ziemlich grundlegenden Ebene gefühlsmäßiger Abkehr von schulischer Arbeit (und den meisten anderen Dingen) angelangt.

Einmal bat ich sie, eine Übung zu machen, die ihr lernen half, und sie machte sie sehr gut. Aber während der ganzen Übung lag ein Ausdruck schwerer Mißbilligung auf ihrem Gesicht und in ihrer Stimme. Mir fiel auf, daß das Betonungsmuster am Ende jedes ihrer Sätze abfiel – fast wie ein dumpfer Aufschlag. Rosalind sagte sich durch ihren Ausdruck und ihre Körperbewegungen, daß sie eigentlich haßte, was sie tat, auch wenn sie sich gut dabei machte und die Übung an sich sehr interessant war. Offensichtlich hatte die Situation, in der sie voller Haß arbeitete, keinerlei Relevanz für das, was sie tat.

Ich bat sie deshalb, während der weiteren Übung zu lächeln und die Betonungs-muster ihrer Sprache zu ändern, so daß ihre Stimme ebenfalls lächelte. Mit einer kleinen Hebung am Ende jedes Satzes anstelle des absterbenden Fallens wurde es deutlich besser. Rosalind begann, sich selbst beizubringen, positive Gefühle bei etwas zu haben, was mit ihrer schulischen Arbeit verknüpft war.

In der Lage zu sein, unsere Gefühle zu kontrollieren und bewußter zu gestalten, statt uns von ihnen beherrschen zu lassen, kann eine tiefgehende positive Wirkung auf alles haben, was wir tun – wenn wir diese Macht klug gebrauchen. Die Übung in diesem Kapitel soll das Potential dazu auf sichere und vergnügliche Weise ausbauen und einüben.

Wie wir lernen, unsere Gefühle zu verbergen

Eine der traurigsten Erfahrungen der Kindheit ist, zu erkennen, daß die Menschen manchmal nicht die Wahrheit über ihre Gefühle sagen. Während der ersten Le-bensmonate müssen Kinder die Erwachsenen ohne den Beistand der Sprache interpretieren. Eigentlich kommen unsere grundlegendsten Kommunikations-Handlungen ganz ohne Sprache aus. Wir weinen, lachen, bleiben still – und drücken dadurch die machtvollsten Emotionen aus, die selbst die erlesensten Dichter nicht in Worte zu fassen vermögen. Schauspieler verdienen ihren Lebensunterhalt nicht mit dem, was sie sagen, sondern damit, wie sie es sagen.

Wenn wir unsere Gefühle vollständig ausdrücken und wenn wir sie ganz *sind*, erleben wir Harmonie in uns selbst und in unserer Beziehung zu anderen. Wenn wir unsere Gefühle leugnen, und sei es nur vor uns selbst, fühlen wir uns richtungslos. Für Kinder ist es vollkommen natürlich, daß sie ihre Gefühle ausdrücken und ganz *sind*. Es kommt bei ihnen nicht vor, daß sie Freude, Sorgen, Ängste oder Frustrationen verbergen.

Erwachsenen aber, die gelernt haben, Gefühle zu verbergen, reißt unter Umständen leicht der Geduldsfaden mit dem kindlich spontanen Gefühlsausdruck, mit der Folge, die Gefühle womöglich ganz unterdrücken zu wollen. Da Kinder die gefühlsmäßige Einstellung der Erwachsenen übernehmen, neigen sie dazu, sich desorientiert und seltsam unbehaglich zu fühlen, abgetrennt von sich selbst und ihren täglichen Lebenserfahrungen.

Desorientierung tritt auf, wenn wir lernen, Lachen, Tränen und andere natürliche Mittel des Ausdrucks zu unterdrücken. Wenn wir unsere Gefühle solchermaßen zurückweisen, halten wir uns selbst möglicherweise für grundsätzlich unakzeptabel. Und durch die Trennung von verbaler und non-verbaler Kommunikation gehen uns viele der feinen Nuancen verloren, die unsere Interaktionen bereichern, werden wir in unseren Gefühlen und unserer Art zu kommunizieren oberflächlicher.

Sprache als Versteck

Wenn das Kind beginnt, Sprache zu verstehen und zu manipulieren, wird schnell klar, daß Worte ebenso zum *Ver*decken wie zum *Auf*decken von Bedeutung benutzt werden. Bevor es die Sprache gab, wußte das Kind, wie Mama sich fühlte. Worte können nur allzu klar machen, daß Mamas Verfassung und Mamas Aussage über ihre Verfassung zwei Paar Schuhe sein können.

Wenn wir älter werden, gewöhnen wir uns so sehr daran, unsere Gefühle zu verbergen, daß wir aus den Augen verlieren, wie sehr diese Tatsache unser Gefühl für unser Wohlbefinden und unsere persönliche Macht zerrüttet. Weil die Wahrheit über Gefühle so oft maskiert wird, erschöpft sich ein großer Teil der Energie im Raten und Interpretieren.

Bedeuten und sein

Archibald MacLeish schrieb: „Ein Gedicht darf nicht bedeuten – es muß sein." Bedeuten und Sein sind für das Kind anfangs noch nicht zwei getrennte Begriffe – erst der Gebrauch von Sprache trennt sie voneinander. Mit dem Verbergen der Gefühle einher geht das Bedürfnis, nach Bedeutung unterhalb der Oberfläche menschlicher Kommunikation zu suchen.

Das ist nicht schlecht – im Grunde fordert und fördert es die Intelligenz –, aber es kann auch Verwirrung und Unsicherheit stiften.

Die Erfahrung, daß das, was wir sagen und das, was wir fühlen, nicht in Einklang miteinander steht, führt zu einer unbestimmten Angst und einem Gefühl, in der Welt nicht zu Hause zu sein – ein Gefühl, das manche Philosophen für einen unvermeidlichen Teil der menschlichen Natur halten. Der Ursprung dieser Angst liegt jedoch nicht in der Natur des Menschen, sondern darin, daß wir unsere wirklichen Gefühle zurückhalten oder sogar ins Unbewußte verdrängen, wie wir uns fühlen – darin, daß wir dabei scheitern, unser Leben ganz zu leben. Das Akzeptieren unserer Emotionen hilft uns, unter der Oberfläche den reichhaltigen und wundervollen Vorgang des Seins zu entdecken.

Wenn ich also sage: „Mir geht's gut", wird Ihnen das kaum eine Vorstellung davon geben, was genau ich meine. Ob ich gerade gefoltert werde oder mich in Ekstase winde – ich berichte, daß es mir gut gehe.

Wenn ich aber meine Emotionen ganz und verantwortlich *bin*, werden Sie wissen, wie ich mich fühle, ohne daß Sie sich dabei in meinen Gefühlen verfangen müßten.

Ärger und Leugnung

Als Kinder erfahren wir, wie man Gefühle verbirgt, wenn uns unsere Eltern vor Gefühlen, mit denen wir ihrer Meinung nach nicht umgehen können, „schützen", wobei sie nicht sehen, daß es leichter ist, wenn man weiß, ob jemand wütend, ängstlich oder unglücklich ist als wenn man raten muß.

Kinder können mit dem Audruck starker Gefühle normalerweise gut umgehen. Wenn jemand weint, schenken sie warme und anteilnehmende Aufmerksamkeit. Sie wissen alles über das Weinen – es ist eine ihrer Hauptbeschäftigungen. Vor kurzem leitete ich einen Vierzig-Stunden-Workshop für Erwachsene, an dem auch ein sieben Monate altes Baby teilnahm. Während des Workshops kam es von Zeit zu Zeit vor, daß jemand weinte oder seiner Wut Luft machte. Dann achtete das Baby aufmerksam auf den Gefühlsausbruch. Die Kleine war fasziniert, aber weder gestreßt noch ängstlich, und in ihren Augen schien mir sogar ein liebevoller Ausdruck zu liegen. Sobald sich die Emotion erschöpft hatte, wanderte die Aufmerksamkeit des Babys weiter. Babys reagieren nicht nur direkt auf ihr eigenes Bedürfnis zu weinen und Wut herauszulassen, sondern ebenso auf das anderer Menschen.

Mit unterdrückten Gefühlen aufwachsen

Kinder, die in einer Atmosphäre leben, in der Gefühle aufrichtig ausgedrückt werden, haben auch im späteren Leben keine Angst, wenn andere Menschen Gefühle äußern, vorausgesetzt, es besteht keine akute Gefahr. Kinder aber, die aufwachsen, wo man Gefühle nicht frei ausdrückt, haben wahrscheinlich Angst vor Gefühlsausbrüchen. Sie haben gelernt, daß mit Gefühlsäußerungen etwas nicht in Ordnung ist, denn ihre Eltern bemühten sich ja so sehr, sie zu vermeiden. Diese Vermeidung oder Unterdrückung eigener Gefühle kann das schlimmste Verbrechen sein, das man gegen sich selbst begehen kann. Und Gefühle, die zu ridgide oder zu lange unterdrückt werden, brechen sich möglicherweise in gefährlichen Wut-Explosionen Bahn.

In unserer Gesellschaft, die so viel Angst vor Wut hat und doch so anfällig dafür ist, der Wut unangemessene und gefährliche Ventile zu verschaffen – von der Straße bis zum Rüstungswettlauf – ist es doppelt wichtig, daß wir lernen, Wut hemmungslos in produktivere, verantwortlichere Bahnen umzuleiten. Es ist dabei kaum von Bedeutung, ob ich brülle: „Ich kann dich nicht ausstehen" oder: „Fischers Fritze fischt frische Fische". Wenn das Gefühl hinter den Worten das gleiche ist, verschafft die Äußerung auch die gleiche Erleichterung.

Weil wir das aber noch nicht wissen, benutzen wir unsere Wut in manchmal unverantwortlicher Weise als Entschuldigung dafür, daß wir andere Menschen attackieren, die dann unter Umständen noch an ihren Wunden zu leiden haben, wenn wir uns schon längst wieder besser fühlen. Das gilt besonders für Kinder, die manchmal aus Gründen attackiert werden, die in keiner Beziehung zu ihrem Verhalten stehen, sondern eher zu dem, was sich im Leben des attackierenden Erwachsenen abspielt.

Der Wert der Übung

Wir sollten also üben, Emotionen so auszudrücken, daß wir andere dabei nicht attackieren. Wenn wir Emotionen ausdrücken können, wenn wir nicht von ihnen überrollt werden, können wir sie auch unter provozierenden Umständen besser kontrollieren. Wenn wir das Spiel der Wut gespielt haben, verliert richtige Furcht einiges von ihrem Schrecken, für mich wie für andere. Ich weiß, daß sich am Ende alles findet und daß niemand dabei verletzt wird. Ich lerne, Wut als zeitweilige Verfassung zu sehen, die in jedem entstehen kann, und zwar nicht als persönlicher, gegen mich gerichteter Angriff. So erhole ich mich von meiner Furcht vor der Wut, und die Gründe für Wut, die ich oder andere möglicherweise verspüren, verwirren mich weniger. So wird es unwahrscheinlicher, daß ich meine Wut auf entfernte philosophische Fragestellungen, auf Fremde oder auf die, denen es schlechter geht als mir, abwälze.

Numerierte Gefühle

Versuchen Sie einmal den folgenden Sketch und üben Sie ihn häufig. Je mehr Sie üben, desto besser werden Sie in der Lage sein, auf der emotionalen Schiene zu kommunizieren. Unterteilen Sie die Familie in zwei Darsteller und ein Publikum aus allen übrigen. Die Darsteller spielen dann die folgende Szene: A ist zu Hause, und B kommt zu Besuch oder heim. Die beiden sind erfreut, sich zu sehen, umarmen sich und drücken Zuneigung aus. Nach einer kurzen Unterhaltung entwickelt sich jedoch ein Konflikt zwischen ihnen. Nach und nach schlägt dieser in einen geräuschvollen Kampf um. Nachdem der Kampf eine Weile lang wogte, wird er beigelegt, und die beiden sind wieder Freunde, die sich umarmen und küssen, wenn sie die Auseinandersetzung schließlich beilegen.

Bei dem ganzen Sketch wird nur gezählt. Ohne Worte, nur mit Zahlen und Geräuschen. Die Zahlen werden aufsteigend von eins bis hundert verwendet. Also wissen die Darsteller immer, was sie gerade sagen sollen und können anhand ihrer Stichzahl immer verfolgen, wo im Sketch sie sich gerade befinden. Da sie wissen, daß sie bei hundert eine Lösung finden müssen, wissen sie immer etwas darüber, was sie voneinander zu erwarten haben.

Übung im Beilegen von Meinungsverschiedenheiten

Sie können diesen Sketch mehrere Male hintereinander aufführen. Er geht jedesmal anders aus. Je öfter er aufgeführt wird, desto unterschiedlicher und reichhaltiger werden die möglichen Wege zur Lösung des Konflikts. Die Aufführung übt im Annehmen von Gefühlen und Auflösen von Konfrontationen.

Nachdem Sie diesen Sketch einige Male als Übung benutzt haben, werden Sie bemerken, daß sich familiäre Meinungsverschiedenheiten nun leichter beilegen lassen. Man hat weniger Angst vor seinen Gefühlen und ist weniger in sich gefangen, wenn man sie hat. Außerdem lernt man, daß man die eigenen Gefühle, wenn man sie schon in einen Sketch verwandeln kann, auch abschalten kann, bevor sie außer Rand und Band geraten.

Und man lernt, ein gutes Gefühl bei Gefühlsäußerungen zu haben, man kann leichter die eigenen Gefühle zugeben, seine Gefühle *sein* und die Gefühle anderer annehmen. Außerdem lernt man, den non-verbalen Ausdruck seines Gegenüber effektiver zu lesen. Zu lernen, Emotionen auf diese Weise zu kontrollieren und zu läutern, ist eine der wichtigsten Funktionen des Dramas.

Man muß es nicht immer herauslassen

Eine Freundin erzählte mir, daß sie einmal wütend auf ihren Mann und drauf und dran war, ihn anzuschreien. Dann dachte sie: „Ich bin jetzt bei 50. Und wenn ich jetzt einfach alles bis 100 überspringe?" Das tat sie und stellte fest, daß ihre Wut verraucht war. Vielleicht stellen Sie ja fest, daß Sie auch so reagieren können, wenn Sie erkennen, daß Sie Ihre Gefühle kontrollieren können; daß Sie Ihre Gefühle, wenn angemessen, äußern und, wenn unangemessen, auch für sich behalten können. Manchmal werden Gefühle allerdings schon durch die Art und Weise, wie wir gewisse Dinge betrachten, hervorgerufen. Wenn wir unseren Standpunkt ändern, fühlen wir uns nicht mehr so schlecht. Wir können lernen, die Handlungen anderer kein Gefühl des Ausgenutzt- oder des Abgelehntwerdens mehr in uns auslösen zu lassen.

Einen Streit durch Sketche erforschen

Angenommen, zwischen zwei Leuten bahnt sich ein größerer Streit an. Machen Sie jeden der beiden Streithähne zum Regisseur eines Sketches. Möglicherweise eignen sich Wörter dafür besser als Zahlen. Sagen wir einmal, Johnny habe Jimmys Ball weggenommen, und Jimmy habe Johnny gehauen. Johnny kommt als erster an die Reihe und dirigiert die übrigen Familienmitglieder in einem Sktech, um seine Version von dem, was sich zugetragen hat, darzustellen. Jimmy spielt in diesem Sketch die Rolle, die ihm Johnny zuweist. Anschließend ist Jimmy der Regisseur eines Sketches. Johnny muß nun die Rolle spielen, die ihm Jimmy zuweist. An der Darstellung der Sketche nimmt jedoch die ganze Familie teil. Anschließend kann die Familie die Unterschiede zwischen den beiden Sketchen und deren Bedeutung diskutieren. Johnny und Jimmy werden inzwischen ihren Streit unter einem weiteren Gesichtswinkel sehen und besser Frieden aushandeln können.

Die gleiche Übung kann dazu dienen, äußere Dispute, an denen die Familie Interesse hat, zu erforschen. Wenn es bei der Diskussion beispielsweise um einen Konflikt zwischen verschiedenen Nationen dreht, kann es interessant sein, mehrere Sketche aufzuführen, wobei jeder Sketch den Konflikt aus dem Sichtwinkel einer der beteiligten Nationen beleuchtet. Das trägt dazu bei, den Konflikt zu objektivieren und mehr Erfahrung für eine Entscheidungsgrundlage zu schaffen. Wenn wir die Rolle von jemandem spielen, den wir kritisch sehen, beginnen wir oft zum ersten Mal, seinen Standpunkt zu erforschen. Hierin liegt ein Weg, unser Denken für das Thema zu öffnen.

Gefühle zeichnen

Viele von uns meinen, daß wir mit dem Tonfall unserer Stimme mehr ausdrücken als wirklich beim Zuhörer ankommt. Die folgende Übung wird Ihnen helfen, sich darüber bewußt zu werden, wie gut unsere Stimme Gefühle kommuniziert. Sie läßt sich gut in kleinen Gruppen mit drei bis sieben Mitgliedern durchführen. Jeder kommt der Reihe nach dran und liest einen Satz mit jeweils unterschiedlicher Betonung vor. Nach jedem Lesedurchgang zeichnen die übrigen Teilnehmer ein Bild, das die ihrem Empfinden nach durch das Vorlesen vermittelte Emotion repräsentiert. Mit etwas Übung gelingt es jedem Teilnehmer besser und besser, bei der Gruppe Zeichnungen hervorzurufen, die (a) einander ähnlich sind und (b) ausdrücken, was der Vorlesende beabsichtigte.

Kommunikation – ohne Worte

Nachdem Sie die *Numerierte Gefühle*-Übung ausreichend geübt haben und mit ihr vertraut sind, versuchen Sie einmal, Sketche ohne Wörter oder Zahlen zu leiten. Machen Sie nur Geräusche und schauen Sie, wieviel Sie auf diese Weise vermitteln können.

Wenn man lernt, seine Gefühle auszudrücken, kann Musik eine wundervolle Hilfe sein. Machen Sie etwas Musik an und tun Sie so, als dirigierten Sie das Orchester. Die ganze Familie kann die Musik gleichzeitig dirigieren. Beobachten Sie einander dabei und lassen Sie sich von den anderen auf Ideen bringen. Es macht viel Spaß, auf diese Weise zu üben, Hemmungen zu überwinden und sich körperlich auszudrücken. Wenn Sie die Musik in Ihren Körper lassen und ausdrücken, können Sie erleben, wie Sie Emotionen freisetzen und wie Sie üben, selbst offener zu sein.

Don Campbell brachte mir bei, die Übung folgendermaßen auszudehnen: Tun Sie so, als seien Sie der Welt größter Dirigent, als hätten Sie totale Kontrolle über das Orchester. Dirigieren Sie nur mit Ihren Händen. Dann mit einem Finger. Dann mit Ihren Handgelenken. Dann mit Ihren Ellbogen. Dann mit Ihren Knien. Dann mit Ihrer Nasenspitze. Dann mit dem einen Fuß. Anschließend mit dem anderen. Dann mit der einen Hüfte, und anschließend mit der anderen. Tun Sie dann so, als befände sich das Orchester hinter Ihnen und dirigieren Sie es mit den rückwärtigen Teilen Ihres Körpers. Tun Sie dann so, als befände es sich über Ihnen. Dann unter Ihnen. Erlauben Sie schließlich allen Ihren Körperteilen, während des Dirigierens gleichzeitig lebendig zu werden.

Durch die die Isolation einzelner Körperteile und ihren Einsatz mit der vollen, durch die Musik hervorgerufenen Emotion können wir also unser Gefühl für kinästhetische Kommunikation bereichern und auch den Gefühlen der Musik erlauben, uns völlig einzunehmen.

Der Imitations-Shanty

Imitationsspiele lassen sich selbst mit den heterogensten Gruppen gut spielen. Mit ihrer Hilfe können wir unsere eigenen Gefühle spielerisch ausdrücken – und dadurch intuitiv auch die Gefühle und Erlebnisse anderer kennenlernen.

Eine einfache Imitations-Übung besteht darin, daß sich alle im Kreis aufstellen und ein Mitglied der Gruppe willkürliche Laute von sich gibt. Alle anderen müssen diese Laute nachahmen. Lassen Sie reihum „Vorsänger" und „Crew" abwechseln. Sehen Sie, wieviele verschiedene Laute Sie erfinden und imitieren können.

Ich habe diese Übung häufig mit meinen Töchtern gemacht, als sie noch im Kleinkindalter waren, während ich ihre Windeln wechselte. Ich ahmte jedes Geräusch des Babys nach. Das Baby liebte dieses Spiel, und ich auch. Wir haben uns königlich amüsiert, und das Spiel gab dem Baby eine seltene Gelegenheit, ein Gefühl von Kontrolle über die Situation zu haben.

So wie die Laute anderer können wir auch deren Bewegungen imitieren. Probieren Sie das Imitationsspiel mit Bewegung, reihum, wie bei den Lauten.

Menschliche Skulpturen

Eine weitere Methode, gefühlsmäßigen Bezug untereinander durch Bewegung herzustellen, ist, eine Skulptur aus menschlichen Körpern zu bilden, wobei jeder in einer Pose erstarrt, die etwas über die Beziehung zu seiner Familie ausdrückt. Beginnen Sie mit einer Skulptur, in der jeder eine Pose einnimmt, die seine Rolle in der Familie ausdrückt. Bilden Sie nun die nächste Skulptur, in der jeder eine Pose einnimmt, die etwas von der eben dargestellten Rolle Unterschiedliches ausdrückt. Diskutieren und klären Sie dann die unterschiedlichen Gefühle, die in diesen beiden Posen erlebt wurden. Ob vielleicht von Zeit zu Zeit ein Rollentausch angebracht wäre?

Nutzen Sie die *Menschlichen Skulpturen*, um Ideen auf den Leib zu rücken. Wie lassen sich mathematische Beziehungen durch Skulpturen ausdrücken? Wie würden Sie eine historische Situation ausdrücken? Wie würden Sie eine zentrale Idee eines literarischen oder philosophischen Werkes ausdrücken?

Eine der wichtigsten Erfahrungen, die eine Familie gemeinsam machen kann, ist, zu lernen, Gefühle frei und verantwortlich auszudrücken. Die Übung ihrer Ausdruckskraft hilft den Jüngeren, zu voll verantwortlichen Erwachsenen heranzuwachsen. Diese Übung stellt auch einen der effektivsten Wege dar, wie Eltern von ihren Kindern und etwas über ihre Kinder lernen können.

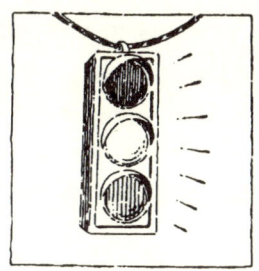

21

Jetzt bin ich dran,
aber wie gut mache ich mich?

Jedes Familien- oder Gruppenmitglied hat Anspruch darauf, gehört zu werden.
Respektvolles Zuhören vermittelt das Prinzip, daß jede Meinung zählt.
Einige nützliche Grundregeln.

Es ist eine großartige Sache, wenn man sich, wie wir es schon in einigen dieser Übungen getan haben, als Mitglied der gleichen Familie oder Gruppe erfährt; aber wir wachsen noch effektiver zusammen, wenn wir über einige Rituale verfügen, die sicherstellen, daß jeder gleichviel Zeit erhält. Außerdem ist es gut, über eine effektive und nicht-bedrohliche Feedback-Struktur zu verfügen.

Vielleicht können alle gleichzeitig reden…

Einer der kulturellen Unterschiede zwischen US-Bürgern der Mittelschicht und manchen Lateinamerikanern besteht darin, daß Nordamerikaner bei sozialen Anlässen erwarten, daß alle der Reihe nach reden, während Lateinamerikaner häufig alle gleichzeitig reden, was sie nicht davon abzuhalten scheint, zu verstehen, was gesagt wurde. Auch aufgrund der Mischung der Kulturen kann es zu Konflikten zwischen denen kommen, die erwarten, nicht unterbrochen zu werden und denen, die lieber kontrapunktisch Konversation treiben.

Wenn man weiß, daß alle alles verstehen, was man sagt, auch wenn es vielleicht scheint, als hörte einem niemand zu, ist es nicht schwer, Vertrauen in sich selbst zu entwickeln und sich zu behaupten. Wenn man dagegen glaubt, nirgendwo Gehör zu finden, bis man nicht deutlich sieht, daß jemand zuhört, dann ist es wichtig, etwas zu ändern, so daß man bekommt, was man braucht.

Normalerweise sollte einer nach dem anderen zuhören

Manche Famlien nutzen die Unterhaltung beim Abendessen als Wettbewerb um die meiste Aufmerksamkeit. Meine Mutter erzählte oft die Geschichte, wie sie und mein Vater mir eines Abends beim Essen zuhörten, als ich davon erzählte, was ich den Tag über in der Schule getan hatte. Dabei verlangte auch mein Bruder Michael, der gerade in den Kindergarten gekommen war, seinen Teil der Aufmerksamkeit. Als er gefragt wurde, was er denn sagen wollte, schien er überrascht, daß sich jeder mit ihm beschäftigte. Dann meinte er: „Meine Lehrerin hat heute geweint, weil ich ihr ein Geschenk voller Nadeln mitgebracht habe."

Jeder, egal wie jung, braucht gleichviel Zeit oder zumindest die gleiche Chance, Gehör zu finden. Das ist natürlich schwierig, wenn der Jüngste noch nicht viel zu sagen hat. Die Familie wird also unter Umständen kooperieren müssen, um dem Jüngsten das Gefühl zu geben, gleichwertig zu sein.

Sonst haben wir fünfzig Jahre später einen Erwachsenen, der immer noch heult, weil die Kindheit mit der Erfahrung gleichzusetzen war, immer zu jung zu sein, um mitreden zu können. Ich habe festgestellt, daß dieses Vorurteil in meiner Generation weit verbreitet ist.

Mehr Worte sind kein Indiz für mehr Weisheit

In einer Gruppendiskussion gibt es gewöhnlich die Tendenz, daß die verbal stärkeren Teilnehmer dominieren. Das bedeutet nicht, daß die anderen nichts zu sagen hätten, es bedeutet nur, daß sie nicht die Aggressivität oder Lust haben, sich zu Wort zu melden. Für Diskussionen ist daher die folgende Regel eine gute Anregung: keiner redet zweimal, bevor nicht jeder einmal geredet hat, und keiner redet viermal, bis nicht jeder zweimal geredet hat.

Dadurch werden alle an der Diskussion beteiligt. Keiner kann sich der Teilnahme entziehen, aber es gibt immer die Möglichkeit, zu sagen: „Ich habe gerade nichts beizusteuern." Zu üben, jedem zuzuhören, ist eine wichtige Disziplin, besonders für diejenigen, die schon gewohnheitsmäßig dominieren. Das wird sie mit der Einsicht derjenigen bekanntmachen, die so oft so still sind – und die sie wegen ihrer überaktiven Mundwerke möglicherweise nie wahrgenommen haben.

Das erinnert mich an meinen Freund Thorny, einem wahren Künstler im Stillsein. Einen großen Teil seiner Zeit verbrachte er einfach damit, aus dem Fenster zu starren. Wenn man mit ihm zusammen war, bemerkte man wahrscheinlich schnell, wie man ebenfalls aus dem Fenster starrte. Einige von uns bekamen so zum ersten Mal seit langem wieder Gelegenheit, zu bemerken, was draußen so los war.

Wenn Thorny dann allerdings einmal etwas sagte, konnte er in einem Satz einfangen, was andere in einer Woche kaum ausdrücken konnten. Er war Mitglied unserer örtlichen Schriftsteller-Gruppe. Die meisten seiner Gedichte gingen über nur vier Zeilen. Allein diese vier Zeilen konnten, sehr zum Verhängnis unseres Zeitplanes, den gesamten Abend beherrschen, da sie so viele Stunden des Nachdenkens und der Diskussionen anregten.

Der *Umlauf* und das *Gut-und-Neu*

Wenn eine Gruppe auf Erfahrungen reagieren muß oder selbst an der Reihe ist, Informationen zu geben, greift man besser auf eine Variante unserer Diskussionsregel zurück, die *Umlauf* genannt wird. Die einfachste Form des *Umlaufes* ist das *Gut-und-Neu*, das in jeder Gruppe, die regelmäßig zusammenkommt, einen Stammplatz erhalten sollte.

Leiten Sie das Treffen ein, indem Sie alle nacheinander an die Reihe kommen und jeden von etwas Gutem und Neuem berichten lassen, das sich innerhalb der letzten vierundzwanzig Stunden in seinem Leben ereignet hat. Das richtet die Aufmerksamkeit auf positive Erfahrungen und weg vom gewohnheitsmäßigen Lamentieren.

Ab und zu kann jemand das nicht. In diesem Fall kann zweierlei geschehen. Entweder die Gruppe „bestraft" ihn oder sie, indem jeweils drei Gruppenmitglieder sagen, was sie an dem- oder derjenigen mögen. Oder die Gruppe gibt, wenn erst kürzlich etwas Schmerzvolles vorgefallen ist, dem- oder derjenigen Gelegenheit, sich auszusprechen und wenn nötig auch auszuweinen.

Die Gewohnheit, in Begriffen von Gut und Neu zu denken, erhöht die Energie der Gruppe. Auf diese Weise kann die Gruppe habituell negative Einstellungen schnell umwandeln. Und schon bald werden auch einzelne Gruppenmitglieder eine Unterhaltung mit den Worten: „Was ist bei dir gut und neu?" beginnen.

Das *Gut-und-Neu* ist ein hervorragender *Umlauf*, um die Unterhaltung beim Abendessen zu beginnen. Es bringt die Familie in einer positiven Grundstimmung zusammen und läßt die angenehmsten und bedeutungsvollsten Tagesereignisse noch einmal Revue passieren.

Bedeutungsvolle Erfahrungen teilen

Man kann *Umläufe* den unterschiedlichsten Situationen anpassen. Wenn die Gruppe eine freudige Erfahrung, wie etwa ein Feuerwerk, ein Konzert, einen Kinofilm oder eine Hochzeit, geteilt hat, ist ein *Umlauf* angebracht, zum Beispiel auf der Heimfahrt. Der Reihe nach wird jedem von Anfang bis Ende zugehört, bis er oder sie nichts mehr zu sagen hat. Ein Beitrag wird weder unterbrochen noch am Ende großartig kommentiert, obwohl man sich auf andere Beiträge beziehen kann, wenn man sich seine eigenen Gedanken zurechtlegt. Die Gewohnheit, *Umläufe* als Reaktion auf wichtige gemeinsame Erlebnisse abzuhalten, entwickelt eine schöne Einstellung zu Erlebnissen und vermittelt auch den Eindruck, daß andere meine Meinung schätzen. *Umläufe* ähneln *Denk-und-Hör-zu*-Runden, sie fungieren sozusagen als Gruppen-*Denk-und-Hör-zu* mit einem bestimmten Thema.

Der *Umlauf* kann immer dann zum Zuge kommen, wenn mehrere an einer der in diesem Buch angeregten Gruppenaktivitäten teilnehmen. Anschließend sollte jeder Teilnehmer der Reihe nach das Geschehene bewerten und kommentieren. Regelmäßige *Umläufe* (zwei oder drei täglich) könnten Familienrituale schaffen, die aus allen die genialsten Geistesblitze hervorlocken. Für jeden, der das Privileg hatte, in einer solchen Familienatmosphäre aufzuwachsen, stehen die Chancen gut, ein besonderes, einflußreiches Mitglied der Gemeinschaft zu werden.

Wie gut mache ich mich?

Zum Lernerfolg trägt erheblich bei, Feedback darüber zu erhalten, wie man im Rennen liegt. Wenn das Feedback überwiegend negativ ausfällt, verlangsamt man den Prozeß oder hört ganz auf. Fällt es überwiegend positiv aus und macht einem das, was man tut, einigermaßen Spaß, macht man normalerweise weiter.

Der Junge im hinteren Teil des Busses

Vor kurzem hatte ich, während ich als Beifahrer hinter einem Schulbus herfuhr, die Gelegenheit, ein interessantes Experiment durchzuführen. Einige der Kinder sahen aus dem Rückfenster und gestikulierten. Ich winkte, und alle winkten zurück. Sie gestikulierten noch mehr, und ich wählte einen Jungen aus, den ich imitierte. Eine Zeit lang versuchten alle Kinder, meine Aufmerksamkeit auf sich zu lenken, aber ich ahmte ausschließlich die Gesten dieses einen Jungen nach. Innerhalb von zwei Minuten sahen die übrigen nur noch zu, während der Junge, den ich ausgewählt hatte, mit zunehmender Begeisterung fortfuhr, sein Repertoire an Gesten zu erforschen und zu erweitern. Das ging fünfundvierzig Minuten lang so weiter. Manchmal machte er eine Geste, die ich nicht nachmachen wollte oder konnte. Wenn ich seine Geste nicht nachahmte, ging er sofort zu einer anderen über. Manchmal versuchte er sie nach einer Weile noch einmal, aber keine Geste, die ich nicht nachmachte, probierte er öfter als drei Mal.

Dieser Junge trieb also während der gesamten Dauer unserer gemeinsamen Fahrt mimische Konversation – nur, weil ich ihn willkürlich für positives Feedback ausgewählt hatte. Hätte ich ihm als Lehrer positives Feedback für eine Aufgabe gegeben, die er bearbeitet hatte, wäre das gleiche passiert. Hätte ich ihn ignoriert, hätte er innerhalb von zwei Minuten aufgehört.

Konstantes Feedback ist nicht das beste

Es ist interessant, daß Feedback, das einen am längsten bei der Stange hält, *oszilliert*. Bei konstant positivem Feedback hört das angeregte Verhalten wahrscheinlich auf, wenn das Feedback aufhört. Wenn das Feedback aber nur sporadisch gegeben wird, nimmt der Lernende an, daß er es irgendwann einmal wieder erhält. Denn wenn wir einmal ein Ziel in Angriff genommen haben, halten wir wahrscheinlich daran fest, wenn wir uns Hoffnungen auf Erfolg machen können, auch wenn wir auf dem Weg dorthin einige Rückschläge einstecken müssen. Jemand, der oszillierendes positives Feedback erhält, wird etwa fünf- oder sechsmal so ausdauernd sein beziehungsweise fünf- oder sechsmal so lange bei der Sache bleiben wie jemand, der solches Feedback nicht erhält. Derjenige, der in den Genuß konstant positiven Feedbacks kam, meint dagegen möglicherweise, daß es keine Möglichkeit mehr gibt, erfolgreich zu sein, wenn das positive Feedback ausbleibt.

Positives Feedback kann etwas gefährlich sein, gerade weil es so machtvoll ist. Eine stärkere Persönlichkeit kann eine schwächere vom Weg abbringen, indem sie von Zeit zu Zeit Hoffnung auf positives Feedback macht. Deshalb ist es wichtig, den Feedback-Prozeß so weit wie möglich zu internalisieren. Achten Sie beim Feedbackgeben darauf, Ihre Reaktion nur Reaktion und nicht mehr sein zu lassen. Wenn Sie etwa sagen: „Das ist gut", äußern Sie offenbar nur eine universelle Norm. Aber wenn Sie sagen: „Ich mag das", ist das genau Ihre Meinung.

Wie wichtig es ist, zu wissen, was Menschen mögen

Erfolgreiche Menschen wissen normalerweise um die Vorlieben und Abneigungen anderer und auch, wie sie auf diese Vorlieben und Abneigungen reagieren sollen. Vor kurzem hörte ich einen erfolgreichen Geschäftsmann sagen: „Die beiden wichtigsten Regeln im Geschäftsleben sind, den Leuten zu geben, was sie wollen und nur mit den Leuten Geschäfte zu machen, die man mag. Es hat mich viel Zeit und viele schmerzliche Erfahrungen gekostet, diese Regeln zu lernen."

Wenn diese Lektion schon daheim gelernt werden kann, wird sie sich im späteren Leben noch lange als nützlich erweisen. Wenn man empfänglich dafür ist, was andere wollen, kann man auch das Feedback bekommen, das man selbst will und das Feedback, das man bekommt, richtig einschätzen. Wenn man außerdem nur das Feedback von Menschen ernstnimmt, die man mag, wird man feststellen, daß man leichter glauben kann, daß man selbst und niemand sonst entscheiden sollte, was im eigenen Leben wichtig ist. Ratschläge, die man nicht mag, zurückzuweisen, ist genauso wichtig, wie gute Ratschläge anzunehmen.

Wir müssen lernen, das Feedback, das wir bekommen, als exakt das einzuschätzen, was es ist – und nicht mehr. Wenn beispielsweise hundert Verleger Ihr Manuskript ablehnen, heißt das nur, daß hundert Einzelne es nicht genügend mochten, um Zeit und Geld zu investieren. Aber da draußen gibt es Millionen Leser, so daß die hundert, die es negativ einschätzten, nur ihren persönlichen Mangel an Interesse oder ihre Unfähigkeit ausdrückten, zu sehen, wie man Ihr Manuskript erfolgreich vermarkten könnte. Nicht wenige Bestseller wurden anfangs von zahlreichen Verlegern abgelehnt; vielleicht ist es also klug, dranzubleiben, besonders wenn Sie Indizien dafür haben, daß eine bedeutende Zahl von Lesern Ihr Werk mögen wird. Ich führe dieses Beispiel an, weil Ablehnungs-Fehler im Verlagsgeschäft Legion und legendär sind und weil viele angehende Schriftsteller meinen, schon eine einzige Ablehnung wäre Grund genug, eine einmal erwogene Schriftsteller-Karriere gleich wieder an den Nagel zu hängen.

Schon eine einzige Ablehnung kann unter Umständen dazu führen, daß man fast alle Hoffnung aufgibt – wenn man nicht weiß, daß die Meinung eines Einzelnen kein universell gültiger Richtspruch ist.

Versuchen Sie nicht, für das ganze Universum zu sprechen

Um die Möglichkeit für andere Reaktionen offen zu halten, ist es also wichtig, daß Sie Ihrem Kind vermitteln, daß Ihre Reaktion, wie deutlich und endgültig sie auch ausfällt, doch nicht mehr ist als einfach Ihre Reaktion. Das wird Sie von der Last befreien, die Gedanken und Glaubenssätze Ihres Kindes diktieren zu müssen.

Positive Reaktionen können ebenso irreführend oder verheerend wirken wie negative. Hätte meine Mutter beispielsweise meinen Grabungsversuch nach China mit als das Beste angesehen, was ich jemals in meinem Leben unternommen hatte, hätte ich vielleicht mein Leben für den Versuch gegeben, irgendein Versprechen zu erfüllen, das sie in diesem bestimmten Kindheitsprojekt sah. Als Folge solcher irreführenden Ermutigung wurden nicht wenige Leben für das Bedeutungslose, das Triviale oder das Unmögliche vergeudet.

Man kann Reaktionen jedoch nicht verbergen, denn selbst wenn sie unausgesprochen bleiben, werden sie doch gespürt. Deshalb ist es gut, Feedback in ein Familienritual einzubinden und dabei dafür zu sorgen, daß jeder sein Feedback als ganz persönliche Meinung gibt.

Die *Selbsteinschätzung*

Die *Selbsteinschätzung* ist hierfür das beste Werkzeug, das ich kenne. Sie geht ganz einfach. Wenn Sie mit einer *Selbsteinschätzung* dran sind, halten Sie fest, was Sie bei der Aufgabe, die Ihnen wichtig ist (ob Sie nun einfach Ihr Leben leben oder die Küche streichen), gut machen. Teilen Sie alle Informationen zu dem Thema mit, die Sie zu haben glauben. Anschließend stellen die übrigen Teilnehmer an Ihrer *Selbsteinschätzung* dar, was Sie *ihrer* Meinung nach gut machen.

Wenn Sie das Thema im Hinblick auf alles, was gut läuft, erschöpft haben, haben Sie die Gelegenheit, zu sagen, was Ihrer Meinung nach an Ihrer momentanen Leistung noch verbesserungsfähig ist, was fehlt, und was, wenn es vorhanden wäre, die Aufgabe erleichtern würde. (Beachten Sie hier den Wortlaut. Wir richten unsere Aufmerksamkeit nicht auf das, was schlecht läuft, sondern darauf, was gut und noch nicht vorhanden ist. So behält man auch dann eine positive Sichtweise bei, wenn man herausfindet, wie man noch besser werden kann.) Wenn Sie dazu alles mögliche gesagt haben, teilen Ihnen die anderen wie schon zuvor wieder *ihre* Meinung mit. Vielleicht sind Sie überrascht, wenn Sie bemerken, daß das, was Ihrer Meinung nach nicht so gut klappte, in Wirklichkeit wie am Schnürchen läuft, während andere Aspekte Ihrer Leistung nicht so gut in Form sind, wie Sie dachten.

Regelmäßige Anwendung der Selbsteinschätzung ermutigt Menschen, positiv und kreativ über alle ihre Aktivitäten nachzudenken. Leistung so zu sehen, fördert ein Gefühl für die eigene persönliche Macht, auf die Welt zu wirken. Es ist sehr erleichternd, wenn man erkennt, wie leicht es sein kann, seine Aktivitäten so zu modifizieren, daß man die meiste Zeit damit verbringen kann, die Dinge zu tun, die einem am meisten am Herzen liegen.

Alle diese Methoden, Zeit miteinander zu teilen – wobei jeder als Einzelner für voll genommen wird und auf der gleichen Stufe mit den anderen Gruppenmitglie-

dern steht – bereiten uns darauf vor, einmal eine solide Position in der Welt einzunehmen. Dann sind wir uns dessen bewußt, was wir beizusteuern haben und wie
unser Beitrag mit den Beiträgen anderer zusammenpaßt.

22

Intellektuelle Fingerfertigkeit

Wir alle können Innovatoren sein.
Ein Spiel um Erfindungen kann uns helfen, Vertrautes neu zu sehen.

Bisher konzentrierte sich alles, was ich Ihnen angeboten habe, darauf, die in Ihrem Geist bereits vorhandene Weisheit an die Oberfläche zu fördern. Die Übungen sollten Ihnen dabei helfen, dieser Weisheit klarere Umrisse, Form und Struktur zu geben. Lassen Sie uns nun einige Methoden betrachten, mit denen Sie Ihre Kreativität noch expliziter entwickeln können. Ihr Unbewußtes kann eine Menge kreativer Arbeit für Sie leisten, und wahrscheinlich haben Sie bei Ihrer Beschäftigung mit den bisherigen Übungen schon einige neue eigene Ideen bemerkt. Darüber hinaus kann man dem Geist leicht beibringen, seinen Vorrat an kreativen Techniken zu erweitern.

Ein Muster von einem Geist

Haben Sie schon einmal bemerkt, wie sehr spielende Kinder es lieben, neue Verwendungsmöglichkeiten für vertraute Gegenstände zu entdecken – Wege, die Welt um sich herum neu zu arrangieren? Ob jung oder alt – wenn der Geist die Welt frisch wahrnimmt, hat er viel Spaß daran, neue Muster zu bilden oder zu entdecken. Ihr Geist liebt es, neuen Wein in alte Schläuche oder auch alten Wein in neue Schläuche zu füllen und stößt dabei zum Beispiel darauf, wie sich ein Schuh zum Einschlagen eines Nagels oder ein Waschmittelkarton als Rede-Podest verwenden läßt. Alle Werkzeuge, die wir täglich benutzen, wurden auf diese gleiche Weise erfunden: man paßte etwas einer dafür ursprünglich nicht vorgesehenen Aufgabe an. Gleichzeitig ist unsere Umwelt heute so voll von Gegenständen, deren Verwendungszweck für alle Zeiten festzustehen scheint, daß wir verhältnismäßig wenig Inspiration oder Herausforderung verspüren, erfinderisch zu werden. Das erweckt dann möglicherweise den Eindruck, es gäbe nichts mehr zu erfinden.

Nichts Neues unter der Sonne – als die Physik abgeschlossen war

Das erinnert mich daran, daß am Ende des neunzehnten Jahrhunderts fast jeder führende Physiker glaubte, daß alle wesentlichen Entdeckungen in der Physik schon gemacht wären, abgesehen von ein paar Details vielleicht. Das war noch vor der Quantenmechanik, der Relativitätstheorie und dem allgemeinen Eindruck, daß das Universum unerschöpflich unergründlich ist.

Noch ein Beispiel: fast alle Schriftsteller des achtzehnten Jahrhunderts gingen von der Annahme aus, daß alle guten Geschichten bereits erfunden wären und nur noch eleganter neu erzählt werden müßten. Mit dieser Beschränkung im Hinterkopf ging Alexander Pope, einer der größten englischen Schriftsteller des achtzehnten Jahrhunderts, daran, *What oft was thought but ne'er so well expressed* („Was oft gedacht, doch nie so gut gesagt") zu schreiben. Das war vor den Dichtern der Romantik, dem Theater eines Ibsen und vor Hunderten neuer Revolutionen des literarischen Ausdrucks, die Literatur und Unterhaltung so sehr aufsplitterten, daß niemand noch länger behaupten kann, zu wissen, was alles denkbar ist; nicht einmal, was guten Ausdruck eigentlich ausmacht.

Auf vielen Gebieten beißt die Kreativität auf Granit

Offenbar gibt es also Zeiten, in denen ganze Areale kreativer Möglichkeiten von allen, deren Forschungen ernstgenommen werden, unerforscht brachliegen, in denen sich für das Genie riesige neue Betätigungsfelder eröffnen, sobald sie erschlossen sind. Es ist, als hätte sich ein Schleier vor unsere Augen gesenkt, um uns davon abzuhalten, die Lücken in unserer Erfahrung zu sehen. Aber bedenken Sie – wenn alles Nützliche schon entdeckt oder erfunden wäre, würde unser Leben nur noch antriebslos dahindümpeln. Jede Schwierigkeit, der wir uns gegenübersehen, jeder Augenblick der Erfahrung, der weniger als ideal ist, weist auf eine Gelegenheit für neue Entwicklungen oder Erfindungen – vielleicht sogar auf die Erschließung völlig neuer, nie zuvor für möglich gehaltener Betätigungsfelder. Welches könnten solche Betätigungsfelder beispielsweise sein?

Populäre Wachstums-Industrien, die einst unbekannt waren

Wann haben Sie eigentlich zuletzt ein Olfaktorium besucht, einen dieser riesigen öffentlichen Plätze, an denen man zusammenkommt und eine Geruchssymphonie erleben kann? Olfaktorien sind allgemein höchst beliebt, da, wie jeder weiß, der Geruchssinn auf Gedächtnis, Phantasie und Emotionen sehr viel stimulierender wirkt als jeder andere Sinn. Geruchssymphonien werden von tausenden begabter Geruchskünstler komponiert – diejenigen mit banaler Phantasie brüten sterile Parfum-Kombinationen aus, während andere Bandbreiten olfaktorischer Empfänglichkeit erforschen, die die Massen neuen Horizonten emotionaler Erfahrungen entgegenführen.

Vielleicht sind Sie eher im aquametropolitanischen Geschäft? Sechs Siebtel der Erdoberfläche liegen unter Wasser – was läge also näher, als riesige Luftblasen auf dem Meeresboden zu installieren und Städte darin zu bauen? Aquametropolitanische Immobilien stehen (wegen der seltenen Gelegenheit, die diese Gemeinschaften zu schönem und gesundem Leben in einer ökologisch kontrollierten Umgebung bieten) dermaßen hoch im Kurs, daß der Boom bei Neuentwicklungen in diesem Bereich die Industrie in nie geahnte Höhen katapultiert hat.

Aber nicht alle neuen Industrien haben einen so globalen Blickwinkel. Die neueste Herausforderung für McDonald's als Nachbarschafts-Institution ist der „Shopper's Friendly Guide" („Freundlicher Einkaufsführer"). Sie kommen mit Ihrer wöchentlichen Einkaufsliste hierhin, und ein freundlicher Mensch an einem Computer plant dann für Sie Ihre Route durch alle örtlichen Geschäfte und berechnet die

wirtschaftlichste Möglichkeit für Sie, alles Gewünschte zu bekommen. Zehn Minuten am SFG-Stand, und Sie haben so manche Stunde gespart – und bei der Deckung
Ihrer Bedürfnisse ein paar bis ein paar tausend Dollar dazu. (Diese populäre neue
Geschäftsidee haben ein paar Leute mit Erfahrung im Reisegeschäft auf die Beine gestellt.) Die SFGs haben nicht nur dafür gesorgt, daß die Preise auf dem Teppich blieben, sondern auch die Verfügbarkeit selbst ausgefallenster Dinge erhöht; die örtlichen Geschäfte wissen ja, daß jeder, der etwa eine Magenpumpe für eine Raggedy-
Ann-Puppe haben möchte, bei den Beschaffungsmöglichkeiten kompetent beraten
wird. Die SFGs haben sogar psychologische Tests entwickelt, die Menschen helfen,
Bedürfnisse und Wünsche zu erkennen, von denen sie noch gar nichts wußten und
machen damit das Leben auch für den Käufer-Der-Schon-Alles-Hat interessanter.

Wieviele eigene Ideen können Sie sich in Ihren Träumen selbst ausmalen, nachdem Sie diese drei für zukünftige Wachstumsindustrien gelesen haben? Gibt es auf
Ihrer Liste etwas, das einen Aspekt Ihres Lebens revolutionieren und dazu beitragen
könnte, das Leben für alle angenehmer zu machen?

Eine wilde Phantasie ist ein wichtiges berufliches Werkzeug

Science-Fiction-Autor Frederick Pohl wies mich einmal darauf hin, daß vergleichs-
weise mehr Wissenschaftler als allgemein interessierte Leser Science-Fiction lesen.
Science-Fiction übt darin, sich neue Möglichkeiten auszumalen und hilft auf diese
Weise vielen Wissenschaftlern, kreativer über ihre Arbeit nachzudenken.

Mit etwas Übung kann man leicht flexibler und kreativer werden – und ist damit
dann besser in der Lage, nützliche und machtvolle neue Ideen zu entdecken.

Das *Was-Mach-Ich-Heute-Mal-Damit*-Spiel

Lassen Sie alle Familienmitglieder ihre Ideen über unkonventionelle, humorvolle,
selbst völlig an den Haaren herbeigezogene Möglichkeiten notieren, wie sich fünf
willkürlich gewählte Gegenstände verwenden lassen. Lesen Sie nach einer kurzen
Bedenkzeit alle Listen vor. Wiederholen Sie dann die Übung und erlauben Sie den
Teilnehmern, von den Listen der anderen zu benutzen, was sie wollen. Schauen Sie,

wieviel länger die Listen nach dem zweiten Durchlauf sind. Achten Sie darauf, wieviele Ideen bei diesem zweiten Durchgang zum ersten Mal auftauchen.

Nehmen Sie nach dem zweiten Durchlauf eine Flipchart oder eine Tafel und veranstalten Sie ein Brainstorming für zusätzliche Verwendungsmöglichkeiten der fünf Gegenstände. Listen Sie bei diesem Brainstorming alle Ideen auf, egal, wie bizarr oder scheinbar bedeutungslos sie sind. Während der Brainstorming-Sitzung sind Kritik und Diskussionen nicht erlaubt. Sie werden beim Brainstorming wahrscheinlich feststellen, daß durch das gemeinsame Denken der Gruppe mehr Ideen aufkommen, als vorher, als jeder für sich allein arbeitete.

Durch diesen Prozeß stimulieren wir die Muster-Bildungs-Funktion des Gehirns, die Vertrautes in unserer näheren Umgebung in neuem Licht erscheinen läßt. Dadurch öffnen wir uns dafür, auch auf Unbekanntes flexibel zu reagieren.

Das *Kombinations*-Spiel

Als nächstes machen wir uns Gedanken über mögliche nützliche *Kombinationen* von Gegenständen. Wie lassen sich ein Ofen und ein Silvester-Böller so zusammen verwenden, daß man dadurch etwas schafft, was mit keinem der beiden Gegenstände allein möglich gewesen wäre? Den Ofen zur Entzündung der Böllerlunte zu verwenden, ist mehr oder weniger offensichtlich. Hier ein besserer Vorschlag: manche Restaurants bereiten Ihre Speisen auf einer heißen Platte direkt am Tisch zu. Um die Präsentation ein wenig anzuheizen, könnte man doch ein kleines Feuerwerk veranstalten, während das Essen kocht, oder? Ich bin mir sicher, daß Sie noch auf viel bessere Ideen zur Kombination von Ofen und Böller kommen können.

Durch das Kreieren neuartiger Interaktionen zwischen Gegenständen, die normalerweise nicht zusammengehören, können wir zahlreiche wundervolle neue Möglichkeiten erforschen, von denen sich einige vielleicht schon gleich als nützlich erweisen – auf jeden Fall werden alle Möglichkeiten dazu beitragen, Sie davon zu überzeugen, daß die Welt voller unbegrenzter Möglichkeiten steckt. Durch das Erfinden neuartiger Kombinationen von Gegenständen kann man vieles schaffen, was zuvor nicht möglich war.

Die unbegrenzten Möglichkeiten bleiben uns erhalten

Falls Sie jetzt meinen, bei dieser Übung würden sowieso nur Ideen anfallen, auf die andere schon längst gekommen sind, dann lassen Sie mich darauf hinweisen, wie Zahlenkombinationen funktionieren. Die Tonleiter besteht aus zwölf Noten. Wissen Sie, wieviele Melodien der Komplexität von „Alle meine Entchen" sich aus diesen zwölf Noten bilden lassen? Diese Zahl hat eine Größenordnung von über einer Oktillion. Das sind mehr Melodien als alle Menschen auf der ganzen Erde jemals singen könnten, selbst wenn alle Menschen hunderttausend Jahre lang jede Minute eine andere Melodie singen würden. Natürlich sind nicht alle möglichen Melodien auch gute Melodien, aber es bleibt immer noch eine astronomisch große Zahl guter Melodien übrig, die niemals erdacht, geschrieben oder gesungen werden.

(Eines Abends saß ich einmal mit einem befreundeten Komponisten im Auto, der plötzlich eine Inspiration für ein neues Lied hatte. Es war eine wundervolle, ergreifende, fesselnde Melodie, die ganz entfernt an den Stil von Gershwin oder Cole Porter erinnerte. Ich konnte es kaum erwarten, sie voll auskomponiert und aufgenommen zu hören. Dann hielten wir an, um einzukaufen, und als wir wieder aus dem Laden kamen, war das Lied für immer verschwunden. Niemand wird es jemals hören.)

Bedenken Sie jetzt noch die Tatsache, daß es in Ihrem Wohnzimmer mehr als zwölf verschiedene Gegenstände gibt. Wenn Sie vorhaben, viele Gegenstände auf originelle Weise zu kombinieren, um etwas Neues zu kreieren, bewegen sich Ihre Gedanken in einer astronomisch großen Zahl von Möglichkeiten, jedenfalls viel mehr als alle Erfinder, die jemals leben werden, berücksichtigen können.

Natürlich ist es hilfreich, wenn Sie über fundierte Kenntnisse und Erfahrungen auf dem Gebiet verfügen, auf dem Sie gerade erfinden. Ideen fallen leichter auf die fruchtbare Erde eines vorbereiteten Geistes. Denken Sie also einmal über die Gebiete nach, auf denen Sie tätig sind oder über die Sie einiges Wissen besitzen und überlegen Sie, wie sich in diesen Bereichen etwas verbessern läßt. Lassen Sie Ihren entfesselten Geist neuartige Kombinationen der Gegenstände durchspielen und Ideen erforschen, die sich in eine nützliche Form weiterentwickeln lassen.

So gesehen sollte es verhältnismäßig leicht sein, ein technologisches Konzept zu erfinden, auf das niemand sonst kommen würde. Lassen Sie mich das noch energischer vertreten: Wenn *Sie* sich nicht dieses Konzept ausdenken, wird es niemand tun, und der Welt wird Ihre brillante Erfindung für immer vorenthalten bleiben.

Ob sich Ihre Idee dann auch verkaufen läßt, steht freilich auf einem anderen Blatt. Selbst eine Superidee läßt sich unter Umständen nur mit Schwierigkeiten vermarkten. Trotzdem finden Sie vielleicht schon heute Abend am Kamin die Lösung für ein Problem, das die Menschheit schon seit Jahrhunderten plagt, eine Lösung, auf die, statistisch gesehen, niemand außer Ihnen kommen wird. Wenn das keine Macht ist!

Ölen Sie Ihre Phantasie

Sie können allerdings nichts derartig Grandioses erreichen, solange Sie nicht Ihr Denken durch das Erforschen auch unwahrscheinlicher Kombinationen von Gegenständen ölen und sich selbst keinen Schubs über das Offensichtliche hinaus geben. Die beste Kombination einer Tür mit einem Tisch ist nicht einfach eine Tür mit einem Tisch darin, ein Tisch mit einer Tür darin, eins aus dem anderen, oder etwas ähnlich Simples (obwohl sich auch diese Kombinationen unter Umständen als nützlich und nicht unbedingt so offensichtlich herausstellen). Sie müssen diesen Tisch und diese Tür schon in einen unerwarteten Zusammenhang stellen und vielleicht auch ein paar weitere Gegenstände in den Prozeß miteinbeziehen. Sie können auch einen der Gegenstände im eigentlichen Sinne verwenden und die anderen eine symbolische Rolle spielen lassen. So könnten Sie etwa die Möglichkeit erforschen, die Tür mit Hilfe neuer Eßerfahrungen zu öffnen. Diese Idee könnte dann zu einer Schachtel mit einer Tür führen. Schüttelt man die Schachtel, wird eine Speisenkombination ausgewürfelt. Dann öffnet man die Schachtel und läßt sich davon überraschen, was es zum Abendessen gibt. Das könnte ein schnuckeliges Spielzeug abgeben und sich gut als Geschenk für Leute verkaufen lassen, die es leid sind, immer das gleiche alte Junk-Food zu essen. Der Benutzer könnte die Schachtel schütteln, bis er eine Kombination erhält, die er mag. Selbst wenn die Schachtel nie ein wirkliches Menü herausrücken würde, würde sie Ideen für kreatives Kochen stimulieren.

Und jetzt mit Musik…

Geben Sie diesem Prozeß irgendwann (Sie entscheiden, wann) eine musikalische
Note hinzu; hören Sie Musik und lassen Sie sich inspirieren, tiefer in Ihren kreativen
Erfindungs-Prozeß einzutauchen. Wenn Sie schon bei anderen Übungen aus diesem Buch Musik eingesetzt haben, wird es Ihnen leichtfallen, die Musik auf diese
Übung abzustimmen. Stellen Sie einfach die Musik an und sagen Sie sich selbst, daß
die Musik Sie inspirieren wird, neue Beziehungen und Zusammenhänge zwischen
Dingen zu erkennen und neue Verwendungsmöglichkeiten für diese Dinge zu entdecken. Dann lassen Sie sich überraschen – Ihr Geist wird Ihnen manche neue Idee
präsentieren. Beurteilen Sie diese Ideen (die Ihnen anfangs möglicherweise ausge-
sprochen spanisch vorkommen) nicht, bevor Sie ihnen nicht ausgiebig, beispielsweise in Diskussionen mit anderen, auf den Grund gegangen sind. Einige der größten neuen Erkenntnisse der Welt haben bei Ihrem ersten Auftauchen einen sehr
seltsamen Eindruck gemacht. Vielleicht erweist sich ja Ihre Stegreif-Phantasie als
die Industrie von morgen.

Beginnen Sie jetzt

Es braucht nicht mehr als ein paar originelle Ideen, um Erfinderstolz in sich zu
spüren und ein Gefühl für die Absicht im Leben zu bekommen. Jeder kann das lernen. Das Problem ist nur, daß so wenige von uns das üben. Laufen Sie – nicht gehen!
– also in Ihr Wohnzimmer. Greifen Sie sich zwei Gegenstände Ihrer Wahl heraus.
Lassen Sie Ihrer Phantasie freien Lauf. Fragen Sie dann andere nach Ideen für seltsa-
me, originelle Weisen, die beiden Gegenstände miteinander zu kombinieren. Veranstalten Sie einen Wettbewerb für die beste neue Erfindung. Der Hauptgewinn?
Eine befreite Phantasie.

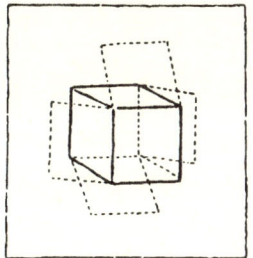

23

Es gibt mehr als eine Möglichkeit, recht zu haben

Die überraschende Zahl richtiger Antworten, die Sie finden können, wenn Ihnen falsche egal sind.

Es ist eine Sache, in der Lage zu sein, neue Ideen miteinander zu verbinden, und eine andere, neue Wege zu alten Schlußfolgerungen zu finden. Die meisten von uns verfügen über individuelle Ansätze zur Problemlösung, die uns von allen, die das Problem anders lösen würden, unterscheiden. Ein Freund von mir, der ein Genie bei der Reparatur defekter Maschinen zu sein scheint, meint, daß er sich selbst fragt: „Wenn ich diese Maschine wäre, was wäre dann mit mir nicht in Ordnung?" Das führt ihn geradewegs zum Problem.

Leider akzeptieren zu viele Lehrer diese wichtige Tatsache über die Vielfalt menschlichen Verhaltens nicht und bestehen darauf, daß alles nach strengen Regeln und Formeln getan wird. Schülern mit unterschiedlichen Verständnis-Ansätzen wird dadurch das Gefühl gegeben, nicht gut genug zu sein. Mehr noch: Solange der Lehrer den Verständnis- (oder Nichtverständnis-) Ansatz des Schülers nicht berücksichtigt, kann der Schüler unter Umständen unmöglich verstehen, worauf der Lehrer hinauswill.

Manchmal kann das Resultat mangelnder Wertschätzung des einzigartigen Problemlösungs-Ansatzes eines Schülers katastrophal sein, denn nichts ist verheerender, als herauszufinden, daß die eigene Wahrnehmung der Welt total falsch ist.

George Orwell erforschte die weitreichenden Implikationen dieses verstörenden Eindrucks in seinem Buch *1984*, in dem er den geistigen Zusammenbruch demonstriert, der eintritt, wenn jemand gezwungen wird, eine Antwort als wahr zu akzeptieren, von der er weiß, daß sie falsch ist.

Wie Eddie und die Mathematik auseinandergingen

Leider lernen viele von uns in der Schule, unseren grundlegendsten Wahrnehmungen zu mißtrauen. Ein Beispiel dafür war mein Schüler Eddie.

Eddie, stark verbal ausgerichtet, beeindruckte jeden mit seiner außerordentlichen Intelligenz, aber mit Mathe konnte er überhaupt nichts anfangen. Wenn Mathehausaufgaben gestellt wurden, leistete er regelmäßig passiven Widerstand, aß seinen Bleistift, faltete Schwalben aus Lehrbuchseiten oder starrte in den Raum, als hätte er seinen Körper verlassen und würde in einem fremdartigen Universum seine Runden drehen.

Eines Tages teilte er der Klasse den Grund für sein Verhalten mit: „Als ich in der ersten Klasse war", erzählte er, „hat uns unsere Lehrerin beigebracht, wie man addiert. Wir hatten eine Tafel mit quadratischen Feldern drauf, so wie beim Monopoly, und jeder von uns sollte eine Holzfigur über die Quadrate schieben. Meine stand auf dem ersten Quadrat, und die Lehrerin kam und meinte: »Schieb sie zwei Felder weiter.« Hab ich gemacht. Dann meinte sie: »Und jetzt noch zwei Felder weiter.« Hab ich auch gemacht. So weit, so gut. Aber dann ging's zu schnell für mich. Sie fragte: »Auf wie vielen Feldern hat deine Figur gestanden?«, und ich sagte fünf, weil sie ja wirklich auf fünf von diesen kleinen Quadraten gestanden hatte. Ich lüg Euch nicht an, ich hab sie tausendmal gezählt, ich kann sie sogar im Schlaf zählen. Aber sie meinte: »Nein, vier.« Und ich meinte: »Aber es sind doch fünf, ich hab sie doch gezählt«, und dann hat sie mir eine gelangt. Na ja, danach wußte ich, daß in Mathe sowieso nie was Sinn machen würde."

Eddie war mit seinem Versagen in Mathe nicht glücklich. Jahrelang hatte er es in sich hineingefressen. Für die Lehrerin dagegen war das nur ein kurzer, vorübergehender Augenblick, längst vergessen.

Warum hat die Lehrerin Eddie so behandelt?

Wir könnten fragen, warum die Lehrerin beschloß, diese tiefe Narbe in die Intelligenz des Jungen zu reißen. Er bemühte sich nach Kräften. Er hatte nichts Teuflisches oder Böses getan. Ich glaube nicht einmal, daß überhaupt so etwas wie Auflehnung in seiner Stimme mitschwang. Er berichtete einfach, was er sah und was er verstand und signalisierte seine Bereitschaft, den nächsten Schritt zu tun. Aber in den Augen der Lehrerin hatte er Unrecht – für immer, unwiderruflich Unrecht. Er hatte die unverzeihlichste Sünde begangen. Jeder weiß doch, daß zwei und zwei vier sind – wie konnte dieser Junge nur auf den Gedanken kommen, ihre Zeit mit solchem Ungehorsam zu verplempern. Also schlug sie zu, so wie eine Schlange bei einem unschuldigen Opfer zugeschlagen und sich dann seelenruhig weitergeschlängelt hätte, ohne eine Ahnung von dem Leben, das sie gerade ausgelöscht hatte.

Diese Geschichte von Eddie und den Quadraten, die sich zu fünf und nicht zu vier summierten, ist ein besonders transparenter Fall, in dem wir leicht sehen können, was sich abgespielt hat. Lehrerin und Schüler arbeiteten mit zwei unterschiedlichen Mengen von Annahmen. Unter den gegebenen Annahmen, mit denen sie arbeiteten, hatten beide recht, aber beide sahen sich einer Situation gegenüber, in der es nur eine richtige Antwort geben durfte. Die Meinungsverschiedenheit wurde nicht durch Vernunft oder Überzeugung beigelegt, sondern durch die überlegene körperliche Kraft und Autorität der Lehrerin. Aber auf lange Sicht hat Eddie gewonnen. Der passive Widerstand hatte sich sein Leben lang in ihm festgesetzt, so daß keine Lehrerin ihn jemals wieder damit einschüchtern konnte.

Das passiert uns allen

Solche Zwischenfälle kommen tausendfach im Leben jedes Kindes vor, wenn normalerweise auch auf einem weniger offensichtlichen und weniger katastrophalen Niveau . Immer wieder bekommen wir zu hören, daß unsere Art zu begründen, zu bewerten oder wahrzunehmen nicht die richtige sei. Jemand Größeres und Stärkeres gibt seinen Senf in Form einer Sichtweise dazu, die von der abweicht, die uns unsere Sinne berichten oder die sich unser Geist erschließt. Dann läßt man uns ohne jede Erklärung, warum wir im Unrecht sind, sitzen – dafür aber mit einem Gefühl der Furcht, und vielleicht haben wir dann bereits angefangen, den Verdacht zu hegen, daß wir wahrhaftig von der Realität geschieden sind.

Kein Zweifel, daß Eddies Lehrerin als Kind wohl häufig eine ähnliche Behandlung über sich ergehen lassen mußte. Sie gab ihre Mißhandlung einfach an Eddie weiter.

Wie man intellektuelle Desaster vermeidet

Zu solchen Vorfällen braucht es niemals zu kommen. Wir können sie vermeiden, indem wir demjenigen, dessen Meinung wir für falsch halten, weiterführende Fragen stellen. Finden Sie heraus, wie der- oder diejenige zu der Antwort gekommen ist. Wenn Sie Ihren Schülern, Freunden, Kindern oder Liebhabern keine Angst machen, sollten Sie einen ungefähren Eindruck von den Denkprozessen, die stattgefunden haben, bekommen, und dann entdecken Sie auch die besondere Weise, auf die die Antwort Sinn macht. Unter den Annahmen der oder des Antwortenden kann die Antwort sehr wohl richtig gewesen sein.

Der Lehrer, der seine Schüler umdrehte

Vor ein paar Jahren traf ich einen Lehrer, der meinte, daß er einmal zwei Klassen hatte, eine Gruppe mit Eliteschülern und eine Klasse mit Lernschwachen. „Innerhalb von zwei Wochen hab ich sie umgedreht", erzählte er mir. „Das war ganz einfach: Die Eliteschüler bestrafte ich für falsche Antworten. Die Lernschwachen belohnte ich für *alle* Antworten. Wenn die Antwort inkorrekt war, fand ich schon Mittel und Wege, um die Informationen zu geben, um die Antwort zu korrigieren. Nach zwei Wochen hätten Sie gemeint, daß die Lernschwachen die Eliteschüler wären. Und umgekehrt."

Ich schätze, daß er erkennen konnte, daß ich mich fragte, wie das Experiment denn ausgegangen sei, denn anschließend meinte er: „Keine Sorge, ich habe alles wieder ins Lot gebracht."

„Sie ließen die Lernschwachen wieder langsam lernen?" fragte ich.

„Nein, aber Sie können wetten, daß ich die Eliteschüler nicht in der Klemme stecken ließ, in die ich sie gebracht hatte."

Übung: Wie viele richtige Antworten können Sie geben?

Versuchen wir eine Übung, die uns helfen kann, in unserem Denken über richtige und falsche Antworten flexibler zu werden. Ich habe sie in einem Workshop gelernt, der von dem Mathematik-Spezialisten Julian Weissglass geleitet wurde. Ich mache die Übung in einer Gruppe normalerweise folgendermaßen: Ich halte das Bild eines Würfels hoch und fordere alle Anwesenden auf, mir zu sagen, wie viele Seiten der Würfel hat. Die meisten sagen „sechs", aber in einer großen Gruppe gibt es immer ein paar, die anderer Meinung sind – manche, weil sie nicht wissen, was „die" Antwort ist, manche, weil sie eine andere Antwort gelernt haben und manche aus purer Kreativität. Also schreibe ich alle Antworten auf und frage dann jeden, warum seine Antwort richtig ist.

Weitere Antworten samt Begründung:

Vier: Es gibt vier Seiten, plus ein Decken- und ein Bodenstück. *Zwei*: Außen und innen. *Zwölf*: Sechs außen und sechs innen. *Eine*: Man kann einen Würfel aus einem flachen Stück Papier falten. Anschließend ist nur eine Seite des Papiers sichtbar. *Drei*: Von einem beliebigen Punkt aus sind immer nur drei Seiten zur Seit sichtbar. Die Existenz der anderen Seiten basiert allein auf Vermutung, und mit dieser Vermutung könnte man ja auch falsch liegen. *Fünf*: Fünf Seiten und ein Boden (man steckt ja an die sechste Seite eines Bilderwürfels normalerweise auch kein Bild; aus praktischen Gründen hat er also fünf Seiten). *Sieben*: Die Seite des Papiers, die nach dem Basteln des Würfels sichtbar bleibt, plus die übrigen sechs Seiten. *Acht*: Vier Seiten (außer Decken- und Bodenstück), jeweils innen und außen. *Zehn*: Man kann zahlreiche Kanten sehen, wenn man weder die Lage des Würfels noch seine eigene verändert. Wer sagt denn, daß man eine Kante nicht Seite nennen kann? Betrachten Sie eine beliebige drei-dimensionale Figur, und Sie werden sehen, was ich meine.

Unendlich: Wenn man den Würfel aufschneiden würde, würde man immer neue Seiten erhalten. Theoretisch kann man das bis in alle Ewigkeit machen. Man kann *Vielfache aller oben genannten Antworten* erhalten, wenn man den Würfel durch die

Zeit bewegt. Wie das? Fotografieren Sie den Würfel. Jedes Bild zeigt den gleichen Würfel, aber mit jedem Bild kommen zu der Anzahl, die man zuvor hatte, zusätzliche Seiten hinzu. Ob diese Antwort zieht oder nicht, hängt davon ab, wie man die Identität des Würfels definiert. Hier wird es sehr kompliziert und philosophisch, und diese Fragestellung könnte uns noch mindestens tausend Seiten lang beschäftigen.

Alle der oben aufgeführten Antworten sind, gemäß jeder individuellen Sichtweise, richtig. Es scheint also, als könne ein Würfel so viele Seiten haben, wie man will. Ich habe allerdings noch nicht herausgefunden, wie man elf dabei herausbekommt, und es wird vermutlich schwierig, die Primzahlen nach elf unterzubringen, aber vielleicht kann mir hier ja der eine oder andere Leser aushelfen.

Warum wir richtige und falsche Antworten haben

Natürlich widerstehen wir einer solchen Bandbreite von Antworten, da sie Schwierigkeiten bei der Kommunikation aufwerfen würde. Das ist das eigentliche Problem. Wir haben richtige und falsche Antworten, damit wir miteinander kommunizieren können. Es gibt keinen absoluten Grund, eine Menge richtiger Antworten einer anderen vorzuziehen, aber es ist vernünftig, sich auf eine Menge zu einigen. Es ist nur eine Frage der Übereinkunft und sollte kein Stigma oder Ähnliches tragen.

Das gilt besonders für das Buchstabieren. In Shakespeares Zeit variierte die Schreibweise englischer Wörter ganz erheblich. Dann einigten sich die Drucker und standardisierten die Rechtschreibung auf der Grundlage, daß das Lesen leichter würde, wenn alle eine einheitliche Rechtschreibung hätten. Einigen Leuten kam das entgegen, aber es erschwerte denjenigen das Leben, die sich die richtige Schreibweise nicht merken konnten und deshalb irrigerweise für dumm gehalten wurden. Ob Sie die Rechtschreibung beherrschen oder nicht, hat nichts mit Ihrer Intelligenz zu tun; versuchen Sie aber, Ihren Chef zu überzeugen, daß Sie die Rechtschreibung beherrschen, wenn Sie Sekretärin sind.

Man weiß nicht, was nicht richtig ist, bis man weiß, was man tut

Solange Sie wissen, was Sie tun wollen, gibt es so etwas wie Fehler überhaupt nicht. Dann ist einfach alles fehlerhaft, was nicht zum Erfolg führt. Wenn Sie sich die Definition von „Fehler" von jemand anderem aufdrängen lassen, bekommen Sie unter Umständen Schuldgefühle. Wenn Sie „Fehler" dagegen in Ihren eigenen Begriffen definieren, haben Sie das Gefühl, etwas zu erreichen, so wie der Pianist, der ein Konzert gab und großen Beifall vom Publikum erhielt, aber das Gefühl hatte, schlecht gespielt zu haben und deshalb, nachdem seine Zuhörer schon gegangen waren, noch im Konzertsaal blieb, um das ganze Konzert wieder und wieder zu spielen.

Alles, was Sie tun müssen, um Ihrem Kind beim Umgang mit Fehlern zu helfen, ist herauszufinden, wie es auf die „falsche" Antwort gekommen ist. Das Kind will keine neugierigen Eltern, weiß aber wahrscheinlich eine Antwort der Art: „Wie bist du denn darauf gekommen?" mehr zu schätzen als eine Antwort wie: „Falsch!" Nachdem das Kind erklärt hat, warum zwei und zwei fünfzehn ergeben, können Sie Ihre Fassung davon mitteilen, wieviel zwei und zwei sind. Lassen Sie dem Kind dann die Wahl der Fassung. Jeder hat gern die Möglichkeit, zu wählen, und jeder hat gern die Möglichkeit, zu kommunizieren. Sobald sich das Kind Ihres Systems bewußt ist, wird es ihm wahrscheinlich Spaß machen, es auch ab und zu anzuwenden. Jedenfalls ist nichts festgelegt, alles ist Spaß und Spiel. Wenn tatsächlich etwas feststeht, kann man sich darauf einigen, was funktioniert und was nicht und sich dann daran halten. Kinder haben normalerweise keine Probleme mit praktischen Dingen, sondern Probleme mit Regeln und Beschränkungen, die für sie keinen Sinn machen, weil sie eigentlich Machtkämpfe von Erwachsenen darstellen, die zu beschäftigt sind, um sich mit Kindern abzugeben.

Die eigene Position verteidigen

Mit dem folgenden Spiel können Sie Ihr Selbstvertrauen und das Ihres Kindes aufbauen. Spieler Eins stellt Spieler Zwei eine Frage. Spieler Zwei gibt eine Antwort. Spieler Eins sagt: „Nein, das ist falsch." Spieler Zwei begründet seine Antwort. Wenn die Antwort für Spieler Eins Sinn macht, wird Spieler Zwei mit „korrekt" bewertet, gleichgültig, ob die Antwort nun wirklich richtig ist oder nicht. Spieler Eins stellt weiter Fragen, bis Spieler Zwei eine Antwort gegeben hat, die Spieler Eins akzeptieren kann. Dann werden die Rollen getauscht, und Spieler Zwei fährt fort, Fragen zu stellen, bis Spieler Eins eine akzeptable Antwort gibt.

Bei diesem Spiel geht es darum, daß die Spieler lernen, bei der Darstellung ihrer Begründung überzeugend aufzutreten. Wenn man das Gefühl hat, seinen Standpunkt verteidigen zu können, wird man sich nicht so leicht geschlagen geben, wenn jemand meint, man hätte Unrecht.

Das klingt ja ganz plausibel!

Das nächste Spiel macht viel Spaß beim Abendessen. Jemand stellt eine Warum-Frage, wie beispielsweise: „Warum sind Berge hoch?" oder: „Warum ist das Meer naß?" Derjenige, der anfängt, gibt eine Antwort. Diese Antwort sollte der aus den Fingern gesogenste Mythos sein, den sich der Spieler nur zurechtlügen kann. Die Geschichte könnte beispielsweise so gehen, daß Berge hoch sind, weil die ersten Menschen auf der Welt sehen mußten, wohin sie gingen, bevor sie sich auf eine Reise begaben, so daß sie die Berge zusammenschoben, damit sie hinaufklettern konnten und eine gute Übersicht hatten. Oder wir könnten erklären, daß das Meer naß ist, weil der Mond vor langer Zeit sehr traurig war und lange, lange weinte. All seine Tränen fielen auf die Erde und bildeten die Weltmeere. Danach war der Mond wieder fröhlich. Wenn der Erzähler die frischerfundene Lügengeschichte beendet hat, schmettern ihm alle entgegen: „Das klingt ja ganz plausibel!"

Diese Übung soll die Spannung abbauen, die sich bei falschen Antworten möglicherweise aufbaut. Großzügiger Umgang mit weit hergeholten Antworten hellt die Gefühle auf, wenn man etwas gefragt wird und erleichtert dadurch das Nachdenken auch unter ernsteren Umständen.

Wahrheit und Genauigkeit sind wichtig und sollten gepflegt werden. Gepflegt werden können sie am besten in einer Atmosphäre der Freiheit, wenn wir über das nachdenken, was wir berücksichtigen sollen. Wenn zu viel festgelegt ist, ist das nicht gut möglich. Aber wenn wir entspannt sind, können wir die Wahrheit, auch wenn konventionelle Weisheit sie vor uns verbirgt, besser erkennen.

24

Sofort-Gedächtnis durch visuelles Denken

Mind Mapping zur schnellen und leichten Beherrschung umfangreichen Materials.

Wenn Sie sich dem Problemlösen aus vielen verschiedenen Richtungen nähern, wird Ihr Denken flexibler. Diese Flexibilität können Sie noch erhöhen, wenn Sie Ihre schriftlich fixierten Ideen auf eine Weise darstellen, die das innere Beziehungsgeflecht dieser Ideen deutlich macht. Auf diese Weise kommen Sie zu einem Gesamtkonzept des Netzwerkes Ihrer sich entwickelnden Gedanken und können leichter erkennen, wie sich dessen Effektivität erhöhen läßt. Es ist wie bei jeder anderen Form des Überdenkens von Gedanken auch – man möchte einen Überblick über die derzeitige Struktur bekommen, um daraus eine noch bessere und effizienter organisierte Struktur zu entwickeln.

Mind Mapping ist der meines Wissens nach effektivste Mechanismus, um diese erhöhte Flexibilität des Denkens Wirklichkeit werden zu lassen. Ergänzen Sie die heute weitverbreitete verbale Form des Mind Mappings um die Ressourcen des selten genutzten visuellen Denkens, und Sie haben ein Werkzeug, das bei wichtigen Projekten Monate wertvoller Zeit sparen könnte.

Ihr Leitfaden: schnell und leicht zu schulischem Erfolg

Mind Mapping ist, wie schon erwähnt, eine flexible Weise der Strukturierung eines Stoffes, die die Beziehungen zwischen den verschiedenen Komponenten sichtbar macht. Durch die visuelle Repräsentation kann man ein Thema globaler in Angriff nehmen als mit rein linearer Skizzierung. Und wenn Sie global denken, verbessern Sie Ihre Fähigkeit, sowohl Bedeutung als auch Implikationen besser zu verstehen.

Visuelles Denken ist eine natürliche, aber unbewußte Facette des menschlichen Geistes. Als Element kognitiver Denkprozesse wurde es erstmalig von Rudolf Arnheim erforscht, der in seinem Buch zu diesem Thema erklärt, daß wir für jede, selbst noch so abstrakte, Idee eine korrespondierende visuelle Vorstellung haben, die sich beispielsweise beim Telefonieren durch geistesabwesendes Gekritzel auf einem Block ausdrücken läßt. Diese Kritzeleien (oder Hierogylphen) lassen sich zur Generierung von assoziativen Querverweisen (Cross-Referenzen) und zur Informationsspeicherung vielfach effektiver einsetzen als Worte. Das liegt daran, daß der Geist wesentlich besser auf die Verarbeitung von visuellen Vorstellungen als von Wörtern eingestellt ist, weil visuelle Vorstellungen die Wirklichkeit unmittelbarer darstellen, in unserem Geist schon vor der Sprache existieren und weil wir sie mit einigen unser vor-menschlichen Ahnen teilen, was bedeutet, daß der Geist schon Millionen Jahre, bevor wir Sprache gebrauchten, mit visuellen Vorstellungen umgehen konnte. Ich glaube, daß die richtige Kombination aus Mind Mapping und visuellem Denken unabhängig von den anderen in diesem Buch betrachteten Techniken die Intelligenz effektiv erhöhen kann.

Der Beweis dafür, daß Sie bereits ein Experte im visuellen Denken sind

Die folgende Übung wird Ihnen helfen, zu erleben, daß auch Sie die universelle Fähigkeit besitzen, in visuellen Symbolen zu denken. Diese Fähigkeit haben die meisten Menschen nie entwickelt. Bitten Sie Ihre Angehörigen oder andere Menschen in Ihrer Umgebung, sich auf einem Zettel die Zahlen von eins bis zehn zu notieren. Lesen Sie dann recht schnell eine Liste zehn willkürlich gewählter Wörter vor. Beim Hören jedes Wortes soll sich jeder Teilnehmer eine kleine Skizze, ein Pictogramm, machen, das das Wort darstellt – aber ohne das Wort selber zu notieren.

Wenn Sie alle Wörter vorgelesen haben und alle Pictogramme fertig sind, sollen sich die Teilnehmer wieder ihren Zetteln zuwenden und versuchen, neben die Pictogramme das jeweils zugehörige Wort zu schreiben.

Wenn ich diese Übung mit Gruppen mache, schafft fast jeder sieben oder mehr Richtige, wobei die Mehrheit alle zehn richtig hat. Trotzdem meine ich dann immer: „Wenn Sie mindestens drei richtige haben, sind Sie schon ein Experte im visuellen Denken." Das habe ich aus der folgenden Geschichte gelernt:

Stover nahm an einem Kurs zur Vorbereitung auf den sechsten Grad im NASD-Examen teil, bei dessen Leitung ich half und bei dem etwa 2.000 mit Investmentfonds und Krediten zusammenhängende Fakten zu memorieren waren. Zu der Zeit arbeitete Stover für die U-Bahn und hatte keine hohe Meinung von seinen Lernfähigkeiten. Als er den kleinen, oben erwähnten Test absolvierte, schaffte er drei richtige. Natürlich war er von seinen Fähigkeiten als visueller Denker nicht gerade beeindruckt.

In dem Kurs brachten wir den Teilnehmern bei, das zu lernende Wissen in Mind Maps darzustellen. Als Stover an der Reihe war und an die Tafel kam, bemerkte ich, daß er jedes einzelne Wort in ein korrespondierendes Bild übersetzte. Als ich ihm zeigte, wie man Begriffe und Konzepte anstelle einzelner Wörter darstellt, verstand er besser, was wir eigentlich taten und begann mit Erfolg, Mind Maps zu benutzen. Noch am gleichen Abend verbrachte er dreieinhalb Stunden mit dem Anfertigen von Mind Maps und vergaß darüber vor lauter Spaß völlig die Zeit. Von da an hatte Stover keine Probleme mehr mit Mind Maps und konnte anschließend mit Leichtigkeit große Mengen technischer Informationen behalten.

Sie haben diese Fähigkeit – nutzen Sie sie

Aufgrund solcher Erfahrungen bin ich mir praktisch sicher, daß es bei der Intelligenz zu einem großen Teil darauf ankommt, den visuellen Denkprozeß zu aktivieren. Bei uns allen findet dieser Prozeß auf der unbewußten Ebene statt, aber nur wenige von uns nutzen ihn bewußt. Es ist, als ob wir, statt unsere Beine zum Gehen zu benutzen, weiterhin durchs Leben krabbeln würden – eine für Menschen nicht eben effiziente Verhaltensweise. Wir alle verfügen über diesen großartigen Speicher visueller Vorstellungen und über ein Gehirn, das dafür ausgelegt ist, diese Vorstellungen auch zu verarbeiten, aber nur wenige von uns machen von dieser machtvollen Ressource signifikanten Gebrauch.

Vielleicht erinnern Sie sich noch an Kapitel Siebzehn, wo ich die Schlußfolgerung des Psychotherapeuten Mardi Horowitz erwähnte, wonach die Fähigkeit, die eigene visuelle Vorstellungskraft zu kontrollieren, eng mit der geistigen Gesundheit verknüpft ist. Jetzt würde ich diese Idee gerne einen Schritt weiterführen. Ich glaube, daß wir in dem Maße geistig gesund sind, in dem wir eine für uns bedeutsame Absicht im Leben haben. Absicht aber läßt sich am besten in visuellen Begriffen ausdrücken und erfühlen, und nicht allein durch Worte veranschaulichen. (Wir benutzen sogar das Wort „Vision", um auszudrücken, was wir mit dieser Art Ab*sicht* meinen.) Die Menschen, die vor ihrem inneren Auge ein klares Bild davon haben, wohin sie im Leben gehen, scheinen besser in der Lage zu sein, gute Resultate zu erzielen als diejenigen, die nur über ihre Pläne reden – häufig, ohne viel Aktivität oder Resultate zu zeigen.

Genialität heißt also zumindest teilweise, produktive und nützliche Tagträume hervorzubringen und beharrlich zu verfolgen – verläßliche, sich bewegende Bilder, die sich im Geist abspielen, wiederholt werden und dabei die Muster der Ereignisse, die real werden, voraussehen.

Das Geheimnis, Ihrem visuellen Denken auf nützliche Weise Leben einzuhauchen, ist, regelmäßig das Mind Mapping zu üben und jede Idee nicht nur durch Worte, sondern auch durch ein Pictogramm darzustellen. Die Übung im Umgang mit Mind Maps könnte Ihre Intelligenz, Ihre Gesundheit und Ihr Gefühl für die Absicht erhöhen.

Auf einer nüchterneren Betrachtungsebene: es ist relativ leicht, sich an ein aus Pictogrammen bestehendes Mind Map zu erinnern und aus diesen Bildern die dargestellten Ideen zu rekonstruieren, da der Geist Bilder vielfach besser als Wörter behalten und ins Gedächtnis zurückrufen kann. Manche Ihrer ursprünglichen Pictogramme werden wahrscheinlich Ihre Gedanken nicht angemessen wiedergeben. Überarbeiten Sie Ihre Mind Maps solange, bis sie in einer leicht memorierbaren Form vorliegen.

Das Mind Map vom Integrativen Lernen erforschen

Werfen wir nun einen aufmerksamen Blick auf das Mind Mapping an sich. Ihnen ist wahrscheinlich das Mind Map des Inhaltes vom *alltäglichen Genie* am Anfang dieses Buches aufgefallen. Wenn ich meine eigenen, schnell hingeworfenen Pictogramme dafür verwendet hätte, wäre Ihnen dieses Mind Map nicht klar. (Man kann im allgemeinen nicht das visuelle Mind Map anderer benutzen, weil erfolgreiche visuelle Vorstellungen einzigartig und individuell sind.) Wir haben daher für dieses Mind Map die Worte und Zeichnungen der Kapitelanfänge übernommen. Machen Sie daraus Ihr eigenes Mind Map und ersetzen Sie alle Worte und Bilder durch Ihre eigenen visuellen Vorstellungen, Ihre Pictogramme. Nach der ersten Übung aus diesem Kapitel wird Ihnen das wahrscheinlich wesentlich leichter fallen.

Schauen Sie dann, wie lange Sie brauchen, um Ihr neues Mind Map zu memorieren – also bis es Ihnen leichtfällt, sich an alle Schlüsselbegriffe aus diesem Buch zu erinnern und bis Ihnen diese Schlüsselbegriffe zur Rekonstruktion und Weiterentwicklung in Formen und Kombinationen Ihrer Wahl zur Verfügung stehen.

Sich auf einen neuen Kurs in wenigen Stunden vorbereiten

Das Mind Mapping macht es kinderleicht, sich zum ersten Mal mit einem neuen Lehrbuch zu beschäftigen. Wenn Sie das Inhaltsverzeichnis des Buches in einem Mind Map darstellen, werden Sie überrascht sein, wieviel des neuen Stoffes Sie so schon verstehen. Wenn die Kapitel noch Unterüberschriften haben, stellen Sie anschließend jedes Kapitel des Buches einzeln durch Mind Maps dar, wobei Sie nur die Unterüberschriften verwenden. Dieser Prozeß sollte nicht länger als ein paar Stunden dauern.

Blättern Sie anschließend wie zufällig durch das Buch und schauen Sie, wie gut Sie Bedeutung und Kontext jedes Satzes, auf den Ihr Blick gerade fällt, abschätzen können. Ich vermute, daß Sie jetzt schon über einen recht hohen Verständnisgrad des Kursstoffes verfügen. Der Rest sollte sich leichter lernen lassen, wenn Sie ihn in den Kontext Ihres bisherigen Wissens einordnen.

Einige Leute, die das probiert haben, erzielten hervorragende Ergebnisse, haben aber weiterhin leichte Bedenken. „Ich hab Angst, ich könnte etwas auslassen", meinte ein Workshop-Teilnehmer. „Deshalb will ich jedes Wort der Reihe nach lesen."

„Gehen Sie die Treppe runter zur Library of Congress", meinte ich, „wenn Sie einen Eindruck davon bekommen wollen, wieviel Sie auslassen, was immer Sie auch machen. Alles können wir kaum lesen, warum also nicht mehr Bücher lesen und viel Wissen aus diesen Büchern herausholen anstatt nur wenige und den aussichtslosen Versuch zu starten, alles zu verstehen?"

Die Prüfungsangst beim Staatsexamen überwinden

Dieser Fetisch des Alles-langsam-und-sorgfältig-Tuns macht manche Menschen völlig unnötigerweise völlig fertig. Ich erinnere mich an einen jungen Mann, der einen von mir geleiteten Mind Mapping-Wochenend-Workshop besuchte. Er befand sich sichtlich in einem Zustand starker Panik, weil er in wenigen Monaten das Staatsexamen ablegen mußte und nicht absehen konnte, wie er den ganzen Stoff bis dahin jemals lernen sollte. Der Stoff, den er zu lernen hatte, bestand dabei aus zwei ziemlich dicken Büchern, die er mitgebracht hatte.

Nachdem er das Mind Mapping gelernt hatte, arbeitete ich zusammen mit ihm Teil Eins der beiden Bücher durch, und er war bald überzeugt, daß es ein Leichtes sein sollte, den Stoff innerhalb von zwei Wochen zu lernen. Als er den Kurs verließ, freute er sich schon regelrecht auf das Lernen fürs Staatsexamen – zum ersten Male war er sich sicher, daß er dabei gut abschneiden würde. Seitdem war ich Zeuge, wie sich bei vielen anderen nach dem Erlernen visuellen Mind Mappings die Einstellung zu schwierigen Examen ebenfalls wandelte.

Kinder sind im Vorteil

Kindern fällt visuelles Denken leichter als Erwachsenen, so daß es leicht sein sollte, einem jungen Menschen beizubringen, in der Schule Mind Mapping zu verwenden, um die Zeit für das Lernen bei Hausaufgaben deutlich zu reduzieren. Aus welchen Gründen auch immer wollen junge Leute aber manchmal nicht mit Mind Maps lernen. Nachdem eine Englisch-Lehrerin ihren Schülern dieses Verfahren beigebracht hatte, beschwerten sie sich beim Naturkunde-Lehrer darüber, was sie von ihnen verlangt hatte.

„Dann zeigt mir doch mal, was sie gemacht hat", meinte er. Dann gaben sie ihm die komplette Stunde wieder, genau so, wie ihre Lehrerin sie gehalten hatte.

„Mir scheint, als hättet Ihr den Stoff begriffen. Muß wohl funktioniert haben", meinte der Lehrer zu den enttäuschten Achtkläßlern.

Sie werden wahrscheinlich auch feststellen, daß man schließlich auch schneller und effizienter lesen kann als vorher, wenn man auf diese Weise Mind Maps von Büchern anfertigt. Mit jedem Mind Map, das Sie machen, nimmt auch Ihre Fertigkeit zu, zur Strukturierung von Wissen aktiv und auf Ihre ganz persönliche Weise zu lesen.

Malen Sie es sich selbst aus

An dieser Stelle könnte ich Ihnen detaillierte Anweisungen geben, wie man Mind Maps macht, aber ich denke, das würde nur verwirren. Studieren Sie einfach das mitgelieferte Mind Map und finden Sie selbst heraus, wie das geht. Was Sie herausbekommen, wird Ihnen einen besseren Begriff vom Mind Mapping geben als alles, was ich in Worte fassen könnte.

Ich werde jedoch ein paar Tips einstreuen, worauf Sie in meinem Mind Map achten sollten, damit Sie diese Merkmale auch in Ihren eigenen Mind Maps einbringen können. Beachten Sie, daß das Mind Map ein Rad darstellt, dessen Speichen sternförmig von der Nabe nach außen wegführen. Die Nabe enthält die Kernidee des Mind Maps, und die Speichen stellen die Unterüberschriften dar. Unter jedem Unterpunkt können Sie wiederum beliebig viele Unterpunkte anfügen. Auf jeder Ebene des Mind Maps können Sie einen Kreis um ein Wort zeichnen und es zum Mittelpunkt eines neuen Mind Maps machen und einen bestimmten Unterpunkt oder Unter-Unterpunkt des ursprünglichen Mind Maps ausentwickeln. Auf diese Weise können Sie Ihr Thema bis zu jedem beliebigen Komplexitätsgrad auswalzen.

Der Vorteil des kreisförmigen Formates ist, daß man jederzeit zusätzliche Ideen und Unterüberschriften einfügen kann. Jede neu hinzukommende Idee läßt sich auch später noch in ihren jeweiligen Zusammenhang quetschen. Da die Beziehungen zwischen den Ideen im Mind Map stark im Fluß sind, können Sie Mind Maps als Richtlinie für die Ausarbeitung einer Skizze benutzen, in der Sie die endgültige Reihenfolge Ihrer Ideen bestimmen, sobald Sie sie genügend erforscht haben. Da Mind Maps diese Reihenfolge nicht festlegen, kann man leicht darauf zurückkommen und das ganze in einer anderen Skizze völlig neu gestalten. Das bedeutet, daß der Stoff in ihrem Geist flexibel bleiben kann. Sie können ihn in eine neue Form und Reihenfolge bringen, wann Sie wollen.

Das hat Ihr Denken nun davon...

Mind Maps können Ihrem Denken zeigen, wie Sie in kurzer Zeit auf viele Details zugreifen, diese Details handhaben, im Laufe der weiteren Arbeit strukturieren und dabei für eine mögliche spätere Umstrukturierung flexibel halten können. Sie brauchen also nie das Gefühl zu haben, daß Sie den Stoff in eine endgültige, unveränderliche Form gegossen haben, Sie können Ihr Wissen ständig erweitern und umstrukturieren. Das ist gerade heute, da auf nahezu jedem Gebiet ständig neue Erkenntnisse gewonnen werden, wesentlich.

Gleichzeitig bleibt Ihr Wissen immer im Kontext des Gesamtbildes. Sobald Sie das erste Wort in das Mind Map schreiben, haben Sie schon begonnen, eine Struktur ins Auge zu fassen. Das nächste Wort, das Sie schreiben, muß einen, vielleicht auch entfernten, Zusammenhang zum ersten finden. Sie können also über Ideen in der Reihenfolge nachdenken, in der Sie Ihnen in den Sinn kommen, anstatt Ihre Gedanken ändern zu müssen, wenn Sie nach der nächsten Idee in der richtigen Reihenfolge suchen.

Organisieren Sie Ihren Tag

Wenn Sie gelernt haben, zu einem Thema wie beschrieben Mind Maps anzufertigen, können Sie Mind Maps ja auch einmal in anderen Situationen verwenden. Stellen Sie in einem Mind Map dar, wie Sie den heutigen Tag verbracht haben. Schauen Sie sich das Gesamtbild Ihres Tages an und erwägen Sie andere Konfigurationen, die möglich und vielleicht befriedigender gewesen wären. Welche unnützen Handlungen hätten Sie sich schenken können? Welche vergnüglichen Aktivitäten hätten etwas mehr Zeit verdient? Sie werden schnell zu schätzen wissen, wie Ihnen Mind Maps ein globales Bild eines ganzen Zeitraumes geben können und so Bewertungen ermöglichen, die lineare Skizzen Ihrer Gedanken nur verdunkeln würden.

Eine der Schwierigkeiten, die ich mit meiner Tagesplanung habe, ist, daß es mir mein Plan nicht immer erlaubt, die Dinge im Laufe des Tages in der Reihenfolge meiner Wahl zu erledigen. Da mir Mind Maps keine bestimmte Reihenfolge aufnötigen, erlauben Sie meinen Aktivitäten, sich organisch zu entwickeln, wobei ich aber immer weiß, wie sich das, was ich gerade tue, in den Plan meiner übrigen Aktivitäten einfügt.

Protokollieren Sie eine Gruppendiskussion

Mind Maps können auch beim Protokollieren von Gruppendiskussionen hilfreich sein. Wenn Sie Mind Maps von Diskussionen anfertigen, können Sie später jede wichtige aufgekommene Idee wiedergeben, wenn auch vielleicht in einer anderen Reihenfolge die Ideen dabei so gruppieren, daß sie sich logischer auseinander entwickeln als in der ursprünglichen Diskussion.

Wenn Sie beispielsweise vorhaben, ein Buch über ein bestimmtes Thema zu schreiben, könnten Mind Maps sehr hilfreich sein. Laden Sie ein paar Freunde ein, sondieren Sie deren Gedanken, zeichnen Sie alles, was sie sagen, in einem Mind Map auf, veranstalten Sie weitere Partys, machen Sie das gleiche noch einmal, schmelzen Sie alle Ihre Mind Maps zu einem einzigen zusammen, suchen Sie die Bücherei auf, forschen Sie zu Ihrem Thema weiter, gehen Sie Ihr Mind Map erneut durch und markieren Sie dann alle Unterpunkte, die noch weiterer Nachforschungen zur Auffüllung von Informationslücken bedürfen. Und nach dieser Recherche schreiben Sie Ihr Buch.

Mind Maps eignen sich auch großartig dafür, Einzelnen wie Gruppen beim Durchdenken eines Problems zu helfen. Setzen Sie Mind Maps in einer Problem-Lösungs-Diskussion vor der Gruppe ein, damit alle verfolgen können, was gesagt wurde und wie sich das Gesamtbild gegenüber dem Problem im Verlauf der Gruppendiskussion entwickelt.

Benutzen Sie also Mind Maps als Werkzeug zum Lesen, Schreiben, Organisieren Ihrer Gedanken, Ihres Lebens und Kommunizieren mit anderen. Je intensiver Sie Mind Maps nutzen, desto mehr neue Anwendungsmöglichkeiten werden Sie sich erschließen.

Mind Mapping für Kinder

Lassen Sie niemanden in Ihrer Familie zu lange im unklaren darüber, daß Mind Maps fast jeden in einen „1"-er-Schüler verwandeln können. Bringen Sie Ihren Kindern das Mind Mapping nicht dozierend bei, und zwingen Sie niemanden dazu (was sowieso nie die beste Methode im Umgang mit Kindern ist), sondern unternehmen Sie mithilfe von Mind Maps vergnügliche Familienaktivitäten. Sie könnten beispielsweise gemeinsam einen Urlaub planen und ein Mind Map mit den Vorschlägen aller Beteiligten entwickeln. Lassen Sie dabei ruhige Musik im Hintergrund laufen. Die Kombination von Urlaubsplanung, ruhiger Musik und dem allgemeinen Gefühl, daß man Spaß an dem hat, was gerade passiert, dürften das Mind Map so ansprechend machen, daß das Kind anfängt, Mind Maps auch ohne Aufforderung Ihrerseits in der Schule zu benutzen.

Mind Maps lassen sich auch bei Familiendiskussionen über all die verschiedenen Methoden, das Lernen zu einer vergnüglicheren und erfolgreicheren Erfahrung werden lassen, einsetzen. Wahrscheinlich werden Sie zu dem Thema eine Menge zu bieten haben, aber schauen Sie auch, worauf Ihre Kinder kommen können und fügen Sie deren Ideen dem Mind Map hinzu. Im Integrativen Lernen ist Mind Mapping eine akkumulierende, sammelnde Aktivität. Es bindet Dinge konzeptuell zusammen und hilft Ihnen, größtmöglichen Nutzen auch aus vielen anderen Aktivitäten zu ziehen, die ich vorgeschlagen habe.

Der Treueprämie am Ende des Buches

Wenn Sie Denksportaufgaben und Rätsel mögen (und Bücher von vorne bis hinten durchlesen), fragen Sie sich möglicherweise, wann ich denn endlich mein Versprechen aus Kapitel Eins einlöse, daß nämlich irgendwo in diesem Buch das

Geheimnis versteckt sei, wie man die Reihenfolge der Planeten so wirkungsvoll vermittelt, daß alle in der Klasse Astronomen werden wollen. Jetzt, da Sie fast alle Kornflakes aus der Packung aufgegessen haben, fragen Sie sich wahrscheinlich, wo denn nun der Preis steckt.

Nun, die Zeit ist gekommen, dies entzückende Geheimnis, das so schön ist, daß ich wünschte, ich wäre selbst darauf gekommen, zu lüften. Ich hörte es von Car Foster, einem Lehrer für die vierte Klasse in Kentucky. Wenn Sie jemandem innerhalb von fünf Minuten beibringen wollen, wie man sich die Namen der Planeten in der Reihenfolge von der Sonne aus merken kann, teilen Sie einfach dieses kleine Goldstück einer *Phantasiereise mit Führung* mit ihm.

„Stell dir vor, du läufst an einem lieblichen Sommertag durch den Wald. Du kommst auf eine Lichtung, wo dir das saftige grüne Gras auffällt. Seltsamerweise parkt auf dem Gras ein funkelnagelneuer roter, toller neuer Mercury*. Du bist verblüfft, einen solchen Wagen hier, tief im Urwald zu finden, und kletterst auf einen Baum, um ihn in dieser ungewöhnlichen Umgebung besser betrachten zu können.

Du mußt nicht lange warten, da zeigt sich auch schon die Fahrerin des Wagens. Sie erweist sich als knapp bekleidete Frau ohne Arme, die du sofort als das bezauberne Kunstwerk, die Venus von Milo, erkennst. Venus, die mit steifen Gebärden ihre Kleider ordnet, steigt vorne ein und beabsichtigt, mit dem Wagen wegzufahren, aber bevor sie den Motor anläßt, tritt noch eine Frau aus dem Wald, die du als die bekannte Schlagersängerin Eartha** Kitt identifizierst. Eartha zieht auf einem Schlitten einen gigantischen, 500 Pfund schweren Mars-Riegel hinter sich her. Sie nimmt auf dem Rücksitz des Mercury Platz, quetscht den Mars-Riegel auf ihren Schoß, beschmiert dabei das ganze Autodach mit Schokolade und schneidet dann eine Scheibe für Venus ab, die es schafft, gleichzeitig zu essen und den Motor anzulassen.

Aber halt! Das Auto kann noch nicht losfahren, weil es noch auf einen weiteren Passagier warten muß. Und hier kommt er auch schon, durch das Unterholz springend, Blitze schleudernd nach links und rechts! Sofort erkennst du ihn als Jupiter, König der Götter. Da er zu groß für das Auto ist, springt er aufs Dach. Dann fährt das

---

* ein Autoname, im Amerikanischen zugleich der Name des ersten Planeten, von der Sonne aus gesehen: Merkur. Anm. d. Übers.

** Der Vorname Eartha enthält das englische Wort *Earth*, das „Erde" bedeutet. Anm. d. Übers.

Auto an, und während es auf einem Pfad ins Unterholz verschwindet, kannst du zum ersten Mal einen Blick auf das Nummernschild werfen. Du erkennst darauf die Buchstaben S — (Saturn) — U — (Uranus) und N — (Neptun)*. Aber noch fällt der Vorhang nicht, denn hinter dem Auto jagt mit ohrenbetäubendem Bellen der kleine Hund Pluto** her."***

Was ich an dieser Phantasiereise, einer Art auditives Mind Map, mag, ist, daß es die Informationen so schön um eine einzige visuelle Einheit herum verdichtet. Obwohl es neun Planeten gibt, muß man nur sieben behalten, da drei von ihnen auf dem Nummernschild zusammengefaßt werden.

Wenn Sie anderen Stoff in eine ähnliche Form gießen möchten, sollten Sie eine organische Einheit aus den einzelnen Bestandteilen bilden und farbige, bizarre, actiongefüllte (für den persönlichen Gebrauch vielleicht auch obszöne), leicht merkbare Bilder verwenden, und das alles in einem dramatischen Format, das Spaß macht. Bieten Sie Ihrem Kind dann das Paket als Gute-Nacht-Geschichte an. Sie werden sehen: die Geschichte sitzt. Probieren Sie die Planetengeschichte noch heute abend aus, wenn Sie mir nicht glauben. Großmutter wird sich wahrscheinlich auch davon fesseln lassen und sich an alle Fakten erinnern, die Sie dem oder der Kleinen vermitteln möchten. Und natürlich werden auch Sie sich an alle Planeten erinnern.

Klarheit beginnt daheim

Ich habe in diesem Buch zu zeigen versucht, daß viele der Probleme, denen wir uns in der weiten Welt gegenübersehen, nur dadurch gelöst werden können, daß wir die heimischen Bedingungen, unter denen wir unsere Kinder aufwachsen lassen, verändern. Intelligenz wie Nächstenliebe beginnen zu Hause. Sie werden uns nicht so sehr vererbt wie vermittelt, und wir lernen sie am besten von Menschen, die sie uns vorleben, wenn wir noch jung sind.

---

* S–U–N bildet das englische Wort *Sun*, das „Sonne" bedeutet. Anm. d. Übers.

** bekannt besonders durch die Comics von Walt Disney. Anm. d. Übers.

*** Im Deutschen gibt es hierzu den Merkspruch: „Mein Vater Erklärt Mir Jeden Sonntag Unsere Neun Planeten", in dem die Anfangsbuchstaben der Wörter die Anfangsbuchstaben der neun Planeten Merkur – Venus – Erde – Mars – Jupiter – Saturn – Uranus – Neptun – Pluto, von der Sonne aus gesehen, bezeichnen. Anm. d. Übers.

Alle Familienmitglieder können voneinander lernen. Diese Tatsache ist dem Bildungs-Establishment nicht unbekannt. Wayne Sanstead, Leiter des Schulwesens in North Dakota, ließ auf seine Visitenkarte den folgenden Satz drucken: „Jeder Erwachsene braucht ein Kind, dem er etwas beibringt; so lernen Erwachsene." In North Dakota schaffen übrigens 93 Prozent der Jugendlichen den Highschool-Abschluß, und 85 Prozent gehen aufs College. Kein anderer Staat kann mit diesem Rekord mithalten. Kinder haben ihren Eltern soviel beizubringen wie sie von ihnen zu lernen haben. Wenn wir als Gesellschaft beginnen, entsprechend der tiefen Wahrheit dieses Phänomens zu handeln, können wir vielleicht den Charakter unserer gesamten Zivilisation verändern. Denn wir verstehen allmählich, daß jeder zwischenmenschliche Kontakt eine Gelegenheit zum Lernen ist, und daß die Jugend über eine frische und unverbrauchte Sicht der Dinge verfügt, die die Alten möglicherweise eingebüßt haben.

Jede Gesellschaft, die von der Annahme ausgeht, daß bestimmte Menschengruppen von Natur aus besser als andere sind, ob aufgrund von Alter oder beliebiger anderer Attribute, verdammt sich selbst dazu, weniger zu sein, als sie sein könnte. Erwachsenen-Allüren wie Adultismus, Rassismus, Sexismus und andere Ismen ähnlicher Bauart berauben jeden – Unterdrücker wie Unterdrückte – gleichermaßen der Ressourcen, die wir miteinander teilen könnten, wenn diese sozialen Geschwüre nicht existieren würden. Indem diese Geschwüre unseren Blick auf das beschränken, was wenige tun können, hemmen sie die freie und offene Kommunikation aller Menschen untereinander und bremsen den Prozeß der Entwicklung neuer Ideen, die anderenfalls die jedem Menschen offenstehenden Möglichkeiten erweitern würden.

Es gibt keine sicherere Quelle von Wohlstand und neuen Möglichkeiten als einen wohlentwickelten menschlichen Geist, und Wohlstand und neue Möglichkeiten lassen sich nicht sicherer zu Grabe tragen als durch einen Geist, der von den Geschwüren des Vorurteils und eines beschränkten Blickfeldes gefesselt ist. Gäbe es diese Krankheiten nicht – wir würden mittlerweile in Frieden und Überfluß leben, anstatt die verheerenden Auswirkungen von Verbrechen, Krieg, Umweltverschmutzung und der Ausbreitung unkontrollierbarer Seuchen zu erleiden. Es gibt kein Problem, wie groß es auch sei, das von kreativen und intelligenten Menschen, die Gebrauch vom vollen Potential ihres Geistes machen und das, was sie entwickelt haben, mit einer freien und aufgeschlossenen Öffentlichkeit teilen, nicht gelöst werden könnte. Unglücklicherweise wird ein Großteil des schlimmsten Vorurteils und Mangels an Vision gerade von denen verbreitet, die die geringste Entschuldigung für derlei geistige Mangelerscheinungen haben, da sie aller Wahrscheinlichkeit nach Zugang zu den besten Gelegenheiten des Lebens hatten. Glücklicherweise habe ich jedoch bemerkt, daß die meisten solcher Mangelerscheinungen rasch wieder abklingen, wenn die betroffenen Menschen in ein Lernumfeld kommen, das ihnen mehr Rückendeckung gibt und ihnen ermöglicht, unmittelbar von anderen zu hören, wie *sie* das Leben erleben.

Schließen wir in unsere nationale Vision also das Bewußtsein dafür ein, daß dort, wo zwei oder mehr zusammenkommen, jeder eine Chance hat, vom anderen zu lernen. Auf gegenseitigem Austausch beruhendes Lernen fällt Menschen, die es nicht gewöhnt sind, immer und überall von jedem zu lernen, nicht leicht. Denn wenn wir den ersten großen Begeisterungstaumel der Kindheit vergessen haben, wird das Lernen selbst zu einer erlernten Fertigkeit.

Wann immer Sie das Gefühl haben, daß Sie von den Menschen, mit denen Sie zusammen sind oder von der Situation, in der Sie sich befinden, nichts lernen, wird es Zeit, daß Sie wieder zu Ihren ganz persönlichen Quellen, die Sie zur Entwicklung neuer Lernfertigkeiten inspirieren, zurückkehren und so tief aus Ihnen trinken, wie Sie können. Dann können Sie besser erkennen, daß jeder, den Sie treffen, über einen so reichen Erfahrungsschatz verfügt, daß Sie viel voneinander lernen können, egal, wie sehr sich seine weltlichen Errungenschaften von Ihren unterscheiden. Einige meiner besten Lernerfahrungen schenkten mir diejenigen, die – unter Umständen als Analphabeten – ihr Leben lang ohne den Vorteil guter (Aus-)Bildung gelebt haben. Jede Erfahrung ist reichhaltig und einzigartig erhellend.

Sobald wir alle unser Zuhause und unsere Schulen zu Orten gemacht haben, an denen der menschliche Geist wirklich aufblühen kann, werden wir in der Lage sein, auch andere Dinge in Angriff zu nehmen, wie etwa den Aufbau eines Wirtschaftssystems, von dem jeder profitiert, eine Technologie, die die Qualität allen Lebens auf dem Planeten erhöht und ein Regierungssystem, das jede Kultur der Erde respektiert und das Beste ihrer Lebensweise für sich nutzt. Bis wir diese Ziele erreicht haben, haben wir kein Recht auf das Gefühl, unser Lehren und Lernen seien unseren Bedürfnissen angemessen.

Anhang Eins
Hoffnung für das hirngeschädigte Kind

Von den Erfahrungen, die eine Mutter beim Aufziehen ihres gehirnge-schädigten Kindes machte und von ihrer Unterstützung, die ihm ein nor-males und produktives Leben ermöglichte, können wir alle lernen.

Lesern, die Kinder mit ernsten geistigen oder körperlichen Schwierigkeiten haben, fällt es möglicherweise schwerer, viele meiner Vorschläge zu akzeptieren als Eltern mit normalen Kindern. Diese Eltern, ist mir aufgefallen, neigen häufig dazu, ihre Kinder entweder übertrieben vor allem in Schutz zu nehmen (was zu den soge-nannten „überbehüteten Kindern" führen kann) und das Familienleben auf die be-hinderungsbedingten Mißgeschicke und Beschränkungen zu konzentrieren oder aber die Realität zu leugnen, indem sie die Behinderung herunterspielen und so tun, als wäre das Kind fast normal. Beide Ansätze können das Leben für das Kind nur noch schwerer machen.

Die innere Schönheit des lernbehinderten Kindes

Der schmale Grat zwischen zu viel und zu wenig Behüten erfordert in vielerlei Hin-sicht sensible Eltern. Eine solche Sensibilität könnte sich jedoch vielfach auszahlen. „Jedes Kind mit Lernschwierigkeiten oder Behinderungen gleich welcher Art hat eine so große innere Schönheit, so viel mit uns zu teilen und berührt unser Leben so sehr, daß ziemlich unwichtig wird, was es uns sonst noch zurückgibt, selbst wenn es behindert ist." So beschreibt Mary Regnier, wie sich diese Sensibilität auszahlen kann, und sie weiß, wovon sie spricht, denn sie hat selbst ein hirngeschädigtes Kind aufgezogen. Als ich erkannte, was für eine machtvolle Botschaft sie für Eltern hat, denen es so geht wie ihr, stellte ich ihr einige Fragen und bat sie, ihre Erfahrungen auf dem schmalen Grat zwischen übermäßiger Inschutznahme und Leugnung in ihren eigenen Worten mit Ihnen zu teilen.

Wer hat das geschaffen?

Lassen Sie mich jedoch zunächst noch ein paar Worte zu dem landauf, landab zunehmend akzeptierten Glaubenssatz sagen, demzufolge man seine eigene Realität erschafft. Gegenüber gutbürgerlichen Mitgliedern der Mittelschicht, deren Herausforderung im Leben momentan vielleicht darin besteht, zu entscheiden, welche Videorecordermarke man kaufen soll, geht das leicht über die Lippen, aber in der Gegenwart von Menschen, die extreme, lebensgefährliche Herausforderungen überlebten oder sich solchen noch immer gegenübersehen, läßt sich dieser Glaubenssatz schon schwerer aufrechterhalten.

Mary Regnier glaubt absolut daran, daß wir unsere eigene Realität erschaffen, und sie würde dafür ihre Hände ins Feuer legen. Mary überlebte zwar nicht gerade ein Konzentrationslager, aber sie stürzte und ließ dabei ihr kleines Kind die Treppe hinunterfallen, was sich in einem bleibenden Gehirnschaden niederschlug. Ich glaube, daß es leichter ist, eine ungerechte Bestrafung selbst zu ertragen als sie unabsichtlich anderen zuzufügen, und ich habe mich oft gefragt, was wohl aus Menschen wird, denen es schwerfällt, über die bodenlosen Schuldgefühle hinwegzukommen, die einsetzten, nachdem sie ihrem Kind unabsichtlich ernsten Schaden zugefügt hatten. Wenn so etwas in einem Umfeld passiert, das ansonsten frei von größeren Konflikten ist, wird es unter Umständen noch schwerer, mit der Schuld zu leben, weil es so wenig gibt, was von der Schuld ablenkt. Diesen Menschen hat Mary viel zu sagen, was ihrem Leben neue Hoffnung – und vielleicht auch neue Kraft – geben kann. Für uns alle ist ihre Geschichte eine Geschichte des Triumphes über persönliche Verzweiflung, über den Aufbau eines inspirierenden und produktiven Lebens, nicht nur für sie selbst, sondern auch für ihren hirngeschädigten Sohn.

Das Wunder von Stephen

Mary war bereit, ihre Erfahrungen mit ihrem Sohn Stephen mitzuteilen, wobei es ihr Sohn zum Zeitpunkt der Niederschrift (gegen den Rat der Lehrer) mittlerweile

schon soweit gebracht hatte, daß er von einem höchst anspruchsvollen College aufgenommen wurde; er erzielt dort einen hervorragenden Notendurchschnitt. Das ist
wirklich ein Wunder, denn die Ärzte erzählten Mary nach dem Sturz mit ihrem
Sohn, daß er in der Schule niemals normal arbeiten könne – wenn er überhaupt
überleben sollte.

„Das Wichtigste, was ich zu sagen habe", meinte Mary zu mir, „ist: loben Sie jedes Verhalten, das *für* das Kind arbeitet, und ignorieren Sie alles andere. Im Grunde
leben wir doch, um geliebt zu werden. Ich reagierte auf Stephen ausschließlich positiv und glaube, daß das der hauptsächliche Grund dafür ist, daß er heute alles tun
kann, was er will."

Marys Alptraum

Ich fragte sie, wie es am Anfang für sie war. „Ich dachte nicht lange darüber nach,
wie Stephen aussah, als er nach dem Sturz vor meinen Füßen lag", begann sie. „Ich
glaube, ich wäre wohl auf der Stelle verrückt geworden. Es macht so verdammt viel
Angst. Vor ihm hatte ich schon ein Kind bei der Geburt verloren. Ich erinnere mich
daran, daß ich wußte, es war nicht mein Fehler, als er da bewußtlos zu meinen
Füßen lag und ich mir im klaren darüber wurde, daß es ein Unfall war. Das war eine
Entscheidung, die ich augenblicklich traf. Ich hob ihn auf und brachte ihn zum
Arzt. Meine erste Frage war: »Wird er sterben?«, und die Antwort war: »Wahr-
scheinlich.«

Dann übermannte mich die fürchterliche Angst, mein eigenes Kind getötet zu
haben. Ich erinnere mich nur noch daran, daß ich schrie und schrie und schrie,
während ich an dem Kinderbett stand, in dem Stephen bewußtlos lag. Ich blieb dort
bei ihm, im Wissen, daß ich vielleicht mein eigenes Kind getötet hatte. Als der Ge-
hirnchirurg hereinkam, sah er mir direkt in die Augen und fragte: »Mary, haben Sie
Ihr Kind die Treppen heruntergeworfen?«

Ich sagte: »Gott, nein!«

»Vergessen Sie das *nie*«, erwiderte er.

Meine Sorge um Stephen war danach, ihm so oft wie möglich die Brust zu geben.
Er war erst einen Monat alt, als ich mit ihm stürzte. Im Krankenhaus sagte man mir,

daß ich nicht dortbleiben müßte, und das war absolut *nicht* das, was ich hören wollte. Ich wollte so sehr dort sein, diesem Kind die Brust geben, es lieben und mich um
es kümmern.

Das war ein sehr wichtiger Schritt, als ich mich entschloß, keine Rücksicht auf
die Angst zu nehmen, sondern mich um die Ganzheit und den Geist dieses Kindes
zu kümmern. Ich glaube, diese Wochen im Krankenhaus, als ich Stephen dreimal
täglich besuchte, nur um bei ihm zu sein, haben viel zu seinem und meinem Heilungsprozeß beigetragen.

Ein wichtiger Teil meiner Zuwendung bestand darin, daß ich die Tatsache ak-
zeptierte, daß Stephen aufgrund seiner Hirnschädigungen eine Lernbehinderung
davongetragen hatte. Ich mußte mit der Panik leben, die damit einhergeht."

Der erste Schritt auf Stephens Weg zu Unabhängigkeit

„Wenn ich Stephen mit nach Hause nehmen und wie einen Invaliden behandeln
würde, meinte der Chirurg, würde er auch wirklich zu einem Invaliden werden; ich
sollte wohl die große Kraft in mir erkennen. Stephen war ein winziges Baby mit Sti-
chen überall auf dem ganzen Kopf, und ich mußte ihn mit nach Hause nehmen, ihn
auf den Fußboden setzen und ihn mit seinen Brüdern und seiner Schwester toben
lassen. Ich konnte ihm keinerlei besondere Behandlung zuteil werden lassen, denn
dann hätte er sich daran gewöhnt und wäre davon für den Rest seines Lebens auf eine sehr schädliche und neurotische Weise beeinflußt worden.

Ich war mir auch der Zuwendung bewußt, die ich Stephen gab, indem ich auf
dem Weg, den wir gemeinsam gehen würden, für ihn da war und ihn unterstützte,
solange er bei mir sein würde. Bei jedem Schritt auf dem Weg wußte ich, daß ich
meinen Teil beizutragen hatte.

Anfangs waren das auch Dinge wie das tägliche Messen seines Kopfumfanges,
um sicherzustellen, daß sein Schädel nicht durch ins Gehirn steigende Rücken-
marksflüssigkeit anschwoll. Ich mußte ihm Medikamente geben, die er nicht bekommen hätte, wenn es nach mir gegangen wäre, da sie ihn leicht betäubten, aber
ich wußte, daß sein Leben davon abhing."

Marys Isolation

„Einen großen Teil der täglichen Pflege mußte ich alleine besorgen, weil sich die Leute in meiner Umgebung nicht auf die Sorge für ein behindertes Kind und die damit verbundenen Emotionen einlassen wollten. Ich mußte mit ihm zu diversen Ärzten gehen und mir Dinge anhören, die ich ganz sicher nicht *hören* wollte. Aber diesen Befunden zuzuhören und zu wissen, daß sie wahr waren, war ein wichtiger Teil des Prozesses. Und bei alledem mußte ich Stephen emotional zur Seite stehen und ihm helfen, die Befunde zu akzeptieren, auch wenn er noch sehr jung war."

Der Umgang mit Schuldgefühlen

Ich fragte Mary, wie sie sich wohl gefühlt hätte, wenn sie für den Unfall verantwortlich gewesen wäre. Angenommen, sie wäre betrunken gewesen, als es passierte. Wie wäre sie in dem Fall in der Lage gewesen, mit der Verletzung ihres Sohnes fertigzuwerden?

„Der einzige Ausweg aus so etwas ist, dir selbst zu vergeben. Ich weiß, wovon ich rede – ich war selbst Alkoholikerin, und ich *habe* einiges mit meinen Kindern angestellt, wenn ich betrunken war. Das heißt auch, sich selbst zu sagen: »Ich bin auch nur ein Mensch. Ich kann auch Fehler machen. Ich bin krank. Ich habe das getan, und nun spreche ich mich für alle Ewigkeit von der Schuld los. Ich kann nicht in diesem Loch versumpfen, und soviel Leid übersteigt meine Kräfte.«"

Schuldgefühle sind eigentlich zu gar nichts nütze, und wenn wir die Probleme lösen wollen, die wir wissentlich oder unwissentlich geschaffen haben, müssen wir zuerst die Schuldgefühle aus unserem Leben verbannen. Wir müssen die Verantwortung für das, was wir tun und getan haben, auf uns nehmen, aber nicht so, daß wir genau das Problem, das wir lösen wollen, noch schlimmer machen.

Leider sind Schuldgefühle so etwas wie ein amerikanischer Zeitvertreib. Dadurch, daß sich unsere Kultur so sehr auf die negativen Aspekte so vieler Dinge konzentriert, erhöht sie die Wahrscheinlichkeit, daß die meisten Menschen schon etwas finden werden, wofür sie sich schuldig fühlen können, selbst wenn sie eigentlich unschuldig sind. Die, die wirklich schuldig sind, haben es da natürlich deutlich schwerer.

Indem sie sich selbst verziehen hätte, glaubt Mary, wäre sie auch mit solchen Schuldgefühlen in der Lage gewesen, zu erreichen, was sie mit Stephen erreicht hat.

Wie wichtig es ist, zu wählen

„Um mich herum fand ich Herausforderungen im Überfluß, die mir Schuldgefühle einimpfen wollten. Aber etwas in mir sagte: »Nein, ich bin nicht schuldig – ich weiß, was sich abgespielt hat, und es ist nicht mein Fehler.« Also ließ ich mir von niemandem einreden, daß die Asche auf mein Haupt gehörte. Wäre mir das nicht so klar geworden und wäre ich statt dessen in der Hölle der Schuld versumpft, und hätte ich mich wie ein schlechtes Mädchen und eine schlechte Mutter gefühlt, weil ich doch quasi mein eigenes Kind getötet hatte, dann wären Stephen und ich womöglich verloren gewesen. Aber für einen Menschen ist alles möglich. Egal, wie verfahren die Situation, egal, wie ernst die Krise – ein Mensch hat die Wahl: gehe ich vorwärts oder bleibe ich hier in dieser Hölle stehen. Und ausschließlich deine eigene Entscheidung bestimmt, wie es ausgeht. Sowohl Kinder als auch Eltern müssen das verstehen, und wenn sie es nicht tun – wird es zur leibhaftigen Hölle.

Das ist es, was man in der Welt der Lernbehinderung sieht – Eltern und Kinder, die sich in einem Loch aus Dunkelheit suhlen und sagen: »Das war's dann wohl.« Aber die Wahrheit ist, daß es noch mehr gibt. Sie müssen andere Möglichkeiten erkennen und wählen. Dann können sie auf diese Möglichkeiten zugehen. Es gibt nur einen Ausweg – Vergeben und Weitergehen. Es hilft nichts anderes.“

Gemeinsam gehen

„Jetzt, da ich auf siebzehn Jahre zurückblicke, erkenne ich, daß Stephen und ich Hand in Hand und sehr still auf einer Reise waren, und viele Stimmen anderer Menschen klingen uns noch in den Ohren – Ärzte, Lehrer und Freunde, die mir sagten, was Stephen alles nicht tun könne. Ich beschloß, das nicht zu glauben, denn obwohl ich wußte, daß er eine Behinderung hatte, glaubte ich daran, daß er sie annehmen und trotzdem tun konnte, was er wollte. Ich hielt es für meine Pflicht, diese Einstellung zu seiner Behinderung mit ihm zu teilen, bis er sie selbst verstehen konnte.

Als er dann zur Schule gehen sollte, konnte ich die Tatsache akzeptieren, daß er sich, obwohl er fünf war, in geistiger Hinsicht wie ein Zweieinhalbjähriger verhielt. Wir mußten damit anfangen, daß wir ihm zeigten, wie er seine körperlichen Bedürfnisse erfüllen und gleichzeitig die Unterrichts-Konzepte angehen konnte."

Das Geschenk der Erfahrung

Mary ist zutiefst davon überzeugt, daß ein Kind wie Stephen ein Geschenk ist und dieses Geschenk auch die Panik und das Leiden beinhaltet, das sie erlebte. Sie glaubt, daß sie das zu einer wesentlich stärkeren Persönlichkeit gemacht hat. Der Triumph, zu sehen, wie gut Stephen zurechtgekommen ist, gibt ihr einen weiteren Blickwinkel und mehr Sinn. Aus der Stärke heraus, die sie aus dieser Erfahrung gewonnen hat, möchte sie nun anderen geben. „Keine Frage", meint sie, „jedes Hindernis, das ich überwunden und jede Krise, die ich durchgemacht habe, ist mein Geschenk an die Menschheit. Mein Weg durch das Tal, all die Schmerzen, all die Hindernisse, all die Panik und das Erreichen der anderen Seite sind nun mein Geschenk an die Eltern, die auch behinderte Kinder haben."

Aus Angst sehen wir die Behinderten nicht

Es stimmt, daß unsere Gesellschaft dazu neigt, Behinderte herablassend und mitleidig zu behandeln. Wie oft habe ich von einem Blinden oder einem Rollstuhlfahrer gehört: „Abgesehen von meiner körperlichen Andersartigkeit bin ich genau wie andere Menschen auch, und ich wünschte, ich könnte auch mit dem gleichen Respekt akzeptiert und behandelt werden wie jemand, dem nichts weiter fehlt. Es gibt nichts, was mit meinem Geist oder mit meiner Persönlichkeit nicht in Ordnung wäre. Bemitleidet mich bitte nicht und gebt mir keine Hilfe, die ich nicht brauche. Wenn Ihr Euch nicht sicher seid, was ich brauche – fragt mich einfach."

Aber Behinderte werden aus Angst (die so viele von uns haben), wie es wäre, selbst unter einer solchen Beschränkung leiden zu müssen, fortwährend gemieden. Zur Angst vor behinderten Kindern meint Mary: „Wir projizieren unsere Angst auf diese Kinder, aber unsere Angst hat mit den Kindern nichts zu tun, und nichts mit ihrer Lernbehinderung. Es ist unser persönlicher Horror davor, selbst dieses Kind sein zu können – wie würden wir mit der Behinderung zurechtkommen? Wenn sich Kinder in einer solchen Situation wiederfinden, kommen sie damit klar und tun, was sie zu tun haben."

Mary durchbricht ihre Ängste

Mary war selbst nicht immun gegen diese Angst. Sie beschreibt, daß sie einmal als Elternteil zu einer Feier gehen mußte, die von einem behinderten Kind gegeben wurde. Über das erste Mal, als sie hörte, daß sie gehen mußte, meint sie: „Es war körperlich abstoßend, darüber nachzudenken. Es war unheimlich anstößig, widerlich und machte mir Angst. »Gott, jetzt muß ich mit einer Horde lernbehinderter Kinder zusammensein«, dachte ich. Aber nach der ersten Panik kann einem so ein Erlebnis helfen, alle möglichen Selbsttäuschungen zu durchbrechen.

Am Ende war der Tag unglaublich, und wir mußten über unsere Ängste einfach lachen. Auf dem Heimweg sprach ich mit meinen Kindern über die Erfahrung. Wir waren davon sehr berührt. Solange wir leben, werden wir diesen Tag nicht vergessen."

Die Isolation von Familien geistig Behinderter

Eltern, deren Kinder geistig behindert sind, sind sogar noch isolierter, weil die Gesellschaft so viel Wert darauf legt, was Menschen mit ihrem Geist anstellen können. Zu wissen, daß ein Kind geistige Beschränkungen aufweist, führt zu voreiligen Urteilen über das, was das Kind tun kann. Schulen und andere Institutionen legen den Eltern gegenüber möglicherweise ein äußerst arrogantes Verhalten an den Tag.

Ich habe viele Eltern sich bitterlich über die Hoffnungslosigkeit beklagen hören, die ihnen von Spezialisten aufgebürdet wurde, die ihre Kinder mit angeblich unüberwindlichen Beschränkungen brandmarken. Solchen Eltern ist Mary ein Leuchtturm der Hoffnung, weil Stephen es dank ihres Glaubens und seiner Charakterstärke schaffte, sich über seine vermeintlichen geistigen Beschränkungen zu erheben.

Wie die Schulen kooperierten

Mit Schulen hat Mary allerdings sehr positive Erfahrungen gemacht. „Ich schätze, ich war nie in einer Situation, wo man nicht bereit gewesen wäre, mit mir zu kooperieren; was man glaubt, tritt auch ein, und wenn man erwartet, daß die Schulen nicht mit einem kooperieren, werden sie es natürlich auch nicht tun. Aber ich habe es mir immer so gesagt: »Sie werden kooperieren, weil ich sie darum bitte, und weil ich ein sehr freundlicher Mensch bin, und ich weiß, daß sie sofort in meinen Sohn vernarrt sein werden und ihm geben wollen, was er wirklich braucht.« Bei mir hat das immer funktioniert. Ich wußte immer, daß ich einfach hingehen und um das bitten konnte, was mein Kind brauchte, als es noch zu jung war, um selbst zu bitten. Ich bat außerdem um alles, was ich als Mutter brauchte, und ich erwartete, das auch zu bekommen. Ich geriet nie an eine Schule, wo nicht genau das auch eingetreten wäre. Wenn überhaupt etwas, dann gab man mir mehr, als ich gewünscht hatte.

Ich weiß, daß meine Erfahrung ungewöhnlich war, denn ich habe auch die Erfahrungen einiger anderer Eltern verfolgt, die Probleme hatten. Ich kann mich an Picknicks in meinem Garten erinnern und wie ich Ihnen zuhörte, was sie alles erzählten. Ihre Erfahrungen unterschieden sich erheblich von meinen.

Eltern sollten wissen, daß es ihr gutes Recht als Bürger ist, alles zu verlangen, was sie für die Ausbildung ihres Kindes wollen, und nach dem Gesetz müssen ihre Wünsche auch erfüllt werden. Ich glaube nicht, daß sie im Umgang mit der Schule aggressiv werden müssen. Das Geheimnis ist, sich sehr, sehr klar darüber zu sein, was das Kind braucht, darum zu bitten und dafür zu sorgen, daß es zur Verfügung gestellt wird. Ich mußte nicht ein einziges Mal kämpfen. In jeder Schule, die ich aufsuchte, erhielt ich für Stephen stets die Unterstützung, die er benötigte. Ich habe mich selbst davon überzeugt, daß und wie diese Schulen ihrer Verpflichtung nachkamen. Es lag in meiner Verantwortung, dafür zu sorgen, daß Stephen zur Schule ging und ihm dabei zu helfen, sich in jeder dieser Schulen zurechtzufinden.“

Stephen lehnt seine Hörhilfe ab

Manchmal mußte Mary allerdings mehr tun als einfach nur um das bitten, was Stephen benötigte. Die Geschichte von seiner Hörhilfe zeigt das sehr gut. Es ist die einzige Geschichte, die sie mir erzählte, die auf so etwas wie einen Kampf zwischen ihr und einer Schule schließen läßt. „Eine der größten Behinderungen im System der schulischen Förderung war für mich das Etikettierungs-Syndrom – kategorisch zu behaupten, daß ein Kind aufgrund seiner Verfassung das und das nicht tun könne. Ich bat sie, doch bitte endlich damit aufzuhören und Stephen nicht eine derartige Botschaft zu vermitteln. Ich wollte nicht, daß er auf eine Krücke angewiesen war.

In diesem speziellen Fall hatte die Schule eine Hörhilfe angefordert, da Stephen seine Fähigkeit der Wahrnehmung hochfrequenter Töne eingebüßt hatte. Soweit ich weiß, wußte Stephen immer ganz gut selbst, was er brauchte. Wenn ich ihm aufmerksam genug zuhörte, konnte ich immer herausbekommen, worum er bitten mußte. Er kannte sich selbst besser als irgend jemand sonst. Das war schon seit seiner frühesten Kindheit so."

Eigentlich wollte Stephen diese Hörhilfe nicht. Man hatte sie ihm aufgenötigt, weil das Schulsystem meinte, er müsse sie haben. Mir fiel auf, daß er regelrecht darum kämpfen mußte, daß sich das schulische Förderungs-System nicht einmischte. Unablässig bedrängten sie ihn wegen der Hörhilfe. So etwas baut sich vor einem Kind als fürchterliche Herausforderung auf. Das Kind kann sich in seinem Kampf gegen die aufgezwungene Unterstützung dermaßen verlieren, daß ihm keine Energie mehr zum Lernen bleibt. Es ist ein Kampf um Macht, darum, wer bestimmt, das Kind oder die Autoritäten. Autoritäten neigen dazu, Kinder nicht um Informationen zu bitten, sondern gehen davon aus, sowieso zu wissen, was gut für die Kinder ist.

„Also legte Stephen seine Hörhilfe ab und brachte damit die ganze Schule auf die Palme. Als ich dann erkannte, was da vor sich ging, ging ich zu ihm hin und meinte: »Mir fällt auf, daß du deine Hörhilfe gar nicht trägst.«

Er meinte: »Ich brauch sie nicht.«

Ich sagte: »Hörst du alles, was du hören mußt?«

»Ja.«

»O.k.«, meinte ich, »dann werden wir das für dich mal in Ordnung bringen.«

Also gingen wir zum Ohrenarzt, und während Stephen dem Arzt selbst sagte, daß er sicher alles hören könne, was er hören mußte, wartete ich. Der Arzt konnte sich in seine Lage versetzten und schrieb der Schule einen Brief, in dem stand: »Stephen Regnier braucht seine Hörhilfe nicht mehr zu tragen.« In diesem Fall bestand meine Unterstützung darin, daß ich meinem Kind zuhörte und glaubte, was es sagte und es zu einer einflußreichen Quelle mit Einfluß auf das Schulsystem brachte. Ich sorgte dafür, daß der Informationsfluß auch in Richtung Schule ging und gab ihm die ganze Zeit über Rückendeckung. Die Schule war natürlich total entsetzt."

Wie Stephens Unabhängigkeit gefördert wurde

Dieses Beispiel zeigte Marys Unterstützung für und ihren Glauben an Stephen, und es zeigte auch, daß sie nicht bereit war, zuzulassen, daß die Schule ihn „zu seinem Besten" schikanierte. Das war ein wichtiger Teil ihres Planes, Stephen dabei zu helfen, fest genug an sich selbst zu glauben, damit er seine Behinderung in der richtigen Relation sehen und sie vielleicht sogar überwinden konnte. Mary wußte, daß er so unabhängig wie möglich sein wollte.

„Er wußte genau, wann er keine weitere Unterstützung haben wollte. Er wußte, wann er stark genug war, etwas allein zu tun. Dabei unterstützte ich ihn uneingeschränkt und visualisierte mit ihm, daß er jede Behinderung, die er hatte, auch kompensieren konnte, daß sein Körper schon wisse, wie er etwas anders machen konnte, daß er sich auf seinen Körper verlassen könne, daß er nur nach innen gehen und sich davon überzeugen müsse und daß er schon nach kurzer Zeit wissen würde, wie er das, was er sich vorgenommen hatte, auch tun konnte. Das hat er so gut hinbekommen, daß er schon im zweiten Jahr auf der High School wußte, daß er ohne weitere Unterstützung allein zurechtkommen konnte. Das hatte er sich in den Kopf gesetzt, das war seine fixe Idee, die ihn rasend machte und eine Menge Zeit in Anspruch nahm.

Also ging ich zur Schule und sagte: »Ich möchte, daß Sie für meinen Sohn da sind, aber nur, wenn er darum bittet. Ich möchte, daß Stephen von nun an die Verantwortung für sein eigenes Leben übernimmt, und ich möchte, daß er selbst um die Unterstützung bittet, die er braucht. Von mir aus können Sie ein System zur Kontrolle einrichten, aber Sie können ihm nicht aufzwingen, was er Ihrer Meinung nach benötigt, denn er weiß inzwischen selbst, was er braucht.«"

Ein Wendepunkt für Stephen

Als nächstes erzählte mir Mary von einem wichtigen Wendepunkt in Stephens Leben, als er lernte, noch viel unabhängiger zu werden. Als ich ihr zuhörte, war ich sehr beeindruckt von dem Mut, den Sie gehabt haben mußte, als sie damals so auf ihn reagierte.

„Stephen hatte sich gerade ziemlich schlimm verletzt, und er wußte, daß es zu der Verletzung nur hatte kommen können, weil ihn ein paar Leute gedrängt hatten, etwas zu tun, was er eigentlich nicht tun wollte. Ich fragte ihn einfach: »Findest du nicht, daß es ziemlich lächerlich ist, daß du das alles durchmachst, wo du doch zu alldem einfach ‚Nein' sagen könntest?« Als ich sah, daß er verstand, worauf ich hinauswollte, meinte ich weiter: »Ich habe heute folgendes mit dir vor: ich werde dir heute dein Leben zurückgeben. Du bist jetzt auf auf dich gestellt und absolut selbst verantwortlich dafür, daß du dein Leben nach deinen Vorstellungen gestaltest. Du mußt dich nicht länger so verletzen. Sag einfach ‚Ja' oder ‚Nein' und sag uns dann, wofür du dich entschieden hast.«

So etwas als Elternteil zu tun, hat weitreichende Auswirkungen auf ein Kind. Tatsache ist aber, daß es funktioniert, weil Kinder wissen, was sie brauchen und über die inneren Ressourcen zur Verwirklichung ihrer eigenen Pläne verfügen, vorausgesetzt, Eltern und Lehrer gehen ihnen aus dem Weg. Von da an betrachtete ich es also als meine Aufgabe, sozusagen am Spielfeldrand Beifall zu klatschen und Stephens Unabhängigkeit zu stärken.

Aber ich sagte ihm an dem Tag – und es war ein sehr kritischer Tag für ihn, da er starke Schmerzen hatte – daß ich nichts mehr für ihn erledigen würde, daß seine Mutter nun nicht mehr im Wege stehen und er freie Hand haben würde, sein Leben nach seinen Vorstellungen zu gestalten. Ich würde ihn nur lieben und unterstützen und anfeuern. Innerhalb von zwei Jahren kam er, langsam aber sicher, von einem »D«-Notendurchschnitt auf einen »A«-Schnitt."

Wie Stephen zu Haus geholfen wurde

Wo erforderlich, brachte Mary Stephen zusätzlich zu diesem Engagement bei, wie er seinen Geist selbständig nutzen konnte. Sie hat ihm nie die Hausaufgaben abgenommen, aber sie zeigte ihm gelegentlich Methoden, wie er effektiver lernen konnte. „Als für ihn eine größere Prüfung anstand", meinte sie, „machten wir ein bißchen Visualisierungsarbeit und sprachen darüber, wie er wissen würde, daß er alle Antworten schon in sich hat und daß er nur in sich zu gehen und zu fragen brauchte. Es war seine Sache, sich auf die Prüfung vorzubereiten, aber ich machte ihm gern Mut und feuerte ihn an."

Mary förderte Stephen also in zweifacher Hinsicht. Zum einen gab sie ihm die Sicherheit, daß er wirklich darauf vertrauen konnte, daß ihm sein inneres Bewußtsein die richtigen Antworten eingab. Das ist eine machtvolle Suggestion, weil dieses Wissen knapp unterhalb der Bewußtseinsschwelle gespeichert ist und leichter wieder ins Bewußtsein kommt, wenn der Schüler daran glaubt, daß es da ist, wenn er sich entspannen kann und offen dafür ist, es anzunehmen. Der Schüler lernt nach und nach immer besser, die leise, feine Stimme im Innern zu hören.

Zum zweiten unterstützt sie ihn, indem sie ihm die Sicherheit gibt, daß sie an dem, was er tut, anteilnimmt und sich dafür begeistert. Wir tun viel lieber etwas für Menschen, die uns lieb und teuer sind, als für uns allein. Eltern motivieren ihre Kinder ungemein, wenn sie ihnen die Gewißheit vermitteln, daß ihnen die Resultate ihrer Arbeit etwas bedeuten und sie anfeuern. Dieses Vorgehen unterscheidet sich in seinen Auswirkungen grundlegend von der Methode, das Kind im Falle unbefriedigender Ergebnisse durch angedrohten Liebesentzug unter Druck zu setzen. So sagt man auf positive Art: „Ich akzeptiere, was immer geschieht, aber deine Erfolge freuen mich besonders."

Wie wichtig es ist, loszulassen

Mary steht Eltern, die nicht die innere Stärke haben, um ihren Kindern solche Unabhängigkeit zu geben, kritisch gegenüber. Es geht ja nicht darum, loszulassen, bevor die Zeit dafür reif ist und wesentliche Leitfunktionen zu vernachlässigen. Mary glaubt fest an den Wert von Anleitung und Struktur.

„Natürlich leitet man Kinder an, wenn sie jung sind, und ermöglicht ihnen, die Grenzen, in denen sie sich bewegen können, abzustecken, weil sie das nicht allein können, bis sie ins Teenageralter kommen. Meine Kinder verfügten jedoch schon sehr früh über die Fähigkeit, sich selbst anzuleiten, weil ich ihnen schon sehr, sehr früh erlaubt habe, Entscheidungen selbst zu treffen. Ich kann mich daran erinnern, daß ich ihnen in der zweiten Klasse sagte: »Ich habe keine Ahnung, wie Ihr Eure Hausaufgaben machen sollt, das müßt Ihr schon selbst lernen. Ich habe keine Ahnung, wie ich diese Matheaufgaben lösen soll. Ihr müßt eben Fragen stellen und das selbst rausfinden. Sowas nehme ich Euch nicht ab.« Ich gab meinen Kindern haufenweise Gelegenheit, auf eigene Faust Informationen zu sammeln, weil ich nicht wollte, daß sie von mir abhängig sind. Ich fand das Gefühl unangenehm. Schon als sie klein waren, entschieden Sie sehr gut für sich selbst."

Mary sieht sich also dem Erkennen und Respektieren des selbständigen Seins des Kindes verpflichtet – dem Recht des Kindes, einem einzigartigen und individuellen Weg zu folgen. „Die meisten Eltern machen das nie", meint sie. „Die Kinder können vierzig sein, und ihre Eltern stehen ihnen noch immer im Weg. Sie mischen sich immer noch ein und halten sie auf und wiegen sie in dem Glauben, daß ihre Eltern die einzigen seien, die Bescheid wüßten."

Den Jungen Macht geben

Aus diesem Versagen so vieler Eltern zieht Mary den Ehrgeiz, eine Karriere aufzubauen; sie möchte jungen Leuten ein Gefühl für die eigene Macht geben. „Sie sollen wissen, daß ich daran glaube, daß sie tun können, was sie wollen, und zwar so, wie sie wollen. Wenn ihnen die Älteren nur aus dem Weg gehen und unterstützen, werden Sie schon den ersten Schritt machen und Erfolg haben." Natürlich passiert das vielfach nicht, weil das Kind durch übermäßige Besorgnis der Eltern vom Weg abkommt und Probleme damit hat, selbständig zu werden; es versucht, die Eltern zu manipulieren, was dazu führt, daß der Brennpunkt des inneren Lichtes des Kindes unscharf wird.

Häufig manipulieren wir junge Leute aufgrund unseres unbewußten (oder nur allzu bewußten) Bedürfnisses, unser eigenes Versagen auszubügeln und uns durch sie die eigenen Träume zu erfüllen. Vielleicht vertrauen wir uns auch selbst zu wenig, um an sie zu glauben. Besonders verheerend kann sich das im Fall behinderter Kinder auswirken, weil es immer möglich ist, „Beweise" dafür zu finden, daß sie nicht tun können, was sie wollen. Eltern manipulieren ihre Kinder durch übertriebenes Behüten oder Leugnen ihrer Behinderung; in beiden Fällen versuchen sie, etwas aus den Kindern zu machen, was sie nicht sind. Mary macht besonders die letztere Art der Manipulation Sorgen.

Wir manipulieren unsere Kinder, wenn wir ihre Behinderung verleugnen

„Leugnung macht einen großen Teil unserer Kultur aus", meint sie. „Von daher ist es nicht schwer zu verstehen, daß Eltern sich dafür entscheiden, zu leugnen. Ich glaube, daß es schwierig für sie ist, zu akzeptieren, daß ihr Kind Zahnspangen tragen muß oder Allergien hat, ganz zu schweigen etwa von einer Lernbehinderung. Ich glaube, daß das außerordentlich schwer ist, weil wir gerne glauben würden, daß wir vollkommen sind, und natürlich, weil wir Menschen sind, die sich bemühen, einer bedeutenden, außerordentlich wichtigen Aufgabe gerecht zu werden. Ich habe das Gefühl, daß es dem Kind gegenüber respektlos ist, die Realitäten seiner Existenz zu verleugnen. Ich finde das äußerst unfair. Es ist dem Kind gegenüber unfair, weil man es ihm viel, viel schwerer macht.

Manchmal ist die Versuchung groß, in Leugnung aufzugehen, aber es kommt nie, niemals etwas dabei heraus. Man macht dem Kind das Leben nur noch mehr zur Hölle. Da das Kind im Innern weiß, was es tun kann und was nicht, bedeutet das So-tun-als-ob es dies oder jenes tun könnte, ein gewaltiges zusätzliches Hindernis auf seinem Weg. Jetzt muß es das Kind einem recht machen, und es versucht, es auch sich selbst recht zu machen und trägt dabei an einer doppelten Last. In solchen Situationen würde ich die Eltern gerne zur Seite nehmen können, weil sie so eine Falle für ihr Kind darstellen, so ein Hindernis, so einen Berg, der im Weg steht.

Kinder können sich Eltern und Lehrern gegenüber wirklich ohnmächtig fühlen, weil sie nicht wissen, wie sie um all diese bedeutenden, großen Leute herumkommen können, diese Leute, die wollen, daß sie etwas Bestimmtes tun – dabei wollen Kinder nur tun, was sie nach ihrem Wissen auch tun können. Wenn wir ihnen doch bloß erlauben würden, das auf ihre eigene Weise zu tun, dann würden sie es auch tun. Aber Eltern und Lehrer scheinen nicht aus dem Weg gehen zu wollen, anscheinend, weil wir glauben, schon zu wissen, was wir tun – obwohl wir das meistens *nicht* wissen."

Sich selbst und darüber hinaus vertrauen

Was sollten Eltern also tun? „Akzeptanz und Vertrauen sind das einzig Mögliche. Bitten Sie um alle Informationen, die Sie brauchen. Tun Sie nicht so, als wüßten Sie Bescheid, wenn Sie sich nicht sicher sind. Fragen Sie. Denn das Problem ist einfach zu groß für einen Einzelnen. Es ist zu groß für das Kind, und es ist zu groß für die Eltern. Sie müssen einen Eindruck davon haben, wie machtlos Sie sind – Sie müssen wissen, daß Sie dem Kind die Behinderung nicht abnehmen können."

Mary gibt offen zu, daß sie hierbei selbst weit entfernt davon ist, perfekt zu sein. „So sehr ich mich auch danach sehne und so groß mein Verlangen auch ist, mein ganzes Können dafür einzusetzen, Stephen Dinge abzunehmen – es klappt nie, und er sagt mir, ich solle ihm aus dem Weg gehen. Er lacht mich einfach aus, weil er meint, es sei schon lustig, daß ich es überhaupt versuche. Also zwinge ich mich dazu, an ihn zu glauben, und ich schicke ihn mit den Worten zur Schule: »Du weißt natürlich, daß ich bei dir sein werde und für dich bete. Ich weiß, daß du alles hast, was du brauchst, um deine Wünsche zu erfüllen.« Das ist die einzige Antwort, warum sollte ich leugnen? Das Kind leugnet ja auch nicht, wenn man selbst nicht leugnet." Trotz all ihres Optimismus ist sich Mary der Schwierigkeiten, denen sich Eltern geistig und körperlich behinderter Kinder gegenübersehen, durchaus bewußt. Sie glaubt jedoch, daß die Liebe zu diesen besonderen Kindern der einzige Ausweg aus den Schwierigkeiten ist. „Diese Eltern müssen wissen, daß das Kind für sie eine Quelle ganz besonderer Liebe ist. Wenn Sie die Angst vor dem, was das Kind nicht tun kann, überwinden und statt dessen akzeptieren würden, was er oder sie tun und für sie sein kann, würde auch die Angst verschwinden."

Mit der sozialen Stigmatisierung umgehen

„Aber in sozialer Hinsicht ist es entsetzlich, ein solches Kind zu haben. Manche Leute wollen nicht einmal mit einem reden, nur weil man ein lernbehindertes Kind hat. Als ob man über den Tod spräche. Man ist also sehr allein, und dabei braucht man so viel Unterstützung. Man muß sich mit anderen Eltern zusammenschließen, die ähnliche Probleme haben. Ihr Kind braucht Unterstützung, weil es sich wie ein Monster von einem anderen Stern vorkommt, das einzige seiner Art, abweichend, nicht in der Lage, der amerikanische Standard-Junge oder das amerikanische Standard-Mädchen zu sein. Die Kinder haben Jahre der Einsamkeit vor sich, und auch die Eltern fühlen sich einsam."

Das erinnert mich an eine sehr erfolgreiche Freundin von mir, die großartig über ihre körperliche Behinderung triumphiert und von allen ihren Freunden sehr geliebt wird. Mit sich trägt sie die Erinnerung an ihre Mutter, die einmal, als sie noch ein schutzloses Kind war, zu ihr meinte: „Ich hoffe, daß sich jemand deiner so annimmt und dich so liebt wie ich, wenn ich einmal nicht mehr bin. Aber ich fürchte, in deinem Fall ist das wohl aussichtslos."

Marys Botschaft an Eltern und Jugendliche ist als Folge der Schwierigkeiten, des Schmerzes und der Isolation, die sie selbst erlebt hat, noch dringlicher geworden. Sie lobt, was Stephen für sich selbst tun konnte und möchte die Botschaft von dem, was alle jungen Menschen tun können, weitertragen. „Wir müssen unsere Kinder mit all unserer Macht lieben", meint sie, „weil das zeigt, wo unsere eigentliche Macht liegt. Und der machtvollste Weg, sie zu lieben, ist, sie loszulassen – in ihre eigene, einzigartige Macht hineinwachsen zu lassen, die sich von unserer so sehr unterscheidet."

Ich glaube, das ist eine der wichtigsten Botschaften in diesem Buch. Ich habe Ihnen in diesen Kapiteln zahlreiche Techniken angeboten, aber die dominierende Philosophie ist, andere um ihrer Kraft, Stärke und Einzigartigkeit willen zu lieben. „Wann immer ich an Stephen denke", meint Mary, „weine ich, aber nicht aus panischer Angst, sondern vor Freude." Das sind die einzigen Tränen, zu denen uns unsere Kinder bewegen sollten.

Anhang Zwei

Die Prinzipien des Integrativen Lernens

Eine Zusammenfassung von Schlüsselbegriffen, hauptsächlich für Lehrer.

Um zu klären, was Integratives Lernen ist und wie es funktioniert, müssen wir mehrere Schlüsselkonzepte verstehen. Dieser Abschnitt faßt die Anwendung dieser Konzepte in einer Vielzahl von Lernbereichen zusammen. Ein großer Teil dieses Stoffes findet sich im Buch bereits an anderer Stelle, besonders in den Kapiteln Zwei, Drei, Vier und Fünf, wird aber hier zur handlichen Referenz noch einmal zusammengestellt. Dieser Abschnitt richtet sich hauptsächlich an Lehrer und sollte weder als Ersatz noch als Zusammenfassung des Buches gelesen werden. Betrachten Sie ihn eher als grobes Glossarium der Schlüsselbegriffe des Integrativen Lernens.

Die drei Komponenten des Lernens

Der Lernprozeß besteht aus drei Komponenten: **Input, Synthese** und **Output**. Solange die Erfahrung nicht alle dieser drei Komponenten umfaßt, hat kein Lernen stattgefunden. Im traditionellen Unterricht wird die **Input**-Komponente stark betont. Dabei kann es, wie man so sagt, durchaus vorkommen, daß eine Idee aus dem Notizbuch des Lehrers ins Heft des Schülers wandert, ohne durch den Geist auch nur eines der beiden gegangen zu sein. Diese Parodie traditionellen Unterrichts weist auf die Tatsache hin, daß im allgemeinen sowohl Lehrer als auch Schüler von der Annahme ausgehen, daß der Lehrer vornehmlich die Rolle eines Wissenszerstäubers zu spielen habe. Die Aufgabe des Schülers sei es dann, das zuvor zerstäubte Wissen zu absorbieren und zu lernen.

Seitens des Lehrers führt diese Einstellung zu einem übertriebenen Bedürfnis, totale Kontrolle über das Wissen und stets die richtigen Antworten parat zu haben, egal, ob die Schüler dabei etwas lernen oder nicht. Das wiederum führt leicht dazu, daß die Fähigkeit des Lehrers, im freien Spiel des Lernprozesses aufzugehen, gehemmt wird. Außerdem werden die Lehrer davon abgehalten, während einer Unterrichtsstunde auch von ihren Schülern etwas zu lernen. Auf Universitäts-Niveau, wo richtige Antworten zunehmend weniger sicher werden, kommt es dadurch zu einer allgemeinen Abwertung der Lehre zugunsten der Forschung.

Viele Lehrer neigen dazu, einen Schüler in erster Linie als jemanden zu sehen, dem es an Wissen mangelt, über das *sie* verfügen. Somit betrachten sie es als ihre Pflicht, Wissen aus ihrem Geist in den des Schülers zu übertragen. Dazu muß der Lehrer den Geist des Schülers natürlich erst einmal öffnen, was zuweilen in einen leicht gewalttätigen Prozeß ausarten kann, der unter Umständen sogar Drohungen und Bestrafung einschließt. Die Neigung, Schüler als unwillige Opfer ihrer Erziehung zu sehen, verschließt die Augen vor der Tatsache, daß das Lernen instinktiv ist.

Obwohl der Input wichtig ist, betonen wir beim Integrativen Lernen Synthese und Output genauso stark. In der Tat haben die meisten Menschen aufgrund des verblüffenden Informationszuwachses unserer Zeit ein größeres Bedürfnis, zu lernen, wie sie diese Informationen verarbeiten können, sobald sie Zugang zu ihnen haben.

Synthese findet statt, wenn ein Schüler den neuen Input mit seinen bisherigen Erfahrungen abgleicht und dabei eine funktionsfähige Beziehung zwischen beiden Komponenten herstellt. Da das neue Wissen in Kontakt mit bereits Gelerntem kommt, findet eine wechselseitige Transformation statt. Deshalb sehen keine zwei Menschen das gleiche Ereignis auf die gleiche Weise. Wir interpretieren, was wir beobachten oder erfahren, im Licht unserer persönlichen, individuellen Erfahrung. Selbst, wenn zwei Menschen ein neues Ereignis oder eine neue Information auf die gleiche Weise zu verstehen scheinen, schätzen sie, wenn auch unbewußt, die Information möglicherweise völlig unterschiedlich ein.

Output

Im größten Teil traditionellen Unterrichts ist der **Output** Teil eines geschlossenen Kreislaufes. Das heißt, man erwartet eine ganz bestimmte Antwort, oder eine bestimmte Aufgabe ist zu erledigen. Wenn man einen Schüler beispielsweise auffordert, die Ursachen des Dreißigjährigen Krieges zu bestimmen, zu diskutieren und jeder Ursache dabei ein wahrscheinliches Gewicht zu geben, kann er leicht auf den Gedanken kommen, es gäbe eine bevorzugte wahrscheinliche Gewichtung, oder jedenfalls eine bevorzugte Menge von Regeln zur Diskussion der Frage. Es wird also eine Erwartungshaltung für eine ganz bestimmte Art Leistung aufgebaut.

Beim Integrativen Lernen nimmt man eine gelassene Haltung zuversichtlicher Erwartung (*expectancy*) ein, statt etwas fest zu erwarten (*expectation*). Wenn man etwas fest erwartet, verengt und beschränkt man die mögliche Lernerfahrung des Schülers deutlich, während eine gelassene Erwartungshaltung die Offenheit für Erfahrungen, die die Minimalerwartungen übertreffen und über diese hinausgehen, erhält und alle diese Erfahrungen gleichermaßen für gültig erklärt.

Der Lernzyklus

Diese drei Komponenten des Lernens haben eine Schnittstelle mit dem von Georgi Lozanov entwickelten Lernzyklus, dessen Erforschung den operationalen Vorgehensweisen des Integrativen Lernens zugrundeliegt. Der Lernzyklus bestimmt die Unterrichtsabfolge. Auch er besteht aus drei Stufen: **Dekodierung, Konzert** und **Aktivierung**. Diese werden im Unterricht allerdings nacheinander dargeboten, während sich die drei Komponenten des Lernens im Geist des Schülers kontiniuierlich miteinander verweben.

Die Bedeutung des Dekodierens

Kernkonzepte oder Schlüsselideen geistiger Organisation bilden die Grundlage des Integrativen Lernens, auf denen der zu lernende Stoff oder die zu erlernende Fertigkeit aufbauen.

Diese Kernkonzepte werden dem Lernenden während des **Dekodierens** klargemacht, damit sie im ganzen Umfang in den Denkprozeß eingebunden werden. Das Dekodieren bereitet mithilfe von Konzertsitzungen die Integration des neuen Wissens ins Langzeitgedächtnis vor.

Der Test für gutes Dekodieren ist in jedem Fall das Maß, in dem Unklarheit durch eine klare Darstellung der zu lernenden Kernkonzepte ersetzt wurde. Der zeitliche Aufwand für das Dekodieren kann im Bereich von ein paar Minuten bis zu einigen Monaten liegen, abhängig jeweils vom Grad der dem Thema innewohnenden Unklarheit. Wenn der zu lernende Stoff nur wenig Unklarheit oder Mehrdeutigkeit in sich birgt (wie beispielsweise in einem Fremdsprachenkurs), genügt es, den Schülern eine neue Grammatik und ein neues Vokabular kurz vorzustellen. Stellt der Stoff dagegen hohe Ansprüche an das Verständnis, ist zur Durchdringung und Klärung eine längere Dekodierungsphase erforderlich.

Mögliche Formen des Dekodierens sind unter anderem ein kurzer Vortrag, eine kurze Diskussion, eine scharade-ähnliche Darbietung durch den Lehrer, der Einsatz von Aktivitäten, bei denen die aktive Teilnahme und Mitarbeit der Schüler gefragt ist (wie bei den *menschlichen Skulpturen*) oder echte Forschung, die man den Schülern anvertraut. Das Dekodieren kann entweder eine direkte oder indirekte Präsentation sein. Indirekte Präsentationen fordern das Mitdenken der Schüler und ermöglichen ihnen, ein eigenes Gefühl für die Kernkonzepte zu entwickeln.

Konzertsitzungen im Unterricht

Beim Integrativen Lernen lassen sich als Teil des Lehrprozesses **Konzertsitzungen** einsetzen. Neue Lektionen können in Form einer Geschichte oder eines vorgetragenen Dialoges vor einem Hintergrund klassischer Musik dargeboten werden. Die Stimme des Lehrers verknüpft sich dabei mit dem emotionalen Gehalt der Musik und nicht mit dem vorgetragenen Stoff. Durch die musikalische Dramatisierung des Stoffes und die dadurch bewirkte Verstärkung des emotionalen Elementes bringt der Lehrer den Stoff in eine Form, die leichter ins Langzeitgedächtnis eingeht. Wir lernen am mühelosesten durch Geschichten mit starken Bildern vor einem musikalischen Hintergrund.

Konzertsitzungen sollten eine umfangreichere Stoffmenge abdecken als eine normale Lehreinheit – in der Regel etwa zwei bis fünf Mal so viel Stoff. Konzerte sollten also sparsam und als Mittel eingesetzt werden, die Lernenden zu fordern, eine große, global und ganzheitlich dargebotene Stoffmenge zu assimilieren und zu integrieren. Solche Konzerte sollten nicht mehr als fünf Prozent der gesamten Unterrichtszeit beanspruchen.

In Fremdsprachenkursen kommen zwei Arten von Konzertsitzungen zum Einsatz, eine aktive und eine pseudo-passive. (Der Ausdruck „pseudo-passiv" bezieht sich auf den Zustand des Lernenden, der scheinbar passiv ist, dessen Geist in Wirklichkeit aber sehr aktiv ist).

Das aktive Konzert, bei dem der Schüler dem Text der Zielsprache folgt und ihn beim Vorlesen mit einer Übersetzung vergleichen kann, soll Vokabeln und grammatische Formen im Langzeitgedächtnis verankern. Da der Stoff aber nicht mit der üblichen Betonung vorgetragen wird, muß er während des pseudo-passiven Konzertes mit normaler Stimmführung noch einmal gelesen werden, damit die Schüler die korrekten Betonungsmuster assimilieren können. Während dieses zweiten Konzertes folgen die Schüler nicht dem Text, sondern legen normalerweise ihren Kopf zurück, schließen ihre Augen und erlauben ihrem Geist, die Erfahrung einfach aufzusaugen.

In den meisten anderen Fächern verwendet man nur ein Konzert. Dieses Konzert wird wie ein aktives Konzert vorgetragen, aber wie ein pseudo-passives Konzert erlebt. Wenn man zwei Konzerte einsetzen möchte, sollten sie textlich unterschiedlich sein, wobei das aktive Konzert eine Geschichte oder ein Dialog, und das pseudo-passive Konzert eine *geführte Phantasiereise* ist, die den Schüler auf eine Reise durch die inneren Organe des Stoffes mitnimmt, vergleichbar etwa mit einer Reise durch den Blutkreislauf, oder einer Augenzeugen-Live-Besichtigungstour geschichtlicher Ereignisse.

Diese Form der Darbietung fördert die Fähigkeit des Geistes, neuen Stoff zu synthetisieren. Schon eine einzige Konzert-Darbietung genügt, um den Stoff dauerhaft im Langzeitgedächtnis des Lernenden zu verankern, vorausgesetzt, die Aktivierung findet mit mindestens einem Tag Abstand (um einmal darüber schlafen zu können) und innerhalb einer Woche statt. Konzertmusik kann zur Einübung und Entwicklung von Fertigkeiten eingesetzt werden, zur Präsentation motivierenden oder inspirierenden Stoffes oder zur Erforschung neuer, noch zu strukturierender Konzepte.

Den Stoff aktivieren

Wenn beim Integrativen Lernen Konzertsitzungen stattfinden, sollte der Stoff anschließend **aktiviert** werden, und zwar normalerweise einen oder mehrere Tage nach der Präsentation des Konzertes. So kann der Geist eine Nacht darüber schlafen und hat Zeit, den Stoff aus den Konzerten zu assimilieren. Die Aktivierung kann Sketche, Spiele und Diskussionen beinhalten, die speziell darauf zugeschnitten sind, den Stoff über die Schwelle des Bewußtseins zu hieven, um den Schülern einen bewußten Eindruck davon zu vermitteln, wie vertraut sie mit dem Stoff schon sind. Zusätzlich erhalten sie die Möglichkeit, den Stoff in dem Format, das sie am besten handhaben können, zu strukturieren.

Im allgemeinen sind Aktivierungen ein vergnüglicher Ersatz des gewöhnlich für den Erwerb neuen Wissens für notwendig gehaltenen langweiligen Drills durch Einpauken. Richtig eingesetzt können sie die zum Erreichen von Kompetenz oder Beherrschung auf einem Gebiet erforderliche Zeit deutlich reduzieren.

Die Bedeutung einer positiven Atmosphäre im Unterricht

Das Klassenzimmer-Umfeld ist so konzipiert, daß den Schülern dort gemachte Erfahrungen positiv in Erinnerung bleiben. Alle Vorschläge zu Aktivitäten und Präsentationen des Stoffes erfolgen in positiver Form, und die Aufmerksamkeit richtet sich niemals auf die Mißerfolge, Fehler oder andere Unzulänglichkeiten des Schülers, ohne gleichzeitig sein Selbstbild zu stärken oder zumindest aufrechtzuerhalten.

Unklarheits-Toleranz

Obwohl es eigentlich kaum der Rede wert ist, scheinen wir manchmal zu vergessen, daß man am besten in einer Umgebung lernt, die Freude macht. Schüler, die sich wohlfühlen, können besser nachdenken, sondieren und voreilige Schlußfolgerungen über den Stoff vermeiden. Ängstlichkeit erzeugt das Bedürfnis, voreilige Schlußfolgerungen zu ziehen und sofortige Maßnahmen zu ergreifen. Das Extrembeispiel dafür ist Panik. Ein Zustand der Panik kann die schlimmstmögliche Reaktion induzieren, um nur überhaupt etwas zu tun. Beim Integrativen Lernen geht man mit alldem so entspannt um, wie es die Natur des Themas zuläßt. So bleibt genügend Spielraum, um Unklarheiten auf natürliche, angenehme Weise und ohne voreilige Schlußfolgerungen auszuräumen.

Die Individualität des Schülers respektieren

Die Unterrichtsstunden sollten so gestaltet werden, daß jeder Schüler das Thema unterschiedlich handhaben kann, auch wenn es vollkommen klar und ohne kontroverse Meinungen ist. Deshalb sollte jede Stunde so geplant werden, daß die Schüler ihren persönlichen Stil der Integration neuen Wissens gegenseitig erforschen und miteinander vergleichen können. Das bedeutet, denken zu lernen, und kritisches Denken sollte nicht nur in die Lage versetzen, Lücken in der Begründung aufzudecken, sondern auch, den Wert eines vom eigenen Denken verschiedenen Denkens zu erkennen. Denn den Wert einer neuen Struktur zu beschreiben und anzuerkennen, ist eine so wichtige Funktion kritischen Bewußtseins wie die Aufdeckung von Schwachstellen eines unangemessenen Strukturierungs- oder Begründungs-Prozesses.

Klassendiskussionen sollten mehr leisten als nur die eine oder andere Wahrheit zu bestimmen. Die Schüler sollten vielmehr ihre persönliche Beziehung zum Stoff klären, wobei sie von einer Klärung des persönlichen Nutzens profitieren können. Die sokratische Methode wird zu oft benutzt, um Schüler in einem ausgetrampelten Begründungs-Pfad zu halten und zu selten, um sie zur Entdeckung und zur Neuordnung ihrer eigenen Denkprozesse zu führen.

Wenn man Stoff als absolute Wahrheit präsentiert, nehmen Schüler weniger Möglichkeiten wahr, eine eigene Beziehung zum Stoff herzustellen und werden sich eher bewußt, wie wenig sie davon eigentlich begriffen haben. Das reduziert ihre Lernbereitschaft.

Wenn dagegen klar ist, daß jeder zu einer einzigartigen, wertvollen Sichtweise des gerade betrachteten Themas gelangt, wenn er nur intensiv genug nachdenkt, haben Schüler eher den Wunsch, sich auf diesem Gebiet herausragende Kenntnisse anzueignen.

Mit der entsprechenden, im Unterricht vermittelten Übung können alle Menschen einzigartige, wertvolle Sichtweisen entwickeln, vorausgesetzt, man präsentiert ihnen den Stoff so, daß dabei Ausdruck und Ausprägung ihrer individuellen Wahrnehmungen stimuliert werden. Diese Wahrnehmungen müssen dann in den Mittelpunkt gestellt, in Beziehung zum Thema gesetzt, durch die Feedbackschleife angemessen modifiziert und effektiv vermittelt werden.

Persönliche Lernstile

Indem der Lehrer beim Integrativen Lernen die Aufmerksamkeit im Unterricht weg von der „Sendung", der Übermittlung des Stoffes, und hin zu Synthese und Output der Schüler verlagert, unterstützt er die Schüler dabei, ihren persönlichen Lernstil zu entdecken und auszuprägen. Der Lehrer leitet also die Schüler dazu an, individuelle Herangehensweisen an den Stoff zu entwickeln und die volle intellektuelle Verantwortung dafür zu übernehmen.

Die Schüler werden sich auch des einzigartigen Lernstils ihrer Klassenkameraden bewußt, denn das Verständnis des Lernstils anderer hilft einem dabei, den eigenen Lernstil besser zu verstehen. Die Kommunikation wird effektiver, wenn diese unterschiedlichen Stile richtig verstanden werden. Wenn man Unterschiede versteht, dann nicht, um sie abzuflachen, sondern, um kreativer und in ihren Begriffen mit ihnen interagieren zu können.

Die Verwirrung über Lernen und Lehren, die in traditionell unterrichteten Klassen aufkommt, kann aus der Tatsache resultieren, daß wir Dinge nicht nur von verschiedenen Standpunkten aus wahrnehmen, sondern auch daher, daß wir am effektivsten mit unterschiedlichen Stilen lernen. **Auditive, kinästhetische, visuelle, lesende und interaktive Lerner** sollten die gleiche Möglichkeit erhalten, den Lernprozeß durch ihre eigenen Stärken zu erfahren.

Auditive Lerner haben es im traditionellen Unterricht, in dem sich ein großer Teil des Stoffes an die Ohren richtet, am leichtesten. Auch lesende Lerner kommen – auch auf sich gestellt – häufig recht gut zurecht, vorausgesetzt, man bietet ihnen angemessene Stoffe in Textform an. Visuelle Lerner haben es schon schwerer, aber ihr Bedürfnis nach visuellen Zugangsweisen kann durch (Land-)Karten, Diagramme und Bilder befriedigt werden. Gute Lehrer streuen während des Unterrichts zahlreiche visuelle Zugangshinweise ein, indem sie diagrammartig an der Tafel arbeiten. Interaktive Lerner haben dann gute Karten, wenn ihnen zugehört wird und sie Gelegenheiten bekommen, ihre eigenen Wahrnehmungen in Diskussionen zu testen. Kinästhetische Lerner haben es am schwersten, da normalerweise nur wenig Stoff in ihrem Lernmodus dargeboten wird. Alle diese Lernstile finden sich in allen sozialen, kulturellen und ethnischen Gruppen; eine Anpassung unterschiedlicher Lernstile an unterschiedliche Gruppen ist daher nicht zulässig.

Wo immer möglich, sprechen wir beim Integrativen Lernen alle fünf Sinne gleichzeitig an. Zwei hervorragende Werkzeuge dafür sind **Rollenspiele** und **geführte Phantasiereisen**. Wenn eine Idee so dramatisch dargeboten wird, daß die Schüler dabei zu Darstellern werden, kann man die Idee mit einem Skript und anschließender Diskussion in allen fünf Modi präsentieren. Entsprechend kann eine Übung mit *Phantasiereisen* Suggestionen in allen fünf Modi enthalten, und der Stoff kann in eine dramatische Form mit interaktiven Elementen gegossen werden, welche die Diskussion der Ideen stimuliert.

Die sieben Intelligenzen

Von einem ähnlichen Geist beseelt, stellen wir sicher, daß wir im Unterricht alle von Howard Gardner in seinem Buch *Der ungeschulte Kopf* beschriebenen sieben Intelligenzen nutzen, nämlich die logisch-mathematische, die linguistische, die räumliche (spatiale), die körperlich-kinästhetische, die musikalische, die inter-personale und die intra-personale. Die logisch-mathematische Intelligenz wird gefördert, wenn sich der Verstand der Schüler durch die logische Grundlage des gerade behandelten Stoffes arbeiten kann. Die linguistische, indem man das Vokabular des Unterrichts-Gegenstandes klärt und den Schülern vielfältige Gelegenheit gibt, sich mündlich zu äußern und über das Thema auf einem hohen Niveau individueller Beherrschung zu schreiben. Die räumliche (visuelle), indem man den Schülern mithilfe von Postern das Mind Mapping beibringt, damit sie lernen, die grundlegende Struktur des Themas herauszuarbeiten. Hierbei helfen auch *menschliche Skulpturen*. Die körperlich-kinästhetische Intelligenz wird hauptsächlich durch

Tanz, *menschliche Skulpturen* und Spiele oder Sketche entwickelt, in denen die Schüler mit dem Einsatz ihres gesamten Körpers agieren oder körperlich Objekte manipulieren, die gerade untersuchte Elemente symbolisieren. Die musikalische Intelligenz wird durch Konzerte, Raps, mnemonische Lieder, musikalisch begleitete und *geführte Phantasiereisen* und Tanzmusik zur Begleitung darstellender Aktivitäten ausgebildet.

Die inter-personale Intelligenz wird durch häufige Klassen-Interaktionen und -Diskussionen geschult, sowohl in der gesamten Gruppe als auch in kleinerem Rahmen. Auch *Denk-und-Hör-zu*-Sitzungen, die gleichzeitig die intra-personale Intelligenz weiterentwickeln, leisten hierbei gute Dienste. Die intra-personale Intelligenz wird durch die Gelegenheit zur Entdeckung persönlicher Arbeitsstile weiterentwickelt und stellt eine Beziehung zwischen Unterrichtsgegenstand und Prioritäten des Schülers her, wobei auch *geführte Phantasiereisen* zu innerer Bewußtheit führen.

Harmonisierung

Da menschliche Wesen alles in einem sind – intellektuell, emotional, körperlich und spirituell –, müssen sie alles, was sie lernen, auf verschiedenen Ebenen und auf unterschiedliche Weisen integrieren. Die Forschung von Paul MacLean über das Dreieinige Gehirn zeigt auf, daß der Neokortex am effizientesten arbeitet, wenn er sich in Harmonie mit dem Limbischen System befindet. Gleichzeitig sollten die grundlegenden Überlebensbedürfnisse des Organismus niemals bedroht werden – die *Angst* muß also aus dem Klassenzimmer verbannt werden, und das Lernen muß in einem positiven emotionalen Kontext stattfinden. Weiterhin ist der Grad der Integration der beiden Hirn-Hemisphären von Bedeutung, da sich gezeigt hat, daß die beiden Hemisphären unterschiedlich arbeiten. Eine **Harmonisierung** tritt dann ein, wenn der Schüler verschiedene Aspekte seiner Persönlichkeit zum Unterrichtsgegenstand oder gerade erlernten Konzept in Beziehung setzt und integriert.

Lehrer und Lernumfeld unterstützen die Harmonisierung, indem sie die emotionalen, körperlichen und spirituellen Seiten ebenso wie die intellektuelle Seite des Schülers ins Spiel kommen lassen. Der Fokus sollte dabei variieren, damit alle diese Bereiche tangiert werden und das Verständnis des Schülers in allen diesen

Bereichen konsistent ist. Je wirkungsvoller die Harmonisierung, desto durchschlagender die stattfindende Integration, und desto mehr kann der Schüler mit der neuen Fertigkeit, dem neuen Konzept oder der neuerlernten Tatsache anfangen.

Die Sozialisation beim Lernen

Das Integrative Lernen bemüht sich auch um das Verhältnis der Schüler zu ihrer Welt. Beim traditionellen Lernen impliziert **Sozialisation**, sich konform zu etablierten sozialen Praktiken zu verhalten. Beim Integrativen Lernen bedeutet Sozialisation, soziale Praktiken kritisch zu durchleuchten und auf angemessene Veränderungen der sozialen Praktiken hinzuwirken. Der Integrative Lerner ist in der Lage, derzeitige Realitäten objektiv zu bewerten, überlegene Alternativen ins Auge zu fassen und die Mittel zur Integration beider zu finden.

Diese Fähigkeit ist gerade heute, da der soziale Wandel so rasant vor sich geht, entscheidend und wesentlich. Der Integrative Lerner sollte ermutigt werden, Verbesserungen und Ideale für die Gesellschaft in Betracht zu ziehen und die Chance bekommen, bestehende soziale Muster im Vergleich mit diesem Ideal zu untersuchen.

Wenn wir beispielsweise wissen, daß es wünschenswert ist, die Gleichberechtigung aller Menschen zu erreichen, könnten wir auf eine gewisse Weise alle unsere Lernerfahrungen auf dieses Ziel hin ausrichten und zu diesem Ziel in Beziehung setzen. Das erhöht unser generelles Verständnis für das, was wir tun und wie es in Beziehung zur angestrebten Zukunft steht.

Wenn der Lerner eine solche globale Sichtweise entwickelt, macht er schnellere Fortschritte, da ihm zwischenzeitlich auftretende Probleme, wie etwa der Abschluß eines Projektes oder Erfolg bei einer Umstrukturierung, relativ leicht vorkommen. Er kann diese Probleme effizienter angehen, da er davon ausgeht, erfolgreich zu sein. Man könnte also den Erfolg im Literaturkurs als Basis für späteren Erfolg im Journalismus ansehen, was wiederum zu einer Basis für die Erhöhung der weltweiten Bewußtheit für die Bedeutung der Gleichberechtigung werden könnte.

Lernen ist wie Kunst ein ganzheitlicher Prozeß

Die gesamte Aufmerksamkeit und das gesamte Potential des Schülers kommen am wirkungsvollsten durch den Einsatz **ganzheitlicher Präsentation** des Stoffes zur Geltung. Ganzheitliche Präsentation hat Ähnlichkeit mit dem Aufbau eines Spielfilms. Das häufige Hin- und Herblenden zwischen den Charakteren und Situationen, die Einführung in die Ausgangssituation durch Implikationen, das Zusammenbinden des ganzen durch ein als ästhetisch empfundenes Thema samt Nebenthema, der Aufbau des Höhepunktes, die Tiefenentwicklung der Charaktere, Symbolismus, musikalischer Hintergrund, Dialog und andere dramatische und cinematische Techniken kommen in einer ganzheitlichen Präsentation zum Einsatz. In Klassen, die ganzheitliche Präsentationen nutzen, wird der Unterrichtsstoff also in ästhetischer Weise arrangiert. Die Information wird so integriert, daß alle Teile des Kurses zu jeder Zeit von Bedeutung sind.

Wie Kleinkinder lernen

Als Kleinkinder lernen wir in Situationen, in denen Informationen fast immer ganzheitlich verfügbar sind. Wir lernen unsere Muttersprache nicht, indem wir sie in kleinen Dosen verabreicht bekommen; man schlägt sie uns von Anfang an in ihrer vollen Komplexität um die Ohren. Der Geist kann mit neuem Stoff vorzüglich auf diese Weise umgehen, vorausgesetzt, es ist jemand da, der die Informationen herausfiltern und Fragen beantworten kann. Der Lehrer hat also die Aufgabe, den Stoff zu präsentieren und anschließend den Schülern zu helfen, ihn auf ganz individuelle Weise zu klären und zu strukturieren.

Der Lernprozeß kann durch die Stimulation der Lernerfahrung des Kleinkindes verstärkt werden (was zuweilen auch **Infantilisierung** genannt wird). Entsprechend benutzen wir Lieder, Geschichten, Spiele, Sketche, Mythen, Legenden und andere Hilfsmittel, auf die man üblicherweise eher im Kinderzimmer als im Büro stößt. Die Verwendung dieser Lernhilfsmittel induziert äußerst schnelles, mit der Entwicklungsstufe des Kleinkindes assoziiertes Lernen. Der Lernende erlebt dies als Spaß, dramatisch, bizarr und angenehme Reminiszenz an Kindheitserlebnisse. Widerstand gegen die Infantilisierung wird bei den meisten Lernenden leicht überwunden, wenn das rationale Warum einsichtig gemacht wird und die Schüler gemeinsam daran teilhaben.

So wichtig ist das Tiefenstrukturieren

Einer der wichtigsten Prozesse beim Lernen als Kleinkind ist die Tiefenstrukturierung erlernter Konzepte. Das Kleinkind erfährt einen Gegenstand gewöhnlich auf vielerlei Weise, bevor es ihn benennt. Die meisten Lehrer dagegen benennen die Dinge, bevor die Klasse Gelegenheit hatte, sie am eigenen Leibe und aus eigener Anschauung zu erfahren. Das führt zu oberflächlichem Lernen im Unterricht. Beim Integrativen Lernen ermöglicht der Lehrer der Klasse, eine Idee auf viele verschiedene Weisen zu erfahren. Jeder Einzelne kann ein persönliches Verhältnis zu dieser Idee aufbauen, bevor die Idee von der Klasse benannt und als Grundlage für die Bildung weiterführender Ideen akzeptiert wird. Das verlangsamt den Lernprozeß vielleicht anfangs etwas, es macht sich aber auf lange Sicht durch eine deutliche Beschleunigung bezahlt.

So wichtig sind Kernideen

Alle Themenkreise besitzen Kernideen, die auf einfache Weise herausgearbeitet werden können und das Zentrum des gesamten Themenkreises bilden. Ein Schüler, der eine Kernidee versteht und artikuliert, bekommt bei diesem Aspekt des Themas leichter Boden unter die Füße und sieht und bewertet jede neue Information im Zusammenhang mit dieser Idee. Dadurch wird ein Rahmen vorgegeben, in dem neue Informationen leicht eingepaßt und erinnert werden können.

Sobald eine gewisse Vertrautheit mit dem Thema hergestellt ist, kann man durch geschickte Manipulation der Kernidee zahlreiche Gegebenheiten in diesem Themenkreis begründen. Der Schüler, der lernt, Kernideen zu erforschen und ihre Implikationen im Geist vorwegzunehmen, kann die Fakten, auf die er dabei stößt, leichter verstehen, da er bei der Suche nach dem Kern seinen kreativen Prozeß einbezogen hat.

Ausgehend von Kernideen generalisieren

Bereits wenige, vom Geist des Schülers integrierte, Kernideen bereiten die Erforschung ihrer möglichen Anwendungen auf anderen Gebieten vor. Das wiederum motiviert den Schüler, auch in jeder neu erschlossenen Situation nach Kernideen Ausschau zu halten. Sie sind sehr oft leicht zu erkennen, und der Schüler kann dann mit größerem Selbstvertrauen und größerer Genauigkeit das Unbekannte aus dem Bekannten vorhersagen. Auf diese Weise können Schüler lernen, auch unbekannte Themengebiete mit bemerkenswerter Einsicht zu diskutieren und das Gespräch in Bahnen zu lenken, die es ihnen ermöglichen, von anderen zu lernen.

Merkmale des erfolgreichen Lerners

Schüler, die das Integrative Lernen beherrschen, sollten zuallererst einmal Spaß am Lernen haben. Sie sollten in allen Situationen frisch und frei denken können und aus Erfahrung geschickt dabei sein, relevante Fragen zu stellen, wenn sie sich neuen Situationen gegenübersehen, in der Lage, die Antworten auf diese Fragen mühelos mit Wissen, das sie sich bereits angeeignet haben, zu verschmelzen; sie sollten ihre persönlichen Strategien für Problemlösung und Kreativität entwickelt haben, der Lernprozeß sollte ihnen in Fleisch und Blut übergegangen sein, so daß er ohne Ansehen der Situation immer in eine Richtung weist, die den Bedürfnissen und Interessen des Schülers dient; schließlich sollten sie sich der Aufgabe verschrieben haben, einen bedeutenden Beitrag zu ihrer Welt zu leisten.

Die Schule als Insel für ganzheitliches Lernen

438 Seiten, kart.
DM 39,80
ISBN 3-87387-161-0

Schule kann heute neu gedacht werden. Wichtig ist zwar nach wie vor, *was* gelernt wird; immer wichtiger wird aber, *wie* gelernt wird. Denn wir stehen vor einer Wissensexplosion, die wir nur durch neue und innovative Methoden des Wissenserwerbs bewältigen können.

Das vorliegende Buch bietet eine Auswahl moderner Lehr- und Lernmethoden für eine moderne Schule, in der die Kinder und Jugendlichen wie auch die Lehrerinnen und Lehrer in ihrer Persönlichkeit angesprochen werden. Vorgestellt und diskutiert werden auch verschiedene Mental- und Lerneffizienz-Techniken. Diese komplexen Lernkonzepte werden in anderen Ländern bereits erfolgreich in Schulen angewandt und in der Lehrerausbildung berücksichtigt. Sie werden vor Deutschlands Schulen und Lehrern nicht haltmachen.

Das vorliegende Handbuch richtet sich an Pädagogen, die die künftigen Anforderungen an ihren Beruf mit Engagement und Freude bewältigen werden.

Peter Heitkämper ist Professor für Pädagogische Anthropologie und Theorie erzieherischer Prozesse an der Universität Münster. Arbeitsschwerpunkt ist die Ausbildung von Lehrerinnen und Lehrern in modernen Lehr- und Lernmethoden.

JUNFERMANN VERLAG • **Postfach 1840**
33048 Paderborn • **Telefon 0 52 51/3 40 34**